O ESPELHO ENTERRADO

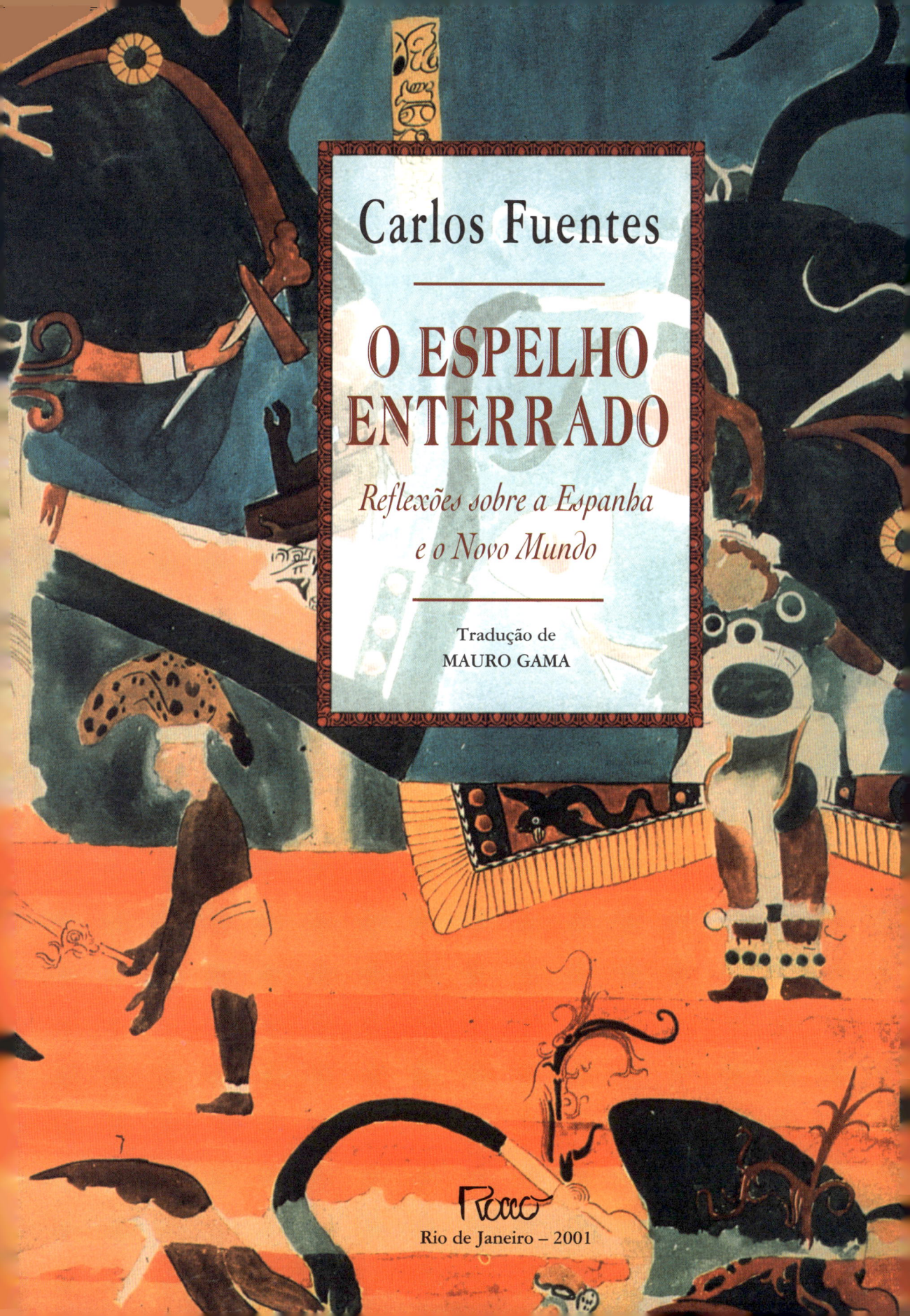

Carlos Fuentes

O ESPELHO ENTERRADO

Reflexões sobre a Espanha e o Novo Mundo

Tradução de
MAURO GAMA

Rocco
Rio de Janeiro – 2001

Título original
THE BURIED MIRROR
Reflections on Spain and the New World

Copyright © 1992 *by* Carlos Fuentes
Todos os direitos reservados
"Publicado com o de acordo do autor"

Direitos para a língua portuguesa reservados
com exclusividade para o Brasil à
EDITORA ROCCO LTDA.
Avenida Presidente Wilson, 231 – 8º andar
20030-021 – Rio de Janeiro – RJ
Tel.: (21) 3525-2000 / Fax: (21) 3525-2001
rocco@rocco.com.br
www.rocco.com.br

Printed in Brazil/Impresso no Brasil

preparação de originais
RYTA VINAGRE

CIP-Brasil. Catalogação-na-fonte
Sindicato Nacional dos Editores de Livros

RJF968e	Fuentes, Carlos, 1928
	O espelho enterrado: (reflexões sobre a Espanha e o Novo Mundo) / Carlos Fuentes; tradução de Mauro Gama. – Rio de Janeiro: Rocco, 2001
	Tradução de: The buried mirror: reflections on Spain and the New World. Inclui bibliografia
	ISBN 85-325-1105-8
	1. Espanha – Civilização. 2. Espanha – Colônias – América. 3. América Latina – Civilização. I. Título.
99-1790	CDD-946.02 CDU-946.0

Para Silvia, sempre

Sumário

Introdução 8

PARTE I
A VIRGEM E O TOURO

Um - *Sol e sombra* 15
Dois - *A conquista da Espanha* 33
Três - *A Reconquista da Espanha* 51
Quatro - *1492: o ano decisivo* 79

PARTE II
O CONFLITO DOS DEUSES

Cinco - *Vida e morte do mundo indígena* 93
Seis - *A conquista e reconquista do Novo Mundo* 119

PARTE III
CRIANÇAS DA MANCHA

Sete - *A era imperial* 151
Oito - *O Século de Ouro* 171
Nove - *O barroco do Novo Mundo* 195
Dez - *A época de Goya* 215
Onze - *Até a independência: múltiplas máscaras e águas turvas* 233

PARTE IV
O PREÇO DA LIBERDADE

Doze - *Simón Bolívar e José de San Martín* 249
Treze - *O tempo dos tiranos* 261
Quatorze - *A cultura da independência* 277
Quinze - *Terra e liberdade* 299

PARTE V
ATIVIDADES INACABADAS

Dezesseis - *A América Latina* 313
Dezessete - *A Espanha contemporânea* 331
Dezoito - *Os Estados Unidos hispânicos* 343

Os monarcas da Espanha 358
Fontes e leituras 369
Créditos de ilustração 389
Agradecimentos 392
Índice 393

Introdução

A 12 de outubro de 1492, Cristóvão Colombo desembarcou numa pequena ilha do hemisfério ocidental. A façanha do navegador foi um triunfo da hipótese sobre os fatos: a evidência indicava que a Terra era plana; a hipótese, que era redonda. Colombo apostou na hipótese: uma vez que a Terra é redonda, pode-se chegar ao Oriente navegando para o Ocidente. Equivocou-se, porém, na sua geografia. Acreditou que chegara à Ásia. Seu desejo era alcançar as fabulosas terras de Cipango (Japão) e Catai (China), reduzindo a rota européia em torno da costa da África, até o extremo sul do cabo da Boa Esperança e, em seguida, na direção leste, até o oceano Índico e as ilhas de especiarias.

Não foi o primeiro nem o último extravio ocidental. Nessas ilhas, que denominou "as Índias", Colombo assentou as primeiras povoações européias do Novo Mundo. Construiu as primeiras igrejas, onde se celebraram as primeiras missas cristãs. Mas o navegador encontrou um espaço onde a extraordinária riqueza asiática com que sonhara estava ausente. Colombo teve de inventar a descoberta de grandes riquezas em matas, pérolas e ouro, enviando à Espanha esta informação. De outro modo, sua protetora, a rainha Isabel, poderia ter pensado que fora um erro seu investimento (e sua fé) neste marinheiro genovês.

Mas Colombo, mais que ouro, ofereceu à Europa um panorama da Idade do Ouro restaurada: estas eram as terras da Utopia, a era feliz do homem natural, Colombo descobrira o paraíso terrestre e o bom selvagem que o habitava. Por que, então, se viu forçado a negar imediatamente seu próprio descobrimento, a atacar os homens que acabava de descrever como "muito mansos, sem saber o que seja o mal, nem matar os outros, nem prendê-los, e sem armas", persegui-los, escravizá-los e ainda enviá-los para a Espanha acorrentados?

A princípio, Colombo deu um passo atrás, em direção à Idade do Ouro. Mas muito depressa, mediante seus próprios atos, o paraíso terrestre foi destruído e os bons selvagens da véspera foram encarados como "bons para mandá-los e fazê-los trabalhar, e semear, e fazer tudo o mais que fosse mister".

Introdução

Desde então, o continente americano tem vivido entre o sonho e a realidade, tem vivido o divórcio entre a boa sociedade que desejamos e a sociedade imperfeita em que realmente vivemos. Temos persistido na esperança utópica porque fomos fundados pela utopia, porque a memória da sociedade feliz está na própria origem da América; e também no final do caminho, como meta e realização das nossas esperanças.

Quinhentos anos depois de Colombo, foi-nos pedida a celebração do quinto centenário de sua viagem, sem dúvida um dos grandes acontecimentos da história da humanidade, um feito que, por si mesmo, anunciou o advento da Idade Moderna e a unidade geográfica do planeta. Muitos de nós, porém, nas comunidades de língua espanhola das Américas, nos perguntamos: temos realmente algo a celebrar?

Uma vista d'olhos sobre o que acontece nas repúblicas latino-americanas do final do século XX nos levaria a responder negativamente. Em Caracas ou na cidade do México, em Lima ou em Buenos Aires, o quinto centenário do "descobrimento da América" surpreendeu-nos num estado de profunda crise. Inflação, desemprego, peso excessivo da dívida externa. Pobreza e ignorância crescentes; abrupto declínio do poder aquisitivo e dos padrões de vida. Um sentimento de frustração, de ilusões perdidas e esperanças despedaçadas. Democracias frágeis, ameaçadas pela explosão social.

Acredito no entanto que, apesar de todos os nossos males econômicos e políticos, temos algo, sim, para celebrar. A atual crise que percorre a América Latina demonstrou a fragilidade dos nossos sistemas políticos e econômicos. Mas a crise mostrou igualmente algo que permaneceu de pé, algo de que não havíamos tido inteira consciência nas décadas que antecederam o apogeu econômico e o fervor político. Algo que, no meio de todas as nossas desgraças, conseguiu se manter: nossa herança cultural. Aquilo que criamos com a maior alegria, com a maior gravidade e maior risco. A cultura que fomos capazes de criar durante os quinhentos anos transcorridos, como descendentes de índios, de negros e europeus, no Novo Mundo.

A crise que nos empobreceu também pôs nas nossas mãos a riqueza da cultura, obrigando-nos a dar-nos conta de que não existe um único solo latino-americano, desde o rio Bravo até o cabo Horne, que não seja herdeiro legítimo de todos e cada um dos aspectos da nossa tradição cultural. É isto o que desejo explorar neste livro. Essa tradição que se estende das pedras de Chichén Itzá e Machu Picchu às modernas influências indígenas na pintura e na arquitetura. Do barroco da era colonial à literatura contemporânea de Jorge Luis Borges e Gabriel García Márquez. E da múltipla presença européia no hemisfério – ibérica e, através da Ibéria, mediterrânea, romana, grega e também árabe, judaica – à singular e sofrida presença negra africana. Das grutas de Altamira aos grafites de Los Angeles. E dos primeiríssimos imigrantes, através do estreito de Bering, ao mais recente e anônimo trabalhador que, ontem à noite, cruzou a fronteira entre o México e os Estados Unidos.

Poucas culturas do mundo possuem uma riqueza e continuidade comparáveis. Dentro dela, nós, os hispano-americanos, podemos identificar-nos e identificar nossos irmãos e irmãs neste continente. Por isso se torna tão dramática a nossa incapacidade de estabelecer uma identidade política e econômica comparável. Desconfio de que isso se deu assim porque, com freqüência demasiada, temos buscado ou imposto modelos de desenvolvimento sem muita relação com a nossa realidade cultural. Mas é por isso, também, que a redescoberta dos valores culturais talvez nos possa dar, com esforço e um pouco de sorte, a visão necessária das coincidências entre a cultura, a economia e a política. Quem sabe seja esta a nossa missão no século vindouro.

Este, conseqüentemente, é um livro dedicado à busca da continuidade cultural que possa instruir e transcender a desunião econômica e a fragmentação política do mundo hispânico. O tema é tão complexo quanto polêmico, e procurarei ser equânime em sua discussão. Mas também serei apaixonado, porque o tema me diz respeito intimamente como homem, como escritor e como cidadão, do México, na América Latina, e escrevendo em língua espanhola.

À procura de uma luz que me guiasse através da noite dividida da alma cultural, política e econômica do mundo de fala espanhola, encontrei-a no local das antigas ruínas totonacas de El Tajín, em Veracruz, no México. Veracruz é o estado natal da minha família. Foi o porto de entrada para a mudança e, ao mesmo tempo, o lar duradouro da identidade mexicana. Os conquistadores espanhóis, franceses e norte-americanos entraram no México através de Veracruz. Mas as culturas mais antigas, dos olmecas, ao sul do porto, há 3.500 anos, e dos totonacas, ao norte, com uma antigüidade de 1.500 anos, também têm aqui as suas raízes.

Nas tumbas dos lugares religiosos encontraram-se espelhos sepultados cujo propósito, ostensivamente, era guiar os mortos em sua viagem para o além-túmulo. Opacos, côncavos, polidos, contêm a centelha de luz nascida no meio da obscuridade. Mas o espelho enterrado não é apenas parte da imaginação indígena americana. O poeta mexicano-catalão Ramón Xirau intitulou um dos seus livros *L'espil soterrat* (O espelho enterrado), recuperando uma antiga tradição mediterrânea não demasiadamente distante da dos mais antigos povoadores indígenas das Américas. Um espelho: um espelho que olha das Américas para o Mediterrâneo, e do Mediterrâneo para as Américas. É este o sentido e o próprio ritmo deste livro.

Acham-se nesta margem os espelhos de pirita negra encontrados na pirâmide de El Tajín em Veracruz, um lugar assombroso cujo nome significa "relâmpago". Na pirâmide dos Nichos, que se ergue a uma altura de 25 m sobre uma base de 35 m^2, 365 janelas se abrem para o mundo, simbolizando, por si mesmas, os dias do ano solar. Criado na pedra, El Tajín é um espelho do tempo. Na outra margem, o Cavaleiro dos Espelhos, criado por Miguel de Cervantes Saavedra, dá combate a D. Quixote, tentando curá-lo de sua loucura. O velho fidalgo tem um espelho na mente, refletindo-se nele tudo o que leu e que considera, pobre louco, fiel reflexo da verdade.

Não muito longe, no Museu do Prado, em Madri, o pintor Velázquez pinta-se pintando o que realmente está pintando, como se houvesse criado um espelho.

Mas, no próprio fundo de sua tela, outro espelho reflete as verdadeiras testemunhas da obra de arte: eu e você.

Talvez o espelho de Velázquez também reflita, na margem espanhola, o espelho fumegante do deus asteca da noite, Tezcatlipoca, no momento em que visita a serpente emplumada, Quetzalcóatl, deus da paz e da criação, oferecendo-lhe o presente de um espelho. Ao se ver refletido, o deus bom se identifica com a humanidade e cai aterrorizado: o espelho lhe arrebatara a divindade.

Encontrará Quetzalcóatl sua verdadeira natureza, tanto humana quanto divina, na casa dos espelhos, o templo circular do vento, na pirâmide tolteca de Teotihuacan, ou no cruel espelho social de *Los caprichos* de Goya, onde a vaidade é ridicularizada e a sociedade não tem como enganar a si mesma, quando se mira no espelho da verdade: acreditavas que eras um galã? Olha, na realidade és um macaco.

Os espelhos simbolizam a realidade, o Sol, a Terra e suas quatro direções, a superfície e a profundidade terrenas, e todos os homens e mulheres que as habitam. Sepultados em esconderijos ao longo das Américas, os espelhos agora se suspendem dos corpos dos mais humildes celebrantes no altiplano peruano ou nos carnavais indígenas do México, onde o povo dança vestido de tesouras ou refletindo o mundo nos fragmentos de vidro dos seus toucados. O espelho salva uma identidade mais preciosa do que o ouro que os indígenas deram, em troca, aos europeus.

Por acaso não tinham razão? Não é o espelho tanto um reflexo da realidade como um projeto da imaginação?

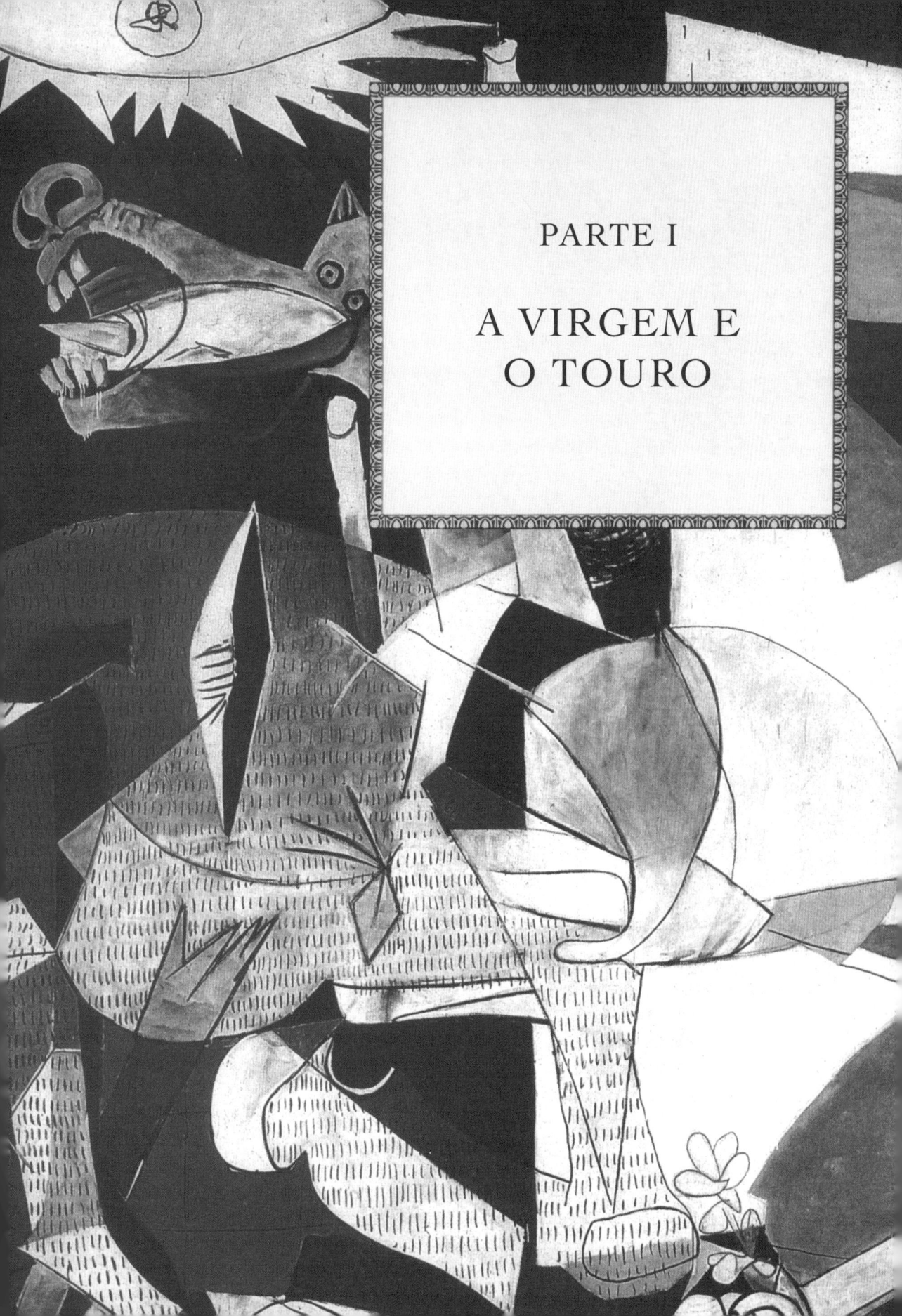

PARTE I

A VIRGEM E O TOURO

UM

Um sol e sombra

Através da Espanha, as Américas receberam em toda a sua força a tradição mediterrânea. Porque, se a Espanha não apenas é cristã como também árabe e judia, é também grega, cartaginesa, romana, e tanto gótica como cigana. Talvez tenhamos uma tradição indígena mais poderosa no México, na Guatemala, Equador, Peru e Bolívia, ou uma presença européia mais forte na Argentina ou no Chile. A tradição negra é mais forte no Caribe, na Venezuela ou na Colômbia do que no México e no Paraguai. Mas a Espanha nos abraça a todos; é, de certo modo, nosso *lugar-comum*. A Espanha, a pátria mãe, é uma proposição duplamente geradora, mãe e pai fundidos em um só, oferecendo-nos seu calor às vezes opressivo, sufocantemente familiar, balançando o berço em que descansam, como presentes de batizado, as heranças do mundo mediterrâneo, a língua espanhola, a religião católica, a tradição política autoritária – mas também as possibilidades de identificar uma tradição democrática que possa ser genuinamente nossa, não uma simples dedução dos modelos franceses ou anglo-americanos.

A Espanha que chegou ao Novo Mundo nos barcos dos descobridores e conquistadores nos deu, pelo menos, a metade do nosso ser. Não é surpreendente, pois, que o nosso debate com a Espanha tenha sido, e continue sendo, tão intenso. Porque se trata de um debate conosco mesmos. E, se das nossas discussões com os demais fazemos política, advertiu W. B. Yeats, dos nossos debates conosco mesmos fazemos poesia. Uma poesia nem sempre bem rimada ou edificante, se não mais propriamente, às vezes, um lirismo duramente dramático, crítico, ainda negativo, obscuro como uma gravura de Goya, ou tão compassivamente cruel como uma imagem de Buñuel. As posições a favor ou contra a Espanha, sua cultura e sua tradição, coloriram as discussões de nossa vida política e intelectual. Vista por alguns como uma virgem imaculada, por outros como uma suja rameira, levamos tempo para nos dar conta de que a nossa relação com a Espanha é tão conflituosa quanto a nossa relação conosco mesmos. E tão conflituosa quanto a relação da Espanha consigo própria: irresoluta, às vezes mascarada, às vezes resolutamente intolerante, maniqueísta, divi-

Detalhe de
A tourada.
Eugenio Lucas
Villamil.
No verso
detalhe de
Guernica.
Pablo Picasso

dida entre o bem e o mal absolutos. Um mundo de sol e sombra, como na praça de touros. Freqüentemente, a Espanha viu a si própria da mesma forma que a vimos. A medida do nosso ódio é idêntica à medida do nosso amor. Mas não são estas, tão-somente, maneiras de nomear a paixão?

Diversos traumas marcam a relação entre a Espanha e a América espanhola. O primeiro, desde o início, foi a conquista do Novo Mundo, origem de um conhecimento terrível, o que nasce de estarmos presentes no próprio momento da nossa criação, observadores da nossa própria violação, mas também testemunhas das crueldades e ternuras contraditórias que fizeram parte da nossa concepção. Não podemos, os hispano-americanos, ser entendidos sem esta consciência intensa do momento em que fomos concebidos, filhos de uma mãe anônima, nós próprios desprovidos de nome, mas com inteira consciência do nome dos nossos pais. É com uma dor magnífica que se funda a relação da Ibéria com o Novo Mundo: um parto que se dá com o conhecimento de tudo aquilo que teve de morrer para que nós nascêssemos: o esplendor das antigas culturas indígenas.

Há muitas "Espanhas" em nossas mentes. Existe a Espanha da "lenda negra": da Inquisição, da intolerância e da Contra-Reforma, uma visão promovida pela aliança da modernidade com o protestantismo, fundidos por sua vez numa oposição secular à Espanha e a todas as coisas espanholas. Em seguida, existe a Espanha dos viajantes ingleses e dos românticos franceses, a Espanha dos touros, de Carmen e do flamenco. E existe ainda a mãe Espanha vista por sua descendência colonial nas Américas, a ambígua Espanha do conquistador cruel e do santo missionário, exatamente como nos oferece, em seus murais, o pintor mexicano Diego Rivera.

O problema com os estereótipos nacionais, evidentemente, é que contêm uma semente de verdade, ainda que a constante repetição a tenha enterrado. Há de morrer a semente para que a planta germine? O texto é o que está aí, claro e, às vezes, ruidoso; mas o contexto desapareceu. Restaurar o contexto do lugar-comum pode ser tão surpreendente quanto perigoso. Simplesmente reforçamos o clichê? Este perigo pode-se evitar quando tentamos revelar a nós mesmos, como membros de uma nacionalidade ou de uma cultura, e a um público estrangeiro, os significados profundos da iconografia cultural, por exemplo, da intolerância e da crueldade, e do que estes fatos disfarçam. De onde vêm essas realidades? Por que são, de fato, reais e persistentes?

Encontro duas constantes do contexto espanhol. A primeira é que cada lugar comum é negado por seu oposto. A Espanha romântica e pitoresca de Byron e Bizet, por exemplo, convive face a face com as figuras severas, quase sombrias e aristocráticas, de El Greco e Velázquez; e estas, por sua vez, coexistem com as figuras extremas, rebeldes a todo ajuste ou definição, de um Goya ou de um Buñuel. A segunda constante da cultura espanhola se revela em sua sensibilidade artística, na capacidade de fazer do invisível visível, mediante a integração do marginal, do perverso, do excluído, com uma realidade que, em primeiro lugar, é a da arte.

Mas o próprio ritmo e a riqueza desta galáxia de oposições são resultado de uma realidade espanhola ainda mais fundamental: nenhum outro país da Europa, com exceção da Rússia, foi invadido e povoado por tantas e tão diversas ondas migratórias.

A Arena Espanhola

O mapa da Ibéria se assemelha à pele de um touro, retesada como um tambor, percorrida pelas trilhas deixadas por homens e mulheres cujas vozes e rostos nós, na América espanhola, percebemos precariamente. Mas a mensagem é clara: a identidade da Espanha é múltipla. O rosto da Espanha foi esculpido por muitas mãos: de ibéricos e celtas, gregos e fenícios, cartagineses e romanos, godos, árabes, judeus.

Talvez o coração da identidade espanhola tenha começado a bater muito antes de a história se registrar, há 25 ou trinta mil anos, nas grutas de Altamira, Buxo ou Tito Bustillo, no reino cantábrico das Astúrias. Miguel de Unamuno chamou-as de costelas da Espanha. E, ainda que suas formas, hoje, nos possam parecer tão atraentemente modernas como as de uma escultura de Giacometti, há milhares de anos os primeiros espanhóis se encolheram ali, perto das entradas, protegendo-se do frio e dos animais ferozes. Reservaram vastos espaços para suas cerimônias, nestas catedrais subterrâneas: ritos propiciatórios? Atos de iniciação? De submissão da natureza?

Independentemente destes propósitos, as imagens que os primeiros espanhóis ali deixaram continuam assombrando-nos: são os primeiros ícones da humanidade. Entre eles, surpreende-nos encontrar uma assinatura, a mão do homem, e uma poderosa imagem de força e fertilidade animais. Se a mão do primeiro espanhol é uma audaz assinatura sobre os muros brancos da criação, a imagem animal se converteu, com o tempo, no centro de antigos cultos do Mediterrâneo que transformaram o touro no símbolo do poder e da vida. É claro que é um bisão o que vemos representado nas grutas espanholas. Apesar do transcurso dos séculos, o animal mantém sua brilhante cor ocre e os negros perfis que lhe salientam a forma. E não está só. Também encontramos descrições de cavalos, javalis e veados.

Dois fatos me chamam a atenção quando visito Altamira. Um é que a abóbada onde estão pintados os bisões já estava coberta pela escuridão no Paleolítico superior. O outro é que essa gruta só tenha sido descoberta em 1879, por uma menina de cinco anos, chamada Maria de Santuola, que brincava perto da entrada. Mas, da escuridão imemorial de Altamira, o que emerge é o touro espanhol que, em seguida, se apodera da terra, até os nossos dias. Sua representação se estende desde os touros jacentes de Osuna, que datam dos tempos ibéricos e dos séculos IV e III a.C., à esplêndida representação dos touros guardiões de Guisando, que podiam ser assinados por Brancusi, ou ao touro negro dos anúncios que hoje se vêem em todas as estradas da Espanha, incentivando o consumo do conhaque de Osborne. Mas a moderna representação do touro espanhol talvez culmine na cabeça trágica do animal, que preside a noite humana na *Guernica*, de Pablo Picasso.

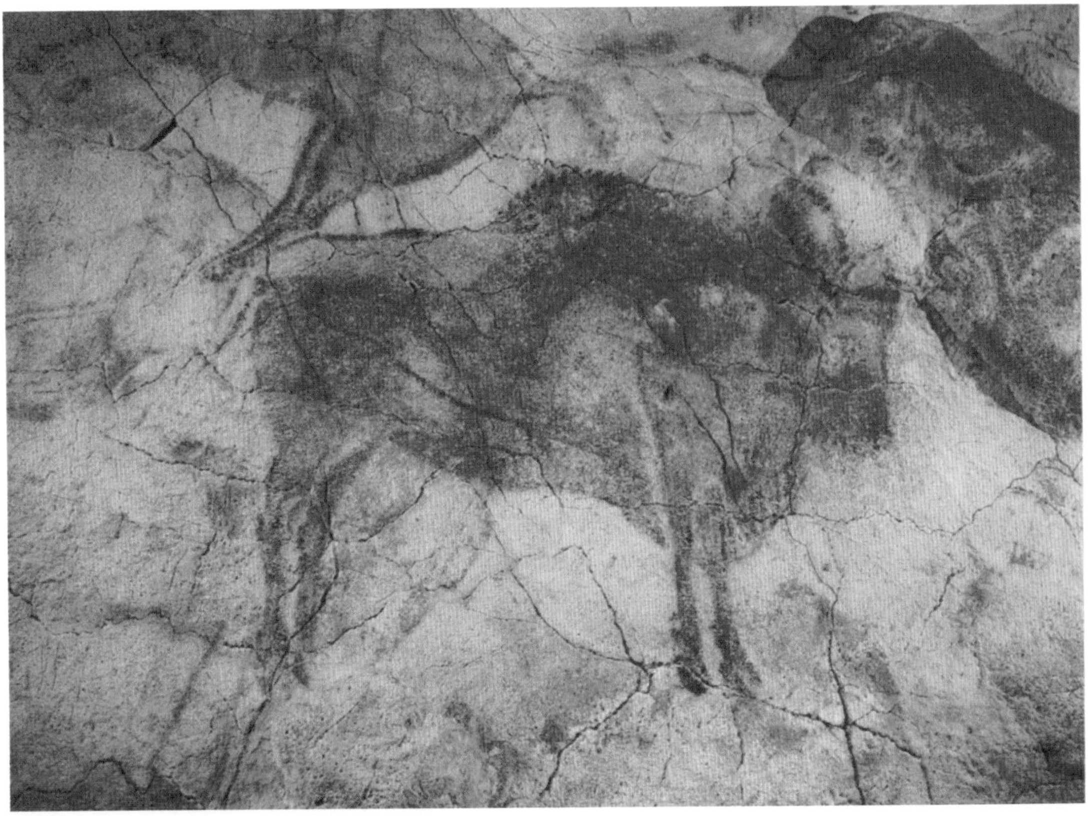

Mãos, grutas de Puente Viesgo

Bisão, grutas de Altamira

Talvez a pequena María de Santuola, como Dorothy na Terra de Oz ou Alice no País das Maravilhas, tenha visto efetivamente uma figura mitológica, essa besta de Balazote que nos observa, hoje, dos majestosos salões do Museu Nacional de Arqueologia de Madri. A besta de Balazote é um touro de cabeça humana, que associa diretamente a cultura taurófila da Espanha com a sua arena cultural maior, que é a bacia do Mediterrâneo. Em Creta, a ilha na qual se crê ter-se originado a corrida de touros, o homem e o touro eram vistos como um só, um touro que é um homem e um homem que é um touro: o Minotauro. Talvez todas as outras derivações do símbolo taurino não sejam, ao fim e ao cabo, senão uma espécie de nostalgia da tauromorfose original: possuir a força e a fertilidade do touro, junto com a inteligência e a imaginação do ser humano.

A humanidade mediterrânea se aproxima do touro vendo-o como um companheiro de jogos, balançando-se sobre o dorso do animal, como nas descrições cretenses em que o cavaleiro salta sobre o touro ou viaja sobre suas costas; ou como um símbolo brutal da violação, como no rapto de Europa por Zeus disfarçado de touro; ou como uma sublimação da violência na cosmogonia, quando o símbolo se converte numa constelação estelar, Taurus; ou como um simples caso amoroso, quando Europa consente, com adoração, os apaixonados galanteios de seu touro.

O primeiro matador é o herói ateniense Teseu, vencedor do Minotauro. Hércules, seu contemporâneo, é quem leva a mitologia do touro para a Espanha. Como Teseu, Hércules mata em Creta um touro com hálito de fogo. Mas também viaja para a Espanha, onde rouba o rebanho de touros vermelhos pertencentes ao gigante de três corpos, Gerião, e os leva de volta à Grécia. Para fazer isso, Hércules teve de cruzar o estreito entre a África e o sul da Espanha. Daí o nome dessa passagem: as Colunas de Hércules. Mas há, no nome, algo mais do que um reconhecimento geográfico. Há também o laço e a separação indispensáveis a uma das mais antigas cerimônias da humanidade: a morte ritual do animal sagrado. Hércules demonstra sua nobreza ao devolver uma parte do gado à Espanha, em reconhecimento da hospitalidade que ali recebeu. A partir desse momento, o rei Crisaor estabeleceu na Espanha o rito anual de um touro sacrificado em honra de Hércules.

Hércules não é senão o símbolo da cavalgada de povos que chegaram às praias da Espanha, desde a mais remota Antigüidade. Todos eles deram forma ao corpo e à alma, não só da Espanha, como dos seus descendentes no Novo Mundo. Os primeiros iberos chegaram há mais de três mil anos, dando a toda a península o seu nome duradouro. Também deixaram a sua própria imagem do touro tomando conta dos caminhos do gado, protegendo uma rota que nos leva até o primeiro grande lugar-comum da Espanha, a praça de touros. Mas um lugar comum significa precisamente isto, um local de encontro, um espaço de reconhecimentos, um lugar que partilhamos com os outros. E o que é que se encontra e reconhece na praça de touros? Em primeiro lugar, o próprio povo. Empobrecido, rústico, ilhado no meio de

Touros em Guisando, Espanha, 1989

Anúncio do conhaque Osborne

uma geografia dura e distante, na praça de touros o povo se reúne, no que outrora foi um rito semanal, o sacrifício do domingo à tarde, a vertente pagã da missa dos cristãos. Duas cerimônias unidas pelo sentido sacrificial, mas diferentes em seus momentos do dia: missas matutinas, corridas de touros vespertinas. A missa, uma corrida iluminada pelo sol sem ambigüidades do zênite. A corrida, uma missa de luz e sombras, tingida pelo crepúsculo iminente.

Na praça de touros, o povo encontra a si mesmo e encontra o símbolo da natureza, o touro, que corre até o centro da praça, perigosamente assustado, fugindo para adiante, ameaçado mas ameaçador, cruzando a fronteira entre o sol e a sombra que divide a arena como a noite e o dia, como a vida e a morte. O touro sai correndo para se encontrar com o antagonista humano, o matador, em seu traje de luzes.

Quem é o matador? Novamente, um homem do povo. Ainda que a arte do toureio tenha existido desde os tempos de Hércules e Teseu, em sua forma atual só foi organizada por volta de meados do século XVIII. Nesse momento, deixou de ser um esporte de heróis e aristocratas para se converter numa profissão popular. A era de Goya foi uma época de vagabundagem aristocrática, quando as classes altas se divertiram imitando o povo, disfarçando-se de toureiros e de atrizes. Isso conferiu às profissões da farândola um poder emblemático comparável ao que desfrutam na atualidade. Os toureiros espanhóis foram tão idolatrados como Elvis Presley ou Frank Sinatra em nosso próprio tempo. Como estes, representam um triunfo do povo.

Mas o toureio também é, não o esqueçamos, um evento erótico. Onde, se não na praça de touros, pode o homem assumir poses tão sexualmente provocantes? A desfaçatez atraente do traje de luzes, as taleiguinhas apertadas, a ostentação dos atributos sexuais, as nádegas firmes, os testículos apertados sob o pano, o andar obviamente sedutor e auto-afirmativo, a luxúria da sensação e o sangue. A corrida autoriza esta incrível arrogância e exibicionismo sexuais. Suas raízes são obscuras e profundas.

Um sol e sombra

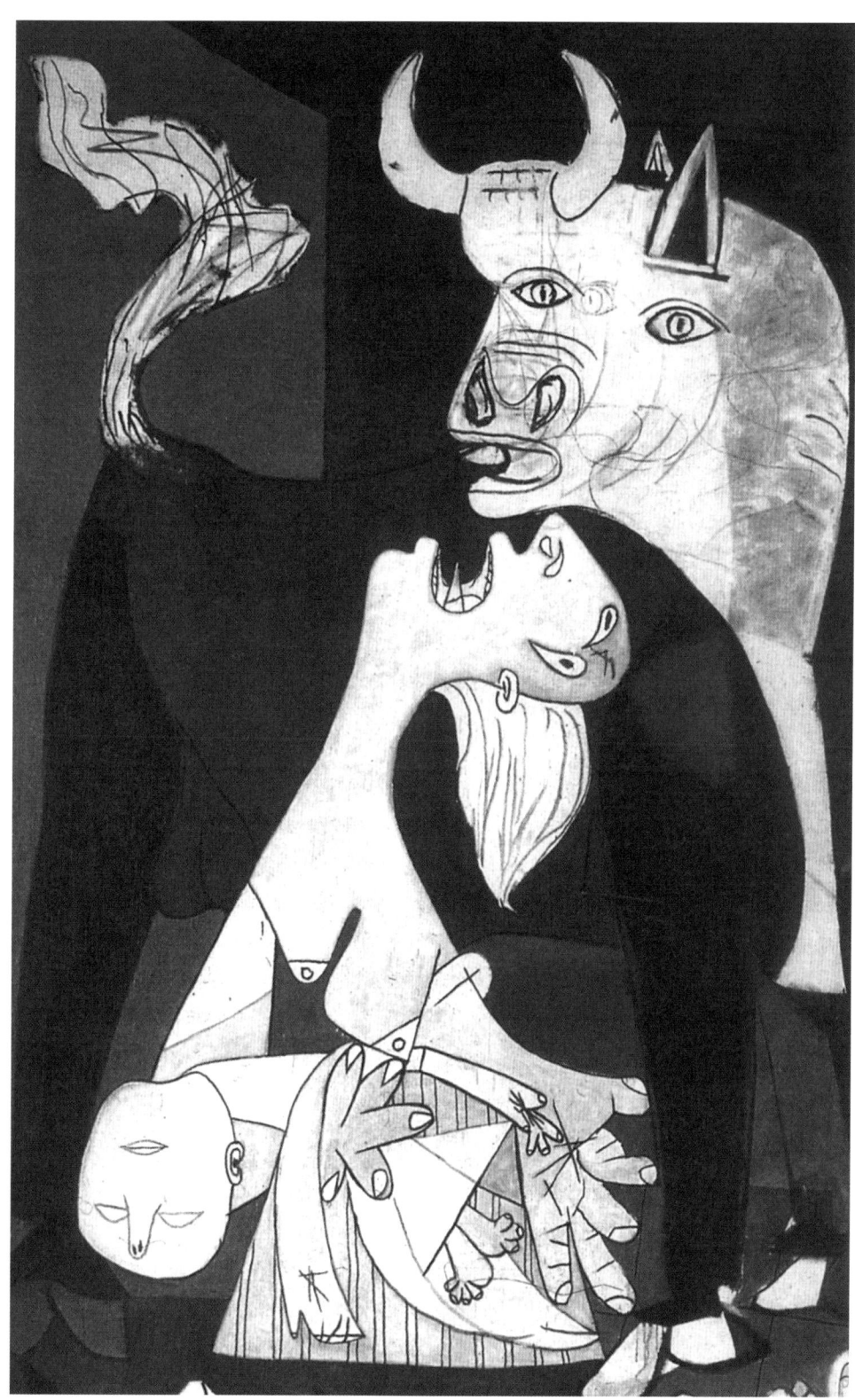

Detalhe de *Guernica*. Pablo Picasso, 1937

A tourada.
Eugenio Lucas
Villamil
(antigamente
atribuído
a Goya),
c. 1890-1900

Quando os jovens aldeões aprendem a combater os touros, muitas vezes só podem fazê-lo à noite e em segredo, talvez cruzando um rio, despidos, ou num campo de abrolhos, desgarrados, entrando sem autorização na fazenda do rico, aprendendo a combater os touros proibidos, em segredo, ilegalmente, na hora mais escura da noite. Tradicionalmente, os toureirinhos viram uma tentação nesse tipo de encontro porque, impedidos de ver o touro na noite, têm de combatê-lo muito de perto, adivinhando a forma do animal, sentindo-lhe o corpo calidamente agressivo contra o do novilheiro que, deste modo, aprende a distinguir a forma, os movimentos e caprichos de seu contendor.

O jovem matador é o príncipe do povo, um príncipe mortal e que só pode matar porque ele próprio se expõe à morte. A tourada é uma abertura à possibilidade da morte, sujeita a um preciso conjunto de normas. Supõe-se que o touro, como o mitológico Minotauro, nasceu totalmente armado, com todos os dons que a natureza lhe deu. Cabe ao matador descobrir com que classe de animal tem de bater-se, para transformar o fato natural do seu encontro com o touro em cerimônia, rito, domínio da força natural. Antes de mais nada, o toureiro deve medir-se contra os chifres do touro, ver em que direção carrega e, em seguida, cruzar-se contra seus chifres. Consegue isso mediante o estratagema conhecido como *cargar la suerte*, que se encontra no próprio cerne da arte do toureio. Dito da maneira mais simples, consiste em usar a capa com arte, a fim de controlar o touro, em vez de lhe permitir que siga seus instintos. Por meio da capa, como dos movimentos dos pés e do corpo, o matador obriga o touro a mudar de direção e ir para o campo de combate escolhido pelo toureiro. Com a perna adiantada e os quadris dobrados, o matador convoca o touro com a capa: agora o touro e o toureiro se movem juntos, até a culminância do passe perfeito, o assombroso instante de uma cópula estatuária, touro e toureiro entrelaçados, dando-se um ao outro as qualidades da força, beleza e risco, de uma imagem a um só tempo imóvel e dinâmica. O momento mítico se restaura: uma vez mais, como no labirinto de Minos, o homem e o touro são a mesma coisa.

O matador é o protagonista trágico da relação entre o homem e a natureza. O ator de uma cerimônia que evoca a nossa violenta sobrevivência às custas da natureza. Não podemos negar a nossa exploração da natureza, porque é a própria condição da nossa sobrevivência. Os homens e mulheres que pintaram os animais da gruta de Altamira já sabiam disso.

A Espanha arranca a máscara da nossa hipocrisia puritana em relação à natureza e transforma a memória das nossas origens e da nossa sobrevivência às custas do natural em cerimônia de bravura, arte, e talvez até de redenção. No domingo de Páscoa, na grande praça de La Maestranza de Sevilla, começa a temporada taurina. Enquanto surge a quadrilha ao ritmo da música do passo dobrado, que homenageia a Virgem de Macarena, o círculo que vai do toureio ao flamenco e ao culto da Virgem,

Matador, praça de touros, Sevilha, 1989

e de volta a seu filho e protegido, o toureiro, se fecha sobre si mesmo. Seja qual for o rosto do matador nessa tarde especial, um deles sempre recorda o toureiro por excelência, Pedro Romero, pintado por Goya. O pintor nos mostra o toureiro com suas nobres feições, seus firmes maxilares, suas maçãs do rosto rígidas, uma boca pequena e apertada, o nariz perfeitamente reto e fino, as sobrancelhas separadas, e uma testa desenvolta. Apareceram, sobre as frontes, as primeiras mechas prateadas. Mas o centro da atenção são os olhos, cheios de competência e ternura. Suas mãos são grandes, delicadas e fortes: veste uma capa de veludo rosa escuro, a jaqueta de um azul quase negro e um colete cinza que dá ao linho da camisa uma brancura excepcional. A pintura, em sua totalidade, oferece extraordinária impressão de serenidade e beleza masculina que, pode-se sentir e temer, o próprio pintor invejava.

Pedro Romero foi pintado por Goya quando o matador tinha quarenta anos. Romero principiou o toureio moderno na arena de Ronda. Ao longo de sua vida, matou 5.558 touros bravos e morreu aos oitenta anos sem uma única cicatriz no corpo.

Poder-se-ia argumentar que o corpo virginal de Pedro Romero, o toureiro perfeito que jamais derramou seu sangue na arena, não merece as lágrimas negras de nenhuma das mães virgens da Espanha. Mas Jesus Cristo sim, o Deus que morreu crucificado, cujo corpo sofreu feridas nas mãos, na fronte, nos pés, nos joelhos e nas costas, merece a compaixão materna – e a Espanha a proporciona em abundância.

Figuras maternas

As figuras maternas originárias da Espanha estão uma perto da outra no Museu Arqueológico de Madri. A Dama de Baza só em 1971 foi desenterrada de uma tumba perto de Granada. Sentada sobre uma cadeira de braços comparável a um trono, com uma pomba na mão, vigilante junto às tumbas de seus ancestrais e herdeiros, suas mãos repletas de anéis são o símbolo da autoridade materna, vestida com roupagens etéreas, presidindo sempre o nascimento e a morte de seu povo. Interpretada como uma deusa fúnebre, o fato de ter permanecido enterrada por 24 séculos também lhe permite ostentar o título de deusa da terra.

Mas perto da figura materna sempre encontramos a sedutora: a Dama de Elche. As datas são controversas (pode ter sido criada em qualquer momento entre os séculos II e V) e também possui perturbadores traços físicos e simbólicos. Se bem que a figura tenha chegado até nós como protótipo de arte da Espanha ibérica, quase como sua Gioconda, a influência grega é absolutamente clara na execução de seu rosto: a simetria, o realismo, o sentido da proporção e a delicadeza de suas linhas. Mas, se é uma dama clássica, é também uma figura de elegância bárbara. Rompem o equilíbrio grego os suntuosos ornamentos orientais que traz, o toucado, os brincos e colares. Fazendo brilhar, talvez, a primeira mantilha, dois discos enormes cobrem-lhe as orelhas como primitivos fones de ouvido que a comunicassem com a música de uma região que só ela escutasse e compreendesse. O céu? A Terra? O inferno? A

Um sol e sombra

O matador Pedro Romero. Francisco de Goya, c. 1795-1798

Dama de Elche parece surda às trivialidades morais. Eroticamente perversa, donzela, amante voluptuosa, sacerdotisa: pode-se imaginá-la em qualquer desses papéis.

Seu traço mais perturbador, porém, é que é levemente vesga. Signo ancestral de um erotismo secreto, a mulher vesga olha fixamente com os olhos de um basilisco. Vampira temível, a Dama de Elche transgride sua pureza clássica com o estrabismo e a moda bárbara, remetendo-nos de volta a esta verdade elementar: todas as

A Dama de Baza

deusas terrenas são ambíguas, dúplices, ternas e exigentes, mães e amantes, virgens e tentadoras. E todas elas são figuras de uma fecundidade impura, como as deusas terrivelmente ambíguas do panteão asteca. A mãe suprema da Terra, Coatlicue, dá à luz sua ninhada de deuses mediante signos de dor e crueldade extremos. E a equivalente a Vênus, no antigo México, a deusa Tlazoltéotl, tanto representa a pureza como a impureza: é a deusa que devora o lixo, a fim de limpar a Terra.

A figura virginal que presidiu a vida da Espanha e da América espanhola, durante tanto tempo e com tanto poder, não é alheia a estas antiqüíssimas figuras maternas da Europa e do Novo Mundo. Mas na Espanha, durante as grandes celebrações da Semana Santa, e nos países hispano-americanos, através de uma revivida

A Dama de Elche

aliança com as religiões pagãs, esta figura venerada converte-se também numa mãe inquietante, ambígua, aparentada com as deusas do amanhecer, seu descendente.

O cristianismo enriqueceu vigorosamente o imaginário anterior da Espanha. Deus pai, criador da Terra, e seu filho Cristo, o redentor, que sofreu e morreu por nós, e pela nossa salvação. Mas, junto com eles, chega outra vez a figura da mãe, a Nossa Senhora que dá vida e proteção. A mãe e o filho se unem no cristianismo, através da compaixão e do mistério. O mistério supremo, logo de início, é o da Imaculada Conceição. Cristo nasce de uma virgem e, em conseqüência, é objeto da fé. E, da fé, Tertuliano disse: "É certo porque é absurdo." O que significa que devemos crer, ainda que não compreendamos.

Todas essas mutações religiosas e eróticas da alma espanhola alcançam seu auge de paixão e compaixão na aliança entre a virgem e seu filho. É esta a realidade que se encontra no eixo do mais assombroso, inquietante, místico e sensual de todos os espetáculos espanhóis: a Semana Santa de Sevilha.

Mais de cinqüenta imagens da Virgem Maria são levadas em procissões que serpenteiam pela cidade entre a quinta-feira à noite e a manhã do sábado de Aleluia. Em cada bairro, homens de todas as condições sociais caminham em irmandades, homenageando suas próprias virgens e fazendo penitência em nome do Cristo e sua mãe. Cada penitente carrega cruzes e círios, vestindo-se com as solenes roupagens de sua irmandade.

Durante o ano inteiro, mas também de geração em geração, as associações de tintureiras e cerieiros, os tecedores de linho e os aplicadores de fio de ouro trabalharam o pálio e o manto, a saia e a touca, o mantelete e a túnica de todo este divino serralho: Virgem do Rocio, Senhora de los Reyes, Virgem de Macarena, Virgem de Triana. Agora, em mangas de camisa, ao longo das ruas de Sevilha, os carregadores levam por sobre os ombros o templo flutuante da virgem, descalços, invisíveis entre as fraldas da Virgem, protegidos pelos panos e respiradores sagrados, carregando o peso da mãe de Deus.

Ela é, por certo, o centro de toda essa atenção. Cobre-lhe o rosto uma coifa de ouro, um rosto da cor da lua, sulcado por grossas e negras lágrimas. Coroada por uma tiara solar de raios como navalhas, aperta rosas mortas contra o peito, envolta na grande capa triangular que lhe cai dos ombros até os pés, o manto se encrespando todo com incrustações de marfim e pedraria, medalhões em forma de flor e entrelaçados como serpentes de metal.

Qual é o significado desta "festa multicor", como a chamou José Ortega y Gasset? Trata-se de um exercício de narcisismo coletivo, graças ao qual Sevilha monta seu próprio espetáculo e logo se converte no seu próprio espectador? Ou, simplesmente, é a maneira como a Andaluzia absorve o choque cultural de reiteradas invasões – gregas, romanas, árabes –, fundindo-as todas no crisol da sua sensualidade religiosa e seu paganismo sagrado?

Um sol e sombra

Procissão da Virgem

Esta cerimônia também é um jogo. Só assim podemos compreender os gritos que seguem a Virgem por toda a parte, *"guapa, guapa"*.* Este sentido lúdico do espetáculo religioso exprime-se perfeitamente na canção cigana que diz:

El Niño Dios se ha perdido.
Su Madre lo anda buscando.
Lo encuentra a orillas del rio,
De juerga con los gitanos.**

---

* Esbelta, elegante, bem vestida. (N. do T.)

** Perdendo-se o Deus menino, / Saiu a mãe procurando-o. / Achou-o à beira do rio, / Numa festa com os ciganos. (N. do T.)

Um Rio de Vozes

O segundo lugar-comum da Espanha é o tablado flamenco. O espaço quase sagrado onde a tentação espanhola, Carmen, a deusa em movimento, pode representar.

No tablado, os cantores e violonistas zangarreiam, preparam, esquentam, entoam, enquanto as mulheres se sentam e batem palmas. Podem ser meninas núbeis, mulheres franzinas como vassouras ou velhas e barrigudas, mas cheias de chama, animando o espetáculo flamenco com suas palmas e seus sapateados. Mas são, sobretudo, as belíssimas *bailaoras*. Altas, morenas e de figura cheia, os cabelos às vezes revoltos mas em geral penteados para trás e coroados por uma travessa. Seus corpos vão envoltos em babados, cetins, sedas e rendas, complicadíssimos espartilhos, inimaginável roupa íntima, meias, longos xales, laços, cravos, travessas. Jamais se desnudarão, mas seus cabelos, sem dúvida, se enredarão, se soltarão e saltarão para adiante como a cabeça de uma Medusa, durante o baile. Rainer Maria Rilke veio vê-las em Ronda e disse que levantavam os braços "como serpentes assustadas".

Estas dançarinas vêm de muito longe. Já as encontramos bailando nos soalhos de Pompéia. As *bailaoras* de Cádiz foram a sensação da Roma imperial. Marcial fala de suas "sábias contorções", enquanto Juvenas as descreve "enfebrecidas pelos aplausos, submergindo até o soalho com as nádegas trementes". Lord Byron pôde vê-las como "as morenas donzelas do céu"; mas outro viajante inglês do século XIX, menos pitoresco porém mais moralista, escreveu que, embora os bailes da Espanha fossem indecentes, as pessoas que dançavam eram inviolavelmente castas. Mas, em coisas de Andaluzia, como sempre, é Federico García Lorca quem tem a última palavra. As ciganas, escreve, são metade bronze, metade sonho. Vê as dançarinas como mulheres paralisadas pela lua.

E assim é. A dança flamenca não é senão o satélite do canto flamenco ou cigano, o *cante jondo*, o rio de vozes, como o definiu, uma vez mais, García Lorca. A dança é a lua, girando ao redor do sol, que é o centro do sistema solar do *cante jondo*, rio de vozes, canto solar que nos pega diretamente pelo plexo solar, com seu poder atávico e seu antigo magnetismo. Trata-se de uma forma híbrida, que atrai para seu sistema mais de quinhentos tipos de música diferentes, desde o chamado muçulmano para a prece até a última rumba tropical, transformando-os todos para que a urgência mais funda do flamenco se manifeste: cantar as situações humanas mais extremas e íntimas. Amor, ciúme, vingança, nostalgia, desespero, deus, morte, mãe. No *cante jondo*, o destino trágico se apodera de tudo e, em sua espiral, as palavras perdem a forma cotidiana, transformando-se, de fato, numa canção-rio, manancial verbal de emoções inexprimíveis. Às vezes, o flamenco transcende sua forma improvisada, até se converter em algo semelhante ao grito. Um grito, já se disse, não debaixo das palavras mas por cima delas. Um grito ali onde as palavras não são suficientes. Pois é a alma o que canta no flamenco, conferindo voz às emoções mais obscuras e incontroláveis.

Dançarina de flamenco

Mas o cerne da dança flamenca e do *cante jondo* é, outra vez, o acontecimento erótico. E no cerne deste cerne encontramos novamente a mulher, a tentadora, totalmente ataviada com os farfalhantes drapeados do traje cigano, envolta no longo xale, dançando sobre saltos altos, flutuando entre laços de fitas, afogada nos babados. A *bailaora* flamenca oferece um contraste, mas também estabelece um complemento para outro traço espanhol e hispano-americano: a turbulência sexual ataviada de anelos de santidade, exatamente como a exibem as figuras das virgens levadas pelas ruas de Sevilha, durante a Semana Santa.

A sensualidade reprimida pela fé, mas sublimada pelo sonho místico. Ali mesmo, no cenário de Sevilha, o *cante jondo* aparece num contexto religioso. Os passos se detêm, quando um homem, numa esquina, ou uma mulher, de uma varanda, lançam uma *saeta*: o canto dirigido à Virgem de uma forma amorosa e familiar. Pois a Virgem oferece poder e proteção. Seu poder provém do amor. Pode-se conhecê-lo intimamente. Vive em Sevilha o ano inteiro. É como uma pessoa da família. É a Virgem de Macarena, a padroeira dos toureiros, que chora a morte e o destino de todos os seus filhos.

Deste modo, o texto do lugar-comum espanhol e hispano-americano nos revela finalmente o contexto de uma união sensual, de uma imaginação erótica, de uma relação sensível com a natureza e com a alma, sobre a qual haverá de crescer, um dia, o que chamamos "a história" da Espanha e da América espanhola.

DOIS

A conquista da Espanha

O destino da Espanha é inseparável do Mediterrâneo. Este mar, de certo modo, começa e termina na Espanha. Entra-se no Mediterrâneo, a partir do Atlântico, pela Andaluzia. Mas, antes de Colombo, ninguém vinha do Atlântico para o Mediterrâneo. Durante muitos e muitos séculos, a Espanha foi a única porta de saída do Mediterrâneo. Mas havia algo antes do *Mare Nostrum*? No "Nosso Mar", como o chamavam os latinos, se entrava, a partir do Atlântico, através das colunas de Hércules. E, antes do canal de Suez, não havia outra maneira de se sair dele. Hoje, essa porta de entrada e saída se chama Gibraltar, em memória do pequeno chefe berbere que invadiu a Espanha vindo da África, em 711. Para o mundo moderno, Gibraltar é um nome associado à rocha e às apólices de seguro, mas sobretudo à política britânica de manter o Mediterrâneo aberto ao comércio e à movimentação marítima. Na atualidade, como tantas outras coisas britânicas, é um anacronismo. Mas Gibraltar nos recorda, sim, que durante séculos o *Mare Nostrum* foi o centro geográfico onde Europa, Ásia e África se encontraram, e onde suas civilizações mutuamente se fertilizaram. Filosofia, literatura, política, comércio, guerra, religião e arte: nenhuma faceta comum à Europa, Ásia e África seria compreensível sem a forma que as margens do *Mare Nostrum* lhes imprimiram.

O homem mediterrâneo podia atrever-se a explorar timidamente as costas da África até o sul. Mas, em direção ao Ocidente, não havia nada senão medo e mistério, não "Nosso Mar", porém o mar do mistério: *Mare Ignotum*.

De tal modo que a Espanha, na realidade, se converteu em algo como o beco sem saída do Mediterrâneo. Era possível mover-se para o Ocidente, até à Espanha, e deter-se aí. Não havia nada mais além da Espanha, e uma das pontas mais ocidentais da península se chamou, apropriadamente, Finisterre, o cabo do fim do mundo. A cultura espanhola foi determinada, no mais alto grau, por essa finalidade, essa excentricidade da sua posição geográfica. Chegar à Espanha significava ficar aí, porque não havia nada depois da Espanha, salvo a opção de viajar de volta ao Oriente, de onde se havia partido.

Este duplo movimento deu forma a duas culturas espanholas. Uma profunda cultura agrária deu as costas para o mar. Era esta a cultura dos iberos. O Ebro, o rio

Santa Luzia.
Francisco de
Zurbarán,
c. 1625-1630

dos iberos, era seu hábitat, e "iber" significa "rio", pelo que, para continuar o trocadilho joyceano, a origem da Espanha é um iber-rio. Os iberos chegaram à península mais de dois mil anos antes de Cristo e a partir do sul. Em 900 a.C., encontraram-se com os celtas chegados do norte e se fundiram com eles para formar a cultura celtibérica que constituiu o coração da profunda civilização agrária da Espanha, viva até os nossos dias. Cultura de pastores e de aldeias, de camponeses e de instintos tribais, alimentando-se de carne, queijo e pão, seu isolamento foi crescendo à medida que o litoral mediterrâneo, da Catalunha à Andaluzia, se converteu num colar de populações estrangeiras, empórios e portos comerciais. Essa presença mediterrânea, certamente mais comercial do que política, foi encabeçada pelos fenícios, mil anos antes de Cristo. Seus barcos tartessos criaram os grandes mitos da segunda cultura espanhola, a cultura mediterrânea, viajante, exterior. É a cultura de Hércules e dos touros, do comércio e da comunicação, encabeçada pelos "dignos mercadores" de Tartessos, a que se refere Ezequiel. Mas Tartessos é também o fim do mundo, o temor do desastre, o prognóstico de um negro vazio, um nada, onde só se pode escutar um grito: "Uivai, ó barcos de Tartessos... pois a vossa força foi vencida." Ao nascer, a Espanha entra com um grito na Bíblia e a Espanha é, finalmente, uma vez mais, a cultura do excêntrico, o beco sem saída, o lugar de onde se escapa, do mesmo modo que Jonas foge, para Tartessos, "da presença do Senhor".

Na fuga bíblica de Jonas, longe da presença de Deus, pode-se adivinhar um símbolo perverso tanto do retiro da Espanha dentro de si mesma, a Espanha montanhosa, agrária e tribal do interior, como de sua tentação, paralela, de sair de si mesma e arrostar o mar, os barcos, o desafio de um mundo bem além das colunas de Hércules, onde o sol submerge. Essa história de conquista e invasão, que atrai a força estrangeira para a Espanha, será repetida pela própria Espanha no Novo Mundo. A resposta espanhola ao desafio do outro – o arawak nas Antilhas, o asteca no México, o quíchua no Peru – foi determinada pela experiência de muitos séculos, quando a Espanha era o país conquistado.

Conquista benigna, enquanto os fenícios e em seguida os gregos se limitaram a criar entrepostos comerciais nas costas, com zonas de influência restrita ao redor dos portos de Gades (Cádiz) e Malaca (Málaga), ilhando ainda mais a cultura primária celtibérica e estabelecendo, em compensação, uma nova cultura mediterrânea da vinha, da oliveira, do marisco, dos cereais, da circulação monetária e da vida urbana. Com efeito, a falta de desenvolvimento urbano no interior é o que mais contrasta com os florescentes entrepostos costeiros da presença fenícia e grega na Espanha.

UMA CIDADE SITIADA

A conquista da Espanha pelo outro deixou de ser assunto puramente mercantil quando o Mediterrâneo passou a ser o cenário de um grande conflito militar que colocou frente a frente dois poderosos estados, Cartago e Roma; África e Europa, terra e mar, elefante e navio. Quando a Grécia abandonou a Espanha, Cartago e Roma se fizeram presentes para conquistar, formar alianças e, sobretudo, converter a Espanha em base para as mútuas agressões das duas superpotências da época. Com o fim de preparar sua investida final contra Roma, Aníbal, o jovem comandante-em-chefe do exército cartaginês, transformou a Espanha no trampolim a partir do qual iniciou sua marcha épica pelo sul da França e pelos Alpes, até a Itália. Mas após derrotar os romanos no lago Trasimeno, Aníbal, mal abastecido, teve de regressar a seu refúgio espanhol, confirmando deste modo a desconfiança dos romanos de que, se não conquistassem a Espanha, jamais conquistariam Cartago. Desta maneira, curiosamente, foi a vitória de Aníbal na Itália o que atraiu Roma para a Espanha. E, com Roma, chegaram as criações mais duradouras da cultura espanhola: língua, direito, filosofia, uma visão da história universal, comunicações. Tudo isso, eternamente associado à prolongada presença de Roma na Espanha, baseia-se na realidade fundamental da cidade.

Ao longo de muito tempo, Roma foi a experiência culminante da conquista da Espanha por uma força externa: antes das invasões muçulmanas de 711, e antes do próprio empreendimento da conquista espanhola no mundo indo-americano, depois de 1492. Trata-se de uma experiência singular, pois se a Espanha, nas Américas, esmagou de maneira deliberada as civilizações preexistentes, cortando-as em flor, destruindo o bom junto com o mal e substituindo violentamente uma forma de cultura por outra, a experiência hispânica com os romanos foi exatamente a oposta. A Itália criou na Espanha um governo e instituições públicas harmoniosas e duradouras. Levou idéias de unidade e de ampla corresponsabilidade humana para onde estas não existiam ou eram extremamente precárias. E o fez mediante o instrumento da vida urbana.

Ao longo desta experiência, estabeleceu-se um conjunto de tradições que não só dariam forma à cultura e às instituições, à psicologia e às reações vitais da Espanha, como às de seus descendentes nas Américas.

Muito além, portanto, dos estereótipos nacionais, existe um bom número de experiências significativas que criaram uma tradição espanhola e hispano-americana, pelo menos a partir da época da dominação romana da península. Nada revela melhor a forma desta tradição do que o encontro com o outro, com ele ou ela que não são como você ou eu. Neste encontro, no plano ibérico original, todas as crônicas estrangeiras concordam em que os povos da Espanha eram, nas palavras de Trogo Pompeyo em suas *Historiae Phillipicae*, fortes, sóbrios e trabalhadores: *"dura omnibus et stricta abstinenta."* "Duros e sóbrios." Um povo duro, certamente, mas também individualista ao extremo, coisa que os romanos aprenderam rapidamente quando invadiram a península, no ano 200 a.C., e observaram que os exércitos ibéricos eram sem dúvida valentes, mas ineficazes, porque cada homem combatia por si mesmo e resistia a se integrar em unidades mais amplas, ou a prestar obediência a comandantes ausentes e regras abstratas. O particularismo regional que, com boas e más conseqüências, distinguiu a nação espanhola ao longo dos séculos foi imediatamente percebido pelos romanos. Estrabão chamou-o de "orgulho local" e chegou à conclusão de que os povos ibéricos não podiam se unir para repelir juntos uma ameaça estrangeira.

Em vez disso, os ibéricos sentiam uma atração profunda pela sua própria localidade, sua aldeia, sua paisagem hereditária. Provêm daí dois fatos importantes. O primeiro é que não eram muito bons para as operações ofensivas, que requeriam precisamente o tipo de comando unificado que não foram capazes de criar e que, em contraste, era uma das primazias da organização militar romana. Mas o outro fato, complementar, é que os iberos se mostraram extraordinariamente hábeis em se defender de maneira atomizada e desregrada, complicando enormemente a vida dos invasores, visto que, em vez de vencer um exército representativo cuja derrota lhes permitisse proclamar a vitória, os comandantes romanos tinham de lutar sucessivamente contra uma aldeia, e outra, e cada uma delas oferecia às coortes romanas resistências prolongadas e tenazes.

Isso, por sua vez, gerou uma tradição. Os espanhóis descobriram que sua força era a defesa; daí em diante, recusaram-se a oferecer uma linha frontal visível ao invasor e, em vez disso, inventaram a guerrilha. Ataques surpreendentes, por pequenos bandos, de preferência noturnos; exércitos da noite, invisíveis de dia, confundidos com as aldeias engastadas nas ladeiras cinzentas das montanhas. Dispersão, contra-ataque: a guerrilha, a microguerra local em oposição à macroguerra invasora, a "grande guerra" mantida pelas legiões romanas.

Particularismo, guerrilha, individualismo. Plutarco escreve que os comandantes espanhóis eram cercados por um grupo de devotados ditos "solidários", que consagravam suas vidas à do chefe, morrendo com este. Mas, ao descobrir que os iberos rejeitavam a federação, que sentiam lealdade apenas para com a terra e seus chefes, os romanos foram capazes de derrotá-los de um modo semelhante ao que estes haveriam de usar para derrotar o asteca e o inca: graças à tecnologia superior, desde o início, mas também graças a recursos superiores de informação. Ao se darem conta de que os povos mexicanos eram um mosaico de particularismos sem alianças mais amplas que as de serem fiéis à localidade e ao chefe, Cortés derrotou os astecas do mesmo modo que Roma derrotou os iberos.

O custo foi alto e revelou mais um traço: a honra. O extraordinário culto da honra, na Espanha, tem suas raízes na fidelidade à terra e ao chefe. Na guerra contra Roma, o lar se chamou Numância e o chefe se chamou Viriato.

Numância resistiu aos invasores romanos durante cinco anos, até se converter, para Roma, numa espécie de Vietnã espanhol. A falta de êxito desmoralizou o exército romano. A opinião pública, em Roma, protestou furiosamente contra uma guerra que havia devorado uma leva atrás da outra de jovens recrutas. O Senado recusou o envio de novas tropas. Quando o membro mais jovem de uma grande dinastia militar, Públio Cornélio Cipião, recebeu a ordem para derrotar o povoado orgulhoso, individualista e guerrilheiro da Numância, não se lhe deram novas tropas, sendo ele forçado a contar com o que já havia na Espanha. Cipião apostou seu prestígio nessa aventura. Conseguiu dinheiro, tropas e uma guarda pessoal provida por sua clientela de monarcas asiáticos e africanos, entre os quais o príncipe númida Jugurta, que mais tarde haveria de tentar a libertação da África do Norte da dominação romana, e chegou à campanha contra Numância com 12 elefantes. É de se supor que aprendeu ali umas tantas táticas guerrilheiras que, mais tarde, colocaria em prática na sua própria sublevação contra Roma. Mas Cipião combateu em boa companhia, sobretudo porque levou consigo um regimento de amigos ilustres para escrever a crônica da campanha: o grande historiador Políbio, o poeta Lucílio e uma quantidade de cronistas e políticos jovens. Mal chegou diante de Numância, Cipião expurgou o exército das prostitutas, efeminados, alcoviteiros e adivinhos, dando ordem aos soldados para venderem todos os acessórios desnecessários e limitarem-se a uma panela de cobre e um prato, sem comer nada além de carne cozida. Cipião dormia sobre um monte de feno – e, aos soldados, foram negadas camas ou massagistas. O poeta Lucílio conta que se tomaram das tropas vinte mil navalhas e instrumentos de depilação. Além disso, os soldados tiveram de se submeter a marchas forçadas, exercícios extenuantes e, finalmente, no verão e no outono do ano de 174 a.C., ordenou-se-lhes cavar trincheiras e parapeitos, para criar um círculo de mais de nove quilômetros de muralhas em torno da cidade, duplicando o seu perímetro. Rodeada de muros de 2,5m de largura, 3m de altura e uma torre a cada 30m, assim como de um exército renovado de cinqüenta mil romanos, Numância foi obrigada a enfrentar uma imagem duplicada de si mesma. Cipião se recusou a atacar, obrigando os numantinos, cujas forças não iam além dos seis mil homens, a eles próprios atacarem ou perecerem de fome.

  De dia, o grande chefe latino dessa guerra observava os sinais dos estandartes; à noite, observava as fogueiras, trajando sempre uma longa capa de lã negra, para dar a entender o seu pesar pela incompetência anterior do exército romano. As próprias tropas de Cipião, totalmente disciplinadas, também se uniformizavam de negro, como o chefe. Obrigavam, enquanto isso, a população de Numância a comer, de início, tudo quanto era couro, em seguida corpos humanos: os mortos, os doentes, por fim, os débeis. Mas Numância não se rendia, até que, no ano 133, segundo *La guerra ibérica*, de Apiano: "a maioria dos habitantes se suicidou, e os demais... saíram... oferecendo um espetáculo estranho e pavoroso. Seus corpos sujos, esquálidos e pestilentos, as unhas enormes, os cabelos emaranhados e a roupa repugnante. Talvez merecessem compaixão, devido a sua miséria. Mas também causavam horror, porque em seus rostos se inscreviam a raiva, a dor e o esgotamento."

Se bem que Numância não seja em tudo o equivalente ibérico da Massada judia, a que já foi comparada, é efetivamente um emblema de numerosas tradições forjadas nos moldes originais da Espanha: características não só da Espanha, logo de início, mas com toda certeza tingidas, concentradas e ressaltadas peculiarmente pelos acontecimentos da história e da cultura espanholas, assim como pela subseqüente experiência do mundo hispânico nas Américas.

A encarnação da honra foi o chefe, especificamente o chefe militar, o caudilho, como veio ele a ser conhecido mais tarde, por adaptação de uma palavra árabe que significa "chefe". As tradições da honra, o individualismo, a guerrilha, a lealdade ao torrão natal e ao chefe se reúnem na figura de Viriato, que apareceu na esteira do pretor romano Galba, cuja escandalosa corrupção, enquanto administrou a Espanha, deu uma trégua à força guerrilheira em 139 a.C. Preparando-se para uma prolongada guerra de guerrilhas, Viriato praticou uma estratégia de despistamento, fingindo fugir, atraindo as forças romanas, derrotando-as pela surpresa, desaparecendo nas montanhas que só ele conhecia, exaurindo Roma mas, ao mesmo tempo, sendo exaurido por ela. Oito anos mais tarde, Viriato solicitou a paz e a obteve honrosamente. Roma o declarou um amigo, mas corrompeu três emissários seus e os enviou para matar o confiante chefe ibérico. Viriato só podia ser derrotado por traição. Queimado numa pira funerária, converteu-se num símbolo, que haveria de repetir-se numerosas vezes ao longo da história espanhola e hispano-americana. Mas era um homem dotado de personalidade própria, descrito por Justino como a "figura militar mais importante entre as tribos espanholas", assim como um homem, ainda, de grande sensibilidade, humano, íntimo de seus comandados.

A morte de Viriato e a queda de Numância garantiram a romanização da Ibéria. "Numância" e "Viriato" evocam tradições que acabariam tornando-se persistentes. No entanto, Roma deu provas de extraordinária inteligência, ao deixar intocadas as tradições profundas da Espanha e limitar-se a preencher os numerosos vazios de sua vida cultural. Roma fundou as grandes cidades do interior: Augusta Emerita (Mérida), Hispalia (Sevilha), Corduba (Córdoba), Toletum (Toledo), Caesaraugusta (Zaragoza), Salamantica (Salamanca), interligando-as com um conjunto esplêndido de estradas. Desta maneira, Roma uniu as cidades abertas para o mar às cidades fechadas da montanha. Criou, com isso, a primeira base, e a mais firme, para a futura unidade espanhola. Uma Espanha unida e independente só apareceria a partir do ano de 1492. Contudo, o fermento da alma celtibérica foi introduzido no forno da lei, da língua e da filosofia romanas.

A Espanha romana

Os signos externos da romanização se encontram por toda parte, na Espanha: o teatro em Mérida, que data de 18 a.C.; a ponte de Alcântara, terminada em 105 a.C.; o famoso aqueduto de Segóvia, erigido no primeiro século da nossa era.

O teatro em Mérida

O aqueduto romano em Segóvia

Mas os signos internos surgem, primeiramente, na linguagem – precisa, às vezes oratória, às vezes epigramática, retórica como uma frase de Cícero, eficaz como um despacho de Júlio César, íntima como um poema amoroso de Catulo, épica como um poema de Virgílio. Mas em breve a Espanha romana estava produzindo sua própria colheita de escritores, incluindo homens como o educador Quintiliano ou o epigramista Marcial, que evocou tão sensualmente as jovens dançarinas de Cádiz; ou como o poeta épico Lucano e, sobretudo, como o seu tio e preceptor do imperador Nero, o filósofo estóico Sêneca, de Córdoba.

O estoicismo foi a resposta da Antigüidade ao fim da tragédia e à perda da divindade. Liberto de suas alianças com a herança trágica da fatalidade e da sujeição ao capricho dos deuses, o homem se transforma na medida de todas as coisas, mas descobre que sua liberdade é inseparável da sua solidão. A fim de se fazer um homem verdadeiro, o indivíduo deve ter uma idéia clara de si mesmo, dos seus poderes, mas também dos seus limites. Deve compreender que é parte da natureza, isto é, algo em mudança constante, algo que constantemente se está fazendo. Deve o homem encontrar a unidade dentro da mudança? Seja como for, deve saber que é sujeito a paixões, mas que também deve aprender a controlá-las. E, finalmente, deve saber que a morte o espera. Deve ter uma resposta, uma atitude, um estilo, dignos de sua morte.

Sêneca, o estóico de Córdoba, explicou que, em tempos difíceis, quando tudo ao redor de nós parece desmoronar, só podemos recorrer a nossa vida interior. E a interioridade deve congregar todos os valores da alma estóica: a liberdade e a paixão, a natureza e a morte, mas aceitando-as de um modo consciente, como realidades, não como fatalidades tragicamente sofridas. Em resposta às agressões do mundo, Sêneca aconselhou: "Não permitas que nada te conquiste, exceto tua própria alma."

O efeito da filosofia de Sêneca na Espanha foi poderoso e duradouro. Até hoje, na Andaluzia, "Sêneca" significa sabedoria, e sabedoria significa compreender que a vida não é feliz. Pois, num mundo feliz, quem precisaria dos filósofos? Em sua resposta à morte, o próprio Sêneca adotou uma das atitudes estóicas. Quando perdeu a simpatia de Nero, antecipou-se à cólera imperial, se suicidando. Mas também muniu a Espanha de uma filosofia permanente, que se encontra no coração da alma espanhola, moderando-lhe os excessos, obrigando-a a voltar para si mesma depois das grandes aventuras da guerra e do descobrimento, conquista, violência e morte. A Espanha, terra de santos, pintores, poetas e guerreiros, repetiria incessantemente as verdades estóicas – particularmente, logo de início, no *Quixote* de Cervantes, em que o protagonista pode ser visto como um homem que, no fim, deve contrabalançar suas loucas aventuras com o regresso ao lar, a si mesmo e a sua própria morte.

Talvez o aspecto mais interessante do estoicismo espanhol seja o retrato individualizado do homem que domina suas paixões, seu ser natural, seu destino enfim, mediante o conhecimento de si mesmo. O extremo individualismo da Espanha ibérica, a força exaltada dos seus chefes guerrilheiros, os sacrifícios alucinados de suas cidades sitiadas, a incapacidade de se organizar coletivamente são traços corrigidos pela filosofia romana do estóico.

Tanto o individualismo ibérico como o estoicismo romano acabariam por criar a essencial figura espanhola do fidalgo, literalmente o filho de algo, isto é, o herdeiro, o homem de honra, de palavra, de nobreza exterior mas, sobretudo, interior. El Greco nos daria a versão definitiva deste ideal em sua pintura *El caballero con la mano en el pecho*. Cervantes, sua contrapartida literária na figura do Cavalheiro do Capote Verde, no *D. Quixote*.

A fusão de individualismo e estoicismo afetou profundamente a maneira espanhola de aceitar a direito romano. Há, no mundo hispânico, uma tradição muita clara de direito estatutário, isto é, de direito escrito, que é de origem romana e, através da Espanha, passa a ser uma das tradições fundamentais da América espanhola. Para Roma, o fato de que a lei, em vez de ser puramente consuetudinária ou oral como nos tempos anteriores à Lei das Doze Tábuas, agora estivesse escrita, queria dizer que ela sujeitava todos e que ninguém podia pretender a ignorância da lei para impor aos outros a força ou o capricho particular. Veremos adiante de que maneira este respeito pela lei escrita como fonte de legitimação é um fato fundamental na vida da Espanha e em sua relação com o Novo Mundo, através das crônicas do descobrimento e da conquista, que dão credibilidade e autorização a esses empreendimentos e, mais ainda, através de legislação protetora, como as Leis das Índias que, mais do que o fato patente da conquista, legitimaram, na verdade, a coroa espanhola nas Américas. E, em seguida, na América espanhola independente, a importância concedida à Constituição escrita, seja ou não respeitada, é equilibrada pelo pedaço de papel escrito, freqüentemente velho e roto que, de posse dos despossuídos, permite-lhes reclamar seu direito à terra. O direito romano é a própria fonte de todas essas tradições. E é a fonte, igualmente, de outra tradição hispânica, a idéia, elaborada através da lei e da linguagem, do Estado como co-autor do desenvolvimento e da justiça. Todos os teatros, aquedutos, estradas, pontes não eram senão signos externos da decisão romana de impor o progresso e o desenvolvimento econômico mediante a autoridade benévola do Estado romano. Assim o censo, os impostos, a política e toda a administração: Roma demonstrou uma extrema habilidade em saber associar ao Estado romano as virtudes e obrigações da vida civilizada, sem deixar de respeitar as culturas locais e as tradições hispânicas. Semelhante flexibilidade permitiu à Ibéria aceitar mais facilmente o presente de Roma: com o Estado interligando o país, desenvolvendo a economia, oferecendo à Espanha o sentimento de participar da história universal, mas ao mesmo tempo respeitando seus sentimentos de orgulho e tradição locais.

Tudo isso não impediria a consciência de um perigo. O Estado que representa o desenvolvimento e a justiça podia converter-se num Estado a ser visto – ou a se ver a si mesmo – como sendo superior aos governados e além do domínio destes.

O Espelho Enterrado

*Fidalgo com
a mão no peito.*
El Greco,
1578-1583

Neste sentido, e desde o início, a Espanha criaria mais uma constante. Podemos chamá-la de dramatização poética da injustiça e do direito à rebelião. Uma obra teatral como *Fuenteovejuna*, de Lope de Vega, no século XVII, dramatiza explicitamente o enfrentamento entre o poder político e a cidadania. *Fuenteovejuna* descreve a reação coletiva de uma cidade contra a injustiça. A cidade assume a responsabilidade de todos e de cada um dos cidadãos e, quando se lhes pergunta quem é responsável pela morte do comendador, todo o povo responde, como um só homem: Fuenteovejuna. O teatro de Lope de Vega e de Calderón, no Século de Ouro, demonstraria enfim que, com a fusão e desenvolvimento do governo romano e do estoicismo, a rebeldia e o individualismo espanhóis haviam encontrado o modo de agir coletivamente.

Já se disse que o gênio de Roma, na Espanha, foi o de nunca impor um esquema absolutista, totalitário, mas promover a mudança, a abertura, a mistura e a circulação. Os aquedutos levaram a água dos vales fluviais às áridas mesetas, do mesmo modo que a lei e a língua propiciaram um crescente sentido de comunidade. De qualquer forma, as pretensões iniciais de forçar a integração ítalo-hispânica fracassaram e, no primeiro século da nossa era, os ibero-romanos participavam plenamente da vida da própria Roma. Não nos deve surpreender, conseqüentemente, que três imperadores romanos – Trajano, Adriano e Teodósio – houvessem nascido na Espanha.

O movimento constante das cidades e das estradas, um movimento de artesãos, almocreves, mercadores, funcionários públicos, soldados e imigrantes, deu enfim a todo o processo da romanização um molde popular, que a todos permitia falar latim com uma inflexão cada vez mais local, inventando palavras, adaptando-lhes os sons, vulgarizando a linguagem e até militarizando-a. A língua latina se partiu em três variantes romances: a fala dos clérigos (*sermo clericalis*), do exército (*sermo militaris*) e do povo (*sermo vulgaris*).

Dessa mistura temerária viria a fala da Espanha e de mais de trezentos milhões de indivíduos na América espanhola e nos Estados Unidos.

A COROA E A CRUZ

Embora a sabedoria do direito, da linguagem e da filosofia romana permanecesse na Espanha, o império estiolou e morreu. Duas novas forças apareceram na paisagem, tantas vezes ferida, da Espanha. Os primeiros cristãos chegaram vindos do leste, no primeiro século da nossa era. Em seguida, uma onda de invasões germânicas, a partir do norte, afogou o decadente poder de Roma, culminando com o governo dos visigodos – nominalmente cristãos, mas bárbaros de fato.

A Espanha não foi, por certo, a causa da queda de Roma na Espanha. A península era o celeiro de Roma, provavelmente a mais rica província do império, e tão absolutamente romanizada e leal que só uma legião se achava ali, por motivos puramente simbólicos. A Espanha romana estava muito longe daquela irredutível Espanha ibérica que se sacrificou em Numância. Mas o desaparecimento da ordem romana, que durante mil anos dominara o mundo antigo, deixou um vazio em que a Espanha, desprovida do escudo romano, não pôde proteger a si mesma. O vazio foi preenchido pelos bárbaros e cristãos. No século V, Roma se encontrava num estado tal de decomposição que todos os seus exércitos não teriam podido defender a Espanha contra as ondas de tribos invasoras — suevos, alanos, vândalos, que desciam da Gália e da Germânia para a atônito sul da Espanha. Os bárbaros sitiaram e logo saquearam as cidades hispano-romanas, voltando-se, em seguida, uns contra os outros. Os alanos foram derrotados pelos suevos, que então atacaram os vândalos e derrotaram-nos com a ajuda de outra onda invasora, a dos godos, o que levou ao enfrentamento entre godos e suevos. O assunto se complicou quando os romanos enviaram suas legiões para recuperar a Espanha. Os godos contemporizaram com Roma, até o momento em que o último imperador romano, Rômulo Augusto, fugiu da cena, e os visigodos se converteram nos senhores da Espanha.

Suas coroas votivas são suntuosamente bárbaras, uma contrapartida masculina dos toucados da Dama de Elche. Mas, numa monarquia eletiva e constantemente disputada, não descansavam tranqüilamente sobre as cabeças dos reis visigodos. Uma nobreza de guerreiros, apaixonados por suas pesadas coroas e luxuosa pedraria, brigou incessantemente em torno de questões políticas e religiosas. Os visigodos haviam abraçado a heresia ariana, que se caracterizava pela afirmação de que Cristo não fazia parte da Santíssima Trindade e, por conseguinte, não fazia parte da natureza de Deus Pai, sendo simplesmente um profeta. E também brigaram incessantemente em torno das questões políticas, resolvendo os problemas da sucessão dinástica com um banho de sangue atrás do outro.

A chegada dos primeiros cristãos à Espanha continua cercada de mistério e lenda. Alguns dos primeiros santos espanhóis eram de origem africana, como são Félix, que levou o verbo de Cristo a Barcelona, ou são Cugat, que também pregou no porto catalão. Houve muitas mulheres mártires. Prisciliano, heresiarca espanhol, propôs a doutrina de que os nossos corpos são criação do diabo, devendo ser consumidos no prazer terreno e no amor livre. Promovera, com êxito, reuniões mistas de homens e mulheres, para a leitura da Bíblia. Numerosas mulheres aderiram a sua heresia. Mas outras só encontraram a consolação do martírio, quando se negaram a se submeter às exigências dos homens. Uma vez que carecemos de ilustrações coetâneas destas mártires espanholas, podemos imaginá-las como as pintou Francisco de Zurbarán, no século XVII. Suas jovens mulheres, vestidas esplendidamente, ostentam todos os símbolos da tortura. A lenda nos conta que santa Luzia foi sacrificada em Siracusa, quando seu pretendente, rejeitado, a denunciou como cristã. Incontinenti, um soldado romano lhe cravou a espada na garganta. A santa é representada levando seus próprios olhos num prato. Santa Ágata, também siciliana, leva os seus seios em outro prato. Também foi cortejada por um pretendente rejeitado, que a denunciou como cristã. Os romanos lhe cortaram os peitos e santa Ágata se converteu na padroeira dos fundidores de sinos e dos padeiros. Tais são os poderes da metamorfose. A mais famosa mártir espanhola, santa Eulália, era uma virgem de 12 anos de idade, que repeliu seus perseguidores romanos, sendo por eles torturada e queimada. Gritando "Deus é tudo", morreu no instante em que uma pomba branca lhe voou da boca e em que a neve começou a cair-lhe sobre o corpo.

Verdadeiras ou lendárias, estas histórias nos mostram que a fé cristã cresceu e deitou firmes raízes em muitas comunidades espanholas, entre seus nebulosos primeiros tempos e a aparição de Prisciliano, no século IV. Desde o princípio, essa inquietação sexual marcou o catolicismo espanhol: mulheres que se recusam ao matrimônio e, fugitivas dos seus pretendentes, que elegem o Cristo como esposo, o martírio da carne e, as marcas do cristianismo como experiência erótica preferida.

Há algo, porém, que transcende politicamente todas estas histórias. Entre as paixões da política e as indisposições do martírio, a Igreja Católica, na Espanha, tratou de impor uma aparência de ordem. Os reis visigodos, abandonando suas obrigações políticas nas constantes lutas pela sucessão, deixaram nas mãos da Igreja a coisa pública, criando deste modo outra das grandes tradições da Espanha e do mundo hispânico: a permanente interferência da Igreja Católica nos assuntos políticos. Mas, entre os mártires cristãos e os reis ensangüentados, aparece uma figura que foi aclamada como o salvador da civilização na Espanha, o primeiro filósofo medieval, na realidade o primeiro espanhol. Há um tanto de verdade em cada uma dessas afirmações, mas só uma é indisputável, e é a de que Isidoro, o bispo de Sevilha, foi o mais importante *español* de toda a era que transcorre entre a queda de Roma e a invasão muçulmana da península.

O SANTO DE SEVILHA

"És, ó Espanha", escreveu Isidoro, "a mais formosa de todas as terras que se estendem do Ocidente à Índia... És, com pleno direito, a rainha de todas as províncias, pois de ti recebem luz o Oriente e o Ocidente..." Esta missão espanhola, a de receber povos diversos e disseminar os conhecimentos da época, seria posta à prova ao longo dos séculos. Às vezes, seria uma missão triunfante e verdadeira. Outras vezes, seria desastrosamente falsa. Mas a glorificação da Espanha, segundo Isidoro a parte mais ilustre da Terra, também serviria para a fundação do império, quando o tempo deste chegou e a Espanha se transformou, por sua vez, na maior potência do mundo desde a era de Roma. Santo Isidoro foi um dos fundadores do império espanhol.

Nasceu na perseguição e no exílio. Sua família, de católicos da cidade de Cartagena, fugiu da perseguição ariana e se instalou em Sevilha, onde o jovem Isidoro perdeu ambos os pais, ainda em tenra idade. Sua mãe deixou uma carta que muitos espanhóis, judeus, árabes ou cristãos, liberais ou republicanos, repetiriam durante os séculos do porvir: "O desterro me fez conhecer a Deus, desterrada morrerei e aqui terei minha sepultura, onde recebi o conhecimento de Deus."

Coroa
visigoda

    Foi criado no meio das calamitosas e violentas disputas entre o rei Leovigildo, o primeiro monarca godo que fez imprimir seu perfil numa moeda espanhola, e seus filhos Hermenegildo e Recaredo, conflito que terminou quando Hermenegildo renunciou à heresia ariana. Esta decisão teve lugar em Sevilha e diante do bispo da cidade, Leandro, que, por casualidade, era o irmão mais velho de Isidoro. Mas o rei Leovigildo avançou para Sevilha, capturou seu próprio filho e o condenou à prisão, onde morreria perseverando em sua fé católica, enquanto o bispo Leandro, como antes os seus pais, era desterrado. No entanto, antes de morrer, o velho rei Leovigildo se arrependeu, pediu a Leandro que voltasse do exílio, e que o perdoasse. O herdeiro do trono gótico, Recaredo, converteu-se ao catolicismo e, em 598, Isidoro, já sacerdote, assistiu à reunião do Concílio católico em Toledo, onde o rei reafirmou a religião católica como a base da unidade para o seu povo.

Santa Ágata.
Francisco de
Zurbarán,
c. 1630-1633

Uma declaração, porém, não era suficiente. À sua volta, Isidoro observou que se dava uma adesão formal ao catolicismo, mas desprovida da língua ou do direito com os quais a Igreja pudesse estruturar-se na Espanha. Viu a existência de um poder real abusivo, violento, tartamudeante e ilegal: uma vez mais, a lei e a linguagem estavam fazendo falta aos assuntos públicos. Restituir a lei e a linguagem aos domínios eclesiástico e político passou a ser a missão intelectual do jovem sacerdote Isidoro. Tudo estava contra ele. A cultura de Roma se perdera. Nas palavras do historiador espanhol Marcelino Menéndez y Pelayo, Isidoro se encontrou numa sociedade velha e agonizante, e numa sociedade infantil e selvagem. Propôs-se educar os bárbaros. Com o livro *Origins*, também conhecido como *Etymologies*, restaurou o sentido da linguagem. E, recompilando o direito romano, deu à Espanha um sentido de continuidade jurídica. Foi um santo num deserto cultural e político. Propôs-se a salvação de toda uma cultura do perigo do desaparecimento. Propôs-se, ainda, impelir a Espanha, uma vez mais caída numa letargia solipsista, para um mundo medieval em ascensão, onde os monges celtas e merovíngios viajavam, pregavam e se organizavam.

Começou por impor a ordem na sua própria casa. Quando o irmão Leandro foi conduzido ao bispado da cidade, Isidoro foi nomeado abade do claustro. Fez cumprir tradições de austeridade e disciplina. Numa sociedade onde perambulavam falsos monges e onde os falsos ermitões viviam caprichosamente, Isidoro criou um ideal de perfeição monástica, cujas regras se concentravam na pobreza, mas não tanta que "ocasione tristeza no coração, ou seja motivo de soberba". Após as últimas orações do dia, os monges eram obrigados a se perdoar uns aos outros, se abraçar em paz e se encaminhar, cantando, para suas camas num dormitório comum, onde o próprio abade dormia, bem no meio da congregação.

Aos 43 anos de idade, ao morrer seu irmão, Isidoro herdou o bispado de Sevilha. Com este, teve a oportunidade de fazer uma campanha aberta a favor de um novo acordo entre a Igreja e o Estado. Fortalecera a Igreja por meio da disciplina, enquanto a monarquia chapinhava na indisciplina. Varrera a confusão das leis godas e bizantinas em benefício da continuidade precisa do direito romano e de seu sentido arquitetônico, claro e lógico do procedimento. Agora, Isidoro punha tudo isso a serviço da grande questão que dominaria a política européia até o fim da Idade Média: a relação entre a Igreja e o Estado. Tinha uma vantagem política. Depois do desaparecimento da burocracia romana, os bispos da Espanha haviam-se transformado nos verdadeiros administradores do país. O caos e a incompetência dos reis godos favoreciam essa situação. Isidoro promulgou a união entre a Igreja e o Estado. Mas, como era um homem de equilíbrio, não propôs a supremacia de uma ou do outro. O Estado deveria ficar subordinado à Igreja nas questões espirituais, e a Igreja ao Estado nas questões seculares. Todavia, quando necessário, cada ordem poderia inserir-se na órbita da outra. O que nunca deveria verificar-se era o vazio do poder. E, no entanto, na Espanha de Isidoro, em virtude do grande poder que os bispos já detinham, era insincero defender a monarquia eletiva como sendo uma das leis fundamentais do reino. Isidoro estava cansado de saber como o sistema era demolidor e não ignorava quanto beneficiava a Igreja sua campanha triunfal para se concentrar todo o poder de nomear os bispos apenas nas mãos deles próprios. O rei ficava excluído dessa possibilidade.

A cultura da Espanha diversas vezes foi salva do desastre iminente, do declínio e do esquecimento. Isidoro de Sevilha, em sua cela de bárbaro, salvou a cultura romana da Espanha, cristianizou-a e europeizou o país. Mas o seu ideal de uma nova unidade hispânica, baseada na fusão de godos e romanos, acabou despedaçado. O constante abuso do poder, as rivalidades de família e as permanentes disputas partidárias tornaram impossível a organização efetiva da Espanha gótica, com um propósito unificador.

A nobreza dos godos, guerreira, era centrífuga por natureza. Em dois séculos de domínio visigodo, seguiram-se trinta reis, que começaram a criar feudos independentes. A sucessão de golpes e matanças, que permitira à Igreja adquirir um poder decisivo, estabeleceu mais uma constante da política espanhola e, depois, hispano-americana: a presença praticamente ininterrupta da Igreja nos assuntos públicos. Atuando como administradores locais, os bispos visigodos consolidaram na Espanha uma forte e duradoura fusão do Estado com a Igreja. Essa união foi obtida às custas do poder civil? A Igreja se mostrou incapaz de firmar um poder sucessório ou de impedir as perseguições mais terríveis movidas pelos monarcas visigodos, como, por exemplo, a dos judeus pelo rei Sisebuto, nos dias de Isidoro. Desse modo, ao mesmo tempo em que a Igreja aprendia a governar-se e a administrar o país, não soube limitar as contínuas atrocidades dos monarcas bárbaros.

Quando Isidoro foi levado, moribundo, de seu mosteiro na basílica de San Vicente em Sevilha, em março de 634, fez penitência pública, apesar da fragilidade de sua saúde. Vestiu o saco de penitência e ordenou que lhe derramassem cinzas sobre a cabeça. Uma multidão se reuniu para vê-lo pela última vez. Proclamou publicamente que seus pecados eram mais abundantes do que a areia do mar. Pediu a todos que o perdoassem: se tinha pecado, também tinha trabalhado. A 4 de abril, Isidoro morreu. Menos de um século depois, a Espanha forte, cristã, legalista e organizada que Isidoro tanto desejou enfrentaria sua maior ameaça. Um novo poder surgiu para desafiá-la, do outro lado das colunas de Hércules. Estes recém-chegados haveriam de dar à antiga passagem mediterrânea um novo nome: Gibraltar.

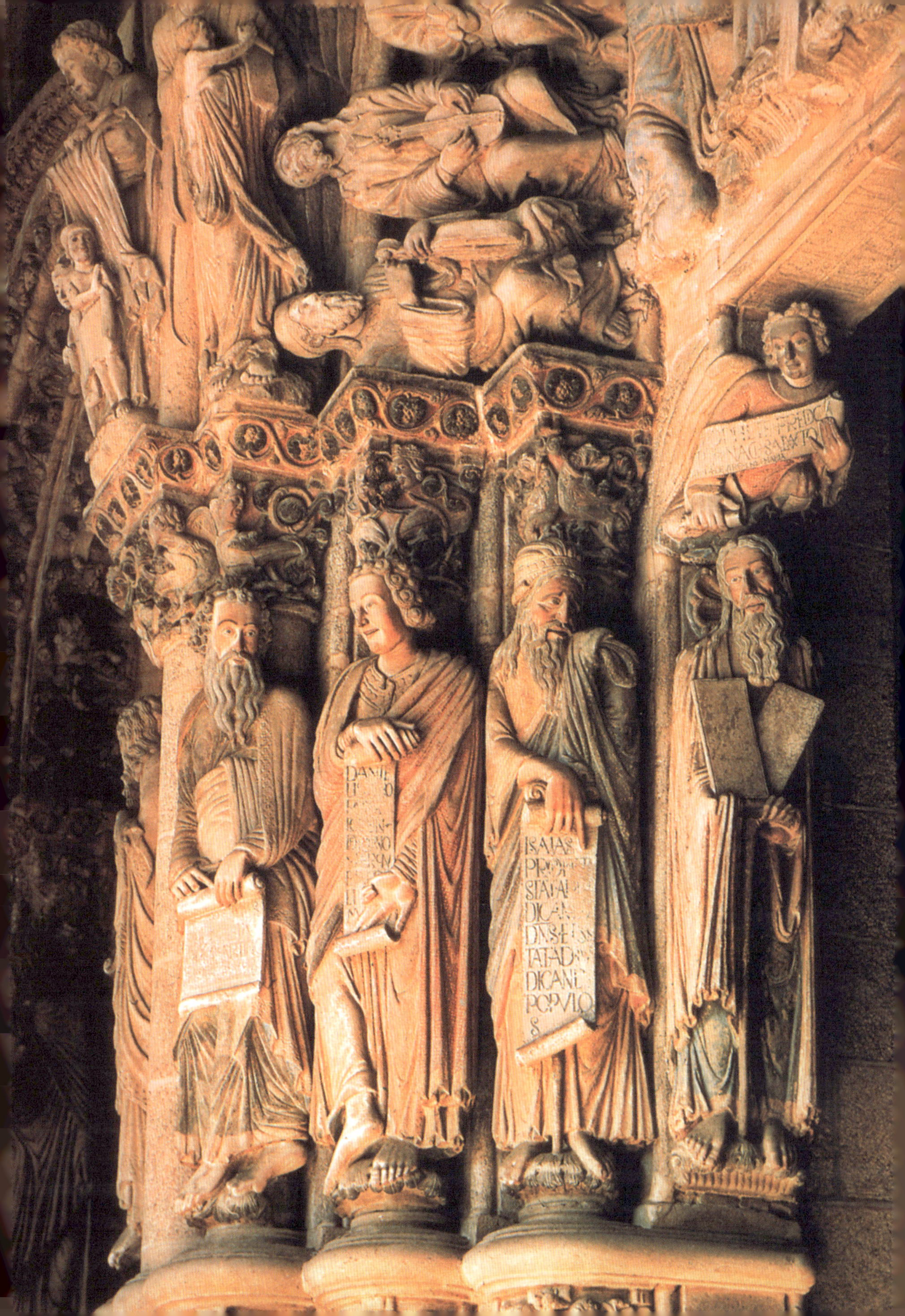
ISAIAS

TRÊS

A Reconquista da Espanha

O núcleo romano, que dominara não apenas a Europa, mas a totalidade da bacia mediterrânea, incluindo o Oriente próximo e o norte da África, foi sucessivamente despedaçado pelas invasões bárbaras e pela expansão do Islã. Enquanto, porém, as diversas tribos germânicas eram finalmente absorvidas por uma cristandade que estabelecera sua capital em Roma e tencionava continuar a legitimidade imperial, o Islã mostrou-se sempre impermeável a semelhantes assimilações. No ápice de sua expansão religiosa e política, oito anos depois da morte do profeta Maomé, o Islã havia conquistado o Egito, continuou em direção a Túnis e, em 698, tinha conseguido expulsar os bizantinos do antigo centro imperial da África do Norte, Cartago. Em 711, exatamente um século depois de o profeta haver começado a propagar sua fé, o Islã chegou às costas do sul da Europa, invadindo a Espanha gótica.

Nesse mesmo ano, o governador de Ceuta, o conde D. Juliano, participou de uma rebelião contra Rodrigo, rei visigodo, e chamou em sua ajuda um exército de sete mil a 17 mil berberes da África do Norte, sob o comando de Tariq. Rodrigo acreditou que se tratava de uma tropa exclusivamente mercenária. No mundo tagarela dos visigodos, se disse que o conde Juliano estava vingando-se do rei, que um dia violara a filha do conde, enquanto esta se banhava nas águas do Tejo, nas imediações de Toledo. A verdade é que o êxito da invasão muçulmana foi a prova final da extrema debilidade dos reinos godos. O exército de Tariq zarpou de Marrocos e desembarcou em Gibraltar, Gebel Tariq, o estreito assim chamado em honra do invasor berbere. Com todo o lastro de uma coroa de ouro, um pesado manto, suas jóias arcaicas e uma carruagem de marfim puxada por duas mulas brancas, Rodrigo, o último rei visigodo, não pôde deter os mouros no Guadalete após "oito dias sangrentos" de combate às margens desse rio. A partir do Guadalete, os mouros se expandiram rapidamente para o norte, até Toledo e os Pireneus, de sorte que a Espanha gótica logo deixou de existir.

O Islã haveria de permanecer na península durante oitocentos anos. Inicialmente, os muçulmanos encontraram pouca resistência por parte dos divididos reinos

Detalhe da
Porta da Glória,
Santiago de
Compostela

cristãos. Mas, ao se alastrarem cada vez mais, em 732 foram detidos em Poitiers por Carlos Martel, e o resto da Europa não se tornou muçulmano. Dentro da própria Espanha, como nos informa a tradição, os mouros foram detidos pela primeira vez em 732, na batalha de Covadonga, pelo asturiano Pelaio, chefe de guerrilheiros.

Foi pois precisamente nas Astúrias, entre as neves das montanhas, que o núcleo da resistência cristã sobreviveu e começou a pressionar em direção ao sul, durante os séculos seguintes. Por mais de setecentos anos, entre 711 e 1492, árabes e cristãos se encararam uns aos outros ao longo de fronteiras crepusculares, guerreando mas também se mesclando, fazendo intercâmbio de cultura, de sangue e de paixão, sabedoria e linguagem.

Às vezes, os exércitos cristãos penetravam no sul, partindo da fronteira de vanguarda, em Castela; às vezes, eram repelidos de volta ao norte, à medida que os mouros se organizavam como um Estado poderoso. Mas, quando o Estado muçulmano se viu em dificuldades, fragmentando-se em diminutos reinos de maltas desordenadas, uma vez mais os cristãos marcharam para o sul, tomaram Toledo e derrotaram os mouros completamente, na batalha de Navas de Tolosa, em 1213. A partir desse momento, a flecha das vitórias cristãs só apontaria para o sul, até o último e isolado reino mouro de Granada.

Todavia, se os árabes foram enfim derrotados e expulsos, sua presença de oito séculos deu origem a uma experiência bicultural e única no Ocidente europeu. A mesma característica crepuscular das instáveis fronteiras de guerra se aplicou à raça e à lealdade. A divisão entre os fiéis cristãos e os infiéis muçulmanos não era exatamente clara. Os *mozárabes* eram cristãos que adotaram a cultura muçulmana. Os *mudéjares* eram mouros que viviam como vassalos dos cristãos. Os *muladíes* eram cristãos que adotavam a fé do Islã. E os *tornadizos* (uma expressão pejorativa, comparável a vira-casaca) eram mouros convertidos ao cristianismo. Por fim, os *enaciados* se sentavam escarranchados entre as duas religiões e eram usados como espiões tanto por mouros como por cristãos, sendo os seus talentos bilíngues sumamente apreciados como arma de espionagem. Até hoje, um quarto de todas as palavras castelhanas são de origem árabe. E, na praça de touros, usamos uma palavra árabe para saudar o matador, pois *Olé!* vem do vocábulo árabe *Wallah*.

A Espanha árabe

Os mouros, muito depressa, deixaram de ser uma milícia tribal extraordinariamente móvel para se transformar numa classe de proprietários de terra e, a partir daí, estabelecer-se como civilização urbana na Espanha. Ou seja, uma vez que a base militar e agrária se havia consolidado, o Islã administrou melhor seus interesses militares, agrícolas e, finalmente, comerciais, com sede nos centros urbanos. As cidades – primeiro, Córdoba, em seguida Sevilha, por fim Granada – foram fundadas com a rápida circulação de uma economia monetária, o valor comercial de seus produtos, a força da burocracia e o crescimento do setor de serviços. A Córdoba muçulmana foi, e como tal perdurará na memória, a cidade suprema do Islã na Espanha, que a dominou entre 711 e 1010.

Os três monarcas sucessivos Abd al-Rahman, da monarquia omíada, escolheram a cidade de Córdoba para selar a presença muçulmana na Espanha. Foi uma presença que, apesar das exceções, se baseou em princípios de abertura e inclusão, não de exclusão. Córdoba se converteu na avenida através da qual a cultura do Islã chegou ao norte da Europa, mas também o veículo pelo qual a Europa dos bárbaros pôde restabelecer os seus vínculos com o próprio passado perdido: o Mediterrâneo.

A partir do califado espanhol de Córdoba, a filosofia grega e a literatura clássica marcharam de volta, sobre os Pireneus, para a Europa gótica. Os textos clássicos haviam sido traduzidos para o árabe durante o califado de Bagdá. A escola de tradutores de Toledo, em seguida, difundiu-os através do Ocidente. Ciência, medicina, astronomia, viajaram do sul muçulmano para o norte cristão, junto com as compilações dos contos industânicos.

A Espanha muçulmana inventou a álgebra, assim como o conceito do zero. Os numerais árabes tomaram o lugar do sistema romano, o papel foi introduzido na Europa e, com este, o algodão, o arroz, a cana-de-açúcar e a palmeira. E, se Córdoba assimilou a filosofia grega, o direito romano, a arte de Bizâncio e da Pérsia, também exigiu respeito para as teologias do judaísmo, e do cristianismo, assim como para seus seguidores, que eram considerados, juntamente com o Islã, "os povos do livro". O extermínio e a conversão forçada eram reservados para os idólatras e pagãos. Os "povos do livro", em princípio, mereciam um tratamento moral e intelectual distinto – mesmo quando, simultaneamente, foram combatidos sem piedade, no campo de batalha.

Durante os anos da supremacia cordobesa, ganhou impulso a idéia de que o pluralismo das culturas não está em conflito com o conceito de um só Deus. Foi nessa nova região do sul da Espanha, chamada *Al Andalús* pelos muçulmanos – a atual Andaluzia –, que os três grandes monoteísmos do mundo mediterrâneo, as religiões de Moisés, de Jesus Cristo e de Maomé, iniciaram sua antiga inter-relação freqüentemente frutífera e, de um modo geral, conflituosa.

A mesquita de Córdoba é a belíssima encarnação dessa atitude. Originalmente, contava com 1.200 colunas, a que apenas sobreviveram oitenta, reproduzindo todos os estilos do mundo mediterrâneo que passaram pela Espanha: grego, cartaginês, romano, bizantino. A mesquita oferece-nos a sensação de nos estarmos deslocando através de uma visão do infinito destituída de centro, onde Deus e o homem podem ser imaginados buscando-se um ao outro incessantemente, cada um dependendo do outro para continuar a inacabada tarefa da criação. No sereno labirinto que é a mesquita de Córdoba, a floresta de colunas de pedra parece mudar constantemente graças às propriedades físicas do olhar, mas igualmente graças aos olhos da imaginação, transformando-se num milhão de espelhos. Na verdade, tudo o quanto existe tem de ser novamente imaginado ali, num dos edifícios mais maravilhosos e sugestivos do mundo.

A abundância de beleza e luxo foi alimentada pelos impostos, pelas presas de guerra, pela sujeição dos estados cristãos ou pelos tributos cobrados de cristãos e judeus, além de ser estimulada pelo florescente comércio impulsionado pelos árabes em todas as direções da bússola. Do Oriente vieram livros e jóias, dançarinos e músicos; do norte da África, escravos, ouro e cereais; e da Europa, chegaram armas e madeira para a construção naval, apesar da interdição papal do comércio de armas com o infiel. O Ocidente tem uma longa história de vender armas ao Islã e cedo se arrepender de fazê-lo.

Os três grandes governantes omíadas de Córdoba libertaram progressivamente a Espanha muçulmana do poder oriental, o que culminou com a decisão, tomada pelo terceiro Abd al-Rahman, de proclamar sua Córdoba como califado independente, separado de Bagdá, e reunindo tanto o poder político como o religioso num Estado que se converteu, de fato, numa Andaluzia independente. Abd al-Rahman soube controlar tanto as tribos rebeldes da África do Norte como os árabes peninsulares, levando *Al Andalús* a seu supremo esplendor. Este esplendor, no entanto, foi

A Grande Mesquita de Córdoba

ameaçado pela guerra interrompida e, quando em 1085 Toledo sucumbiu aos cristãos, Córdoba teve de apelar para os fanáticos almorávidas da África do Norte. Quando estes atravessaram Gibraltar, dissipou-se a glória que brilhara em torno de Córdoba.

Abd al-Rahman III, ao partir, deixou uma lembrança: o grande palácio de Medina al Azahara, construído em homenagem a sua esposa. Assentado sobre 4.300 colunas, o palácio era servido por 13.750 criados, juntamente com 3.500 pajens, escravos e eunucos. Só para alimentar os reservatórios de criação de peixe eram necessárias 1.200 fornadas de pão por dia. E, no entanto, consciente do caráter efêmero de toda glória, Abd al-Rahman vestia-se de andrajos e se cobria de areia ao receber os embaixadores estrangeiros. Morreu muito velho mas, ao final, suspirou: "Só conheci 14 dias felizes em toda a minha vida."

Entre 1010 e 1248, Sevilha se converteu no novo centro da cultura muçulmana na Espanha. A dinastia dos almôadas reinou sobre um século de esplendor artístico e intelectual em Sevilha. O grande castelo foi construído junto com o minarete da Giralda. O arco cruzeiro foi introduzido na Espanha, onde viria a ser uma das características da arquitetura gótica; também nesta época a música coral, assim como a poesia lírica, foram transmitidas à Europa. Foi este, ainda, o período em que vive-

O palácio de Medina Azahara

ram os dois maiores pensadores da Espanha medieval. Um deles, o judeu Maimônides, era médico, escritor de expressão árabe, conciliador da filosofia grega com a do judaísmo, e recapitulador do Talmude. O outro, o árabe Averróis, foi o filósofo que reintroduziu Aristóteles na Europa e ousou pensar numa verdade dupla, isto é, uma verdade da religião, ou revelada, e outra cientificamente comprovada. Esta distinção viria a converter-se num emblema do pensamento moderno.

Ao se iniciar o declínio do poder árabe na Espanha, depois da derrota de Navas de Tolosa em 1212, e depois da queda de Sevilha ante o ataque de Fernando III de Sevilha – são Fernando – em 1247, apenas uma terceira grande cidade sobreviveu para conservar esta herança: Granada. Foi este o reino final, que presidiu o crepúsculo da Espanha árabe, entre 1248 e 1492. Mas quando, hoje, nos aproximamos da cidade, devemos imaginar que um dia, ali, não houve nada além do vale, do rio e das montanhas da Serra Nevada. Ali encontraram repouso os povos errantes do deserto, e ali decidiram construir um jardim cuja beleza não pudesse comparar-se com nada deste mundo. É como se houvessem ouvido a voz de Deus, lhes ordenando: construí aqui, à luz das tochas, um palácio, e chamai-o Alhambra, que significa "a cidadela vermelha".

Talvez somente um povo que houvesse conhecido a sede do deserto pudesse ter inventado este extraordinário oásis de água e sombra: uma sucessão de portas e torres, salas e pátios conferem à Alhambra um sentido tanto de recolhimento como de recreio, como se todos os prazeres do mundo pudessem estar ali representados, ao alcance da mão. Rodeada por um cinturão de muralhas – muro da Justiça, muro do Vinho – e vigiada pelas torres da Cativa e da Homenagem, de Comares e de Alcazaba, a Alhambra é um labirinto de nobres aposentos, onde até as sombras são douradas. A sala de audiências do Mexuar, com seu desenho de azulejos que parece seguir a assombrosa regularidade, harmonia e surpresa de uma fuga de Bach; o sentido íntimo alcançado pelo luxo na graça da alcova das duas irmãs; a perspectiva cinzelada do salão dos embaixadores; a sensação de estar preso num cárcere doce como um favo de mel, de onde ninguém quereria fugir – ali há tanto um harém como um serralho – subitamente se defrontam com sua própria essência num dos poemas escritos nos arcos do mirante, o belvedere que dá para os jardins do palácio: "Creio que a lua cheia tem aqui seu lar..."

Finalmente, chega-se à conclusão de que esta rede de filigrana, estuque, favos dourados, azulejos e inacreditáveis perspectivas tem somente um propósito, que é o de proteger a água, capturar um sorvo de líquido na palma da mão, rodear o elemento da vida com uma defesa acariciante, protetora e, no entanto, aberta. Os pátios incomparáveis da Alhambra são como templos da água: as esbeltas colunas do pátio de murtas são tão protetoras quanto os 12 leões que circulam nele; mas, durante a dia, e mesmo de noite, chega-se a compreender que é a fusão e a coexistência constante de todas as gradações do tempo e da natureza – luz, sombra, ar, terra, sol, lua – o que realmente protege o coração da Alhambra: seus lagos, suas fontes, seus desaguadouros.

Não apenas a água murmura nos jardins da Alhambra. Uma vez que o Corão desaprova a representação do corpo humano, o Alhambra se converteu num edifício escrito, um corpo revestido de literatura, contando suas histórias e recitando seus poemas conforme as inscrições de suas paredes. Uma espécie de grafite celestial, em que a voz de Deus volta a ser líquida e onde os prazeres da arte, da inteligência e do amor podem ser desfrutados. Não é de admirar que um poema do escritor mexicano Francisco de Icaza haja penetrado no mundo anônimo dos provérbios que descrevem esta cidade: "Não há tormento maior do que ser cego em Granada."

A Reconquista

Enquanto esta civilização sensualmente magnífica e intelectualmente provocante florescia no sul da Espanha, no norte as duras realidades da guerra e da fé militante excluíam tais prazeres. Os mouros transformaram a Andaluzia num oásis de terras irrigadas, jardins de prazer, arquitetura esplêndida e cidades soberbas. No século X, Córdoba era a cidade mais populosa do Ocidente. A Espanha cristã, depois de Isidoro de Sevilha, não teve ninguém como um Averróis ou Maimônides. Nem construiu nada comparável à Alhambra ou à mesquita de Córdoba.

No entanto, é assombroso que, com uma percepção da cultura e do poder superiores do Islã, a Espanha cristã não haja sucumbido a este como ocorreu na Síria e no Egito, não obstante as amplas e duradouras tradições helenísticas de suas culturas. Talvez este fato se relacione com a tradição hispânica, igualmente antiga, de combater e resistir por meio da guerrilha; e tanto o individualismo como o culto da honra se haviam arraigado na alma espanhola profundamente. Ingredientes suplementares como o estoicismo, o direito romano, a língua romance e sem dúvida o espírito ainda ardente e militante do cristianismo contribuíram todos para essa fortaleza hispânica. Talvez, porém, ainda mais poderoso do que todos esses fatores foi um elemento radical: o apego ao lar, à casa e à aldeia, à família e à história familiar, ao parentesco, à memória e à morte, à canção e à colheita, do que havia sido, desde tempos celtibéricos, fundamentalmente uma sociedade agrária e aldeã de artesãos, criadores de gado, pastores, agricultores e pequenos comerciantes.

A Espanha cristã haveria de definir-se na luta contra o invasor islâmico. Conquistada por ondas de invasores desde as épocas mais remotas, a Espanha dispôs-se então a desencadear sua guerra mais prolongada: não uma guerra de conquista, mas de reconquista, até a queda do último reino mouro, em 1492. A Espanha se perdera e devia recuperar-se. Tal foi o sentido, e o nome, da grande empresa que haveria de concentrar a atenção e os esforços da Espanha cristã nos oitocentos anos seguintes: *la Reconquista*.

"Nós ganhamos o pão combatendo os mouros"

A Alhambra: trabalho de filigrana, uma fonte e o Pátio dos Leões

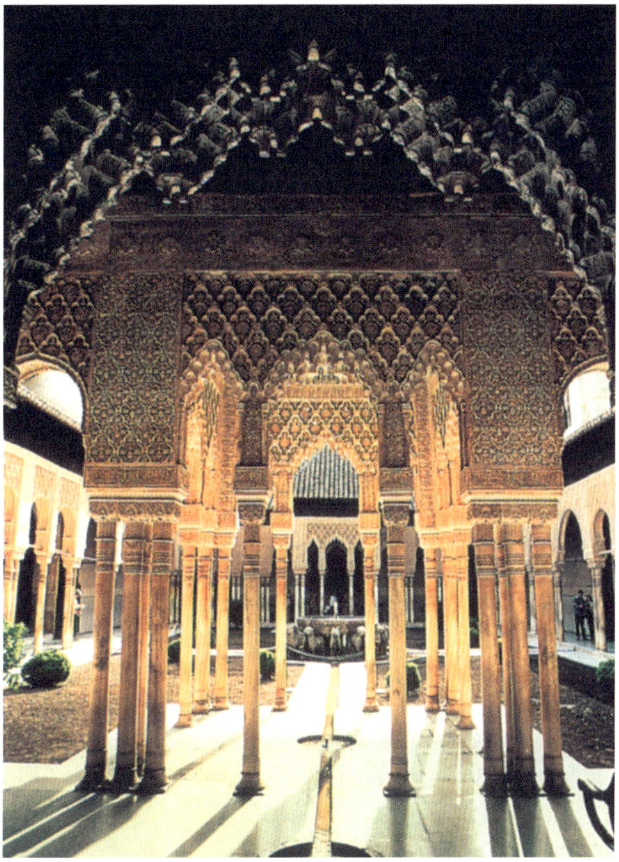

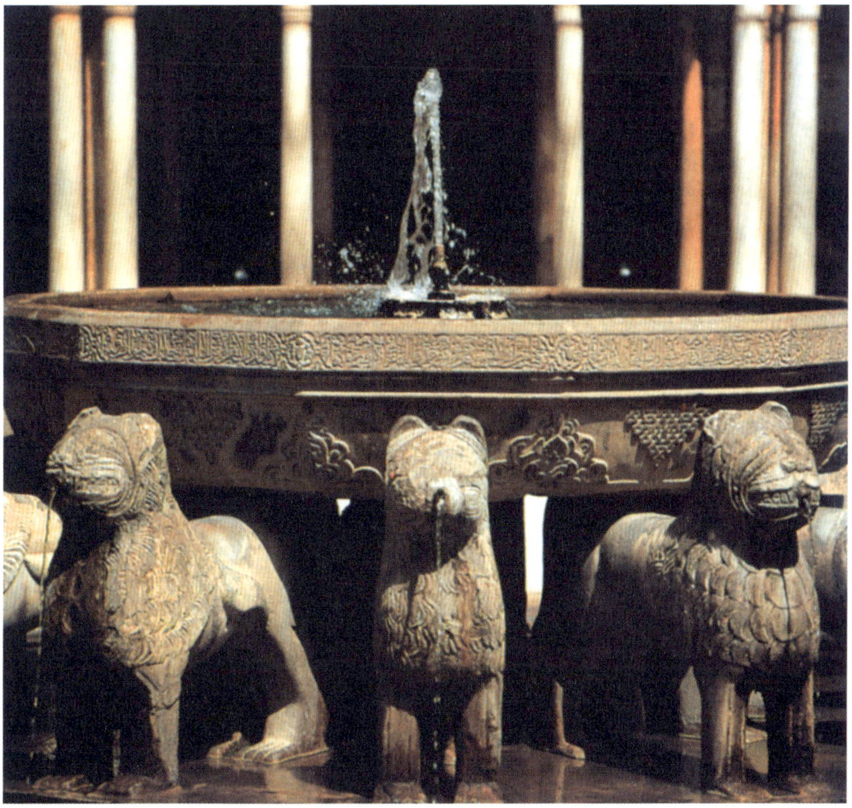

A Reconquista foi, antes de tudo, um acontecimento militar. Sobre o fulcro da guerra, muitas coisas sobreviveram ou foram criadas, modelando o perfil da Espanha e, eventualmente, da América espanhola. Um fato central, tanto militar como circunstancialmente cultural, se salienta: de todos os países europeus, a Espanha foi o único que não foi às cruzadas na Terra Santa. Toda a sua energia tinha de permanecer em casa e concentrar-se na luta contra o infiel.

O Islã possuía uma vantagem inicial sobre o cristianismo: admitia, e inclusive exaltava, o conceito de *jihad*, guerra santa. Desde o início, o ascetismo religioso e a guerra contra os infiéis foram indissociáveis na política islâmica. A instituição dos *ribats*, em *Al Andalús*, foi exemplar, neste sentido. Criados pelos almorávidas, esses mosteiros-fortaleza abrigaram irmandades de eremitas religiosos que alternavam a devoção com a defesa armada das fronteiras mouras.

Em princípio, o cristianismo não autorizava o clero a se envolver na guerra. Nos primeiros tempos da cristandade, causava repulsa à Igreja um clérigo matar seres humanos. Era melhor deixar tal coisa a cargo da "arma secular", ou seja, do Estado. Mas o Estado visigodo, por um lado, perdera sua autoridade e, por outro, são Isidoro exercera enorme influência sobre ele com suas regras de perfeição cristã e de separação das esferas religiosa e política. Um resultado de tudo isso foi que, antes da invasão muçulmana do século VIII, o número de homens que entrava para os conventos com o fim de evitar o serviço militar era tão elevado que os reis godos se viram pressionados pela nobreza a suspender a autorização das ordenações eclesiásticas, sem o que não restaria um só homem habilitado para ingressar no exército. Depois de 711, porém, a reação ao Islã desencadeou a militarização da Igreja e, no século XI, os exércitos da *Reconquista*, no norte, foram inundados de monges que se transformaram em soldados. Estabelecera-se, assim, mais um aspecto da identificação entre a guerra e a religião, ou entre a espada e a cruz, tão determinante na conquista do Novo Mundo.

As ordens militares surgiram para conciliar o clero guerreiro com os propósitos sagrados. As três grandes ordens militares criadas durante a cruzada contra os mouros foram as de Calatrava, Santiago e Alcântara. Elas conseguiram formar uma força armada terrestre, que os reis financiaram e que firmou, deste modo, as bases para o futuro exército regular de uma Espanha unificada sob os monarcas católicos. Os exércitos da Reconquista foram também a própria semente dos exércitos latino-americanos.

Nada ilustra melhor esta conexão do que a figura do mais famoso de todos os guerreiros cristãos, *el* Cid. Nasceu como Rodrigo Díaz de Vivar, perto de Burgos, em 1043, e morreu em 1099, na Valência que reconquistou. "Ganhamos o pão lutando contra os mouros", declarou *el* Cid, que continuou a tradição de Viriato e Pelayo, a do caudilho ou chefe militar espanhol e, mais tarde, hispano-americano. Com um cognome árabe – "*el* Cid" significa "meu senhor" –, simboliza a tradição do comandante militar como árbitro do poder, e de um exército poderoso e rico, graças à generosidade de seu chefe. "Eles exigiram terra e ele desta lhes deu em Valência, com casas e glebas de que foram pagos", informa-nos o *Poema del Mío Cid*, acrescentando que quem até ali foi a pé, com *el* Cid entrou a cavalo: "todos eram ricos, quantos então havia." Os conquistadores do Novo Mundo, e depois deles os libertadores da América do Sul, haveriam de fazer o mesmo, em seu próprio tempo. Cortés no México, Bolívar na Venezuela procederam como o fez *el* Cid na Espanha medieval, pagando com terra os seus soldados. Desta maneira, os chefes militares e, em particular, as grandes ordens militares, apossaram-se de enormes extensões de terra na Espanha medieval.

El Cid foi a encarnação de uma política, às vezes secularmente oportunista, às vezes fervorosamente religiosa, sempre errante, incentivada pelo aparecimento do exército e dos seus chefes, durante a prolongada guerra da Reconquista. A crônica dos seus feitos é o grande poema épico da Espanha medieval. E, no entanto, em certos aspectos, na realidade, esta é uma épica estranha, pois nos dá conta dos atos pouco honrosos de seu herói. Se esta é a *Ilíada* espanhola, nela encontramos traços de realismo, inclusive picarescos, que por certo não conviriam a Heitor ou Aquiles. O poema começa com o herói, *el* Cid, espoliando dois mercadores judeus: efetivamente uma introdução assombrosa para um poema heróico. Continua (como muitos poemas épicos), relatando-nos uma história de vinganças familiares, com *el* Cid lutando para reparar a desonra infligida a suas filhas pelos infames príncipes de Carrión. E termina com uma nota de vingança, quase de comédia de pancadaria e contra outro vilão, o conde García Ordóñez, cuja barba lhe é ferozmente arrancada.

No meio de tudo isso, o poema é também uma demonstração ostensiva de um vício particularmente espanhol e hispano-americano: a inveja. Todos invejam *el* Cid, inclusive seus parentes, os nobres, a corte e o próprio rei Afonso VI de Castela que, em vez de usar com sabedoria os talentos do seu súdito, desterra o valente comandante. *El* Cid responde com uma atitude que hoje nos assombra. Dispõe-se a servir ao rei muçulmano de Zaragoza. Mas o principal tenente de *el* Cid, Álvar Fáñez, também passa a lutar ao lado do rei mouro da Múrcia contra outro monarca muçulmano, o rei de Granada. Tudo isso simplesmente fazia parte da realidade dinâmica, política e de outros aspectos, na prolongada luta entre o Islã e o cristianismo na Espanha. Mas esta luta era também um abraço. As fronteiras crepusculares, as inevitáveis fusões de sangue, costumes, língua nutriram todas as formas de aliança durante as guerras. Mas, se a Reconquista foi uma guerra contra o Islã, foi também uma guerra dos reinos cristãos entre si, batendo-se por obter a hegemonia tão logo se concluísse a derrota do infiel.

Nos nossos dias, *el* Cid vive através de seu poema. Escrito de um modo realista e popular, seus momentos mais característicos se devem ao toque de bravura e grandeza militar:

El Cid. Xilogravura espanhola, artista desconhecido, 1525

"Vereis então tantas lanças oprimir e levantar... tantos e brancos pendões saindo vermelhos de sangue, tantos e ótimos cavalos sem os seus donos andar. Os mouros clamam: Maomé! E os cristãos: ó *san* Tiago!"

O CAMINHO DE SANTIAGO

Havia um chefe ainda maior do que *el* Cid na cruzada espanhola e não era nada menos que Santiago, Tiago, um dos 12 apóstolos, o companheiro de Cristo. Mas o povo, voluntariamente, confundiu Santiago, o Maior, e filho de Zebedeu, com Santiago, o Menor, chamado nas Escrituras "o irmão do Senhor". Na iconografia popular, este irmão menor de Jesus é até representado como o gêmeo do Senhor.

O gêmeo de Cristo volta a ser visível na Espanha e o pacífico apóstolo que fora é transformado num guerreiro feroz, capaz de infundir o pânico na tropa moura ao aparecer, totalmente armado, montando um corcel branco e descendo de uma nuvem. Converte-se, desse modo, em Santiago Matamouros, a figura que inspirou a resistência popular contra os muçulmanos e fortaleceu a alma da Reconquista. Neste bélico Santiago, os componentes espirituais e armados da Espanha cristã se reafirmam: a dúvida, a desconfiança já não são possíveis. Se Santiago está do nosso lado, então Deus também está, e a nossa guerra é tão santa quanto a do inimigo. O exército e a Igreja se uniram no culto de Santiago. Santiago foi recrutado para combater os mouros e, em seguida, por sua vez, recrutou toda a Espanha cristã em sua cruzada.

O sepulcro do santo, em Compostela, se transformou na grande meta das peregrinações européias na Idade Média, e isso ofereceu à Espanha cristã a oportunidade de organizar a sua cultura e continuar o trabalho de são Isidoro, se bem que, desta vez, sob uma bandeira belicosa. Os monges de Cluny, na França, haviam trabalhado vigorosamente, desde o século X, para recriar uma civilização em torno dos reinos cristãos bárbaros, isolados e violentos. A arte românica e todo um colar de mosteiros, abadias, bibliotecas e caminhos que os interligavam começaram a cruzar a França e depois a Espanha, levando peregrinos até o posto avançado dos céus na Terra: o sepulcro de Santiago, em Compostela. Compostela, *Campus Stellae*, o campo das estrelas, foi o nome do esplêndido santuário edificado, entre 1075 e 1150, para abrigar os restos do apóstolo e a multidão crescente dos seus adoradores.

Coube ao clero espanhol dar uma infra-estrutura tanto à cruzada contra os mouros como ao caminho de Santiago. Criou, assim, uma rede de mosteiros no norte da Espanha, provendo estradas, livros, a comunidade cultural e o refúgio da arquitetura: o extraordinário estilo românico que pontilhou a rota de Paris a Compostela. Alemães, borguinhões, normandos, ingleses (e inglesas, altamente favorecidas no caminho de Santiago), príncipes e abades, mercadores, bandidos, ladrões, leprosos, todos confundidos na grande peregrinação, formaram como que uma espécie de mercado comum europeu original, levando comércio, cultura, atividade e violência à Espanha. Efetivamente, a urgência brutal das multidões para tocar no corpo do apóstolo foi tal que, às vezes, os peregrinos se assassinaram junto ao sepulcro de Santiago. A catedral teve de ser consagrada diversas vezes. E essa humanidade medieval trazia com ela não só a fé e a violência, como o mau cheiro. A maior atração da catedral de Santiago, atualmente, é o grande *botafumeiro* de prata, um fumigador gigantesco que, em certas horas do dia, descreve um imenso arco, desprendendo incenso para cortejar o sobrenatural e desinfetar o natural. "Odor de santidade": foi este o eufemismo empregado para descrever o contato dos corpos que chegavam a Santiago.

Todavia, há um grupo escultórico na catedral de Santiago que de modo algum se vê afetado pela violência, pelo comércio ou pela fedentina. Os peregrinos eram recebidos pelos anjos, profetas e apóstolos da Igreja cristã no apropriadamente denominado Pórtico da Glória. É este, sem dúvida, um dos grandes monumentos da arquitetura esculpida na Europa cristã e testemunha a autoconfiança, um renascimento espiritual e material do Ocidente no século XI, após a longa noite da barbárie. A cada lado do pórtico, quatro profetas e quatro apóstolos parecem estar conversando entre si. Uma figura particularmente humana e simpática sobressai: é o profeta Daniel. Como uma Mona Lisa da Idade Média, seu sorriso enigmático nos diz que o mundo está bem organizado, é seguro e verdadeiro sob a arquitetura do Senhor. Enquanto conversam, os santos e os profetas parecem desfrutar uma espécie de coquetel celestial. E de que poderão estar falando? Seguramente da admirável simetria da ordem medieval cristã, em que tudo e todos conheciam seu lugar preciso e em que a sabedoria coletiva vencera o orgulho individual. A filosofia política da Idade Média, que haveria de formar e deformar a vida pública, na Espanha e na América espanhola, evidentemente já se encontra na certeza, ali expressa, de que o bem comum transcende qualquer outra meta política, autorizando a imposição da unidade, ao se desejar obtê-la. Se a individualidade vai sofrer com isso, assim seja.

Mas, se observarmos de perto, encontraremos, num cantinho deste conclave celestial, fitando ironicamente as figuras sagradas, um homenzinho zarolho, o artesão desta maravilha medieval, mestre Mateo em pessoa, cabeça do grêmio de alvanéis de Santiago em 1183, assegurando humildemente sua presença. As catedrais góticas, assim como as esculturas astecas, sobrevivem muito além do anonimato dos seus criadores. O espírito medieval diria mesmo: porque são anônimas, estas obras sobrevivem.

Senhores, cidades, reis

Durante os oito séculos da Reconquista, a Espanha respondeu não só ao Islã como ao Ocidente e, sobretudo, a si mesma. Intimamente ligada ao inimigo muçulmano, que simultaneamente combateu e abraçou, a Espanha também fazia parte do contexto geral da Europa: as invasões bárbaras haviam deixado em sua esteira reinos débeis, um vazio judicial preenchido por uma Igreja poderosa, e senhores feudais igualmente poderosos, regionalmente bem assentados.

O feudalismo obteve precoce carta de cidadania na Espanha e ostentou todas as características que associamos a esse estilo de vida. A dissolução do império romano deu lugar ao poder dos chefes guerreiros e locais, que impuseram a sua própria lei – e, muitas vezes, os seus próprios caprichos – sobre a terra e os trabalhadores. Juntamente com o conceito do Estado romano, desvaneceu-se a autoridade dos frágeis reinos godos, sendo o direito romano substituído pelo uso da força bruta. Uma vez mais, o interesse de são Isidoro em reanimar as tradições jurídicas romanas, nos reinos godos, foi um importante corretivo contra o capricho feudal e a fragmentação da autoridade. Reavivar aquelas e desmerecer estes se converteria numa meta constante, ainda que difícil, dos reinos e das cidades da Espanha, enquanto se mantinha, de outro lado, a dupla pressão da guerra islâmica e do poder feudal. Para alcançar um novo Estado de direito, seria necessário substituir os vínculos privados do feudalismo pelos vínculos públicos do Estado, e de uma incipiente nacionalidade. Entre uns e outros, a sociedade teria de criar um terceiro pólo de identificação cultural, pública e privada, cuja intenção seria dar a César o que é de César e a Deus o que é de Deus.

Na Espanha, como no resto da Europa, a aristocracia da terra dominou a sociedade e impôs uma escala de valores que colocava a nobreza e o clero no topo e os homens livres em ordens descendentes, em cujo ponto mais baixo ficava o servo da gleba. Mas se o feudalismo espanhol, naturalmente, se fundamentava na posse da

A catedral de
Santiago de
Compostela

*O sorridente
profeta Daniel*,
segundo da
esquerda para
a direita

terra, a guerra de Reconquista deu à própria terra um sentido peculiar. Uma vez mais, a Espanha foi única no continente, devido às múltiplas exceções que a guerra da Reconquista impôs ao regime feudal que se implantou na França, na Inglaterra e na Europa germânica. A Reconquista acentuou as forças feudais, mas também as suas debilidades. Ambos os aspectos se uniram num só conceito: a fronteira. Nos longos séculos entre Carlos Magno e o descobrimento da América, o feudalismo espanhol foi tão forte como em qualquer outra parte – mas também mais questionado que em qualquer outro lugar, pelo simples fato de que a própria razão da feudalidade, um poder estável sobre a terra e a população, foi constantemente perturbada, na Espanha, pelas instáveis fronteiras entre o Islã e a cristandade.

A divisão excessiva da península, e sua flutuação de fronteiras, fortaleceu a nobreza feudal. O Estado se achava desacreditado e o senhor feudal podia aproveitar-se tanto da guerra como da paz. Em época de guerra, vivia de suas presas e dos tributos dos reis mouros. Em época de paz, dominava as duas fontes da riqueza terrena: a agricultura e o gado. E, à medida que a guerra progrediu para o sul, ele obteve novas terras. Ao mesmo tempo, contudo, a guerra fortaleceu a fisionomia urbana da Espanha. Se um combativo senhor cristão desejava reclamar terras aos mouros, via-se obrigado a construir uma cidade onde não existia nenhuma ou deixara de existir.

Toda uma política de repovoamento mudou a fisionomia da terra de ninguém que emergiu, aqui e ali, das linhas cristãs e mouras. À medida que os exércitos cristãos avançaram para o sul, fundaram e povoaram novas cidades. Quem as construiu, quem as povoou, quem poderia defendê-las? Os servos, sem dúvida não, mas os homens livres, seguramente sim. Quem se prestaria a percorrer o caminho para a terra morta do Douro, ou as planícies inóspitas e solitárias de Castela? Só os homens e as mulheres da fronteira, parte da tradição dura e austera que já haviam notado os historiadores romanos, dispostos a ir aonde ninguém quereria ir, mas esperando uma recompensa por seus sacrifícios. De tal modo que, se o feudalismo assentou bases firmes na Catalunha ou nas regiões mais seguras de Leão e Aragão, no norte, onde o trabalhador agrícola cuidava das terras do senhor e não podia abandoná-las sem a sua permissão, em Castela, na fronteira com os mouros, a necessidade de repovoar e defender a terra deu margem ao surgimento de uma classe de homens livres, aldeões a quem foram garantidos a liberdade de movimento, os direitos pessoais e a posse de sua própria terra em troca da disposição de repovoar as regiões conquistadas. E, mesmo numa praça forte do feudalismo como a Catalunha, o desenvolvimento das cidades comerciais e artesanais, portos abertos ao comércio mediterrâneo, criou logo uma classe mercantil, com uma mentalidade independente. À medida que a Igreja construiu seu rosário de mosteiros para propagar a fé nas terras reconquistadas, um exército de mercadores lhe seguiu os passos, aproveitando-se, em especial, do movimento ao longo do caminho de Santiago, atraído pelos muitos favores e privilégios que os príncipes reinantes concediam à classe comercial.

Durante séculos, a Espanha foi um país fronteiriço, e sua fronteira era a própria Espanha. Os povos da fronteira eram a linha frontal da Reconquista. Berços do poder espanhol, também o foram das liberdades espanholas, pois o próprio fato de as linhas divisórias com o Islã serem variáveis lhes deu uma vantagem sobre os poderes dos diversos reinos cristãos que, juntamente com elas, estavam em processo de formação. Era esta a possibilidade de oferecer ou negar apoio ao rei de Castela, ao rei de Aragão ou ao rei de Leão. As cidades podiam barganhar o seu apoio à guerra pela sua liberdade na paz.

O comércio e a guerra, deste modo, propiciaram o aparecimento de reinos independentes, mas também de cidades independentes, povoadas por cavaleiros e soldados a pé, por nobres mas também por camponeses, pela Igreja mas também por povoadores armados de cartas régias. Tais cidadãos acreditavam no autogoverno, e o praticavam. Criaram assembléias municipais, tribunais independentes, e se proporcionaram constituições locais. Os aldeões livres se converteram nos protagonistas deste movimento em direção às cidades de fronteira. O crescimento destas transformaria as cavalarias populares da Reconquista em burgueses, cavaleiros e nobreza menor: fidalgos. O próprio conceito de honra, existente desde os tempos ibéricos, se fortaleceu – como escreve o historiador José Antonio Maravall – à medida que a Reconquista ofereceu, a quantos dela participaram, ou seja, o povo, a nobreza, o rei e todos os seus cavaleiros, o sentimento de partilhar uma causa comum, honrosa para todos. A mentalidade feudal, acrescenta Maravall, foi transcendida pela Reconquista. As alianças se deslocaram ainda mais, não para o senhor feudal, mas para a Espanha. Onde, porém, estava a Espanha? No rei? Na cidade?

Paralelamente ao movimento dos exércitos cristãos, as aldeias se transformaram em povoados, e alguns povoados passaram a ser cidades. É bem possível, no entanto, distinguir a cidade concebida para a defesa militar daquela que, embora originária de comunidade urbana fortificada, logo principiou a desenvolver-se sob impulsos comerciais. Ávila é o exemplo supremo de uma cidade construída para a defesa militar: inexpugnável, cercada de fossos e torreões, não sem motivo é a cidade mais alta da Espanha; uma cidadela construída pelo homem e pela natureza para vigiar os largos espaços de Castela, a terra do castelo, que significava "lugar alto". Igualmente largas eram as muralhas de Ávila: profundas, de três metros, protegidas por 88 torres e nove portas fortificadas. Os criadores da cidade eram guerreiros famosos, que saíam para ganhar batalhas e regressavam com gado, tesouros e escravos.

Isso significa que muitas cidades concebidas para a guerra logo se converteram em cidades que viviam do comércio. Uma rápida montagem cinematográfica nos mostraria, primeiro, o alto *castelum* isolado, o reduto do guerreiro e do nobre, coberto pouco a pouco por uma vinha trepadeira provinda das terras baixas: camponeses, em seguida comerciantes, estabelecendo seus próprios bairros nas proximidades do castelo, por fim absorvendo-o num conceito urbano maior, o do burgo, o

Ávila, a cidade murada

lugar do burguês, do comerciante, do artesão, do advogado e do boticário, mas também dos aldeões já não atados pelas obrigações feudais, mas vistos como homens livres, donos de seus próprios espaços e protegidos pelo rei, que precisava de quem repovoasse as terras reconquistadas ao Islã e, mais tarde, de quem as defendesse como território cristão. Mas, para defender um bem imobiliário reconquistado, era necessário algo mais do que armas. Comércio, trabalho, atividade artesanal e profissional passavam a se considerar de categoria semelhante. Mas para isso tudo se requeria liberdade de movimento, para se negociar, para se casar ou para herdar, sem as obrigações feudais.

O conceito do repovoamento deu à Espanha uma característica diferente em relação ao resto da Europa. Isso logo seria posto à prova no Novo Mundo, onde talvez o maior legado espanhol tenha sido a grande aptidão para criar novas cidades. Na Espanha da Reconquista, Leão foi repovoada em 856, Zaniori em 893 e Burgos em 884. Esta última é um típico povoado fundado para a defesa militar (e lembremos que *el* Cid nasceu perto dali), que logo se desenvolveu como poderoso centro comercial. A história de Burgos confirma a descrição que Marc Bloch nos faz da renovação econômica na Europa do século XI, peculiarizada pela "presença de uma poderosa e bem diferenciada massa de classes urbanas".

A magnífica catedral de Burgos, iniciada em 1221, é a coroa desta nova realidade urbana. Ela resguardava uma mobilidade social que elevou a aldeia fortificada à posição de cidade ou *civitas*, concedia-lhe um foro ou estatuto local, e privilégios a seus habitantes, elevando-os todos, da condição de vilãos a finalmente cidadãos. "Os cidadãos", dizem as leis do rei Afonso, o Sábio, a quem o monarca deve "amar, e honrar... porque eles são como tesouros e raízes dos reinos" (Partida II, 10, 3).

A Reconquista da Espanha

Um provérbio da Idade Média européia diz que "o ar da cidade nos faz livres". A cidade era a maneira de fugir à servidão feudal. A Espanha não foi exceção a essa regra. Em seu contexto, porém, um outro fator desempenharia papel decisivo nesta oposição entre as culturas do feudalismo e da cidade: a realeza, as monarquias emergentes, que se valeram dos encraves urbanos para arrebatar poder aos senhores feudais – que, originalmente, os monarcas incipientes tiveram de respeitar para ir de encontro, efetivamente, à presença moura.

De tal modo que a Reconquista, na verdade, formou um triângulo cujos três vértices foram os senhores feudais, as cidades livres e os reinos emergentes. Todos se unem na luta contra o Islã, mas não conseguem coordenar-se na luta entre eles próprios. Na verdade, a situação fronteiriça, tão característica dessa época da vida espanhola, não se limita à fronteira entre o Islã e a cristandade. Como já dissemos antes, a Espanha é uma fronteira dentro de si mesma, entre fortes organizações feudais baseadas na posse da terra, atividades mercantis e artesanais emergentes assentadas nas cidades, e príncipes que se empenhavam em recriar o sentido romano da autoridade e da influência do Estado sobre as terras e as cidades. Após a batalha de Navas, a península apareceu claramente dividida em cinco reinos: Portugal, no

A catedral de Burgos

oeste, de frente para o Atlântico; Leão-Castela, do norte para o centro; Navarra, em seu montanhoso encrave do norte; Catalunha, no leste, de frente para o Mediterrâneo; e Granada, a última monarquia árabe, mergulhada no sul da Espanha.

Quando as fronteiras pararam de se mover, os três fatores – nobreza feudal, cidades e príncipes – rapidamente compreenderam que, sem a desculpa da Reconquista, a posse da terra, mais do que nunca, significava riqueza econômica, mas também poder político. Mais do que nunca, os senhores feudais lutariam por manter seus privilégios, e os reinos por obter superioridade política sobre os feudos, enquanto as cidades se surpreenderiam, entre uns e outros, naturalmente opostas ao feudalismo, mas receosas dos crescentes poderes reais que, no entanto, naquele momento, pareciam amparar as liberdades urbanas – quem sabe tão-somente para estarem do lado do rei na luta contra a nobreza. Em nenhum lugar isso foi mais evidente do que no próprio cerne da democracia medieval, isto é, na instituição parlamentar. De fato, os primeiros parlamentos europeus que lograram deitar raízes e incorporar o terceiro Estado – os comuns – apareceram todos na Espanha. Denominadas, até hoje, cortes, estas assembléias resultaram de um prolongado desenvolvimento democrático. Baseadas em seus *fueros* (conquistados, como vimos, pela resistência aos mouros na fronteira e seu repovoamento), as cidades desenvolveram direitos de autogoverno sob magistrados eletivos (os *alcaldes*) e se reuniram em assembléias municipais (*ayuntamientos*) para resolver os assuntos públicos. Os reis, certamente, se interessavam por atrair indivíduos sem vínculos com as obrigações feudais e se mostraram dispostos a confirmá-los como cidadãos livres, criando, desse modo, uma base de poder contra a nobreza. Do mesmo modo que as municipalidades ofereceram aos reis ajuda financeira e militar, os reis lhes ofereceram os direitos políticos.

Em 1188, o primeiro parlamento espanhol foi convocado pelo rei Afonso IX, antecedendo todos os outros parlamentos europeus em pelo menos meio século, enquanto as primeiras cortes da Catalunha, em 1217, como as de Castela, no início do século XIII, antecedem o primeiro parlamento inglês, de 1265. Em todas as situações, o parlamento era o lugar em que as classes privilegiadas, o clero e a nobreza, se viram acrescentadas pelos que, na Espanha, foram chamados "os bons homens da cidade", na Inglaterra *the commons* e, na França, *le tiers État*. Nos reinos espanhóis, suas funções foram variáveis. Em Castela, por exemplo, o parlamento, basicamente, discutiu as questões do imposto, enquanto em Aragão se viu autorizado a receber queixas contra o rei (e os homens do rei). Mas, ao lado do parlamento, as cidades possuíam os seus próprios conselhos locais, originalmente assembléias abertas que praticavam a democracia direta, prática permitida pelo fato de ser escasso o contingente populacional. No entanto, à medida que cresceu a população, os moradores das cidades tiveram de delegar sua representação a uns tantos "homens bons". Ao final da jornada, esses "homens bons" converter-se-iam em *corregidores*, isto é, funcionários reais nomeados pelo rei, e permanentes representantes do poder real. A capacidade de decisão democrática, concomitantemente, haveria de sofrer.

Em sua maioria, porém, as cidades acompanharam os reis como uma opção melhor (ou um mal menor) do que o capricho e a violência feudais. Mas quanto sacrificaram, afinal, dessa maneira? É esta a história da democracia na Espanha e na América espanhola. O desenvolvimento da sociedade civil e das instituições locais mediante estatutos de autogoverno, de liberdades consagradas em numerosas cartas régias e constituições urbanas, e de uma contínua revolução de expectativas crescentes – encabeçadas pelos centros culturais burgueses e comerciais da Europa medieval – era incipiente e teria precisado de muito mais tempo para reafirmar-se, bem como de muito mais cuidado para nutrir-se. Em toda a Europa, as razões da autoridade real e da unidade nacional logo enfrentariam as liberdades civis, conquistadas durante a Idade Média, contra os poderes reais consolidados depois do Renascimento. A liberdade desfrutaria melhor saúde na Inglaterra do que na Espanha. A França viveria uma tensão dramática entre o absolutismo centralizado e o terceiro estado, que só a Revolução Francesa resolveria. E a Alemanha, como a Itália, haveria de postergar até o século XIX a unidade nacional adquirida pela Espanha, Inglaterra e França no século XV.

De todas essas histórias, porém, talvez a da Espanha seja a mais triste, pois em nenhuma outra parte da Europa se haviam obtido tão precocemente os direitos civis fundamentais. No entanto, as mesmas razões que os tornaram possíveis – uma guerra contra outra força militar e religiosa dentro de seu próprio território – lhes impediriam o desenvolvimento ulterior. Uma vez vencida a guerra contra o Islã, a monarquia espanhola obteve um acréscimo de prestígio que não teve a Inglaterra, nem a França: a aura da vitória sobre o infiel dentro de suas próprias fronteiras. O ímpeto para a conquista imperial, a natureza da colonização espanhola no Novo Mundo e o longo papel desempenhado pela Espanha como defensora da fé católica contra a heresia da Europa protestante decorreriam da experiência da Reconquista.

Foi também esta a origem da democracia espanhola e hispano-americana, tantas vezes derrotada, mas nunca destruída. Nossa atual vida democrática, tão frágil como é, tem seus alicerces mais fundos nessas povoações medievais. Freqüentemente nos enganamos a respeito de nós mesmos, ignorando a tradição propriamente hispânica da nossa democracia, fundamentada na livre municipalidade. Isso nos serviu de desculpa para adotar duas formas aberrantes de autonegação: a imitação das instituições democráticas francesas e anglo-americanas que "funcionaram", e a adaptação do autoritarismo, com disfarces modernos e progressistas, desde que apenas esse rumo, tão imitativo quanto o primeiro, seria capaz de nos dar finalmente condições materiais para a democracia. O capitalismo e o socialismo fracassaram na América Latina por causa da nossa incapacidade para distinguir e fortalecer nossa própria tradição, autenticamente ibérica, não derivativamente anglo-americana ou marxista.

Em outras palavras: a Espanha medieval se encontrava tão preparada quanto a Inglaterra e a França, se não mais, para se transformar, por fim, numa democracia européia moderna. O fato de isso não ter ocorrido quando devia – entre os séculos XVII e XIX – constitui um drama inquietante, quer para a Europa, quer para a América espanhola. Mas outra tradição, quem sabe mais forte do que a democrática, foi a tradição cultural patrocinada pela coexistência na Espanha do cristão, do muçulmano e do judeu.

AS TRÊS CULTURAS

Fernando III, rei, guerreiro e santo, tomou Sevilha dos mouros em 1248. Uma vez por ano, sua tumba na catedral de Sevilha é aberta e Fernando nos é exibido, envolto nos mantos reais, coroado e com uma longa barba branca. Diz-se que é incorruptível. Mais importante do que seu cadáver, no entanto, são as impressionantes contradições de sua vida, características do palpitante coração da Espanha, e das flechas que o feriram. Ali jaz o guerreiro cristão que sitiou Sevilha durante 16 meses, até que a noite da guerra envolveu a cidade, ainda durante o dia. Atacando, saqueando, matando tudo o que se movia, expulsou cem mil muçulmanos da cidade vencida, e seu senso de humor era tão vingativo como simétrico: o conquistador árabe Almanzor, em 997, transportara os sinos da catedral de Santiago para Córdoba, onde se transformaram em parte dos trezentos candelabros que passaram a iluminar a mesquita. Então, o rei cristão Fernando III de Castela, após a reconquista de Córdoba, recuperou os sinos convertidos em candelabros e ordenou que fossem levados de volta a Santiago nos ombros dos derrotados muçulmanos.

Jaz ali, também, o santo que, no leito da agonia, recebeu a hóstia ajoelhado na terra, com uma corda em torno do pescoço, para exprimir sua humildade diante de Deus e a profunda consciência de seus pecados. E jaz ali o humanista que intercedeu junto ao papa para proteger os judeus espanhóis e livrá-los da obrigação de usar na roupa estigmas degradantes.

A tumba de são Fernando ostenta inscrições nas quatro línguas da continuidade cultural na Espanha: latim, espanhol, árabe e hebraico, isto é, as línguas dos três monoteísmos: o cristianismo, o Islã e o judaísmo. Fernando gostava de ser chamado o soberano das três religiões, igualmente respeitoso com todos os "povos dos livros", os Testamentos, o Corão e o Talmude. Deste modo, ainda que a prática política o impelisse a combater os mouros, sua missão espiritual foi a de reconhecer a singularidade européia da Espanha, como a única nação onde judeus, cristãos e mouros conviviam.

Todavia, a coexistência cultural, enquanto política explícita de um monarca espanhol, alcançou o verdadeiro apogeu no reinado do filho de são Fernando, Afonso X de Castela, que fundou a maior universidade da Espanha, em Salamanca, outorgando-lhe em 1254 sua carta régia e criando a biblioteca – a primeira do Estado, na

Espanha, com um bibliotecário remunerado pelo governo. De tal forma a universidade e a biblioteca de Salamanca são o símbolo apropriado de um rei que, no seu tempo, ficou conhecido como o Sábio.

O rei Afonso trouxe para sua corte um grupo de intelectuais judeus, assim como tradutores árabes e trovadores franceses. Encarregou seus pensadores árabes e judeus de traduzir a Bíblia para o espanhol, assim como o Corão, a Cabala, o Talmude e os contos indo-arianos. Com os intelectuais judeus, escreveu a monumental *summa* da Idade Média espanhola, que inclui uma compilação legislativa (*Las siete partidas*), um tratado judicial (*El fuero real*), tratados de astronomia e as duas grandes histórias, da Espanha e do mundo. A corte tricultural de Afonso teve até tempo para escrever o primeiro livro ocidental sobre um jogo árabe, o xadrez (cujo movimento mais decisivo, o xeque-mate, é mais uma tradução do árabe, de *assah mat*: "o xá – soberano persa – morreu").

A finalidade desta extraordinária proeza da inteligência medieval foi consignar todo o conhecimento acessível nessa época. Neste sentido, foi uma continuação do trabalho empreendido antes, em Sevilha, por são Isidoro. O resultado foi uma espécie de enciclopédia, antes de as enciclopédias virem a ficar em voga, no século XVIII. Mas o fato mais significativo é que o rei de Castela, para cumprir a tarefa, teve de convocar a inteligência judaica e árabe. E não é menos eloqüente que tenham sido os escritores judeus os que insistiram em que as obras fossem escritas em espanhol, não em latim, por ser a língua da cristandade, como era então costume acadêmico generalizado. Os judeus da Espanha queriam o conhecimento difundido na língua comum a todos os espanhóis: aos cristãos, judeus e convertidos. A futura prosa da Espanha provém da corte de Afonso e é, essencialmente, a linguagem das três culturas. Dois séculos depois do rei sábio, os judeus continuavam usando a língua vulgar para ler as escrituras, comentá-las, escrever filosofia e estudar astronomia. Pode-se dizer que os judeus fixaram e fizeram circular o uso da língua espanhola na Espanha.

No entanto, nessa competição tricultural, se é que se trata disso, com seus dividendos de tolerância e intolerância, ninguém sofreu mais do que os judeus espanhóis, os sefardins. Os primeiros judeus chegaram à Espanha no reinado do imperador Adriano, no século II, e se converteram não só em intelectuais, como em artesãos, agricultores, comerciantes e médicos. Todavia, sob os visigodos, os judeus se viram ferozmente perseguidos por reis como Sisebuto. Eram acusados de gerar depressões econômicas, como pretexto para desapropriar propriedades. O santo espanhol Isidoro de Sevilha não pôde resistir a uma razão rançosa e repugnante para repelir os judeus: estarem condenados, pelas culpas dos seus pais, à dispersão e à opressão.

Não é de surpreender que, rejeitados (mas não expulsos) pelos reinos godos, os judeus houvessem saudado as invasões berberes e árabes da Espanha, preparando-as com grande antecipação e permanecendo na Andaluzia como parte da sociedade muçulmana, onde eram reconhecidos como "povos do livro", filhos de Abraão.

O Espelho Enterrado

Inscrições na tumba de Fernando III: latim, espanhol, árabe e hebraico

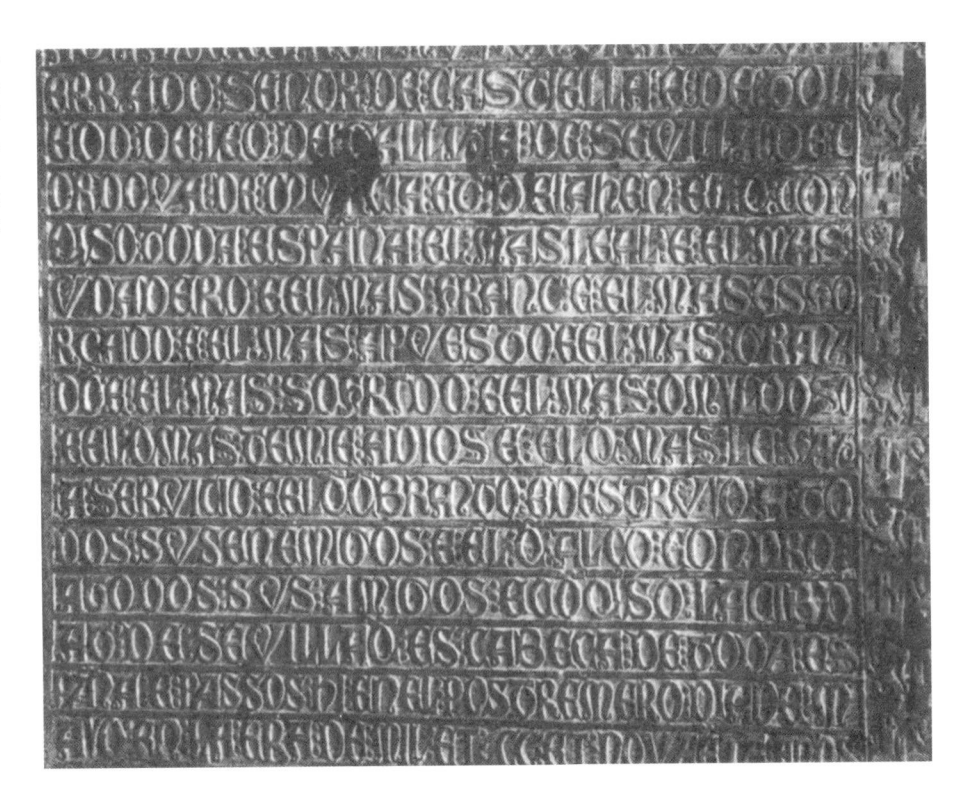

A Reconquista da Espanha

Contudo, as sucessivas invasões que se seguiram à morte de Mansur, as invasões almorávidas e almôadas, trouxeram à Espanha muçulmana uma onda de ortodoxia estrita, dirigida contra todos os não-muçulmanos, inclusive os moçárabes e judeus. Estes, em conseqüência, fugiram para o norte, para os territórios cristãos, emigrando rapidamente de cidade para cidade. Viveram, então, em seus guetos, *aljamas, juderías*, desfrutando apoio real em virtude dos seus talentos peculiares – para o comércio e a medicina –, mas constantemente ameaçados pelo ódio popular. Por acaso não eram os assassinos do Cristo? Não eram mais ricos do que todos e, além disso, opressivamente usurários?

De fato, a Igreja Católica proibia a usura e santo Tomás de Aquino escreveu que emprestar dinheiro a juros constituía um crime contra o Espírito Santo. Sob essas condições, era difícil conceber que o capitalismo prosperasse; este, aliás, mata o Espírito Santo a cada manhã, logo que abre Wall Street. Mas o anti-semitismo, sim, podia e pôde florescer. E, juntamente com ele, surgiu o critério de que a pureza racial e a ortodoxia religiosa eram fundamentais para a própria noção de Espanha. Primeiro os judeus foram proibidos de ocupar a mesma casa que os cristãos; em seguida, os judeus não podiam julgar ou prestar testemunho contra cristãos; e, finalmente, o *pogrom* explodiu, alimentado pela inveja (a inveja hispânica – a mais virulenta), pela peste negra, que trouxe uma extrema paranóia em sua esteira, e pelos pregadores extremistas que, ainda não tendo a televisão para estimular os preconceitos de sua platéia, transformaram o fanatismo verbal numa das belas-artes. Não apenas a peste foi atribuída aos judeus; se se perdia uma batalha contra os mouros, e judeus convertidos houvessem participado dela, eram eles os culpados pela derrota.

O ano de 1391 viu um *progrom* atrás do outro. Foi um ano de pobreza e de peste, em que quatro mil judeus foram assassinados em Sevilha. Em Córdoba, dois mil homens, mulheres e crianças mortos se amontoaram nas sinagogas incendiadas. Centenas de judeus se suicidaram em Barcelona, para escapar à perseguição ou reagindo, também, à dor de ver suas famílias atravessadas pelas armas.

Os *conversos*: para onde, se não para a conversão, podia ir um judeu espanhol, ao tratar de salvaguardar o pescoço? Para onde, se não para os braços da Igreja Católica, sempre disposta a receber o penitente? No entanto, as conversões maciças, freqüentemente contra a vontade dos convertidos, permitiram aos pregadores anti-semitas acusar os "cristãos-novos", isto é, os *conversos*, de todos os pecados antes imputados aos judeus. Convertidos, os judeus logo descobriram que estavam sob suspeita de heresia e práticas malignas. Chamados "cristãos-novos", começaram a se intercasar com "cristãos-velhos". Adquiriram, assim, acesso à Igreja Católica espanhola, em cujo seio se transformaram, como muitas vezes ocorre com os convertidos, nos mais zelosos perseguidores de sua antiga comunidade, seus torquemadas.

Mas as tradições democráticas e culturais da Espanha, com todas as suas luzes e sombras, seus ganhos e contradições, precipitaram-se então em fazer parte do contexto de uma nova situação mundial, em que a Espanha haveria de enfrentar o desafio de se converter numa nação moderna e unificada. A questão era a seguinte: tornar-se-ia ela moderna e unificada com ou sem sua herança tricultural, com ou sem sua esperança democrática? Esta pergunta é o prelúdio ao papel desempenhado pela Espanha no Novo Mundo. Seus dois aspectos foram respondidos no curso dos acontecimentos de um ano decisivo da história hispânica: 1492.

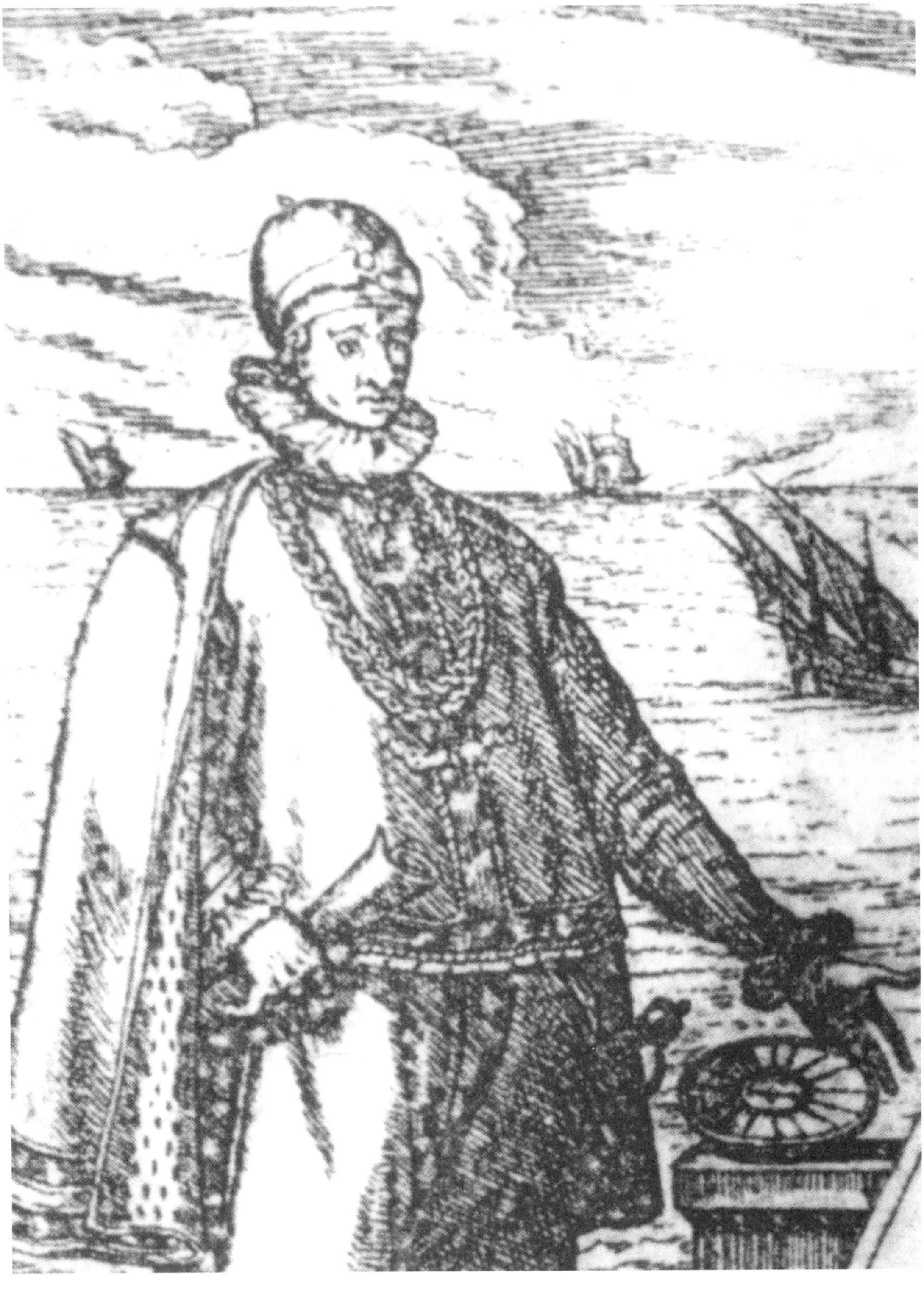

QUATRO

1492: O ano decisivo

Em todo o Ocidente, o ocaso da Idade Média foi seguido por um sentimento de renovação, de expansão e descobrimento, que obrigou cada comunidade política européia a tomar consciência de si mesma e a imaginar o lugar que ocuparia numa nova ordem internacional, definida por uma única palavra: Renascimento.

Na Espanha, a agenda nacional principiava com o propósito de encerrar a *Reconquista* por meio da derrota do último reino árabe na península: Granada. Esta vitória, por sua vez, deveria assegurar a unidade territorial e a possibilidade de se estabelecer um Estado nacional espanhol. A Espanha, nisto, não se diferençou das outras comunidades européias. Mas, enquanto a unificação, quer no caso da Itália, quer no da Alemanha, não pôde ser alcançada durante o Renascimento, a Espanha, assim como a França e a Inglaterra, pôde assim realizá-la.

O mapa jurídico da Espanha medieval era o de um verdadeiro arquipélago de leis e costumes, estendendo-se desde os pactos privados impostos pelos senhores feudais, e dos costumes partilhados por muitos habitantes em função das peculiaridades locais, até as decisões judiciais ou as decisões dos reis. Este mosaico, porém, tinha de igualmente incluir, conforme a natureza multicultural da Ibéria, os estatutos próprios de judeus, moçárabes, mudéjares etc. Dessa confusão, todavia, emergiu uma constelação de direitos locais e direitos dos reinos, os primeiros identificados com o vínculo feudal, privado, e os últimos na ala oposta. A transformação desse vínculo em direito público deu aos reinos uma força a mais, pois eles defenderam a causa do regresso ao direito romano e à lealdade jurídica devida a um só governante tradicional, como às instituições públicas. Novamente, foi Afonso, o Sábio, quem, graças a sua compilação das leis da Espanha, *Las siete partidas*, deu à restauração da tradição legal romana seu impulso mais importante desde são Isidoro. O acolhimento do direito romano e do pensamento político aristotélico através do rei Afonso, a substituição gradual das jurisdições feudais em matéria de justiça, impostos e forças armadas pelos reis de Castela, Aragão e Navarra, e sua política voltada para a renovação

Detalhe de *Colombo,* de um mapa de Theodor de Bry

da nobreza privilegiando os seus próprios aliados, tudo isso preparou o cenário, apesar dos tumultos da sucessão e das rivalidades dinásticas, para a Espanha unificada do século XV.

EM DIREÇÃO À UNIDADE

Quando as fronteiras internas da Espanha deixaram de mover-se, entre 1280 e 1480, os limites entre cada reino puderam enfim estabelecer-se com clareza. A luta dos reinos contra o feudalismo expressara duas coisas: primeiro, que o poder real devia impor-se em todo o território; e, segundo, que os habitantes de cada território deviam lealdade ao rei. Com este fim, os reis, como vimos, tentaram proteger as liberdades das cidades e dos cidadãos. Na verdade, porém, seu interesse consistia em alterar o estatuto de cada pessoa: o vassalo de um senhor passava a ser súdito de um rei, enquanto às cidades era de todo interesse consagrar o estatuto do cidadão. O governo monárquico se estabeleceu numa só cidade, capital, em vez de errar por todo o território da *Reconquista*. Criou-se uma burocracia real, e o representante do rei, o *corregidor*, passou a sugar os impostos atinentes a cada localidade.

No entanto, os plenos poderes do direito romano, *plenitudo potestatis*, foram severamente minados pela instabilidade política e pelas lutas dinásticas que acossaram a Espanha tanto quanto a peste que lhe sobreveio em 1348, durante o reino de Pedro, o Cruel, herdeiro do trono de Castela ainda aos 15 anos de idade. Combatendo 15 irmãos bastardos, ele foi dominado pela amante María Padilla, que o atiçou ao fratricídio até que finalmente, num dia de inverno, numa barraca de campanha nos arredores de Montiel, Pedro enfrentou em corpo-a-corpo o irmão Henrique, e pereceu quando este lhe cravou um punhal no peito.

O triunfo de Henrique firmou no trono de Castela a família Trastamara. Os efeitos do acontecimento seriam duradouros, pois através desta linhagem se encenaria a luta dinástica final, que também seria, significativamente, uma batalha entre a nobreza e a monarquia pelo estabelecimento dos direitos da sucessão castelhana.

João II de Castela, de boa aparência mas fraco, permitiu que o governo fosse administrado por um homem autoritário e sem escrúpulos, Álvaro de Luna, executado por ordens da rainha que, em seguida, assegurou a sucessão para seu filho, o impotente Henrique IV, suspeito de ter uma filha gerada pelo nobre Beltrán de la Cueva. Conhecida como "la Beltraneja", foi proclamada herdeira da coroa pelo rei, o pai suposto, apenas para ir de encontro à contrária vontade dos nobres, que escolheram e impuseram como rainha a irmã do rei, Isabel de Castela.

Inteligente, enérgica, intolerante, animada por sonhos de fé e de unidade, mas totalmente alheia ao sonho da diversidade cultural, em 1480 Isabel contraiu matrimônio com o rei de Aragão, Fernando, selando deste modo a união de Castela e Aragão. Mas, depois do triunfo sobre a Beltraneja e do casamento com Fernando, Isabel só estava certa de uma coisa: sua união com Fernando permitira à Espanha unificar seus reinos medievais e situar no primeiro plano da política, não sem grandes embaraços, todas as forças que favoreciam a ordem, a legalidade e unidade, à custa quer do poder feudal no campo, quer do poder civil nas cidades. Isabel e Fernando haviam aprendido as lições da longa luta pela integração nacional espanhola. Seus atos logo o demonstraram, e sua divisa era: *Tanto monta, monta tanto, Isabel como Fernando* (Tão digna é Isabel quanto Fernando; assim Castela e Aragão). Eles criaram uma burocracia do mérito, não do favoritismo, e restabeleceram toda a majestade do direito romano, começando pela identificação entre monarquia, soberania, jurisdição nacional e administração centralizada. O novo devotamento dos súditos era à monarquia, não ao senhor feudal ou sequer a sua cidade e, por certo, jamais a outra cultura ou a outra religião, o judaísmo ou o islã.

Mas a unidade espanhola, formalmente alcançada por Fernando e Isabel, requeria agora uma sanção especial. O Islã tinha de ser expulso para sempre da península. Enquanto preparavam o ataque contra o último reino árabe, em Granada, os Reis Católicos, no entanto, não podiam saber que estavam iniciando o ano crucial da história espanhola.

A importância da conquista de Granada estava clara no ânimo de Fernando e Isabel. Mas, na verdade, não poderiam haver calculado o dano que haveriam de causar à Espanha ao expulsar os judeus, também em 1492. E, quando enviaram um obscuro marinheiro chamado Cristóvão Colombo à caça de quimeras no horizonte, as esperanças dos monarcas espanhóis de ultrapassar os portugueses na descoberta da rota mais rápida para as Índias efetivamente não incluíam encontrar um novo continente, o terceiro grande acontecimento de 1492. A tal ponto que, finalmente, o quarto ato deste ano crucial mal é citado nos livros de história: Antonio de Nebrija publicou a primeira gramática da língua espanhola, um instrumento de realização artística, de força moral, de alternativa política e de unidade multirracial, que sobreviveria a muitas das virtudes e à maioria das loucuras dos Reis Católicos, Isabel de Castela e Fernando de Aragão.

A EXPULSÃO DOS JUDEUS

Talvez o pior erro do reino unificado, e dos seus monarcas Fernando e Isabel, a expulsão dos judeus foi determinada por motivos tanto ideológicos como materiais. Ideologicamente, os monarcas queriam consolidar a unidade sobre o alicerce da ortodoxia religiosa e da pureza do sangue. Uma vez mais, os bodes expiatórios perfeitos foram os judeus. Os Reis Católicos resolveram sacrificar o maior capital cultural da Espanha: sua civilização tríplice e mutuamente enriquecedora. Os estatutos que proclamavam a pureza do sangue e da ortodoxia da fé foram a base para a expulsão dos judeus e, em seguida, para perseguir, fiscalizar e, se necessário, exterminar os convertidos que houvessem permanecido na Espanha e fossem suspeitos de ser judeus em segredo, ou até hereges. Com este fim, a débil Inquisição medieval espanhola,

Fernando e Isabel em 1492, iluminura de manuscrito espanhol, s.d.

que dependia dos bispos e do papa, foi transformada num poderoso tribunal sob as ordens diretas dos reis espanhóis. Em troca deste novo poder, a Igreja teve de mudar sua aliança pragmática de Roma para a Espanha.

Como nos explica Gabriel Jackson em seu *España medieval*, a Inquisição ganhou força à proporção que estendeu aos convertidos sua perseguição contra os infiéis. De fato, refreou a conversão e obrigou os restos da comunidade judaica, na Espanha, a tornarem-se mais intolerantes do que os próprios inquisidores, para provar sua fidelidade ortodoxa. O supremo paradoxo dessa situação sem saída é que os judeus convertidos se transformaram, em muitas ocasiões, em perseguidores do seu próprio povo e raivosos defensores da ordem monolítica. O primeiro inquisidor geral de Castela e Aragão, Torquemada, pertencia a uma família de judeus convertidos: tal foi, então, o zelo dos *conversos*.

As considerações que guiaram a política de Isabel e Fernando não foram apenas religiosas. Seu interesse incluía o aumento dos bens da monarquia com a expropriação da riqueza das mais laboriosas castas da Espanha. É uma enorme ironia serem os benefícios imediatos auferidos pela coroa unida somente uma migalha se comparados com o que, mediata e imediatamente, perdeu. Em 1492, de uma população total de sete milhões de habitantes, havia apenas, na Espanha, meio milhão de judeus e convertidos. No entanto, uma terceira parte da população urbana era formada por descendentes de judeus. O resultado foi que, um ano depois do édito de expulsão, as rendas municipais de Sevilha caíram em 50%, e as de Barcelona foram à bancarrota.

Sobretudo, porém, a expulsão dos judeus (e, mais tarde, dos mouriscos) mostrou que a Espanha, efetivamente, privou a si própria de muitos dos talentos e

1492: O ano decisivo

serviços de que mais tarde precisaria urgentemente, para manter sua estatura imperial. Eram árabes e judeus os médicos e cirurgiões da Espanha, a tal ponto que Carlos V, por volta de 1530, felicitou um estudante da universidade de Alcalá por ser o primeiro fidalgo de Castela a receber um diploma de médico. Os judeus eram os únicos cobradores de impostos – e seus principais pagadores – no reino. Eram os banqueiros, os comerciantes, os agiotas e a ponta de lança da nascente classe capitalista da Espanha. Ao longo da Idade Média, haviam sido os intermediários entre os reinos cristãos e mouros, os almoxarifes ou administradores financeiros para os diversos reis, que repetiam, incessantemente, que sem sua burocracia judaica as finanças reais desmoronariam, coisa que não deixou de ocorrer quando os judeus abandonaram o país. Serviram também como embaixadores, funcionários e administradores do patrimônio real. Na verdade, assumiram obrigações que a nobreza espanhola não se dignava cumprir, considerando-as abaixo da sua condição de fidalgos. Resultou daí que, após o édito de 1492, os judeus convertidos tiveram de disfarçar ou deixar de lado suas atividades tradicionais sempre que estas, abertamente, pudessem fazê-los suspeitos da "impureza de sangue".

Quem podia tomar-lhes o lugar?

"TUDO É POSSÍVEL"

No século XV, uma constelação de novas idéias influiu sobre a realidade física, tanto quanto a realidade física influiu sobre o clima intelectual. O chamado "descobrimento da América", seja qual for a nossa posição ideológica a respeito, foi um

Os reis católicos ao receber uma delegação judia antes da expulsão dos judeus. Gravura do século XIX, artista desconhecido

grande triunfo da hipótese científica sobre a percepção física. Os avanços da navegação incrementaram o comércio e a comunicação entre os povos, assim como a invenção da imprensa provocou imensa curiosidade, uma sede crescente de informação e saber em todo o mundo. Os cientistas se perguntaram se este nosso planeta realmente poderia ser o centro do universo. E se interrogaram sobre a forma da Terra, enquanto os artistas refletiram sobre o sentido da presença humana na Terra, inclusive as formas dos corpos humanos, masculinos e femininos, e celebrando o aqui e agora, mais do que a vida eterna. "Tudo é possível", escreveu o humanista italiano Marsilio Ficino. "Nada deve ser desprezado. Nada é incrível. Nada é impossível. As possibilidades que negamos são tão-somente as possibilidades que ignoramos."

A Espanha se encontrava tão preparada como qualquer outra cultura européia para se unir ao impulso do Renascimento. A experiência tricultural produziu dois grandes livros, que nutriram o espírito renascentista na Espanha. O primeiro é o *Libro de buen amor*, publicado em 1325 por um sacerdote jovial e itinerante, chamado Juan Ruiz, o pároco de Hita. Seu livro é um canto aos prazeres do corpo, uma celebração da forma feminina e uma rejeição das noções de pecado. Profundamente marcado pela poesia árabe, Juan Ruiz é o nosso Chaucer, e sua mensagem conciliadora é a de que a fé e o prazer não devem estar em conflito.

Talvez ainda mais significativa seja a tragicomédia *La Celestina*, escrita por Fernando de Rojas após a expulsão dos judeus. É a história de uma velha alcoviteira, suas pupilas, dois jovens amantes e seus criados. É uma obra itinerante, episódica, que se passa nas ruas de uma cidade moderna e desamparada, vista por Rojas como o crivo da realidade histórica, onde os vícios e virtudes exemplares da moralidade medieval são derrotados pelos interesses, pelo dinheiro, pela paixão e pelo sexo. Todas as personagens de *La Celestina* gastam todas as suas forças em idas e vindas, encargos e exigências relacionados com estas paixões, mas essa energia termina na absurda imobilidade da morte.

La Celestina é produto da universidade de Salamanca, o mais importante centro educacional da Espanha, autoconcebida como uma alternativa humanística à crescente ortodoxia e intolerância da coroa. Quando, em 1499, e depois de numerosas dúvidas, Rojas finalmente resolveu publicar o livro, possuía uma consciência aguda do duro destino dos seus irmãos hebreus. O mundo é a mudança, proclama *La Celestina*, nada senão mudança mas, assim como o acaso, a mudança leva todos a um final amargo e desastroso. Este é o livro que, de acordo com Ramiro de Maeztu, ensinou o povo espanhol a viver sem ideais. Juan Ruiz e Fernando de Rojas foram humanistas que tanto sonharam como advertiram, celebrando a ação humana, mas também assinalando suas armadilhas.

A expansão da Europa, primeiro para o Oriente e em seguida para o Ocidente, foi, de certo modo, uma façanha da imaginação renascentista. Ao mesmo tempo triunfo da hipótese sobre a percepção e da imaginação sobre a tradição. O *Mare Nos-*

trum, o Mediterrâneo, havia-se convertido num lago islâmico, limitando severamente as possibilidades de expansão européia. Encontrar uma saída do Mediterrâneo, uma rota para o Oriente, transformou-se numa obsessão européia, manifestando-se primeiro na República Veneziana, quando Marco Polo abriu uma rota comercial e terrestre para a China. Logo, porém, a ascensão de um novo poder muçulmano, o Império Otomano, voltou a penetrar no Mediterrâneo, capturou a Grécia e os Bálcãs, e obrigou a Europa e sua nascente classe mercantil a buscar novas saídas.

A partir do seu castelo em Sagres, na costa atlântica de Portugal, o infante D. Henrique (1394-1460), filho do rei D. João I, reuniu toda a sabedoria náutica de seu tempo, aperfeiçoou a cartografia e os instrumentos de navegação, desenvolveu embarcações rápidas, novas e facilmente manobráveis como a caravela, e instruiu tripulações capazes de equipá-las. Henrique, o Navegador, como veio a ser conhecido, tinha um grande projeto: flanquear os turcos navegando pelas costas da África para o sul e depois para o Oriente. Com a ajuda dos banqueiros flamengos, Portugal saltou da ilha da Madeira para os Açores e o Senegal, chegando finalmente em 1488, com Bartolomeu Dias, ao próprio extremo do continente africano, o cabo da Boa Esperança. A partir daí, os portugueses puderam prosseguir rapidamente até a Índia (Vasco da Gama, 1498). No caminho, plantou-se cana-de-açúcar e capturaram-se escravos. Em 1444, estabelecera-se em Lagos uma companhia para o tráfico de escravos, sob o patrocínio do infante D. Henrique.

Mas, enquanto Portugal olhava para o sul e para o Oriente, não se atrevia a olhar para o Ocidente, para o *Mare Ignotum*, o oceano do mistério, nem sequer quando um cabeçudo marinheiro de suposta origem genovesa, arremessado por um naufrágio perto do castelo de Henrique, o Navegador, alegou que a melhor maneira de chegar ao Oriente era navegar para o Ocidente. Em muitos aspectos, o homem era pessoalmente menos impressionante do que seus trabalhos ou suas idéias: acalorado, às vezes sem controle de si mesmo, levantava a suspeita de ser mitômano. Mas o que lhe sobrava era coragem e determinação. Seu nome era Cristóforo Colombo: Cristóvão Colombo.

Portugal não deu atenção a Cristóvão Colombo. O navegador, então, se dirigiu à Espanha, o país isolado, introspectivo, dedicado a travar sua prolongada guerra de Reconquista. Fê-lo em momento propício, oferecendo seu projeto aos monarcas católicos Isabel e Fernando. Inflamados pela vitória sobre os mouros de Granada, os Reis Católicos deram a Colombo os meios necessários à realização do terceiro grande acontecimento de 1492, o ano crucial da história da Espanha: a descoberta da América.

Uma pequena frota de três caravelas, a Pinta, a Niña e a Santa María, zarpou do porto de Palos, a 3 de agosto de 1492. Navegando sempre para o oeste, depois de 66 dias de falsas esperanças, estrelas que se deslocavam, fantasmagóricas ilhas feitas de nuvens, queixas dos marujos e motim declarado, Colombo alcançou terra a

El Almirante Christoval Colon Descubre la Isla Española, y haze poner una Cruz, etc.

1492: O ano decisivo

Cristóvão Colombo desembarcando na Hispaniola. Gravura espanhola, artista desconhecido, 1728

12 de outubro de 1492, na pequena ilha de Guanahaní, nas Bahamas, batizada com o nome de San Salvador. Colombo pensou que chegara à Ásia. Moviam-no a coragem, o valor renascentista da fama, o prazer do descobrimento, a ânsia de ouro e o dever de evangelizar. Graças a ele, a Europa pôde ver-se no espelho da Idade do Ouro e do bom selvagem. Porque os homens e mulheres desta ilha, conforme os descreveu o próprio Colombo, eram pacíficos, inocentes, e "dei a alguns deles uns barretes coloridos e umas contas de vidro que eles se punham no pescoço, e outras muitas coisas de pouco valor, com que houveram muito prazer e tantos ficaram nossos, que era maravilha". Colombo também escreveu, em seu diário: "são muito inexperientes em armas" e "com cinqüenta homens eles podiam ser todos subjugados". E assim o foram – raptados, assassinados, e escravizados. Como haveremos de entender a "descoberta da América"? Afinal, todas as descobertas não são mútuas? Os europeus descobriram o continente americano, mas os povos indígenas das Américas também descobriram os europeus, perguntando-se se esses homens brancos e barbados eram deuses ou mortais, e se eram tão piedosos como o proclamavam suas cruzes, ou tão impiedosos quanto o demonstraram suas espadas.

Para estes indivíduos, saídos dos povos da Espanha medieval, soldados e clérigos, advogados e cronistas, marinheiros e artesãos, a conquista do Novo Mundo era

O encontro dos marinheiros portugueses com os indígenas brasileiros, conforme desenho de Theodor de Bry

87

um evento que tocava o coração de suas existências. Eles traziam a energia excedente da Reconquista espanhola, setecentos anos de luta contra o infiel. Eram os portadores de uma fé militante e de uma política militante. Depois de 1492, os judeus se foram para o norte da Europa, onde os seus talentos seriam postos a serviço dos protestantes, inimigos da Espanha. Os árabes regressaram à África, lamentando seu exílio dos jardins da Alhambra e recordando as palavras da mãe do último rei mouro de Granada, Boabdil: "Não chores como mulher o que soubeste defender como homem." Agora, porém, para onde iria a impetuosa energia da Espanha cristã? A movimentação, a dinâmica imensa de exército, Igreja, realeza, vida urbana; os burgueses e as massas que caminharam até Santiago, lutaram em Navas de Tolosa, construíram Ávila, comerciaram em Burgos, defenderam os direitos civis de Toledo, elegeram as cortes e unificaram os reinos? Para onde iria agora todo este ímpeto? A resposta chegou das aldeias e povoados de Castela, da Estremadura e da Andaluzia. Eram estes os torrões dos conquistadores do Novo Mundo: Hernán Cortés, Francisco Pizarro, Pedro de Valdivia. Homens que surgiram do couro seco e curtido da Espanha, e que nos trouxeram às Américas a Igreja, o exército, o espírito militante, e um dilema angustioso entre as tradições democráticas nutridas pelas cidades medievais ou o uso e abuso autoritário do poder que logo seria confirmado pela monarquia unificada. Eles levariam para o Novo Mundo todos os conflitos do caráter espanhol, dividindo a alma com sua imagem de sol e sombra, como a praça de touros. Tolerância ou intolerância? Respeito ao ponto de vista alheio, direito de criticar e inquirir, ou a Inquisição? A mescla étnica ou a pureza racial? A autoridade central ou local? O poder vindo de cima ou o poder vindo de baixo? E talvez a pergunta que contém todas as outras: tradição ou mudança? Tais alternativas dividiriam os mundos hispânicos, na Europa e nas Américas, durante muitos séculos. Muito sangue seria derramado na luta a favor ou contra essas idéias. E só no nosso tempo se chegaria a um consenso de conciliação da necessidade de levar adiante a tradição dentro da própria mudança com o realizar a mudança sem se violentar a tradição.

Em 1492, Isabel e Fernando eram impelidos por uma visão unitária da cristandade, da Reconquista e da expansão. Indubitavelmente, os comandantes e soldados de Castela e Aragão, do outro lado do oceano, partilhavam essa visão. Não devemos esquecer, porém, que eram também os herdeiros de uma experiência policultural de coexistência e tensa mestiçagem com judeus e mouros. Todas as exceções que possamos opor à virtude da tolerância não podem depreciar o fato de que as tendências para a coexistência respeitosa com o outro estruturaram efetivamente, na Espanha, uma realidade tricultural, em flagrante contraste com a política oficial de expulsão e negação de judeus e mouros, desenvolvida sob Fernando e Isabel, e que culminou com o duro regime de censura inspirado pela Contra-Reforma e instrumentado pela Inquisição.

Os conquistadores do Novo Mundo eram parte desta realidade, mas não podiam burlar o dilema da Espanha. Frades, escritores, cronistas que os acompanhavam obrigariam a Espanha a enfrentar sua alternativa humanista e policultural. A singularidade cultural da Espanha consistiu em reconhecer o outro: combatendo-o, abraçando-o, misturando-se com ele. Jean-Paul Sartre escreveu, uma vez, que o inferno são os outros. Há, porém, um paraíso diferente do que podemos construir com os nossos irmãos e irmãs? E, no entanto, a história insiste em perguntar-nos: como podemos viver com o outro? Seremos capazes de compreender que cada um é o que é somente porque outro ser humano o observa e completa? Essa pergunta contemporânea, proposta a cada vez que o branco e o negro, o Oriente e o Ocidente, o antecessor e o imigrante se encontram no nosso próprio tempo, foi uma realidade medular da Espanha medieval e se transformou, em seguida, na questão medular da conquista e colonização das Américas. São perguntas antecipadas, ainda que contraditoriamente, pela experiência histórica espanhola, desde a conquista da Ibéria por Roma até a expulsão dos judeus, em 1492. Daí em diante se converteriam na questão central das Américas, no momento em que a Espanha entrou em contato com o radicalmente outro: povos de outra raça, outra religião, outra cultura. O que eram esses homens? Qual a forma de suas almas? Será que tinham mesmo uma alma?

Essas perguntas dividiram a Espanha. E, se uma parte de seu coração lhe ordenou: "Conquista!", lembrando-se de Sêneca, o estóico, iria dizer: "Não te deixes conquistar por nada, com exceção da tua própria alma." A proeza de Cristóvão Colombo abriu a cortina para um imenso choque de civilizações, uma grande epopéia, às vezes compassiva, às vezes sangrenta, mas sempre conflituosa, destruindo e criando, simultaneamente, a cultura do Novo Mundo.

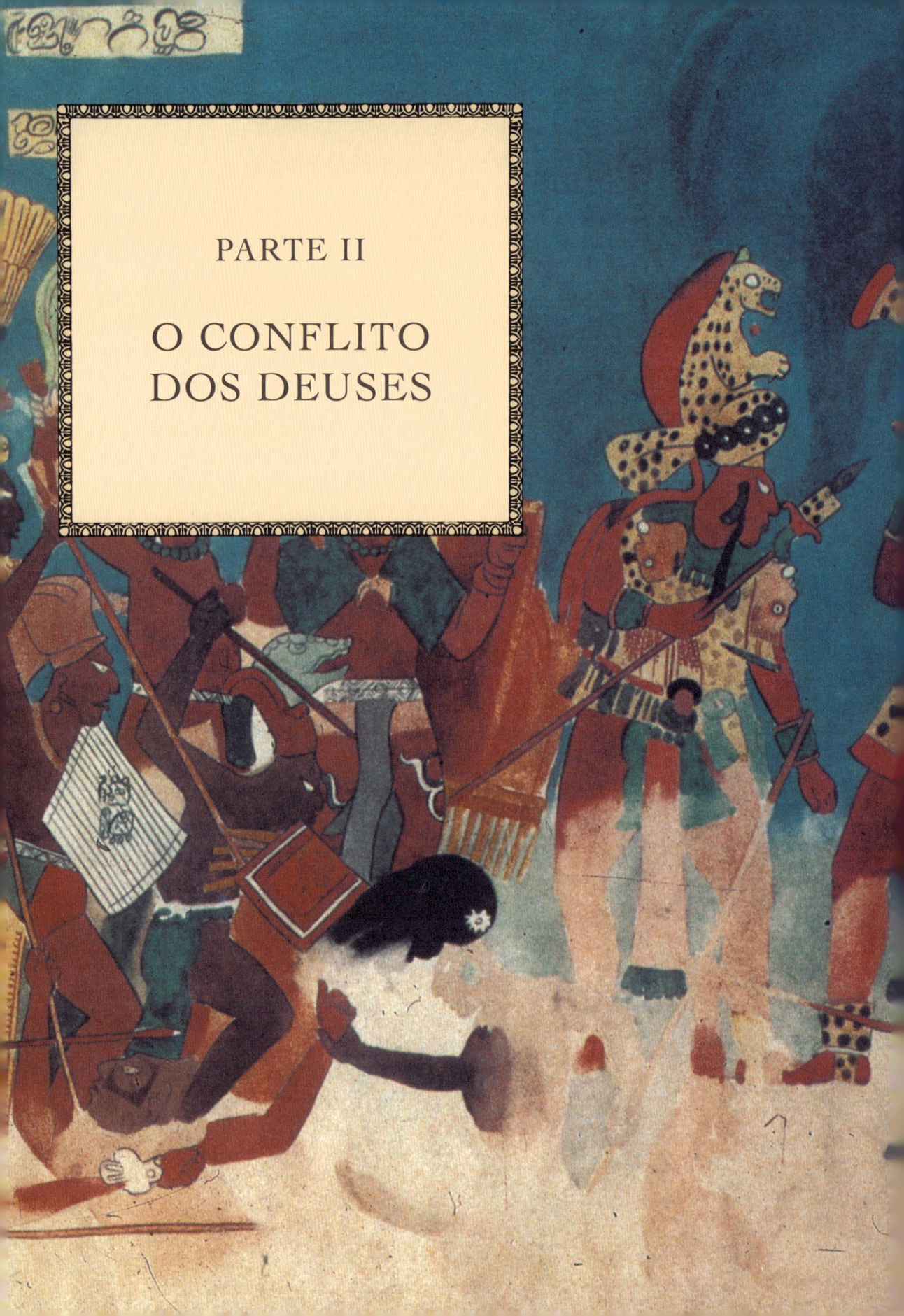

PARTE II

O CONFLITO DOS DEUSES

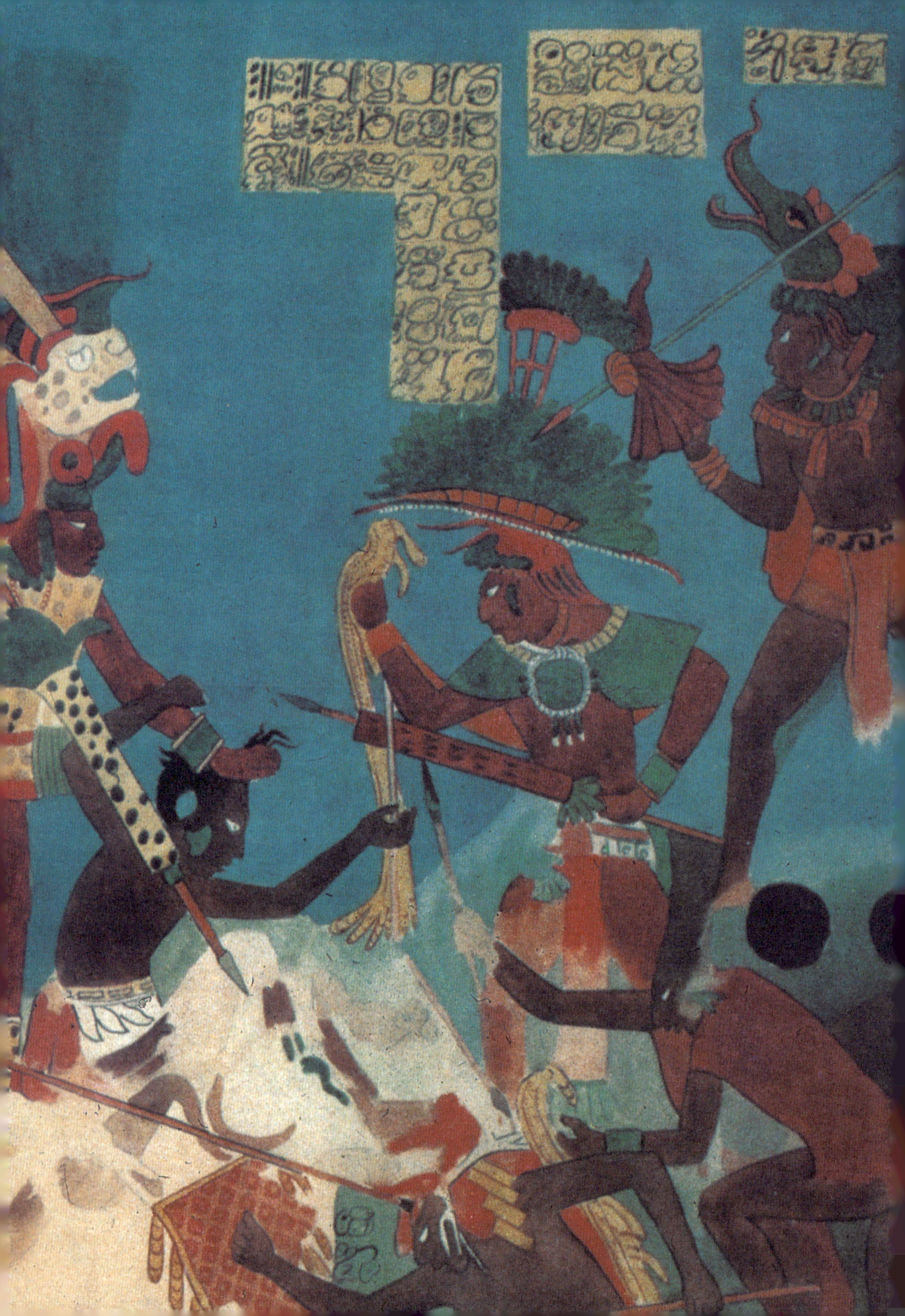

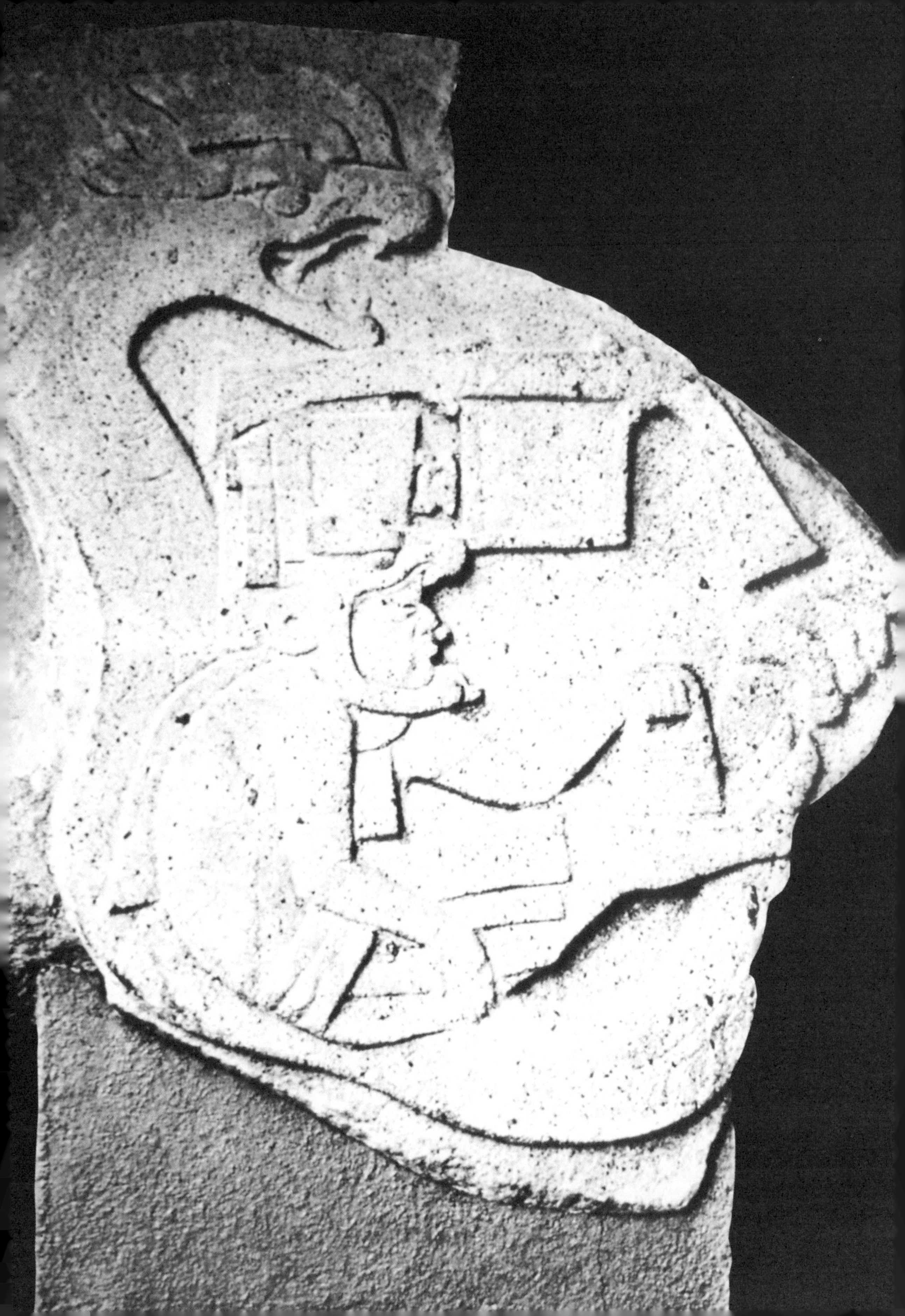

CINCO

Vida e morte do mundo indígena

A América, outrora, foi um continente vazio. Todos os que pisaram nossas praias ou cruzaram nossas fronteiras, físicas ou imaginárias, vieram de outra parte. Imaginemos então que, há 130 mil anos, enormes massas de gelo se deslocaram nas regiões árticas, resultando daí uma queda dos níveis do mar de Bering: uma vasta calçada continental abriu-se, desse modo, entre a Ásia e a América.

Sobre essa ponte, a pé e em pequeno número, nômades foram entrando no hemisfério ocidental, cerca de 48 mil anos atrás. Entalhadores, caçadores, habitantes das cavernas caçaram o mamute pouco antes de se extinguir. Havia enormes espaços a atravessar, das montanhas aos desertos, dos vales às florestas. E havia, para comer, coelhos e veados, javalis e patos selvagens, a caça que Bernal Díaz haveria de descrever em 1520.

Entre 7500 e 2500 a.C., o desenvolvimento da agricultura transformou os nômades em lavradores sedentários, reunidos em aldeias. Na mitologia mesoamericana, o primeiro grão de milho foi descoberto com a ajuda de uma formiga, por Quetzalcóatl, a serpente emplumada, que criou a humanidade. Seu triunfo contrastou vivamente com o fracasso dos demais deuses. Não admira que fosse tão glorificado pelas sociedades mesoamericanas como criador do homem, da agricultura, da sociedade aldeã. Pois a princípio nada havia, dizem do continente vazio os mais antigos cantos: "Quando ainda era noite, na obscuridade, os deuses se reuniram..." e criaram a humanidade: "Que haja luz", exclama a bíblia dos maias, o *Popol Vuh*. "Que nasça a aurora sobre o céu e a Terra. Não haverá nenhuma glória até existir a criatura humana."

A humanidade nasceu do sacrifício. Quando os deuses se uniram na hora do primeiro amanhecer da criação, formaram um círculo ao redor de uma grande fogueira. Decidiram que um deles deveria sacrificar-se, saltando para o fogo. Um deus belo, arrogante e coberto de jóias, mostrou dúvida e temor. Um deus anão e nu, coberto de furúnculos, arremessou-se nas chamas e logo ressuscitou, com a forma do sol. O deus belo, ao ver isso, também saltou para o fogo, mas sua recompensa foi reaparecer como o satélite, a lua. Assim foi criado o universo.

Quetzalcóatl, a serpente emplumada. No verso detalhe dos murais de Bonampak

Se os deuses se haviam sacrificado para que o mundo e a humanidade existissem, com ainda maior razão a humanidade era obrigada, se necessário, a se atirar às grandes fogueiras da vida e da morte. A necessidade do sacrifício era um fato indubitável na sociedade indígena, não suscetível de discussão ou de ceticismo de qualquer espécie. Para os antigos americanos, as forças do universo eram uma fonte constante de perigo mas, ao mesmo tempo, eram a própria fonte da sobrevivência que ameaçavam. Essa ambigüidade se resolveu no sacrifício, um fato tão indubitável para a sociedade indígena como o é para nós a fórmula $E=MC^2$. Pois do sacrifício dependia não só a continuidade da vida, mas a própria ordem do universo. Os homens e as mulheres eram vistos como coisas verdadeiramente pequeninas no enorme cenário do cosmo. O próprio universo era matéria frágil, sujeita à vida e à morte, à criação e à destruição, à morte e à ressurreição.

À medida que evoluiu da aldeia para o centro cerimonial, para a cidade e o império, o mundo aborígine da Mesoamérica, a região que se estende do centro do México à Nicarágua, cultivou mentalmente um conjunto de crenças em cujo cerne se achava a idéia de que o mundo fora criado não uma, mas diversas vezes. Esta crença, desenvolvida pelos astecas na lenda dos Cinco Sóis, é contada em seu célebre calendário solar, onde se vê no centro do disco a imagem do sol, com a língua de fora (o que quer dizer que está brilhando), e dominada pelas quatro direções que indicam as quatro criações anteriores ao mundo e as catástrofes que sofreram. O primeiro sol foi destruído por um jaguar; o segundo, por ventos ferozes; o terceiro, por uma chuva incessante; o quarto, pelas águas do grande dilúvio. Atualmente, vivemos sob o quinto sol, nascido do sacrifício dos deuses e que só continuará brilhando mediante o sacrifício das criaturas dos deuses, os homens e mulheres.

Apenas o sacrifício podia manter este mundo, o sol e, conseqüentemente, a vida. Do sacrifício depende a continuidade das coisas: a aldeia, a família, o trabalho, a agricultura, o milho. Semelhante concepção da realidade levou, evidentemente, ao temor de que uma catástrofe tão recente, tão lembrada pelos povos indígenas, podia repetir-se a qualquer momento: o nome desta catástrofe seria o da morte do quinto sol. A natureza merecia tanto amor como temor. O tempo devia ser conhecido, mas também prognosticado. E devia dar-se poder aos que conhecessem ou recordassem o tempo e predissessem o futuro, dominando e afastando as forças destrutivas da natureza.

O mito era a interpretação que explicava essa realidade. As forças naturais e sobrenaturais, tão próximas da pele de todas as criaturas vivas, foram chamadas deuses, e causas de todas as coisas. O tempo e a morte, assim, se transformaram nos eixos do mundo indígena, e os deuses a causa de tudo o que é bom e mau. Os eleitos dos deuses foram aqueles capazes de escutá-los, predizer o tempo e administrar a morte, quer na guerra, quer na paz. Desse modo, os reis, os sacerdotes e os guerreiros chegaram a dominar o espaço vazio das Américas, organizando a construção

Vida e morte do mundo indígena

Um calendário
de pedra
asteca

dos centros cerimoniais, que serviam de santuários para a dualidade às vezes assustadora dos deuses e para as insofismáveis verdades que eles encarnavam.

Como gigantescas sombras projetadas pelos fogos da criação, essas crenças acompanham o passo das sucessivas civilizações mesoamericanas, desde os primeiros caçadores, 6000 a.C., até o início da vida agrícola e da vida aldeã, por volta de 1500 a.C., e até o aparecimento da "cultura mãe" dos olmecas na bacia do rio Papaloapan (ou das Borboletas), na costa do golfo do México, cerca de 900 a.C. A cultura aldeã subiu, depois, do mar para as montanhas, para o povo zapoteca de Oaxaca, para os vales do México central e para os primeiros sinais da civilização maia, entre o terceiro século a.C. e o primeiro da nossa era.

As migrações e os êxodos continuaram, arrastando sempre o terror da catástrofe cósmica. A necessidade de reagir a tal pavor, dos pontos de vista criativo e sacrificial, persistiu ao longo dos seiscentos anos das culturas clássicas de Teotihuacan, no centro do México, de Monte Albán em Oaxaca e de preparação do grande período da civilização maia, que alcançou o apogeu, e em seguida se arruinou, entre os anos 600 e 900. O último suspiro dos maias em Chichén Itzá, a vida e a morte dos toltecas no centro do México, seguida pela ascensão dos astecas a partir de 1325 e seu desmoronamento em 1521 nas mãos dos espanhóis, fecham o ciclo histórico das civilizações mesoamericanas, mas de forma alguma, como veremos, o seu ciclo cultural.

Cada um desses grandes temas e certezas, que alimentaram e estruturaram o mundo indígena, são evidentes em suas construções magníficas, comparáveis às da Mesopotâmia e do Egito antigo. Antes de tudo, a arquitetura indígena é, como o revelam seus sítios, uma resposta à questão da natureza: uma paisagem humana de sublimes templos consagrados aos deuses. Na Europa, o espírito romântico deu a esta questão sua forma mais moderna. Goethe disse, da natureza: "Vivemos dentro dela, mas lhe somos alheios." Quem sabe mais dramaticamente, Hölderlin imaginou a angústia do primeiro homem a tomar consciência de ser parte da natureza, nascido dela mas ao mesmo tempo separado, distinto dela, forçado a se distanciar para sobreviver e se identificar. Muito antes do temor freudiano de ficar dentro, capturado, ou fora, desamparado, os grandes templos da antigüidade mesoamericana revelam essa mesma inquietação em torno de serem devorados por uma natureza ameaçadora ou permanecerem, sob a intempérie, fora do seu abraço.

Palenque é o exemplo supremo dessa ambígua resposta à natureza. Mergulhado no mais fundo abraço da selva de Chiapas, cada edifício parece esculpido a partir da floresta primitiva. Palenque chegou ao apogeu no século VII e foi novamente abandonado, no século XI, aos apetites da natureza. Hoje, a magnífica série das estruturas de Palenque – o palácio, a Casa do Jaguar, e os templos do Sol, da Cruz e das Inscrições – parecem-nos capturados para sempre entre as exigências rivais da selva e da humanidade. Contrastando com isso, as ruínas de Monte Albán, na grande cidadela que domina o vale de Oaxaca, estão separadas da natureza de maneira soberba, e até abstrata. Elas parecem suspensas entre o céu e a Terra, mais perto das nuvens e do firmamento que de quaisquer laços terrenos. Até que olhamos pela segunda vez o esplendor de Monte Albán e compreendemos que não se trata senão de uma veemente comprovação visual da equivalência entre a realização humana e a paisagem natural: como se a arquitetura fosse, praticamente, a réplica das montanhas circundantes.

Vida e morte do mundo indígena

Esse segundo olhar nos permite responder à pergunta imediata que vem à tona ao se alcançar essa altura cristalina. Qual foi a função exercida por um espaço como este? Foi concebido como um centro cerimonial, como uma fortaleza, um santuário, um monumento aos que tombaram nas guerras civis que assolaram o vale de Oaxaca? Ou se trata de um monumento às grandes epopéias do êxodo e da guerra

Palenque

Monte Albán

que se acham na raiz da vida e do movimento no continente vazio? Seja como for, as perguntas mais características da mentalidade indígena estão implicitamente expressas em Monte Albán: quanto tempo durará o que temos feito? Podemos construir algo que nos proteja da destruição?

A necessidade de responder à natureza conduziu, evidentemente, a uma intensa preocupação com o tempo, mas esta foi rapidamente deslocada pelo poder dos homens capazes de assegurar que o tempo duraria, e que o caos natural não voltaria a se impor. Os murais de Bonampak, descobertos só em 1949 nas selvas do sul do México, oferecem-nos uma visão multicolorida de um mundo ritualístico. Presididas pelas imagens de um menino principesco a que se oferece o posto de governante sobre as futuras gerações, as pinturas apresentam um panorama impressionante do poder no antigo mundo americano. Como no cinema, as procissões de sacerdotes e servidores, entre os governantes e governados, permitem-nos ver com clareza a organização do trabalho humano determinada por uma classe emergente de príncipes e sacerdotes. Como as comunidades agrárias se converteram em cidades-estado, e as cidades se expandiram sobre territórios maiores através da guerra e da conquista, exigindo impostos, colheitas e também mulheres, a civilização passou a se organizar com o fim de manter a burocracia, o sacerdócio e o exército. Na verdade, os murais de Bonampak desembocam numa visão cruel e implacável da guerra: batalha, morte, e escravidão. Mas eles também nos fazem voltar à imagem do outrora futuro rei, o jovem príncipe, santificado no primeiro mural. Ele governará todo esse mundo, tão assombrosamente pintado. Governará da maneira ali descrita e com o propósito firmado de sustentar a vida humana mediante o paradoxo do sangue derramado na guerra e no sacrifício.

A necessidade de compreender o tempo se tornou, portanto, fundamental para o mundo indígena, pois significava a diferença entre a sobrevivência e a destruição. Dominar o tempo se fez sinônimo de assegurar a continuidade da vida. Um poeta maia assim o expressou: "Os que têm o poder de contar os dias têm o direito de falar aos deuses." Em Chichén Itzá, os astrônomos maias estabeleceram um preciso calendário solar, simbolizado pela estrutura da grande pirâmide. Nove terraços e quatro escadas representam os nove céus e os quatro pontos cardeais. Cada escada tem 91 degraus, num total de 364, o número de dias do ano – com a plataforma do cume, 365, o número de dias do ano solar.

A maior pirâmide mesoamericana, o Templo do Sol, em Teotihuacan, foi construída de tal maneira que, no dia do solstício de verão, o sol se põe precisamente em frente à fachada principal. A natureza e a civilização podem celebrar-se, uma no reflexo da outra. Os toltecas, construtores de Teotihuacan, tentaram reunir esse conjunto de preocupações acerca do tempo e da natureza, do poder e da sobrevivência, num princípio moral, encontrando-o, mais uma vez, na figura de Quetzalcóatl, a serpente emplumada, que se sintetiza em diversas lendas muitas vezes contraditórias e deve ser visto como o criador da vida humana, nascida lenta e penosamente do caos e do medo. Quetzalcóatl deu aos seres humanos seus utensílios e ofícios, ensinou-os a polir o jade, a entrançar as plumas e plantar o milho. O mito, posteriormente, também atribui a Quetzalcóatl a invenção da agricultura, da arquitetura, da escultura, da canção, da mineração e joalheria. O corpo dos seus ensinamentos veio a ser identificado com o próprio nome dos toltecas, o Toltecayotl, ou "totalidade da criação".

Quetzalcóatl transformou-se, desse modo, no herói moral da antigüidade mesoamericana, tanto quanto Prometeu foi o herói da antiga civilização mediterrânea, o seu libertador, ainda que à custa de sua própria liberdade. No caso de Quetzalcóatl, a liberdade que trouxe ao mundo foi a luz da educação – uma luz tão poderosa que se fez a base da legitimidade de qualquer Estado que aspirasse a suceder ao dos toltecas e a seu legado cultural.

A ÁGUIA E A SERPENTE

O Estado que sucedeu ao dos toltecas, e a última nação do antigo mundo mesoamericano, foi o dos astecas. A longa marcha desse povo, desde os desertos da América do Norte, através do Arizona e de Chihuahua, até o México central, foi fixada na visão de uma águia que devora uma serpente sobre um cacto, numa ilha de um lago. Os astecas foram conduzidos àquele lugar pelo seu feroz deus da guerra, Huitzilopochtli, cujo nome significa "o bruxo beija-flor", e por Tenoch, seu sacerdote. Quando chegaram à região predestinada, sobre as ilhas e pântanos do lago Texcoco, eles fundaram (no ano de 1325) sua cidade, Tenochtitlan. A esse nome acrescentaram o prefixo "México", que quer dizer "o umbigo da lua" (A Cidade do México é a mais antiga, entre as continuamente habitadas, na história das Américas.) Segundo as crônicas, os astecas eram depreciados pelos habitantes já existentes no vale central, que os chamavam de "o último povo a chegar", diziam que "todos os perseguiam", que "ninguém queria recebê-los", e que "não tinham fisionomia".

Essa falta de fisionomia contrastava com o perfil cultural definido e visível dos toltecas, a tribo de Quetzalcóatl, que desaparecera misteriosamente mais ou menos na época em que se começou a construção da catedral de Canterbury, os moinhos de vento foram introduzidos na Inglaterra e Chrétien de Troyes escreveu o *Parsifal*: a segunda metade do século XII. Os toltecas deixaram uma herança de criações culturais considerada a mais valiosa do mundo indígena. Na verdade, a própria denominação "tolteca" era sinônimo de "artista". Era a cultura do deus exilado, Quetzalcóatl, a mais alta de quantas se conheceram ali. E os astecas, à medida que estenderam seu poder por todo o vale central do México, com os instrumentos da guerra, do tributo e do sacrifício humano, também se apoderaram da herança cultural tolteca.

Precisavam de poder. Precisavam, também, legitimar esse poder. Legitimidade moral adicionada a poder militar. Essa equação, que restringiu a política dos astecas, também lançou um contra o outro dois deuses inimigos, Quetzalcóatl, deus da criação e da irmandade, e Huitzilopochtli, deus da guerra e da conquista.

O Espelho Enterrado

Vida e morte do mundo indígena

A arte e a moralidade toltecas deram aos astecas o rosto que procuravam. Mas, se a memória e a identidade exigiam esta identificação, o poder e a legitimidade a combatiam. No século XV, Tlacaélel, filho e irmão de reis, mas que nunca aceitou a coroa para si mesmo, organizou, de maneira tradicional, o que veio a ser

A grande pirâmide de Chichén Itzá

Huitzilopochtli, o deus asteca da guerra

Um dos murais de Bonampak, na selva de Chiapas

conhecido como o império asteca. Distribuiu terras e títulos, sistematizou a administração (inclusive o inexorável processo de tributos e taxas), e iniciou conquistas que levaram os astecas para o sul, até os atuais territórios da Guatemala, de Honduras e Nicarágua. Tlacaélel construiu ainda o grande templo a Huitzilopochtli na cidade do México, dedicando o poder da nação asteca aos princípios da guerra e do sacrifício. Foi ele, do mesmo modo, que fez queimar os antigos escritos dos povos derrotados pelos astecas, por serem estes descritos como um povo de bárbaros. Tlacaélel queimou a história, mas essa paródia digna de Orwell se juntou à ansiedade de ser visto como o herdeiro de Quetzalcóatl.

No entanto, o panteão das divindades astecas, com um aterrorizante senso de realidade, nos recorda o caos, a força e o horror que inevitavelmente se apoderam de todo ser humano que se coloca diante do tempo das suas origens. A figura central deste panteão é a deusa mãe Coatlicue, a "senhora da saia das serpentes". Quadrada, decapitada, sem quaisquer traços antropomórficos, Coatlicue foi criada à imagem e semelhança do desconhecido. Os componentes de sua decoração podem ser chamados, separadamente, caveiras, cobras, mãos amputadas. Mas tudo isso se funde numa composição do desconhecido. Coatlicue não admite nenhuma ruptura no seu corpo. É o monólito perfeito, que totaliza a intensidade e a autocontenção.

De conformidade com o mito, Coatlicue, deusa da terra, foi emprenhada, pela primeira vez, por uma faca de obsidiana, dando à luz Coyolxauhqui, deusa da lua, e uma ninhada de irmãos, que se transformaram nas estrelas. Um dia, porém, Coatlicue encontrou uma bola de plumas e a aconchegou cuidadosamente em seu seio. Quando mais tarde a procurou, ela desaparecera, e Coatlicue descobriu que novamente estava grávida. Seus filhos, a lua e as estrelas, não acreditaram em sua história. Envergonhados da mãe, que acreditaram culpada de promiscuidade, tomaram a decisão de matá-la. Só uma vez uma deusa podia dar à luz a prole original da divindade. Uma segunda prole de deuses era uma monstruosidade. Como poderia haver outros deuses? Mas, enquanto os filhos conspiravam, Coatlicue deu à luz o ardente deus da guerra, Huitzilopochtli. Com a ajuda de uma cobra de fogo, ele se voltou contra os irmãos e a irmã, assassinando-os num ataque de fúria. Decapitou Coyolxauhqui e mergulhou seu corpo numa profunda garganta de montanha, onde ela jaz mutilada para sempre.

Esse mito ilustra a certeza de que o universo natural dos índios nasceu de uma catástrofe. Os céus, literalmente, se partiram em pedaços, a mãe terra caiu e foi fertilizada, seus filhos se viram despedaçados pelo fratricídio e se espalharam, desmembrados, pelo universo inteiro. Mas a escultura de Coatlicue é uma forma artística que, mesmo nascida de um mito, já não cumpre uma função religiosa. Tornou-se uma parte da imaginação artística, de tal modo que, além de suas origens sagradas, o que hoje vemos é uma composição moderna e ambivalente. A realidade se quebrou em várias partes mas, ao mesmo tempo, exige sua própria reintegração, mais ou

Vida e morte do mundo indígena

Coatlicue,
a deusa
da terra

menos como as pinturas cubistas. Ao imaginar os deuses, o anônimo escultor de tal peça – como sua contrapartida gótica igualmente anônima e igualmente de inspiração religiosa na Europa – criou uma obra de arte intemporal, que só no nosso tempo é plenamente apreciada, fora do seu contexto religioso. A condição para isso é a de toda grande arte. Os verdadeiros artistas não refletem apenas a realidade: acrescentam-lhe algo novo.

Entre as pedras e as mãos que lhes deram forma, os artistas indígenas estabeleceram um meio de comunicação que finalmente se tornou universal. André Breton viu na arte antiga do México uma expressão do surrealismo; muito mais concretamente, o escultor britânico Henry Moore inspirou-se nas figuras de Chac Mool para nos dar sua esplêndida série de estátuas reclinadas. Graças a suas conexões com uma tradição antiga, essas obras passaram a ser das mais representativas e inesquecíveis da tradição moderna. O que Moore disse de sua própria arte pode dizer-se das grandes esculturas do antigo México: se um escultor compreende o material com que tem de trabalhar, pode transformar um bloco fechado de matéria numa animada composição de massas que se expandem e se contraem, se impulsionam e se sobrepõem.

Capturadas entre o puro ar e o dinamismo da pedra, essas estruturas são produtos de uma pluralidade de realismos, uma multiplicidade de visões que se consideram igualmente reais quando se manifestam como obras de arte. As colossais cabeças dos olmecas (em La Venta, Tabasco) são impressionantemente negróides, a ponto de nos fazer indagar se o Caribe, originalmente, foi povoado por imigrantes africanos. Devemos, no entanto, perguntar-nos o que é mais importante: o pano de fundo provavelmente religioso ou ético da arte, ou sua presença contemporânea entre nós? Afinal, nenhuma faceta dessa arte exclui as outras: a realidade é múltipla.

Albrecht Dürer, o pintor alemão, foi o primeiro artista europeu a ver as obras dos astecas, em 1520, quando estas chegaram a Bruxelas, a caminho da corte flamenga de Carlos V. "Também vi as coisas que foram enviadas ao rei, das terras douradas... É maravilhoso observá-las", anotou ele no *Diário de viagem à Holanda*, concluindo: "nunca na minha vida eu vi alguma coisa que me deixasse mais feliz." Mais de três séculos depois, novamente em Bruxelas, Charles Baudelaire viu gravuras das esculturas astecas, achando que elas pertenciam a uma "arte bárbara", bárbara no sentido de ser totalmente alheia ao conceito de personalidade humana.

Ao olhar para esses grandes monumentos da arte indígena, tentando compreender tanto sua beleza como sua função política, sentimo-nos tentados a perguntar, nas palavras do poeta chileno Pablo Neruda, "Pedra na pedra, mas onde estava o homem?" Além e abaixo dos deuses, dos sacerdotes e guerreiros, se apinhando em toda parte, estava uma sociedade inteira, viva e sensível, rodeando as pirâmides e criando a continuidade da cultura popular nas Américas. Essa tradição devia tornar-se uma das mais fortes realidades com que essa gente iria contrabalançar o conflito com a Europa.

Vida e morte do mundo indígena

Figura que se recosta, Henry Moore

Chac Mool, em Chichén Itzá

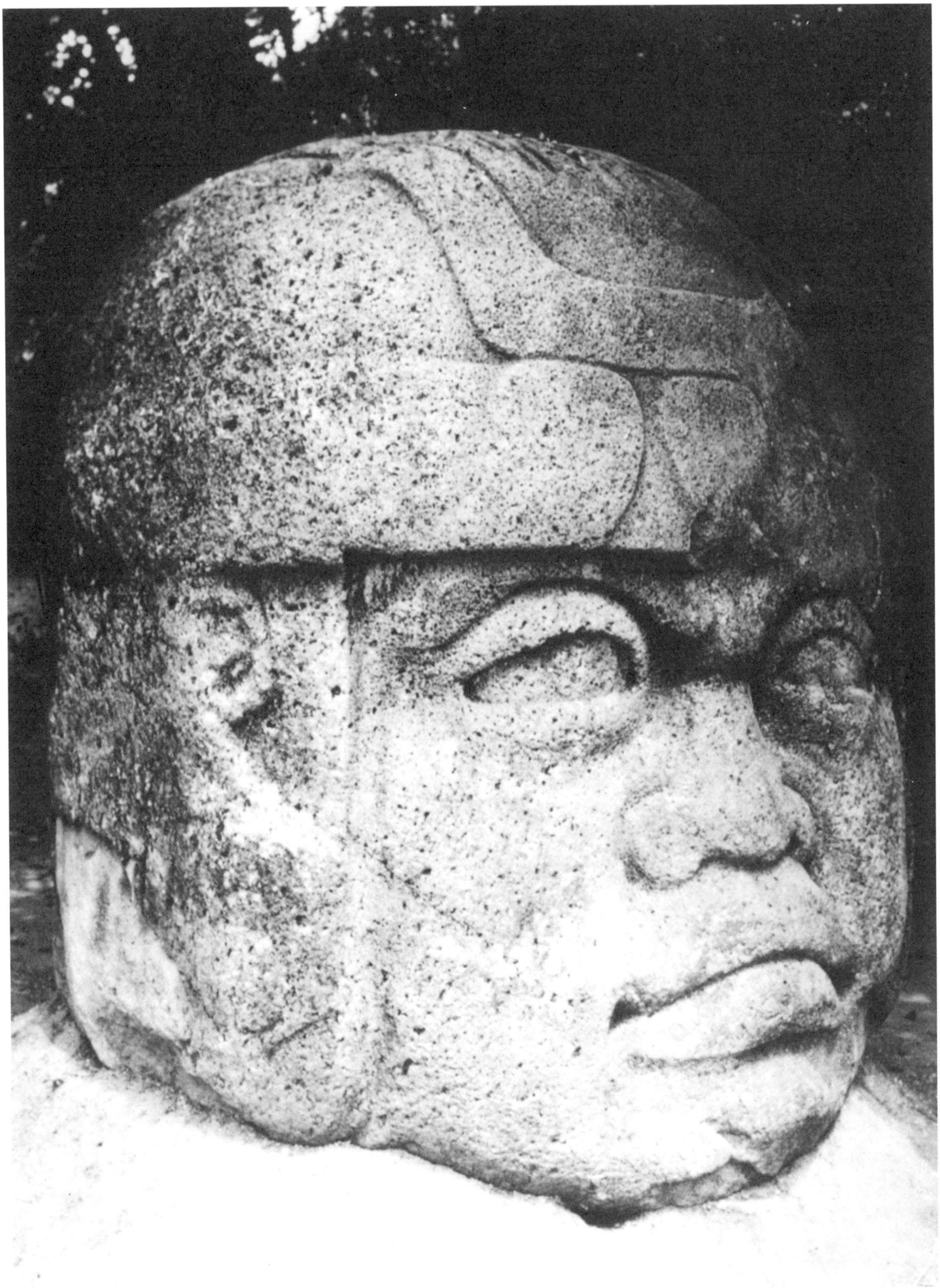

Talvez a resposta à pergunta de Neruda se ache nos incontáveis artefatos de arte popular criados pelos povos mesoamericanos, no âmbito das aldeias e ao longo de milênios. A humanidade se encontra nas carinhas sorridentes, e talvez brincalhonas, dos olmecas; na alegria e nos jogos das figuras que nos parecem lutadores, acrobatas e até jogadores de beisebol; na ênfase sobre a continuidade simbólica da vida nas figuras de velhos, de mulheres férteis e crianças. Talvez se encontre, ainda, na elegância e finura infinitas das figuras de Jaina, uma ilha ao largo da costa de Yucatán: mulheres, oradores, vendedores, agricultores, mendigos e fanfarrões. Todos os personagens da vida diária foram desenhados, dotados de um lugar e uma presença, ao longo dos séculos. Talvez a beleza eterna dessa arte e daqueles que a fizeram esteja preservada sobretudo nos objetos mais frágeis, na cerâmica, nos vasos, nos utensílios e representações estilizadas de animais e pássaros. O extraordinário zoológico dos primeiros olmecas vive em suas estatuetas de patos, jacarés, macacos, antas, tatus, ou onças. Na verdade, a figura da onça, que caminha em toda a extensão do México indígena, é um contraponto com os deliciosos cachorrinhos olmecas, com os papagaios e tartarugas das culturas ocidentais, com os assustadores morcegos zapotecas, com os gafanhotos astecas de cornalina, ou com os vasos em forma de peixe, altamente estilizados, quase abstratos e brancusianos, de Tlatilco.

Tudo isso representa a continuidade da cultura popular e a encontramos hoje encarnada nas atitudes e na dignidade dos descendentes contemporâneos dos índios e na produção incessante dos seus artesãos. Esta é a resposta popular ao poder dos deuses e dos potentados: os valores da comunidade, o amor à terra e à natureza, ao trabalho e o respeito pelo outro. Pois até quando suas cidades misteriosamente decaíram e desapareceram o povo sobreviveu. E mais, talvez com ainda maior mistério, sobreviveu sua arte, mesmo quando não era absolutamente humanística ou popular, mas antes uma celebração terrível e sobrenatural do divino, da morte, e do transcurso do tempo.

Na verdade, em nome de Quetzalcóatl, a sociedade asteca manteve vivo o culto da vida através dos seus sistemas educacionais, que eram universais e obrigatórios, e das exortações proferidas em casamentos, nascimentos, mortes e eleições. O poeta asteca, mas também os pais e as mães que se dirigem aos filhos, os noivos que falavam às noivas, os vivos que se dirigiam aos mortos, os anciãos que elegiam os reis, todos falavam da Terra como um lugar da triste felicidade, de uma felicidade que fere, um lugar hostil e misterioso, onde a vida é só um sonho, onde tudo passa e apenas a morte é certa. Isso, porém, não devia ser razão de desespero – diziam –, pois possuímos o riso, os sonhos, a comida, a saúde e, finalmente, o ato sexual, celebrado como "a semente dos povos".

No meio disso tudo, Quetzalcóatl, na sociedade asteca, foi o princípio da doação da vida, em oposição a Huitzilopochtli, artífice da guerra e da morte. Tão importante para o mundo indígena como Prometeu ou Ulisses para o mundo medi-

Uma cabeça colossal de Olmec, em Tabasco

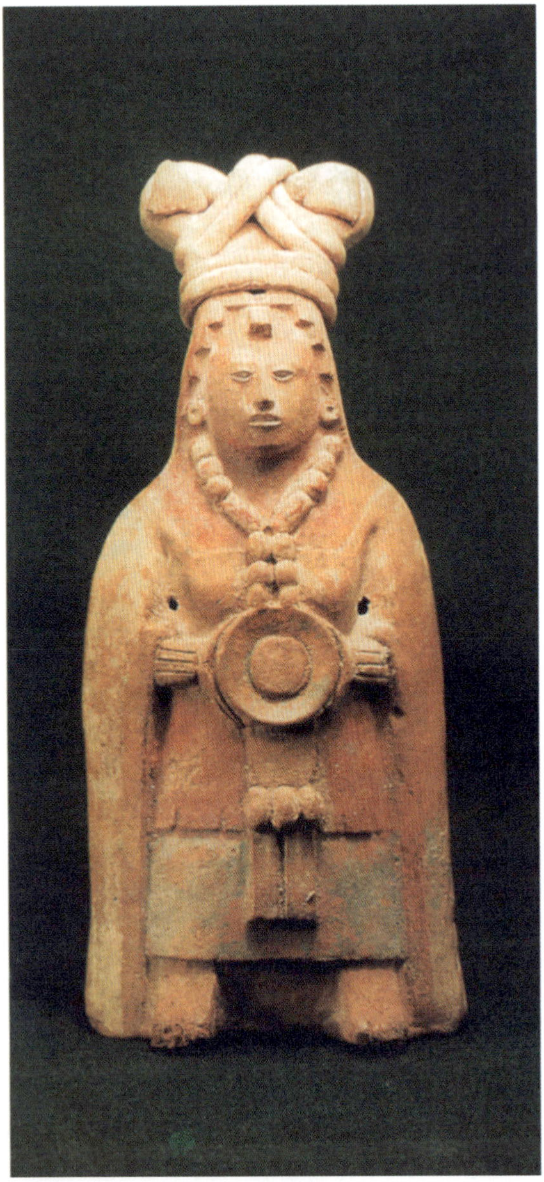

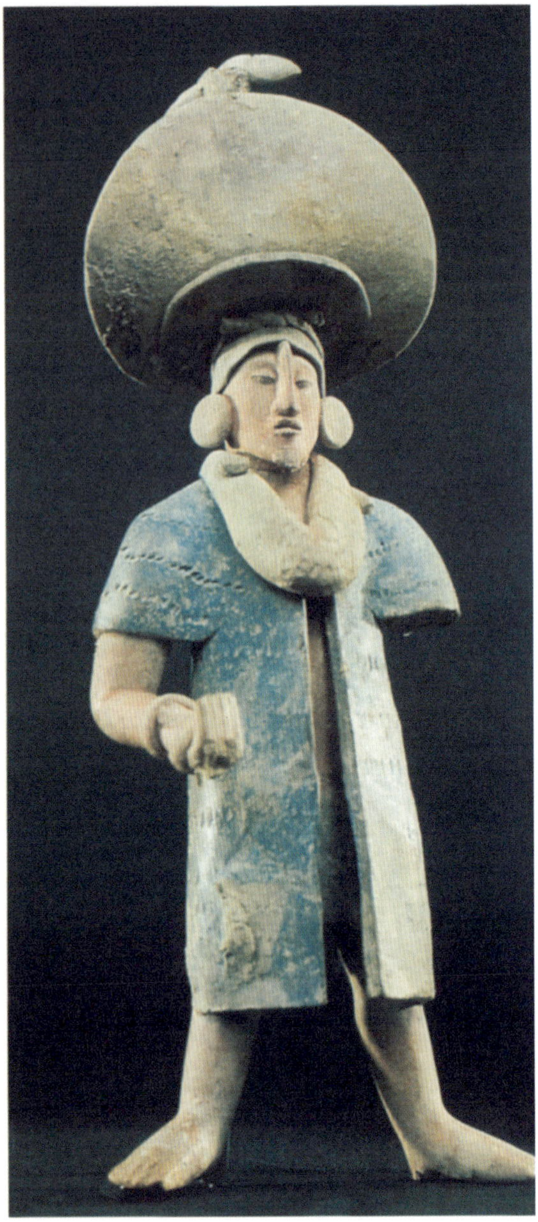

Vida e morte do mundo indígena

Figuras da ilha de Jaina: uma senhora, um orador, um pássaro e uma onça

terrâneo, ou como Moisés para a cultura judaica cristã, Quetzalcóatl também foi um exilado, um viageiro, um herói que se foi com a promessa de regressar. Como os outros, seu mito continua através de múltiplas versões e metamorfoses, mas sempre as transcendendo e enriquecendo.

Os grandes festivais do mundo asteca não eram senão a expressão externa e cerimonial da relação interativa do destino com a natureza, da vida vivida como mito, um mito que não era somente representado, mas em que se acreditava de maneira vital, e se punha em prática. O melhor exemplo é o de uma das versões da lenda de Quetzalcóatl, tal como a transmitiram ao padre Bernardino de Sahagún, no México, alguns indígenas, e segundo a qual Quetzalcóatl provocou a inveja dos deuses menores do panteão. Um deles, diabrete obscuro e eternamente jovem de nome Tezcatlipoca, que quer dizer "espelho fumegante", disse aos outros demônios: "Visitemos Quetzalcóatl e levemos-lhe um presente." Dirigindo-se ao palácio do deus, na cidade de Tula, entregaram-lhe o presente, envolto em algodão.

– O que é? – perguntou Quetzalcóatl, enquanto o desenrolava.

Era um espelho. O deus se viu refletido, e gritou. Achava que, por ser um deus, não tinha face. Agora a via, sua própria face, refletida no espelho. Era, afinal, um rosto de homem, o rosto de sua própria criatura. Uma vez que possuía um rosto humano, devia ter também um destino humano.

Os demônios noturnos desapareceram, guinchando exultantemente, e nessa noite Quetzalcóatl bebeu até o estupor e fornicou com a irmã. No dia seguinte, cheio de vergonha, embarcou numa balsa de serpentes e navegou para o Oriente. Prometeu que retornaria numa data determinada, o *Ce Ácatl*, o Dia da Cana, no calendário asteca.

Quando os tempos do destino e da natureza coincidiam sob um símbolo de medo, o universo indígena era sacudido até as raízes, e o mundo inteiro temia perder a alma. Foi exatamente isso o que ocorreu quando, após uma espantosa sucessão de augúrios, o comandante espanhol Hernán Cortés desembarcou na costa do golfo do México, na quinta-feira santa de 1519.

A VOLTA DE QUETZALCÓATL

Foi no tempo previsto: *Ce Ácatl,* o Dia da Cana, precedido por um ano de prodígios no mundo asteca. As águas do lago sobre o qual estava construída a cidade de Tenochtitlan se agitaram em ondas gigantescas, derrubando casas e torres. Os cometas riscaram os céus durante longas horas. Os espelhos refletiram um céu cheio de estrelas em pleno meio-dia. Estranhas mulheres perambularam pelas ruas à meia-noite, lamentando a morte dos filhos e a destruição do mundo. Mesmo os aliados mais próximos de Montezuma, o imperador asteca, depois de observar o firmamento durante noites seguidas, admitiram que as profecias estavam a ponto de cumprir-se: que o mar, a montanha e até o ar tremiam, com premonições. Quetzalcóatl estava prestes a regressar.

A profecia do deus louro, barbado e de olhos azuis ia converter-se em realidade. Tão certo disso ficou o rei de Texcoco, que abandonou o reino, despediu os exércitos e recomendou a seus súditos que desfrutassem o pouco tempo que lhes restava. E assim o imperador, que raramente vestia duas vezes a mesma roupa, e era servido por uma multidão de criados e donzelas, deu início a uma longa penitência, varrendo o próprio palácio com uma vassoura, vestido apenas de tanga, enquanto os augúrios do desastre se acumulavam sobre a cidade aterrorizada. Estaria por acaso se esgotando o tempo do quinto sol?

A angústia de Montezuma teve um alívio passageiro quando um mensageiro chegou da costa e disse ao rei que casas flutuantes se haviam aproximado vindas da Oriente, trazendo homens vestidos de ouro e prata, montados em animais de quatro patas. Estes homens eram brancos, barbados, alguns até louros e de olhos azuis. Montezuma suspirou. Terminara a angústia. Os deuses tinham voltado. A profecia se cumprira.

MINHA LÍNGUA

Mas Hernán Cortés não via a si próprio como um deus. Era um homem, e seu desejo de ação levava-o a agir em termos humanos, empregando de maneira total sua sagacidade e informação. Na primavera de 1519, Cortés zarpara de Cuba com uma expedição de 11 navios. Viajavam a bordo 508 soldados, 16 cavalos e várias peças de artilharia. Na quinta-feira santa, atracou seus barcos à costa do golfo e fundou a cidade de Veracruz, em nome do imperador Carlos V. Poucos dias depois, outro imperador, Montezuma, recebeu as notícias. Quem era este comandante espanhol que, de uma hora para a outra, foi tratado como um deus?

Quando chegou ao México, Cortés tinha apenas 34 anos de idade. Nascera na cidade de Medellín, na província da Estremadura, onde o pai combatera os mouros durante os últimos anos da Reconquista. Agora, Cortés, o Velho, era o modesto proprietário de um moinho, um vinhedo e uma criação de abelhas. Juntamente com a mulher, mãe de Cortés, descrita como "honesta, religiosa, rija e econômica", conseguiu poupar o suficiente para enviar o filho à Universidade de Salamanca, onde Hernán Cortés fracassou como estudante, mas leu os romances de cavalaria e ouviu as fabulosas crônicas do descobrimento da América. Encheu-lhe a cabeça, para sempre, o sonho do Novo Mundo.

Aos 19 anos, navegou para as Índias, onde se tornou um proprietário de terras moderadamente bem-sucedido. Cortés, porém, não viera para o Novo Mundo com o fim de repetir o destino do pai no Velho Mundo. Viera para modelar sua rota própria: de poder, riqueza, glória, alcançados não por meio da herança, mas da determinação pessoal, corroborada por um tanto de boa sorte. Perfeita mistura maquiavélica do desejo de poder e sorte, Hernán Cortés haveria de se converter numa das grandes figuras do Renascimento europeu, ao se envolver com uma das aventuras mais épicas de todos os tempos: a conquista do império asteca.

A princípio, teve constantes escaramuças com as tribos da costa. Seus chefes logo se deram conta de que os estrangeiros, fossem lá o que fossem, não eram fáceis de derrotar no campo de batalha. Estavam armados de *relâmpago*, disseram os índios informantes, e cospem fogo. Os chefes lhes trouxeram presentes de ouro e objetos preciosos. Um dia, porém, Cortés foi presenteado com um tributo de tipo diferente. Uma oferenda de 20 jovens escravas chegou ao acampamento espanhol, e Cortés escolheu uma delas.

Descrita pelo cronista da expedição, Bernal Díaz de Castillo, como mulher "bonita, desenvolta e audaciosa", tinha por nome indígena Malintzin, palavra que indicava ter nascido sob o signo da contenda e do infortúnio. Seus pais venderam-na como escrava; os espanhóis passaram a chamá-la de *doña* Marina, mas seu povo a apelidou Malinche, a mulher do conquistador, e traidora dos índios. Com qualquer destes nomes, todavia, a mulher teve desde então um destino extraordinário. Transformou-se, para Cortés, em *mi lengua* (minha língua), pois ele a tornou, além de sua amante, sua intérprete. Seria a língua que deveria guiá-lo ao longo e para o alto do império asteca, mostrando-lhe que algo estava podre naquele reino, onde de fato havia grande insatisfação e o poder caminhava sobre pés de barro.

Graças a Malinche, Cortés descobriu que um grande rei chamado Montezuma vivia em magnífica cidade sobre as montanhas. Seus exércitos, perfilados num campo, deixá-lo-iam coberto como as ondas do mar. Trinta reis vassalos rendiam-lhe tributo, mas odiavam Montezuma e podiam ser persuadidos a barganhar suas alianças com alguém que se mostrasse mais poderoso do que os astecas. Os astecas haviam conquistado a maior parte dos outros povos da América Central, mas sua dominação

O Espelho Enterrado

se baseava no terror, não no apoio da população; e alguns reinos, como o de Tlaxcala, ainda haviam conseguido manter sua independência, lutando constantemente contra o poder do México e preparando-se para o tempo da vingança.

Cortés não demorou para tomar uma decisão. Marcharia até a grande Tenochtitlan a fim de ver Montezuma e tiraria proveito, em benefício próprio, da insatisfação do povo. Se o comandante, porém, estava pronto para marchar, suas tropas tinham outra opinião. As escaramuças lhe haviam causado baixas. Começavam a faltar pão, sal e toucinho. Alguns temiam o frio das montanhas, outros se queixavam do peso das armas. Mas Cortés se recusou a dar meia-volta e regressar com as mãos vazias. Sabia que os soldados espanhóis estavam divididos entre o desejo da fama e de dinheiro, e o medo da derrota e da morte.

– Somos apenas quinhentos – imploraram a Cortés.

A que ele respondeu:

– Então os nossos corações devem ser duas vezes mais corajosos.

– Estamos morrendo das febres e dos ataques de índios – queixaram-se outros.

– Então, enterremos os mortos à noite, para os nossos inimigos pensarem que somos imortais.

– Voltemos para Cuba. Embarquemos novamente – exclamaram outros, abertamente amotinados.

– Mas já não há navios – rebateu Cortés –, eu os afundei. Já não temos saída senão para cima, não há lugar para retirada. Temos de ir para o México e ver se esse Montezuma é tão grande quanto se diz.

Os soldados aplaudiram Cortés e o aclamaram como seu comandante, iniciando a grande marcha para a cidade de Montezuma. Pelo caminho, Cortés teve de provar que não era apenas um conquistador militar, mas também um cristão que estenderia a fé em Cristo e acabaria com a abominável idolatria dos índios pagãos. Em Cholula, o maior panteão do império asteca, ele destruiu as estátuas e massacrou o povo, invocando motivos tanto religiosos como políticos: Malinche havia-o informado de que os sacerdotes pagãos de Cholula conspiravam para assassinar os espanhóis.

Entre seus deveres espanhóis como soldado da cristandade e a ilusão indígena de que Cortés era um deus, o comandante teve de afirmar sua identidade verdadeira. Mas, se sua imagem de deus começou a se embaçar, sua habilidade militar se reafirmou nas batalhas contra as forças de Tlaxcala, nas cercanias de Tenochtitlan. Os bravos tlaxcaltecas, ferozmente independentes do poder asteca, não desejavam trocar uma dominação por outra. Desafiaram Cortés, mas foram uma vez mais esmagados, apesar da superioridade numérica, pela avançada tecnologia bélica dos europeus.

A grande recompensa para Cortés e os espanhóis chegou no dia em que por fim contemplaram a maravilhosa vista da cidade no lago. "Ficamos admirados", escreveu Bernal Díaz, "e dizíamos que se parecia com as coisas de encantamento contadas no livro de Amadís... E ainda alguns dos nossos soldados diziam que o

Cortés e Malinche.
José Clemente Orozco, 1926

viam estava no meio dos sonhos, e não é de espantar que eu escreva aqui dessa maneira, porque há muito que ponderar naquilo, e que não sei como contar: ver coisas nunca ouvidas, nem ainda sonhadas, como víamos".

Então, Montezuma saiu para receber os espanhóis na grande estrada que conduzia à cidade, apegado a sua crença de que Cortés era o deus Quetzalcóatl: "Bemvindo. Estávamos esperando-vos. Aqui é a vossa casa."

Cortés e Montezuma: a Noite Triste

Raramente, na história, se encontraram duas personalidades tão contrastantes. Foi o encontro entre um homem que tinha tudo e um homem que nada tinha. Um imperador comparado com o sol, cujo rosto seus súditos não podiam contemplar, e detentor do título de Tlatoani, que quer dizer "o da grande voz", e um soldado com nenhum maior tesouro do que sua astúcia e sua vontade. Montezuma era governado pela fatalidade: os deuses tinham voltado; e Cortés, pela vontade, alcançaria seus objetivos, contra todas as desvantagens.

Cortés logo descobriu que Montezuma possuía, em seu palácio, aposentos onde até as paredes eram de ouro. Pagou, então, a hospitalidade do monarca indígena fazendo-o prisioneiro e derretendo o ouro. Em toda parte mandou destruir os ídolos e erigiu altares. Enquanto isso, seu lugar-tenente, Pedro de Alvarado, depois de trapacear nos dados com Montezuma, perpetrou a matança de uma população desarmada e inocente no festival religioso de Tlatelolco.

Eram eles realmente deuses? O povo mexicano finalmente compreendeu que não. Eram invasores estrangeiros cruéis e cobiçosos, e podiam ser derrotados. Durante a batalha da Noite Triste, a insurreição indígena encabeçada pelo sobrinho de Montezuma, Cuauhtémoc, expulsou os espanhóis de Tenochtitlan. Muitos deles se afogaram nos canais, ao tentar fugir com as bolsas cheias de ouro. O próprio Cortés sentou-se debaixo de uma árvore e chorou. Retornou, porém, depois de construir barcos no lago, para reiniciar o ataque, convencido de que a informação, somada à tecnologia superior, acabaria por garantir o triunfo europeu.

Os astecas, sob a liderança de Cuauhtémoc, combateram bravamente, mas o seu mundo era sagrado e sua queda fora profetizada pelos antigos livros de memórias. "Preparai-vos, ó irmãozinhos meus, pois o branco gêmeo do céu chegou, e castrará o sol, trazendo a noite e a tristeza, e todo o peso da dor..."

Tais eram as palavras do livro maia do *Chilam Balam*, um código formado de textos místicos, cronologias e profecias atribuídas ao sacerdote que lhe deu o nome.

Após um sangrento sítio em 1521, Cortés acabou por submeter a capital asteca. Foi, nas palavras do historiador Hugh Thomas, uma das grandes batalhas da história. Não apenas destruiu o maior centro do poder indígena e religioso naquele tempo, como também representou, nas figuras de Cortés e Montezuma, um dos maiores choques entre civilizações opostas que o mundo presenciou.

Vida e morte do mundo indígena

O encontro de Cortés com Montezuma em Tenochtitlan, a 8 de novembro de 1519. Artista desconhecido

A conquista de México foi mais do que o assombroso sucesso de um bando de menos de seiscentos europeus que enfrentaram um império teocrático. Foi a vitória dos *outros índios* contra o soberano asteca. Foi a vitória do mundo indígena contra si mesmo, uma vez que os resultados da conquista significaram, para a maior parte dos índios, extermínio e escravidão. Mas foi também, como haveremos de ver, uma derrota do próprio conquistador. Mesmo quando os espanhóis mostraram, sem sombra de qualquer dúvida, que não eram deuses, mas seres humanos viciosos e rapineiros, Montezuma se negou a deixar sua fatal aceitação da divindade espanhola. Se ele era um prisioneiro, seus carcereiros tinham de ser deuses. Se Montezuma e seu povo eram despojados, os deuses só estavam tomando de volta o que era seu. Quando, em junho de 1520, foi finalmente apedrejado até a morte por seu próprio povo, já aceitara isso como o seu destino. Sabia perfeitamente que o poder não se partilhava com os deuses. Montezuma e seus antecessores haviam-se sentado sozinhos no alto da pirâmide de México durante quase duzentos anos. Eles ignoravam muitas coisas, mas sabiam que o poder, ali, se exerce verticalmente e por um homem apenas. Não havia lugar para mais de um governante no pináculo da pirâmide mexicana. Isso é tão certo hoje como o era em 1519. Quando Montezuma e seu império se fundiram nas águas sangrentas da laguna, o tempo original do mundo indígena desapareceu para sempre, seus ídolos rotos e seus tesouros esquecidos, enterrados todos, afinal, sob as igrejas barrocas do invasor cristão e os palácios do vice-rei. Todavia, por cima desse drama sempre se pode escutar, como um murmúrio na história, as vozes de conquistados e conquistadores.

Todas as sociedades indígenas das Américas, fossem quais fossem os seus defeitos, eram civilizações jovens e criativas. A conquista espanhola deteve-as, interrompeu-lhes o crescimento e deixou-as com um legado de tristeza, eloqüente nas "visões dos vencidos", como as denomina Miguel León-Portilla, que coligiu seus escritos. Essa tristeza foi cantada pelos poetas maltrapilhos do mundo indígena derrotado:

> Aonde iremos agora, amigos meus? O fumo se levanta,
> A névoa em tudo se espalha. Chorai, amigos.
> As águas estão vermelhas.
> Chorai, chorai, que nós perdemos a nação asteca.

O tempo do quinto sol havia-se esgotado.

Talvez os próprios conquistadores pudessem fazer eco a essas palavras, pois o que eles primeiro haviam admirado fora agora destruído. Mas, quando tudo terminara, quando o imperador Montezuma fora silenciado por seu próprio povo, quando o próprio conquistador, Hernán Cortés, fora silenciado pela coroa espanhola, que se negou a recompensar-lhe as proezas militares com o poder político, quem sabe só a voz de Malinche tenha permanecido. Era a intérprete, a amante, a mulher de Cortés, e nesses papéis plasmou as bases da nossa civilização multirracial, mesclando o sexo com a linguagem. Foi a mãe do filho do conquistador, do primeiro mestiço; foi a mãe, simbolicamente, do primeiro mexicano, da primeira criança de sangue índio e espanhol. E ela falou a nova língua que aprendeu com Cortés, a língua espanhola, uma língua de rebelião e esperança, de vida e morte, que deveria tornar-se o mais forte elo entre os descendentes dos índios, europeus e africanos no hemisfério americano.

ANDAS DEL INGA
QVISPIRANPA

topa ynga yupanqui / mama bello coya

lleuan al ynga los yn̄s callaua
ya — espacio
apaçearse

pascase el ynga   como

SEIS

A conquista e reconquista do Novo Mundo

Seis anos antes da conquista do México, a 25 de setembro de 1513, Vasco Núñez de Balboa descobrira o oceano Pacífico, abrindo a rota a novas conquistas e descobrimentos em direção ao sul. Em 1530, Francisco Pizarro zarpou do Panamá com seus meio-irmãos Hernando, Juan e Gonzalo e duzentos homens. Desembarcou na costa do Equador e, após uma longa e complicada expedição perseguida por escaramuças, hesitações e epidemias, entrou no Peru, em setembro de 1532. Os europeus imediatamente descobriram que o país estava assolado pela guerra civil. O governante legítimo, Huáscar, fora derrotado pelo meio-irmão e usurpador Atahualpa, que assassinou Huáscar e toda a sua família a sangue-frio. No momento, Atahualpa estava acampado nas cercanias da cidade de Cajamarca, e para lá se dirigiu Pizarro rapidamente, para convidar o imperador peruano, conhecido como O Inca, a se juntar a ele.

Confiando demasiadamente nos espanhóis e acreditando, talvez, na sua própria imortalidade, Atahualpa se aproximou de Cajamarca desarmado. Ao que se disse, não pôde resistir à beleza e novidade dos cavalos. Francisco de Jerez, atuando como secretário de Pizarro (que era iletrado), deixou-nos este impressionante retrato do imperador índio: "Atahualpa era um homem de trinta anos, bem-apessoado e bem-disposto, um tanto corpulento, com o rosto grande, bonito e feroz, os olhos rútilos de sangue. Ele discutia com muita vivacidade... era um homem alegre, embora áspero."

Quando Atahualpa se aproximou de Pizarro, os espanhóis saíram correndo das casas onde se haviam escondido. Os perplexos índios da comitiva, surpreendidos, tentaram proteger O Inca, mas os espanhóis cortaram-lhe as mãos, enquanto sustinham a liteira de Atahualpa. Nenhum dos soldados espanhóis foi morto ou sequer ferido. Como na conquista do México, uma dupla alienação – a informação divina, ou o mito, e a inferioridade da tecnologia militar – levaria à derrota a nação quíchua. Em seu leito de morte, o pai de Atahualpa, o inca Huayna Cápac, profetizara que um dia chegariam do mar homens barbados e destruiriam o mundo dos incas. Tais

Bico-de-pena de Guamán Poma de Ayala, do Peru do século XVI

119

homens seriam mensageiros da divindade indígena principal, Viracocha, que, como Quetzalcóatl, criou a humanidade e logo viajou para o Ocidente, com a promessa de voltar. O atraso do armamento de que dispunham determinou ainda mais o destino dos incas. Nas palavras de John Hemming, historiador britânico contemporâneo, os exércitos indígenas do Peru "nunca puderam produzir uma arma que pudesse matar um cavaleiro espanhol montado e armado".

Para resgate de sua liberdade, o imperador capturado ofereceu a Pizarro ouro suficiente para encher uma grande sala "até a altura que ele pudesse alcançar". Quando o ouro chegou – em mais de duzentos fardos –, os conquistadores o fundiram em barras. Quanto a Atahualpa, a promessa de Pizarro, de libertá-lo, nunca foi cumprida. Prisioneiro, foi-lhe dada tão-somente a oportunidade de escolher entre ser queimado vivo, como pagão, ou se converter ao cristianismo e ser estrangulado. Preferiu o batismo. Disse-se que suas últimas palavras foram: "Meu nome é Juan. Este é o meu nome para morrer."

UMA MAGIA ORGANIZADA

A conquista do Peru foi simplesmente paradoxal. Fulminante como uma guerra-relâmpago moderna, pareceu acabar no instante em que começou, com a captura e execução de Atahualpa por Pizarro, em 1532, seguida do rápido avanço espanhol num país todo entrecruzado por magnífica rede de estradas. Mas o fato é que, apesar dos seus sucessos iniciais (e embora estes selassem o destino do império dos incas), a conquista do Peru foi um acontecimento prolongado, muito mais longo do que a conquista do México. Longo, em primeiro lugar, por causa da resistência indígena. Organizando-se lentamente depois da morte de Atahualpa, a resistência floresceu entre 1536 e 1544, importunando constantemente os espanhóis até a morte do chefe indígena Manco Inca, e renovada pelos seus descendentes, até que um deles, Túpac Amaru, foi decapitado pelos espanhóis em 1572, quarenta anos depois da emboscada de Pizarro contra Atahualpa, em Cajamarca.

A conquista espanhola também foi sitiada a partir de dentro, pelas freqüentes guerras civis entre os conquistadores, que disputaram ferozmente entre si o ouro e o poder político, bem como entre eles e a coroa espanhola, à medida que os vice-reis procuraram estabelecer a autoridade real e o respeito às humanitárias Leis das Índias. Em ambos os casos, os conquistadores sentiam ameaçados os seus direitos de conquista, um direito que, por certo, pressupunha o de saquear e usurpar tanto a terra como o trabalho. Os destinos dos Pizarro falam por eles mesmos. Francisco, o chefe, o primeiro e brutal guardador de porcos da Estremadura, foi assassinado pelos adeptos de seu rival, Diego de Almagro; seu irmão Fernando, ao voltar para a Espanha, foi condenado a vinte anos de prisão, enquanto outro meio-irmão, Gonzalo, se insurgiu contra o vice-rei e foi executado em 1578, meio século após o início da conquista. Román y Zamora, em seu *Repúblicas de las Indias*, chama os Pizarro de "os piores homens que já saíram de qualquer nação: eles, e seus companheiros, causaram a maior desonra aos reis da Espanha".

Esta contração nervosa da história do Peru, entre o precipitado e o prolongado, entre a lebre e a tartaruga, traduz-se num espasmo que oculta o verdadeiro ritmo do país e a cultura que nele encontraram os espanhóis. Foi em torno da cidade mais importante dos incas, Cuzco, que muitos dos conflitos entre índios e índios, espanhóis e índios, ou espanhóis e espanhóis tiveram lugar. Com uns duzentos mil habitantes às vésperas da conquista, Cuzco, como a cidade fortaleza escondida nas alturas dos Andes, Machu Picchu, foi uma das últimas testemunhas da glória inca. Continuam assombrando-nos a precisão com que os muros de ambas, feitos de pedras poligonais, foram firmemente ajustados sem auxílio de argamassa. Quando as pedras eram demasiadamente pesadas, eram deixadas à beira do caminho e chamadas "pedras cansadas" – não mais, sem dúvida, do que aqueles que as carregaram.

A partir de Cuzco, um sistema de comunicações sem paralelo no mundo antigo, ou quem sabe só comparável ao de Roma, se estendeu sobre cerca de 40.000 km, desde Quito, no Equador, em direção ao sul, até o Chile e a Argentina. O império inca foi o Estado de maior extensão em toda a América pré-colombiana. Essas dimensões, porém, eram complicadas pela variação de climas e terrenos. O Peru, chamado por Jean Descola de "uma terra de três faces", é em parte litorâneo (deserto e fogo), em parte montanhoso (céu e ar) e em parte selva (rios e florestas). Entre a costa e o planalto, tanto se encontram férteis oásis como estéreis desertos. Em algumas regiões, fez-se bem-vindo o cultivo do milho e do algodão; em outras se produziu a batata, presente do Peru à Europa. E, no planalto, o Peru desenvolveu a única pecuária das Américas, o mundo da lhama, do guanaco e da alpaca, companheiros inseparáveis dos índios andinos – quase tão constantes quanto a música da *quena*, a melancólica flauta dos Andes.

A unidade de governo dessa terra imensamente variada requeria grande talento político e a mais enérgica organização. O antigo Peru contava com ambos. O poder burocrático era enorme, e estreitamente fiscalizado. O próprio imperador viajava amplamente pelas suas estradas, certificando-se de tudo, investigando, precedido ou seguido de representantes secretos, ordenando deslocamentos de população, para ocupar territórios recém-conquistados, ou campanhas armadas para subjugar rebeliões. Como no México antigo, todavia, a burocracia e o exército eram, afinal, as armas de um governo teocrático, em que a religião é que outorgava legitimidade ao império. Em agudo contraste com a laboriosa, austera e esmerada organização da sociedade, esta religião era de mito, magia e metamorfose.

Contudo, talvez o maior enigma dessa cultura tenha sido conhecido só no nosso tempo e graças ao avião. Pois só do ar, e do alto, pode o olho humano distinguir as linhas de Nazca, um colossal desenho geométrico com misteriosa mensagem que vem das profundezas do tempo. As linhas de Nazca, inscritas nos vales do sul

Machu Picchu

Pedras de Cuzco

do Peru, constituem um misterioso telegrama em torno da vida e da morte da antigüidade peruana e, como as linhas do destino na mão humana, continuam velando as verdades sobre aqueles que as fizeram. No entanto, esse próprio enigma nos desafia a buscar o sentido de uma cultura que, baseada na magia e na cosmovisão, podia ao mesmo tempo propor uma nova estrutura para os seres humanos em sociedade, com tal exatidão e, às vezes, sucesso.

A questão da terra era fundamental numa civilização como a peruana. Duas divisões básicas a separavam. Havia as terras do sol, cultivadas por todos e para todos, e as terras do inca, destinadas ao sustento do rei e do Estado. Na teoria, porém, todas as terras pertenciam ao Estado, que concedia o seu uso às comunidades. Estas, por sua vez, baseavam-se numa unidade chamada *ayllu*, um clã todo ligado por laços de sangue e organizado como célula mais forte do que a família (ou o indivíduo), a fim de assegurar a exploração coletiva de uma terra dadivosa, mas hostil. A discussão sobre um socialismo inca é interessante, mas talvez de pouca importância no caso de uma economia destituída de moeda, mas de estrutura eli-

As linhas de Nazca

tista. No topo se achava O Inca, seguido das castas superiores dos *orejones* – como os chamavam os espanhóis –, aristocratas com os lóbulos perfurados por compridos brincos, e pelos *curacas*, chefes provincianos, todos, por certo, no alto de sucessivas organizações familiares que se estendiam dos grupos de dez famílias na base, dirigidos por um chefe familiar, até as organizações de quarenta mil famílias, perto do cimo, sob o mando de um governador. Mas um indivíduo que se houvesse distinguido podia ser cooptado para uma fileira superior, e a propriedade privada existia como uma recompensa concedida ao mérito, enquanto as fortunas individuais tendiam a desaparecer, à medida que as gerações se sucediam umas às outras e a terra era subdividida entre os descendentes.

A morte, ainda na infância, das civilizações índias das Américas foi uma perda para o Ocidente, especialmente a do Peru, uma vez que estas não eram nações bárbaras e ímpias, mas nascentes sociedades humanas repletas de lições para a Europa renascentista, num momento em que o Velho Mundo também lutava por alcançar novas formas de coexistência social e chegou mesmo a projetar muitas das suas noções mais idealistas sobre o recém-descoberto Novo Mundo. Da tensão entre as ilusões da utopia e as realidades da conquista, irrompeu aos poucos uma nova cultura, desde o começo da nossa existência pós-colombiana. Os fatos nus da conquista tiveram como resposta os fatos muito mais secretos e insinuantes da contraconquista, à medida que os povos indígenas derrotados, em seguida os mestiços de índio com branco e, finalmente, os negros recém-chegados ao Novo Mundo iniciaram um processo a que só podemos dar o nome de contraconquista da América: a conquista dos conquistadores pelos derrotados, ou o surgimento de uma sociedade propriamente americana, multirracial e policultural.

Sob o signo da utopia

O Renascimento reabriu, para todos os europeus, as possibilidades políticas da comunidade cristã. Voltou a formular o tema da Cidade do Homem, obscurecido, na Idade Média, pela importância outorgada à Cidade de Deus. Agora, o Renascimento perguntava: como devia organizar-se a sociedade humana? Existe um espaço onde o projeto divino e o projeto humano podem reunir-se harmoniosamente? Thomas Morus, o autor de *Utopia* (1516), responde, no próprio título de sua obra, que tal lugar não existe; *óu tópos* é um não-lugar. A imaginação européia, porém, respondeu imediatamente: agora, um lugar como este existe. Chama-se América.

Segundo o historiador mexicano Edmundo O'Gorman, a América não foi descoberta: foi inventada. Foi inventada pela Europa, porque era necessária à imaginação e ao desejo europeus. *Tinha* de haver um lugar feliz, uma Idade do Ouro restaurada, onde o homem vivesse conforme as leis da natureza. Em suas cartas à rainha Isabel, Colombo descreveu um paraíso terrestre. Mas acreditou, afinal, que descobrira apenas o mundo antigo de Catai e Cipango, os impérios da China e do Japão.

Américo Vespúcio, o explorador florentino, foi o primeiro europeu a dizer que o nosso continente, na realidade, era um Novo Mundo. Merecemos o seu nome. Foi ele quem fez enraizar-se a idéia da América como utopia. A utopia, para Vespúcio, estava aqui e era uma sociedade cujos habitantes viviam comunitariamente e desprezavam o ouro: "O povo vive de acordo com a natureza", escreveu Vespúcio em seu *Mundus Novus*, de 1503. "Não possui propriedade; em vez disso, todas as coisas se desfrutam comunitariamente." E, se não tem propriedade, não tem necessidade de governo. "Vive sem rei e sem nenhuma forma de autoridade, sendo cada qual seu próprio amo", concluiu, confirmando a perfeita utopia anarquista do Novo Mundo, para a sua platéia européia e renascentista.

A partir desse momento, as visões utópicas do Renascimento europeu seriam confirmadas pelas explorações utópicas dos descobridores das Américas. "Ó bravo e Novo Mundo, que tem nele tais pessoas!", exclama Shakespeare em *A tempestade* e, na França, Montaigne partilha esse sentimento: os povos do Novo Mundo, escreve, "vivem sob a doce liberdade das primeiras e incorruptas leis da natureza". Enquanto o primeiro cronista da expedição de Colombo, Pedro Mártir de Anglería, fez eco a tais manifestações, dizendo: "eles andam nus... vivem numa idade de ouro simples e inocente, sem leis, sem disputas ou dinheiro, contentes em satisfazer a natureza." E o primeiro cronista do Brasil, Pero Vaz de Caminha, escreveu ao rei de Portugal, em 1500: "Senhor, a inocência do próprio Adão não foi maior que a desse povo."

No entanto, no domingo antes do Natal de 1511, o frade dominicano Antonio de Montesinos já subira ao púlpito de uma igreja da ilha La Española, fustigando seus escandalizados paroquianos espanhóis: "Dizei: com que direito e com que justiça tendes em tão cruel e horrível servidão aqueles índios?... Estais em pecado mortal pela crueldade e tirania com que tratais esses seres inocentes. Eles não são homens? Não têm almas racionais?"

Na realidade, muitos colonizadores, e seus defensores antiutópicos na Europa, negariam que os indígenas das Américas possuíam uma alma e diriam que sequer eram seres humanos. O mais conhecido deles foi Juan Ginés de Sepúlveda, humanista espanhol e tradutor de Aristóteles que, em 1547 (isto é, depois de os povos do México e do Peru haverem sido conquistados pelos europeus), simplesmente negou que os índios tivessem qualquer humanidade verdadeira e outorgou aos espanhóis todo o direito do mundo para conquistá-los: "É com perfeito direito que os espanhóis dominam esses bárbaros do Novo Mundo e das ilhas adjacentes, que lhes são tão inferiores em sensatez, inteligência, virtude e humanidade como as crianças em relação aos adultos ou as mulheres aos varões, havendo entre eles tanta diferença quanto entre pessoas ferozes e cruéis e pessoas misericordiosíssimas, entre as prodigamente imoderadas e as que são mais comedidas, e chego mesmo a dizer que entre os macacos e os homens... Que coisa pode acontecer de mais conveniente a esses bárbaros do que serem submetidos ao império daqueles cuja prudência, virtude e religião transformarão os bárbaros, que mal merecem o nome de seres humanos, em homens civilizados, tanto quanto possam sê-los; os torpes e libidinosos em probos e honrados; os ímpios e servos dos demônios em cristãos e adoradores do verdadeiro Deus."

Desta maneira, os habitantes do Novo Mundo foram vistos, alternadamente, como de completa inocência e como canibais ou bárbaros traidores, que viviam nus e no pecado. Ao longo da história da América espanhola, o sonho do paraíso e do selvagem nobre coexistiu com a história da colonização e do trabalho forçado. A ilusão do Renascimento, no entanto, persistiu apesar de tudo o que a contestava, transformando-se numa constante do desejo e do pensamento hispano-americanos. Fomos fundados pela utopia; a utopia é o nosso destino.

Todavia, para os colonizadores, as terras recém-descobertas não eram precisamente a fonte das sociedades ideais, mas de uma riqueza inexaurível. Colombo insistiu na abundância de madeiras, pérolas e ouro. A conclusão era de que o Novo Mundo era *somente* natureza. Se é uma utopia, trata-se de uma utopia sem história: a civilização e a humanidade lhe são alheias. Esta conclusão também incorre no problema de se esclarecer se a fé e a civilização deviam ser levadas ou não aos índios americanos, pelos europeus. E se propunha, em seguida, a questão de se saber se o destino dos índios americanos era o de transformar o Novo Mundo numa Idade do Ouro literal, trabalhando nas minas e campos dessas terras que os espanhóis, por direito de conquista, consideravam agora legalmente de sua propriedade. Os trabalhos forçados e as enfermidades européias, assim como o simples e áspero choque cultural, destruíram a população indígena do Caribe. Algumas estimativas da população índia no México central atingem a cifra de 25 milhões nas vésperas da conquista, só a metade cinqüenta anos mais tarde, "e apenas pouco mais de um milhão em 1605", segundo Barbara e Stanley Stein, em seu livro *A herança colonial da América Latina*.

Se no início a América foi o paraíso terrestre, logo se converteu no continente hostil. Esta hostilidade se desenvolveu simultaneamente em diversos níveis: o do tratamento dos conquistados pelos conquistadores; o das pretensões dos conquistadores quanto ao exercício do poder no Novo Mundo; e o das pretensões, em sentido contrário, da coroa espanhola.

O PRÍNCIPE QUE NUNCA FOI

A relação entre a coroa espanhola e os exploradores ou conquistadores constituiu um dos grandes conflitos do bravo mundo novo. Este conflito tinha a ver com a apropriação da terra e do trabalho e, desse modo, com o poder político. É um tema que continua importante, simplesmente porque a questão da legítima propriedade da riqueza da América espanhola não foi resolvida. A quem e de que modo devia ser distribuída essa riqueza? Os sistemas atuais de propriedade e distribuição se justificam? Essa batalha ainda está sendo travada, do México à Nicarágua e do Peru à Argentina.

No entanto, no século XVI, a monarquia espanhola se viu diante de um complicado dilema. Em seu território, o governo central subjugara a oposição dos pequenos senhores feudais, mas em seguida encontrara o desafio das nascentes municipalidades autônomas, com suas exigências democráticas. Tendo firmado na Espanha o impulso para a centralização, a coroa passou a ver o dilema refletido no Novo Mundo: talvez os conquistadores desejassem criar um feudalismo particular, ou manifestassem, quem sabe, um anseio de autogoverno democrático. O fundamental seria saber se a coroa estava disposta a permitir o desenvolvimento de qualquer desses fatores – de tendência feudal ou democrática – nos destinos do Novo Mundo.

Os conquistadores tinham pouca preocupação com a justiça da distribuição, uma vez que simplesmente se haviam apossado daquelas terras. Como as conquistaram, eram ali o único poder. Podiam usurpar a terra e o trabalho de acordo com sua vontade. O sistema de dominação que implantaram foi a *encomienda*, instituição por meio da qual a terra era oferecida aos conquistadores, assim como os serviços e o tributo dos índios eram requeridos em troca da proteção e salvação de suas almas mediante a catequese religiosa. Era, na verdade, uma forma disfarçada de escravidão.

Hernán Cortés, que possuiu uma pequena *encomienda* em Cuba, viu de perto o funcionamento do sistema, inteirando-se dos desastres demográficos e econômicos provocados pelas práticas coloniais. De início, desejou evitar a mesma experiência no México, mas foi acusado de demasiada indulgência para com os derrotados, e seus próprios homens reclamaram recompensa, em terras e índios, para seus atos de valentia.

Agindo como advogado dos seus soldados, Cortés até cometeu o erro de defender o sistema da *encomienda* em carta para Carlos V. Foi um gesto inoportuno e talvez o início da desventura do conquistador. Carlos V respondeu proibindo as *encomiendas*. Tivera, provavelmente, uma idéia desfavorável de Cortés, como um sátrapa separatista no Novo Mundo.

Cortés completou sua loucura deixando em 1525 Tenochtitlan, agora conhecida como Cidade do México, com o fim de empreender uma expedição a Honduras, uma aventura que se revelou dispendiosa, prolongada e inútil. Honduras, em espanhol, significa "águas profundas", daí o dito, assim justificado, *No te metas en Honduras* ("Não entres em Honduras"). Outra frase corrente na língua castelhana é *Entre abogados te veas* ("De advogados te cerques"). Isso soa quase como uma maldição cigana, e Cortés deve ter-se sentido realmente amaldiçoado quando voltou de Honduras e descobriu que a Cidade do México fora reconquistada pelos homens vestidos de preto, a burocracia real espanhola, armada de pergaminhos e penas. Os oficiais do tesouro, Chirinos e Salazar, tomaram o poder e moveram um processo contra o conquistador. A gama de acusações contra ele ia de roubar o tesouro de Montezuma a defender a nobreza dos índios, protegendo-os do trabalho servil; de estrangular sua mulher Catarina Juárez, que fizera trazerem de Cuba, após se descartar da Malinche e entregá-la a um de seus soldados; de financiar e encabeçar a desastrosa expedição a Honduras; e de assassinar os seus concorrentes ao governo com queijos envenenados.

Hernán Cortés, vitorioso e agora vítima da conquista do México, foi condenado, humilhado e mandado de volta para a Espanha. Embora lhe tenham dado o prêmio de consolação de um título nobiliárquico, o governo do México foi parar nas mãos de um oficial medíocre, e Hernán Cortés, uma das grandes figuras da Europa renascentista, foi reduzido à insignificância. Suas repetidas solicitações de reconhecimento e dinheiro acabaram aborrecendo a corte e a burocracia. As novidades de anões índios e bolas de borracha, que levou para divertir os aristocratas espanhóis e os conselheiros reais, logo desapareceram. Seus apelos a Carlos V, "Sacra, Católica e Cesárea Majestade", são patéticos. Cortés implorou pelo seu caso. Passou a juventude carregando armas em terras remotas, dormindo mal e comendo pior ainda, afrontando perigos, gastando seus haveres e sua vida durante quarenta anos, a fim de dilatar o nome do seu rei – escreve a este: conquistou para Carlos uma nação nove vezes maior que a Espanha, ganhando e trazendo para seu jugo e cetro real muitos e grandes reinos, e territórios de numerosas nações e gentes bárbaras, conquistadas por sua própria experiência e a suas próprias expensas, sem ajuda em coisa alguma, "ao contrário, bastante importunado por muitos invejosos que, como sanguessugas, arrebentaram de fartas com o meu sangue". Vê-se agora velho e pobre, endividado, com criados que o acionam por causa de salários. Aos 63 anos, já não quer andar em estalagens, mas colher os frutos dos seus trabalhos, voltar ao México tão logo se lhe faça justiça e acertar suas contas com Deus...

Não foi pior para Cortés do que para outros. Não foi devolvido à Espanha posto em ferros, como o foi Cristóvão Colombo. Nem foi executado publicamente por insubordinação à coroa, como o foi Gonzalo Pizarro, no Peru. E, embora não tenha sido envenenado por seus companheiros espanhóis, como o foi Diego de Ordaz, um dos capitães de Cortés, durante a exploração do Orinoco, tampouco se adaptou a uma situação confortável e aceitou um posto de segundo escalão, como Gonzalo Jiménez de Quezada, um verdadeiro Cincinato da conquista que, depois de submeter os índios chibcha nas terras da futura Colômbia, acabou perdendo-se em busca do Eldorado e, finalmente, se retirou para uma herdade no campo. E, evidentemente, nem Cortés, nem qualquer outro conquistador enveredou pelo caminho da loucura como Lope de Aguirre, que em 1560 também se juntou a uma expedição ao Eldorado, assassinou os chefes e se insurgiu contra o rei da Espanha, tentando criar um reino particular nas nascentes do rio Amazonas. Aguirre liquidou todos os que pareciam opor-se a sua loucura, desde os sacerdotes que o acompanhavam até a própria filha.

A humilhação final de Cortés, a dor que o derrubou, foi não ser-lhe confiada a expedição feita em 1541 contra os mouros da Argélia. Perversamente, uma vez que seu espírito fora subjugado, foi-lhe oferecido um vasto – mas desigual – feudo que se espalhava em grandes distâncias entre Cuernavaca e Oaxaca, ainda que o privando da capital do seu domínio, Antequera, no sul do México. Conseguiu, enfim, a riqueza, mas foi desprovido da glória a que achava ter todo direito. Na realidade, os sonhos de fama dos quinhentos guerreiros duros e ambiciosos que marcharam com ele de Veracruz até o trono dourado de Montezuma devem ter-lhe parecido muito distantes.

No entanto, não é apenas por seus feitos militares que Hernán Cortés é visto como uma figura singular do Renascimento. Ele foi um personagem maquiavélico sem sabê-lo. Maquiavel foi, sem dúvida, o irmão mais velho dos conquistadores, pois o que é *O príncipe* senão um manual para o novo homem do Renascimento, o homem novo que se dispõe a criar seu próprio destino, através da vontade e apesar da providência, liberado das obrigações excessivas para com o privilégio herdado ou a nobreza do sangue? O príncipe conquista o reino deste mundo, o reino do que é, a negação da utopia. Mas Cortés foi o príncipe que nunca foi.

Na verdade, nem a fatalidade encarnada por Montezuma, nem a vontade representada por Cortés ganharam a partida final. As instituições da coroa e da Igreja, do absolutismo real e da fé católica, derrotaram tanto os vencidos como os vitoriosos, estabelecendo, no lugar das verticais estruturas de poder dos astecas, as igualmente verticais estruturas de poder dos Habsburgo espanhóis. Somos descendentes de ambas as verticalidades, e nossas lutas tenazes em prol da democracia são, por isso, mais difíceis e, talvez, mais admiráveis. Devemos, porém, compreender que a conquista do Novo Mundo foi parte da dinâmica da reconquista da Espanha aos mouros. Os conquistadores eram produtos dessa campanha, mas também de um individualismo de orientação moderna e de estirpe maquiavélica, comum a toda Europa renascentista. Eram arrivistas, homens de ambição, provenientes de todos os estratos sociais. Alguns eram simples lavradores, outros pequenos fidalgos, mas a maior parte vinha da classe média emergente.

Todavia, eles não promoveram, no Novo Mundo, o ideal das comunidades cívicas e democráticas que muitos dos seus antepassados haviam defendido durante a Idade Média. Os espanhóis da conquista poderiam ter escolhido, como haveriam de fazê-lo os homens novos da Inglaterra e da França, o caminho da ambição pessoal e da ascensão social dentro de uma ordem constitucional. Havendo conquistado os índios, quem sabe também haveriam de conquistar a coroa. Poderiam ter sido os pais da sua própria democracia política, como o foram os povoadores da Nova Inglaterra. Mas os conquistadores não escolheram (ou talvez não tenham podido escolher) esse caminho. Entre o individualismo como democracia e o individualismo como privilégio feudal, escolheram este. Desse modo, sacrificaram sua virtude individualista, e sua dimensão civil, a uma visão espectral do poder que seus antepassados, na Espanha, não haviam tido. Os conquistadores queriam ser fidalgos, cavalheiros de propriedade. Ser um fidalgo, todavia, significa não ter de trabalhar, mas obrigar os outros a trabalhar em seu proveito. Significa alcançar a glória no campo de batalha, sendo recompensado com mais braços e mais terra.

A terra como recompensa da guerra se converteu numa das bases do poder econômico na América espanhola, tal como o havia sido na Espanha medieval. E, ainda que sempre admitissem o quinto real, os conquistadores se apossaram do que conquistaram, sem criar comunidades cívicas e democráticas no Novo Mundo. A coroa frustrou-os, empenhada, em contrapartida, no estabelecimento de uma autoridade absoluta, com sede na longínqua metrópole. Ainda assim, as enormes distâncias e as exigências do governo local proporcionaram aos conquistadores e a seus descendentes poderes amplos e imediatos. Fosse qual fosse, porém, o compromisso assumido entre a coroa e os conquistadores, havia antes de tudo um tremendo debate sobre a natureza dos índios e os limites da autoridade nas terras do Novo Mundo.

AS ÍNDIAS ESTÃO SENDO DESTRUÍDAS!

Tal foi o grito do frade Bartolomé de las Casas, que descobriu o sermão natalino do padre Montesinos, em 1511, e sua pergunta sobre o destino dos índios: "Eles não são homens? Não têm almas racionais?" – o primeiro grito em prol da justiça nas Américas, segundo o moderno escritor dominicano Pedro Henríquez Ureña.

Bartolomé de las Casas fora proprietário de escravos em Cuba. Em 1524, renunciou a suas posses e ingressou na ordem dos dominicanos, acusando os conquistadores de "intermináveis crimes e ofensas contra os índios, que eram súditos do rei" e não podiam, portanto, ser usados como se não passassem de cabeças de gado. Por um período de cinquenta anos, desde o momento em que deixou sua *encomienda* em Cuba, em 1515, até a sua morte, em 1566, o frade Las Casas denunciou a "destruição das Índias" pelos descobridores e os acusou das "afrontas e danos que fazem aos reis de Castela, destruindo-lhes aqueles seus reinos (em) todas as Índias". Chegou mesmo a elogiar os índios pela religiosidade que demonstraram, ainda que fossem pagãos. Las Casas se perguntou: por acaso também os gregos, os romanos e hebreus não haviam sido idólatras? E essa religiosidade pagã havia-os acaso excluído da raça humana ou, antes, os havia predisposto para a conversão?

Las Casas contestou os direitos da conquista, mas sobretudo a instituição da *encomienda*, que considerou "uma dominação tirânica muito mais injusta e cruel do que aquela com que o faraó oprimiu os judeus no Egito... pela qual, contra toda razão e justiça, despojamos violentamente os reis naturais, os senhores e súditos de sua liberdade e suas vidas..." Estas idéias modernas sobre a relação entre senhor e escravo, juntamente com as causas mais importantes de Bartolomé de las Casas, foram incorporadas às novas Leis das Índias, promulgadas em 1542. A *encomienda* foi legalmente abolida, embora se mantivesse disfarçada nos *repartimientos*, concessões temporárias de trabalhadores índios, como um fato autoperpetuado dentro do sistema real de distribuição da riqueza no Novo Mundo. A coroa continuaria combatendo-o, substituindo-o por sistemas administrativos e controles reais, bem como recusando aos conquistadores e a seus descendentes direitos de propriedade sobre a terra, ou postergando indefinidamente as decisões que lhes outorgassem o domínio feudal, os títulos de nobreza ou direitos hereditários.

Estátua do padre Bartolomé de Las Casas, que domina o Zócalo, na Cidade do México

Nesse sentido, poder-se-ia dizer, com o devido respeito ao padre Bartolomé de las Casas, que foi ele o mais útil instrumento da coroa para o ataque às pretensões feudais, em meio à defesa dos valores humanistas. Na análise final, porém, essa luta deixou enorme margem aos poderes detidos de fato pelos conquistadores, ainda que preservando sempre o domínio eminente da coroa. Os conquistadores e seus descendentes, muito a propósito, foram situados pela coroa na posição jurídica de usurpadores. Mas as Leis das Índias, ao que se disse, se assemelhavam a uma teia de aranha, que só captura os criminosos menores, e deixa os grandes saírem sãos e salvos.

O Espelho Enterrado

Muitos testemunhos do século XVI descrevem a inegável brutalidade da *encomienda* e a mais severa das suas formas, a exploração do trabalho nas minas, a *mita*. Nos seus maravilhosos desenhos sobre a vida do Peru antes e depois da conquista, Guamán Poma de Ayala, descendente da nobreza incaica, descreve a absoluta impunidade dos *encomenderos*. Os desenhos de Theodor de Bry, que acompanharam o grande sucesso do livro do padre Las Casas, *A destruição das Índias*, estão nas origens da chamada Lenda Negra, de uma Espanha brutal, sádica e sanguinária, capaz de torturar e assassinar seus súditos coloniais, em contraste patente, sem dúvida, com a pureza imaculada dos colonialistas franceses, ingleses e holandeses. Todavia, enquanto estes piedosamente disfarçavam suas próprias crueldades e desumanidades, nunca fizeram o que a Espanha permitiu: um debate, que durou mais de um século, sobre a natureza dos povos conquistados e os direitos da conquista. O primeiro debate moderno e amadurecido sobre os direitos humanos, algo que jamais parece haver preocupado os outros poderes coloniais.

Não faltaram notas de humor nesse debate, tanto do lado indígena como do espanhol. Durante a conquista do Chile, o chefe araucano Caupolicán foi empalado

A conquista e reconquista do Novo Mundo

Três ilustrações de Theodor de Bry: *Índios em mina de prata*, *Índios em defesa de sua colina* e *Índios em retaliação*

pelos conquistadores mas, quando estava morrendo, disse: "Quem dera ter sido eu que tivesse invadido e conquistado a Espanha." A mesma idéia, do outro lado do mar, foi expressa por um defensor dos direitos humanos tão importante quanto Las Casas. Trata-se do padre Francisco de Vitoria, um jesuíta que, na cátedra em que ensinava em Salamanca, em 1539, perguntou aos alunos se gostariam de ver os espanhóis tratados pelos índios, na Espanha, do modo como os espanhóis tratavam os índios na América. O descobrimento e a conquista, acrescentou, não davam à Espanha mais direitos sobre o território americano do que os índios poderiam haver tido se houvessem descoberto e conquistado a Espanha. O mesmo se pode dizer da colonização inglesa da América do Norte. Mas o que o padre Vitoria fez em seus livros e ensinamentos foi internacionalizar o problema do poder colonial e dos direitos humanos dos povos subjugados. Tentou, assim, estabelecer regras para limitar o poder colonial através de leis internacionais chamadas então *jus gentium*, direitos do povo. Sua nêmesis foi Ginés de Sepúlveda, que acusou os índios de praticar o canibalismo e o sacrifício humano, numa sociedade não muito diferente de um formigueiro. Os índios, segundo ele, eram pré-sociais e, por isso, podiam ser legitimamente conquistados pelos "homens civis" da Europa e despojados dos seus bens, para se darem a estes finalidades civilizadas. Mas não eram os espanhóis – imediatamente argumentou Vitoria – também culpáveis de crimes contra a natureza? Não eram todas as nações européias culpáveis de atos de destruição e guerra? Se isso era verdade, ninguém tinha o direito moral de conquistar os índios.

Enquanto na Espanha se dava esse intenso debate, muitos frades, nas Américas, procuravam aplicar as regras da compaixão e da humanidade aos povos indígenas. O mais eminente deles foi o franciscano Vasco de Quiroga, bispo de Michoacán, que na década de 1530 chegou ao México com a *Utopia* de Thomas Morus debaixo do braço e, nem lerdo nem preguiçoso, se dedicou a aplicar suas regras às comunidades dos índios tarascos: propriedade comunal, jornada de seis horas, proscrição do luxo, magistratura familiar eletiva, e distribuição equitativa dos frutos do trabalho. Quiroga, até hoje carinhosamente chamado "Tata Vasco" (nosso pai Vasco) pelos índios tarascos, entusiasmou-se com a visão do Novo Mundo como utopia: "Porque não em vão, se não por muita causa e razão, este de cá se chama o Novo Mundo, e é o Novo Mundo não porque se descobriu de novo, mas porque é, em gentes e em quase tudo, como o foi aquele da idade primeira e do ouro, que já por nossa maldade e grande cobiça de nossa nação ficou sendo de ferro e pior." À medida que a colonização espanhola se estendeu, o campesinato indígena resistiu, misturou-se ou retrocedeu. Vasco de Quiroga tentou conciliar os interesses coloniais da Espanha com os das comunidades agrárias. Seu esforço obteve êxito, no nível da lei geral. A propriedade comunal das aldeias indígenas foi reconhecida ao longo da era colonial e até o século XIX, quando os regimes republicanos liberais finalmente acabaram com o sistema, em nome da propriedade privada, identificada com

A conquista e reconquista do Novo Mundo

Detalhe de *A epopéia da civilização americana: a partida de Quetzalcóatl*. José Clemente Orozco, 1932-1934

o progresso. A proteção da coroa, todavia, conseguiu salvar da extinção numerosas comunidades agrícolas, e essa prolongada tradição serviu à causa de rebeldes como Emiliano Zapata, no México, que se levantou em nome dos direitos outorgados pela monarquia espanhola.

As comunidades rurais cada vez mais se foram dividindo, em face da competição entre as aldeias puramente indígenas e as novas comunidades mestiças. Mas o dado fundamental nas relações de trabalho logo se consolidou, e até os nossos dias, no sistema da *hacienda*, o grande domínio territorial, que surgiu como sucessor da *encomienda* (como vimos, trabalho indígena em troca de proteção e evangelização) e do *repartimiento* (simples distribuição do trabalho indígena numa dada extensão de tempo). O sistema da *hacienda* baseou-se numa terceira e definitiva forma de servidão do trabalho: a peonagem, sistema da dívida contraída pelo trabalhador e perpetuada ao longo de sua vida e da dos seus descendentes. A coroa foi incapaz de dominar esta forma insidiosa de escravidão, ainda mais que a *hacienda* cresceu sem demasiado rumor, caladamente legitimada, de certo modo, pelos sistemas de latifúndio existentes na Espanha e na Europa. Em vez de chamar a atenção pública para o trabalho, a *hacienda* desviou-a para a posse da terra. A terra se fazia necessária para sustentar a crescente população espanhola e mestiça enquanto os índios se iam reduzindo, e esse *lebensraum* (espaço vital) econômico foi assegurado mediante a usurpação direta ou, mais discretamente, mediante "concessões de terra, aquisições, acréscimos, fusões, e competição econômica", como o explica Charles Gibson no seu livro *Espa-*

nha na América: "Terras que, originalmente, foram outorgadas em extensões relativamente pequenas foram logo adquiridas pelos especuladores coloniais e vendidas várias vezes antes de adquirirem a forma atual da *hacienda*. Os títulos de propriedade da maior parte das *haciendas* consistiam em vultosos arquivos, que reuniam numerosas propriedades pequenas."

Esse fenômeno se prolongou ao longo dos séculos, da administração colonial às republicanas, e também serviu como base ao desempenho, pela América Latina, do seu papel internacional como provedora de matérias-primas e importadora de capitais e manufaturados. Revelou também as fezes da corrupção política sobre as quais se fundou todo o sistema econômico e a hipocrisia moral que, pelo deslocamento da atenção do trabalho para a terra, permitiu até mesmo à Igreja abandonar as fantasias utópicas e adquirir vastas propriedades, como fundamento de seu poder político e econômico verdadeiro.

À medida que os conquistadores passaram à história, seus descendentes, assim como os espanhóis que foram viver nas colônias, ajustaram-nas da melhor maneira possível tanto aos princípios gerais das leis humanitárias como à situação real que encontraram nesses longínquos territórios. A distância entre a coroa e suas posses aumentou no período de decadência econômica da Espanha, no século XVII. O governo de Filipe III, imerso em crise econômica no início do século, interrompeu o pagamento de salários aos administradores coloniais, que se viram obrigados a obter sua renda com negócios escusos, da verdadeira corrupção, e que transformaram os representantes da coroa em caciques provincianos. Criando monopólios econômicos nos distritos sob seu domínio, aliaram-se aos comerciantes da região e, enquanto estes lhes asseguraram o recebimento de suas pagas, eles obrigaram os índios a fazer empréstimos forçados e, em seguida, a entregar suas colheitas, a preços fixos, à aliança dos funcionários e comerciantes, a cada vez que não saldassem os pagamentos exigidos. Era um modo de aumentar indefinidamente a dívida campesina: uma situação exemplar, e a própria imagem da corrupção original da vida tanto pública como privada na América Latina. A figura central deste sistema, o *corregidor*, era um coletor de impostos, magistrado e administrador, cujos lábios serviam à coroa, mas cujas mãos estavam submersas em conluios com os poderes locais dos donos de *haciendas* e dos caciques políticos.

Não admira, pois, que quando as novas leis humanitárias chegaram da Espanha ao Novo Mundo, os funcionários locais simplesmente as colocassem no alto de suas cabeças, declarando solenemente: *La ley se obedece pero no se cumple*, isto é, a lei é formalmente acatada, mas verdadeiramente menosprezada. Assim se desenvolveu, na América Latina, um profundo divórcio entre o país *legal*, consagrado na legislação monárquica e, mais tarde, nas constituições republicanas, e o país *real*, apodrecendo por trás da fachada legal, contribuindo para a desmoralização e o despedaçamento da América espanhola desde seu início.

A fachada legal, efetivamente, não podia ser mais majestosa, mais consentânea com a nossa tradição jurídica romana e sua ordenação simétrica, ou sua ordenação vertical, de cima para baixo. Em seus grandes afrescos na biblioteca Baker do colégio de Dartmouth, na Nova Inglaterra, o muralista mexicano José Clemente Orozco representou intuitivamente tanto o mundo indígena como o mundo colonial, a partir de atraentes planos verticais. As figuras indígenas, ajoelhadas mas com os braços levantados, se encontram reunidas ao redor da estrutura vertical da pirâmide. A figura espanhola, o conquistador, posta-se numa atitude rigidamente vertical, com a espada verticalmente parada em frente ao sexo, enquanto uma igreja se levanta verticalmente, com a cruz na cúpula, no lugar da pirâmide indígena.

As estruturas verticais do governo, durante a época colonial, eram presididas, desde o começo, pelo próprio rei, governando na Espanha. Submetidos a ele, numa escala descendente, estavam o Conselho das Índias, a Câmara de Comércio e as autoridades locais. O primeiro, diretamente ligado ao governo das colônias como parte do patrimônio real, não do patrimônio de todo o povo espanhol, pois o México, o Peru e o Chile eram reinos acrescentados às possessões do rei da Espanha e não do povo espanhol; vinha em seguida a Casa de Contratação de Sevilha, encarregada do comércio das Índias, que ela centralizava, monopolizava e, fato de extrema importância, estava autorizada a receber o ouro e a prata das Américas. Finalmente, em total dependência das altas instituições espanholas, se encontravam as autoridades locais das distantes colônias, com seus vice-reis e capitães-gerais, todos nomeados na Espanha, assim como os governadores, os chefes dos distritos provinciais e os prefeitos. Esmagada pela pesada estrutura, ficava a municipalidade, lutando, em geral sem êxito, pela manutenção de um mínimo de justiça local.

O sistema de poder original, na América espanhola, foi portanto uma autocracia vertical, governada de longe por meio de leis paternalistas que raramente foram executadas, enquanto no âmbito local ajustes de caráter prático, político e econômico entre os proprietários de terra e os chefes políticos serviram para assegurar a exploração do trabalho e da terra, implacável e, às vezes, ineficaz. Significativamente, houve um forte sentido de continuidade entre as estruturas verticais do império Habsburgo e as dos mundos asteca e quíchua. Mesmo o conceito de domínio eminente, pelo qual o Estado detinha a propriedade original da terra e simplesmente a concedia temporariamente a interesses privados, representou uma tradição comum entre os impérios indígenas e a monarquia espanhola. Mas esses fatos políticos estavam em contradição cotidiana com as práticas políticas.

Os conquistadores e seus descendentes apropriaram-se da terra e do trabalho por meio do direito de conquista. A coroa denunciou-os com uma base humanitária, mas também jurídica, alegando que a terra pertencia aos índios e, através destes, a ela própria. Os colonizadores não lhe obedeceram, mas a coroa replicou-lhes com a privação de direitos hereditários e procurou reduzir os poderes que lhes diziam respeito. E, embora ela despojasse de direitos duradouros, muitos colonizadores desobedientes, rebaixando-os como *segundones*, cidadãos de segunda classe, os colonizadores se organizaram em esferas em que a coroa não podia tocá-los, criando uma política rural isolada de opressão e exploração que persiste até os nossos dias.

UMA REDE DE CIDADES

Atrás da fachada majestosa da lei e das práticas vulgares da política real, outros fatores dinamizaram a nova vida da América colonial. O primeiro, certamente, foi o povo: os conquistadores espanhóis e seus descendentes; os imigrantes europeus nas Américas; os mestiços – filhos de espanhóis e de mulheres indígenas – e os crioulos, brancos nascidos nas Américas. Mais tarde, também os negros e seus descendentes mulatos. E, desde o início, os próprios índios, os vencidos.

Os primeiros conquistadores, escreveu Cortés a Carlos V, eram gente rude, sem educação e de origem baixa. É possível que Cortés estivesse procurando impressionar o rei com o contraste de suas credenciais salmantinas. A verdade é que não apenas lavradores e artesãos participaram da conquista, mas também membros da nobreza menor e da classe média da época. O historiador Céspedes del Castillo oferece-nos um quadro mais amplo da imigração no século XVI. O seu tom geral – disse o historiador – foi dado por numerosos frades, sacerdotes e pequenos fidalgos, assim como guerreiros, mais comuns no início do que no final; quase nenhum aristocrata mas, em compensação, muitos mercadores, pintores e artesãos, além de advogados, com maior influência do que número.

No entanto, o processo colonizador podia ser extremamente seletivo. Os judeus, os mouros e os hereges foram expressamente excluídos da imigração transatlântica. E, embora seja certo que os conquistadores, em geral, viajaram como solteiros e se miscigenaram livremente, primeiro com as mulheres índias e mais tarde com as negras, não houve proibição expressa de que as mulheres viessem para a América: na verdade, muitas delas desempenharam notáveis papéis no período inicial da colonização. A mulher de Pedro de los Ríos, governador do Panamá, se recusou a voltar para a Espanha ao terminar o período oficial de seu marido, preferindo permanecer no Panamá com o seu gado e suas grandes esperanças de que o ouro do Peru, que fluía então do Pacífico para o Atlântico, também lhe pertencesse. Uma mulher chamada Inés Suárez, estremenha como tantos conquistadores, seguiu o marido até a Venezuela, mas não o encontrou; foi então para o Peru, onde descobriu que o marido morrera. Conheceu aí Pedro de Valdivia e o acompanhou na conquista do Chile e na fundação da capital mais meridional do Novo Mundo hispânico, Santiago del Nuevo Extremo, nome que lembraria tanto o apóstolo batalhador de *la Reconquista* quanto a província comum a Inés e a Pedro, a Estremadura. Inés foi enfermeira dos feridos e serviu a Valdivia fielmente, como tenente e amante, curvando-se porém à exigência de um sacerdote de que deixasse o companheiro, quando sua mulher lhe foi trazida da Espanha. Como, quem sabe, uma moral dessa história, Valdivia foi morto pelos araucanos antes da chegada de sua esposa. Não sei se as duas viúvas chegaram a se conhecer.

As mulheres desempenharam também um papel fundamental na mais dramática fundação de uma cidade hispano-americana nesta fase, a fundação de Buenos Aires. Mas Buenos Aires é uma cidade de duas histórias. Duas vezes foi fundada, às margens do rio da Prata: a primeira em 1536, por Pedro de Mendoza, um vaidoso cortesão que já fizera fortuna no saque de Roma pelas tropas espanholas, em 1527. Chegou ao rio da Prata em busca de mais ouro: *la conquista de paganos/con dinero de romanos*, diziam versos da época. Em vez disso, achou a febre, a fome e a morte. Os índios dessas regiões sulinas eram pobres e não tinham medo nem dos cavalos, nem dos mosquetes. Atacaram, noite após noite, as paliçadas dos espanhóis. Talvez, para estes, a única consolação fossem as muitas mulheres que vieram na expedição, algumas disfarçadas de homens. Prestaram serviços como sentinelas, cuidavam das fogueiras e, como escreveria uma delas, "comemos menos do que os homens". Mas logo não havia mais o que comer e, como em toda febre de ouro que se preze, os espanhóis devoraram as solas das suas botas e, ao que se disse, chegaram à antropofagia com seus mortos. Mendoza morreu de sífilis e foi jogado no rio. Talvez o único ouro jamais visto no local tenha sido o dos anéis nos dedos do explorador, ao se fundir com o escuro rio da Prata.

Buenos Aires foi queimada e abandonada. A primeira fundação se revelou um desastre, o maior de qualquer cidade espanhola das Américas. Mas 44 anos mais tarde, em 1580, um sóbrio administrador chamado Juan de Garay desceu de Assunção pelo rio Paraná e fundou Buenos Aires pela segunda vez. Desta feita, porém, a cidade foi traçada a esquadro e concebida não como uma povoação de aventureiros e homens ávidos de ouro, mas como o lugar de ordem, trabalho duro e, por fim, prosperidade em que se converteu. Cidade portuária, escoadouro para o comércio de couros e de gado vacum no estuário marítimo chamado rio da Prata, o turvo rio da cor da pele do leão, como viria a descrevê-lo o poeta Leopoldo Lugones. Era uma cidade construída sobre pântanos, e drenava as minas de prata de Potosí para o oceano Atlântico.

A dupla fundação de Buenos Aires serve para dramatizar dois impulsos da colonização espanhola no Novo Mundo. Um se fundamentou na fantasia, na ilusão e imaginação. Os conquistadores foram motivados não só pela fome de ouro, a febre do Peru, como foi chamada, mas pela fantasia e imaginação que, às vezes, constituíam elixir ainda mais poderoso. Ao entrarem no mundo voluntarioso do Renascimento, esses homens ainda levavam na cabeça as fantasias da Idade Média. Convenciam-se facilmente de estar vendo baleias com tetas de mulher e tubarões de duplos pênis, peixes voadores e praias dotadas de mais pérolas que areia. Quando, no entanto, conseguiam ver sereias, comentavam ironicamente que não eram tão belas quanto se dizia. Mas sua busca das ferozes guerreiras do mito levou-os por longos caminhos desde a Califórnia (assim chamada em honra da rainha amazona Calafia, ou talvez de uma ilha mítica) até as nascentes do maior rio da América do Sul. Equivocaram-se ao procurar a fonte da juventude na Flórida – *la Florida*, a terra das flores – explorada por Ponce de León? A procura paralela do Eldorado, o chefe índio pintado de ouro duas vezes por dia, conduziu-os, em vez disso, a Potosí, a maior mina de prata do mundo. E a procura das fabulosas sete cidades de Cíbola levou Francisco de Coronado, em sua dramática peregrinação, até o descobrimento dos atuais estados americanos do Arizona, Texas e Novo México.

Esses sonhadores jamais encontraram as cidades mágicas. Mas, como o demonstrou a segunda fundação de Buenos Aires, foram capazes de fundar as verdadeiras cidades, não as de ouro, mas as dos homens. Jamais, desde os tempos dos romanos, nação alguma desenvolveu tão assombrosa energia quanto a Espanha em seu impulso para o norte, para o que hoje é a Califórnia e o Oregon; e, para o sul, até a própria ponta do continente, a Terra do Fogo. Mas, para dominar tanto a distância como a riqueza, era preciso fundar cidades. Centenas de cidades, desde San Francisco e Los Angeles a Buenos Aires e Santiago do Chile. E não eram estes meros postos fronteiriços, mas centros urbanos de grande nobreza, permanentes, que refletiam a decisão espanhola de se instalar no Novo Mundo "para toda a eternidade".

Para nos limitarmos aos extremos da América espanhola, o México e a Argentina, a relação de fundações é verdadeiramente impressionante. No México, é fundada uma cidade atrás da outra: Veracruz, em 1519; Antequera (agora Oaxaca) e San Cristóbal de las Casas, em 1521; Colima, em 1522; Taxco, em 1529; Culiacán, no oceano Pacífico, em 1531; Puebla, em 1535; Guadalajara, em 1542; e Querétaro, nos vales centrais, em 1550. Na Argentina, o ritmo foi comparável: Santiago del Estero, em 1553; Mendoza, em 1561, e San Juan, um ano depois; Tucumán, em 1565; Salta e Corrientes, na década de 1580; La Rioja e San Luís, na de 1590; Santa Fe, em 1609; e Córdoba, em 1617.

Às vezes eram portos construídos como fortalezas, quer no Caribe, quer no Pacífico: Acapulco, Havana, Cartagena. Em outros casos, eram grandes capitais de escala maior, como México e Lima. Na maioria, porém, eram cidades de província, sólidas, construídas de acordo com o modelo renascentista da cidade feita a esquadro, cada uma com sua praça central, igreja e prefeitura, estabelecendo assim os ritmos duradouros da vida: a praça onde os amantes podem cortejar-se e os velhos passar o dia jogando dominó ou discutindo as notícias; a praça onde as leis são proclamadas, e desencadeadas as revoluções. Outras, eram cidades de mineração, que simplesmente seguiam os caprichosos contornos dos montes onde o ouro e a prata eram explorados. Em todos esses casos, uma vez fundada a cidade, cada um dos seus povoadores recebia um lote urbano ou *solar*, e uma pequena extensão de terra agrícola fora da cidade, assim como direitos às terras reservadas para o uso comunal.

O império espanhol – diz Francisco Romero, o historiador argentino das cidades latino-americanas – tornou-se uma rede de cidades, que dominava as áreas rurais o máximo possível. Mas tanto as cidades como as áreas rurais criaram seus próprios centros de poder, desenvolveram suas peculiaridades e fragmentaram a visão homogênea concebida em Madri. As cidades – acrescenta Romero – eram espanholas, num sentido inteiramente formal e legalista. Eram fundadas como um ato político, para ocupar a terra e firmar os direitos de conquista. Mas nenhuma cidade podia ser considerada legítima se não fosse precedida pela lei. A cidade tinha de ser imaginada, fixada na lei antes de ser fixada nos fatos. A forma legal da tradição romana tinha de anteceder a realidade e sobrepor-se a ela. A lei da cidade é que a produzia como fato. Em seguida, a cidade passava a irradiar de seu centro o poder espanhol, subjugando a população indígena.

As cidades também se transformaram em centros de uma nova cultura. A primeira universidade do Novo Mundo foi fundada em San Domingo, em 1538, e as universidades de Lima e da cidade do México em 1551, muito antes da primeira universidade das colônias inglesas da América, Harvard College, fundada em 1636. A primeira impressora das Américas foi instalada na cidade do México, pelo tipógrafo italiano Giovanni Paoli, em 1539, enquanto a primeira impressora anglo-americana foi inaugurada, por Stephen Daye, em Cambridge, Massachusetts, em 1638.

De um modo geral, as universidades ministravam os estudos medievais tradicionais do trívio (gramática, retórica e lógica) e do quadrívio (geometria, aritmética, música e astronomia), juntamente com a teologia, o direito e a filosofia política central da escolástica, isto é, das idéias de santo Tomás de Aquino. Seu pensamento foi determinante para a cultura política da América Latina, uma vez que durante trezentos anos todos o estudaram, do México à Argentina. Desse modo é que aprenderam, de uma vez por todas, que o propósito da política, seu valor supremo, superior a qualquer valor individual, era o bem comum. Para alcançá-lo, porém, a unidade era imprescindível, e o pluralismo um obstáculo. A unidade podia ser alcançada, de forma superior, com o governo de um só indivíduo, não através do capricho de múltiplos eleitores.

Numa das onze capelas da igreja de San Domingo, em Oaxaca, santo Tomás de Aquino preside, em seu assento celeste, as verdades políticas fundamentais plantadas no coração da América espanhola. Senta-se diante dele santo Agostinho, o doutor da Igreja cujas idéias constituem outra das pedras angulares de nossa vida espiritual e política: para ele, a graça de Deus não é diretamente alcançável por qualquer indivíduo sem a assistência da Igreja. Para chegar a Deus, deve-se passar pela hierarquia eclesiástica. Era este um sistema hermético de ensino da verdade revelada, que negava a participação da pesquisa individual ou da crítica, mas acentuava a necessidade primordial da tradição e do papel da Igreja como depositária legítima da tradição, propagadora da verdade e infalível denunciadora do erro.

Uma mina de prata em Potosí, c. 1584

A fortaleza de Cartagena

No entanto, a insistência em que o bem comum é outorgado de cima para baixo mediante concessão autoritária impõe a conseqüência de que esta filosofia política só poderia ser alterada de baixo para cima por meio de uma revolução violenta. Uma vez mais, os princípios e as práticas da democracia foram postergados. A América espanhola haveria de extraviar-se nos labirintos do autoritarismo e da imitação descabida de modelos estrangeiros de progresso e democracia, antes de encontrar suas próprias tradições interrompidas, suas próprias raízes democráticas e conflituosas nas comunidades medievais da Espanha, no lado humanístico da sociedade asteca, nos aspectos sociais da cultura quíchua.

A educação colonial foi um sistema de ensino que poderíamos definir como inteligência dirigida. Além disso, o sistema de publicações que o acompanhou também podia ser, às vezes, extremamente restritivo. Somente seis anos após a conquista do México, a coroa proibiu edições ulteriores das *Cartas de relación* de Hernán Cortés a Carlos V. Não desejava promover o culto da personalidade dos conquistadores. Em 1553, um decreto real proibiu a exportação para as Américas de todas as histórias que tratassem da conquista, sem falar em qualquer história que pudesse elogiar as culturas indígenas vencidas.

Todavia, a coroa foi capaz de tomar iniciativas extraordinariamente esclarecidas, como a precoce criação de escolas para os indígenas mais dotados, que eram membros da aristocracia das nações derrotadas. Num colégio como o Tlatelolco, na cidade do México, os jovens índios aprendiam espanhol, latim e grego, revelando-se excelentes estudantes. A experiência, porém, acabou fracassando, em parte porque os conquistadores se irritavam ao achar súditos índios que soubessem mais do que eles, mas sobretudo porque não os queriam capazes de traduzir Virgílio, mas de trabalhar para eles como mão-de-obra barata, nas minas e nas *haciendas*. Também precisavam deles como artífices da nova religião, o cristianismo, que arrasou os templos antigos, ditos "do demônio" por um missionário cristão. Mas foram os próprios índios que construíram os novos templos da cristandade americana.

PAI E MÃE

Pode-se discutir se a conquista da América foi boa ou má, mas a Igreja sabia perfeitamente que o seu papel, no processo colonizador, era o de evangelizar. Seus missionários entraram em contato com uma população dilacerada entre o desejo de se rebelar e o de buscar proteção. A Igreja lhe ofereceu tanta proteção quanto podia. Muitos grupos indígenas, desde os coras, no México, aos quíchuas do Peru ou os araucanos do Chile, resistiram aos espanhóis durante bastante tempo. Outros logo acudiram em multidões, pedindo o batismo nas ruas e nos caminhos. O frade franciscano Toribio de Benavente, que chegou ao México em 1524 e foi chamado pelos índios "Motolinia" (que significa "o pobre e humilde"), escreveu que: "Vêm ao batismo muitos, não só aos domingos e dias que para isso são assinalados, mas a cada dia comum, crianças e adultos, sãos e enfermos, de todas as comarcas; e, quando os frades andam, fazendo suas visitas, lhes saem os índios ao encalço com as crianças nos braços e com os doentes às costas, e até os velhos decrépitos fazem sair para que sejam batizados... Quando vão ao batismo, uns vão suplicando, outros importunando, outros o pedem de joelhos, outros levantando e pondo as mãos, gemendo e se encolhendo; outros o procuram e recebem chorando e com suspiros."

Motolinia afirma que, 15 anos depois da queda de Tenochtitlan em 1521, "mais de quatro milhões de almas haviam sido batizadas". Ainda que isso pudesse ser propaganda eclesiástica, o fato é que os atos formais do catolicismo, do batismo à extrema-unção, se converteram em cerimônias permanentes da vida popular em toda a América espanhola, e que a arquitetura eclesiástica mostrou uma grande imaginação prática, capaz de unir dois fatores vitais para as novas sociedades americanas: a necessidade de ter um sentido de parentesco, um pai e uma mãe; e o contar com um espaço físico protetor, onde os velhos deuses poderiam ser admitidos e disfarçados por trás dos altares dos novos deuses.

Muitos mestiços jamais conheceram os pais. Conheciam apenas suas mães índias, amantes dos espanhóis. O contato e a integração sexuais foram, por certo, a norma das colônias ibéricas, em oposição à pureza racial e à hipocrisia puritana das colônias inglesas. Isso, porém, não aliviou a sensação de orfandade que certamente sentiram muitos filhos de espanhóis e mulheres indígenas. A Malinche teve um filho de Cortés, que o reconheceu e batizou com o nome de Martín. Mas o conquistador teve outro filho, também chamado Martín por sua mulher legítima, Juana Zúñiga. Com o tempo, os dois irmãos se conheceram e, em 1565, protagonizaram a primeira rebelião, contra o governo espanhol, da população crioula e mestiça do México. A legitimação do bastardo, a identificação do órfão, se transformou num dos problemas centrais, se bem que freqüentemente tácitos, da cultura latino-americana. Os espanhóis o abordaram de maneira religiosa e legalista.

A fuga dos deuses, que abandonaram seu povo; a destruição dos templos; o arrasamento das cidades; o saque e a destruição implacáveis das culturas; a devastação da economia indígena pela mineração e a *encomienda*, tudo isso, além de um sentimento quase paralisante de assombro, de pura admiração diante do que ocorria, obrigava os índios a perguntar: onde achar a esperança? Era difícil encontrar sequer um clarão no longo túnel que o mundo indígena parecia percorrer. Como evitar a desesperança e a insurreição? Esta foi a pergunta formulada pelos humanistas da colônia, mas também pelos seus mais sábios, e astutos, políticos. Uma resposta foi a denúncia de Bartolomé de las Casas. Outra, as comunidades utópicas de Quiroga e os colégios indígenas da coroa. Na verdade, porém, foi o segundo vice-rei e primeiro arcebispo do México, frei Juan de Zumárraga, quem achou a solução duradoura: dar uma mãe aos órfãos do Novo Mundo.

No início de dezembro de 1542, na colina de Tepeyac, perto da cidade do

A conquista e reconquista do Novo Mundo

México, um local previamente dedicado ao culto de uma deusa asteca, a Virgem de Guadalupe apareceu com rosas nas mãos em pleno inverno e escolhendo um humilde *tameme*, o carregador indígena Juan Diego, como objeto de seu amor e reconhecimento. Com um golpe de mestre, as autoridades espanholas transformaram o povo indígena de filhos da mulher violada em filhos da virgem puríssima. Da Babilônia a Belém, numa faísca de gênio político, a prostituta tornou-se virgem e a Malinche tornou-se Guadalupe. Nada se mostrou tão consolador, tão unificador e digno de feroz respeito no México, desde então, do que a figura da Virgem de Guadalupe, ou as figuras da Virgem da Caridade do Cobre, em Cuba, e da Virgem de Coromoto, na Venezuela. O povo conquistado encontrara a mãe.

Encontrou também um pai. O México impôs a Cortés a máscara de Quetzalcóatl. Cortés a rejeitou e, em troca, impôs ao México a máscara do Cristo. Desde en-

A Virgem de Guadalupe

A capela de Tonantzintla

tão, tem sido impossível saber quem verdadeiramente é adorado nos altares barrocos de Puebla, Oaxaca e Tlaxcala: Cristo ou Quetzalcóatl? Num universo acostumado a que os homens se sacrificassem aos deuses, nada assombrou mais os índios do que a visão de um Deus que se sacrificou pelos homens. A redenção da humanidade por Cristo foi o que fascinou e efetivamente derrotou os índios do Novo Mundo. O verdadeiro regresso dos deuses foi a chegada de Cristo. Cristo se transformou na memória recuperada de que, no princípio, *foram* os deuses que se haviam sacrificado em benefício da humanidade. Essa nebulosa memória, dissipada pelos sombrios sacrifícios humanos ordenados pelo poder asteca, foi então resgatada pela Igreja cristã. O resultado foi um sincretismo flagrante, a mescla religiosa da fé cristã com a fé indígena, um dos alicerces culturais do mundo hispano-americano.

Permanece, porém, um fato impressionante: todos os Cristos mexicanos estão mortos ou, pelo menos, agonizantes. No calvário, na cruz, estendidos em esquifes de cristal, tudo o que se vê nas igrejas populares do México são imagens do Cristo prostrado, sangrando, solitário. Contrastando com isso, as virgens americanas, como as espanholas, estão rodeadas de glória e perpétua celebração, e flores, procissões. A própria decoração ao redor dessas figuras, a grande arquitetura barroca da América Latina, é uma celebração ao mesmo tempo da nova fé e, perigosamente, das velhas religiões que sobrevivem.

A maravilhosa capela de Tonantzintla, perto de Cholula, no México, é uma das mais fascinantes confirmações do sincretismo como elemento dinâmico da cultura da contraconquista. Aconteceu ali o que aconteceu em toda a América Latina. Os artesãos indígenas receberam gravuras dos santos e outros motivos religiosos das mãos dos pregadores cristãos, com o pedido de que as reproduzissem dentro das igrejas. Mas os antigos alvanéis e artesãos dos templos indígenas queriam fazer algo mais que copiar. Desejavam também homenagear seus velhos deuses, juntamente com os novos, mas esta intenção tinha de ser mascarada com uma mescla de elogio da natureza e elogio do céu, fundidos de uma forma indissociável.

Tonantzintla é, com efeito, uma recriação indígena do paraíso indígena. Branca e dourada, a capela é uma cornucópia da abundância em que todas as frutas e flores tropicais ascendem até a cúpula, até o sonho da abundância infinita. O sincretismo religioso triunfou e com ele, de algum modo, os conquistadores foram conquistados.

Em Tonantzintla, os indígenas se pintam como anjos inocentes no caminho do paraíso, enquanto os conquistadores espanhóis são descritos como diabos ferozes, bífidos e de cabelos vermelhos. Depois de tudo, o paraíso pode ser reencontrado.

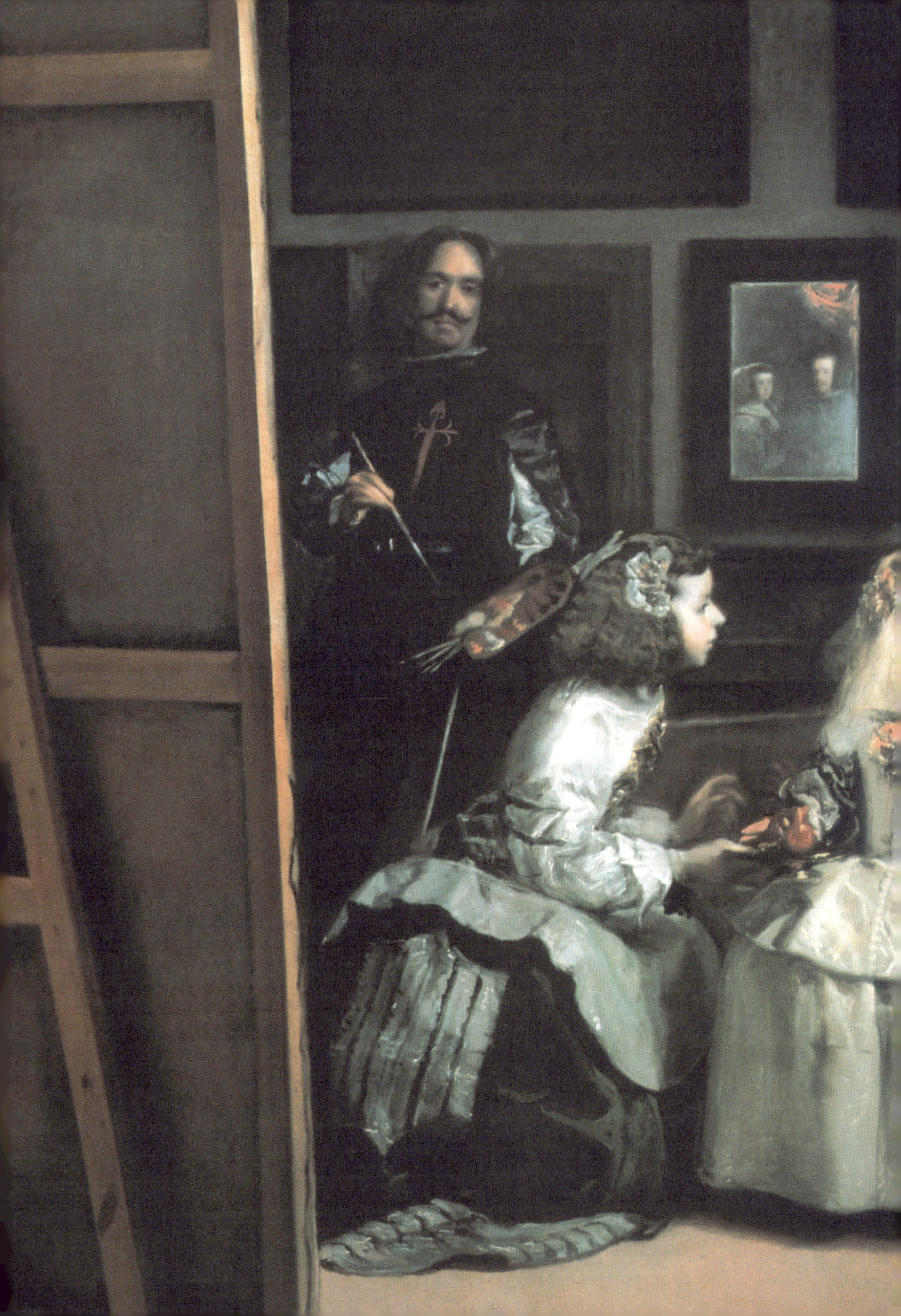

PARTE III

CRIANÇAS DA MANCHA

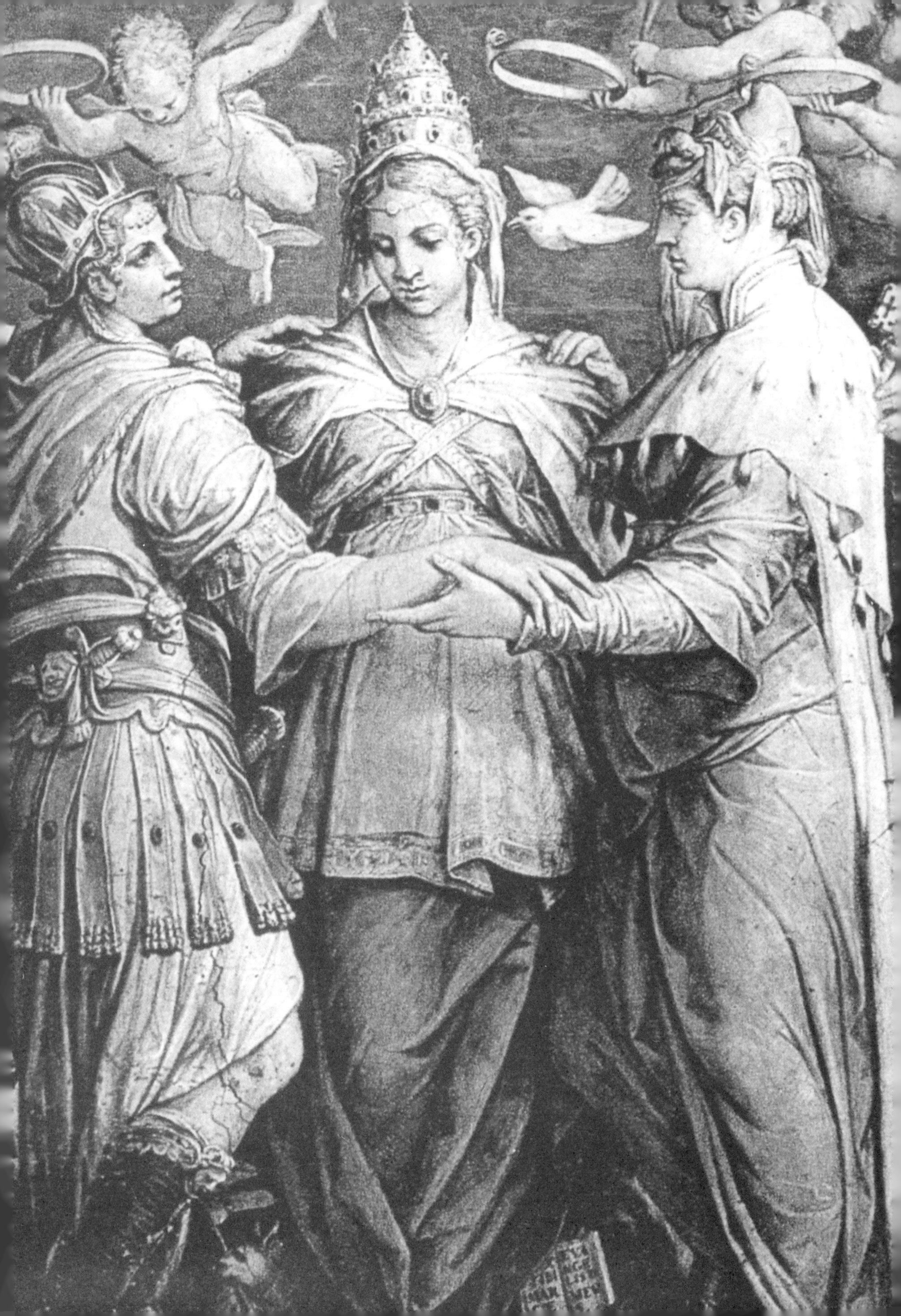

SETE

A era imperial

Carlos V foi o criador do império espanhol. Era neto dos Reis Católicos, Fernando de Aragão e Isabel de Castela, e filho da rainha Joana que perdeu a razão, obcecada pelas infidelidades do marido, Filipe, o Belo. Com a morte de Filipe, depois de jogar bola vigorosamente e tomar um copo de água fria, a rainha se recusou a enterrá-lo e, durante muito tempo, carregou-lhe o cadáver de um mosteiro para o outro, evitando os conventos onde o galante príncipe Filipe, ainda que morto, pudesse seduzir as monjas. Persuadida, por fim, a abandonar essa "loucura de amor", a rainha Joana, a Louca, foi encerrada no castelo de Tordesilhas, enquanto o filho, de 16 anos, era guindado ao trono da Espanha, e o marido finalmente recebeu o seu enterro cristão.

Carlos, porém, desde a idade dos seis anos herdara os Países Baixos. Agora, imberbe e juvenil, mostrava ao mundo o estigma da dinastia dos Habsburgo: um queixo de prognatismo tão pronunciado, que lhe era impossível mastigar normalmente ou mesmo fechar a boca. Dizia-se que uma mosca, a qualquer momento, podia entrar sem dificuldade pelos lábios dos Habsburgo. O jovem rei deixou crescer a barba, vestiu uma armadura impressionante e, montado em seu cavalo, foi pintado em soberba pose eqüestre pelo artista italiano Ticiano. Carlos I da Espanha, mais conhecido sob o título de Sacro Imperador Romano Germânico, Carlos V, podia dar de ombros às taras de família a que estamos todos sujeitos. Era o herdeiro da dinastia dos Habsburgo, a mais poderosa casa real da Europa. Seu poder não tinha limites. Para onde quer que olhasse da sela do seu cavalo (ou o de Ticiano) podia admirar uma possessão da coroa. Para o norte, a Alemanha e os Países Baixos. Para leste, Nápoles, Sicília e Sardenha. Para o sul, os domínios africanos. Para o oeste, as Américas e, mais além, depois do dramático descobrimento de Balboa em 1515, o Pacífico até as Filipinas. Carlos governou o primeiro e maior de todos os impérios modernos. Ninguém antes dele, nem sequer os césares, havia tido sob controle tantos territórios, tal variedade de povos e semelhante riqueza potencial.

Ao longo de sua carreira, contudo, Carlos se mostrou decidido a unir seu poder terreno com o poder espiritual da cristandade. Queria ser o chefe político do

Detalhe de figuras alegóricas que representam a Espanha, o papado e Veneza, de um quadro de Giorgio Vasari. No verso detalhe de *Las Meninas*. Diego Velázquez

151

O imperador Carlos V, na batalha de Mühlberg. Tiziano, 1548

mundo cristão, do mesmo modo que o papa era o chefe religioso. O rei se impôs essa meta, e ela haveria de esgotá-lo prematuramente. Pois Carlos recebera sua vasta herança não pelas armas, mas graças às alianças matrimoniais e outros ajustes seculares a que a Casa de Habsburgo era particularmente afeita. Ela recebera, nesses assuntos, extensa ajuda da poderosa firma bancária alemã da família Fugger, que contribuiu com enorme soma de dinheiro para comprar os eleitores e elevar Carlos à posição de Sacro Imperador Romano. No entanto, uma vez adquiridas, as possessões decorrentes dessa posição tinham de ser defendidas, não mediante matrimônios, subornos e seduções, mas mediante atos de guerra.

Os problemas de Carlos V, no entanto, principiaram em sua própria terra, a Espanha, devendo-se sobretudo à educação flamenga do novo príncipe. Ele não falava espanhol. De escassa percepção política, rodeou-se de cortesãos flamengos e chegou a conceder-lhes postos espanhóis especialmente delicados, como o bispado de Toledo. Mas os problemas políticos do novo rei, na Espanha, excederam essas curiosidades e foram o cerne de prolongada batalha entre os poderes centralizadores e absolutos da monarquia e os poderes persistentes, potencialmente democráticos das cidades medievais.

A REVOLUÇÃO DAS COMUNIDADES

Nas cidades de Castela, como vimos, o conceito de cidadania se achava em pleno desenvolvimento. Cada vez mais, o povo fora incorporado às assembléias políticas. Os cidadãos tinham consciência dos direitos que lhes outorgavam suas cartas constitucionais. No entanto, quando Carlos ascendeu ao trono, em 1517, as comunidades urbanas viram suas liberdades ameaçadas de diversos modos. Além das atitudes de xenofobia contra o jovem rei, elas desconfiaram, corretamente, de que a política de Carlos consistiria em acelerar a centralização espanhola, para obter uma forte base a partir da qual ele buscava alcançar seus objetivos gêmeos na política externa: assegurar o poder do império espanhol e a unidade da Igreja cristã. A presença cada vez mais audaciosa dos representantes reais, os *corregidores*, na vida das comunidades, foi outro motivo que as levou a agir com rapidez, antes que o absolutismo se impusesse de forma definitiva. Em 1519, elas se ergueram em rebelião contra o rei Carlos.

Talvez pareça excessivo ver na guerra civil então desencadeada um movimento precursor das revoluções inglesa e francesa. Mas a revolta das comunidades de Castela é sem dúvida uma das referências mais poderosas e permanentes para a história da democracia na Espanha e na América espanhola. "O consentimento de todos", "a vontade geral" foram conceitos comuns e repetidos nas cartas, discursos e proclamações dos *comuneros*. A composição social da rebelião revela-se expressiva: uns poucos integrantes da nobreza urbana, um grande número de prefeitos, oficiais de justiça e juízes; numerosos membros do baixo clero, incluindo cônegos, abades, párocos e diáconos; uns tantos catedráticos universitários, mas um grande número de doutores, médicos, advogados e bacharéis; um número ainda maior de mercadores, cambistas, tabeliães e farmacêuticos; e uma maioria esmagadora de lojistas, estalajadeiros, ourives, joalheiros, ferreiros, açougueiros, chapeleiros, sapateiros, alfaiates, barbeiros e carpinteiros, atuando politicamente através da Junta Geral, uma assembléia executiva baseada no voto majoritário e expressamente designada para representar a vontade geral. Como faz observar José Antonio Maravall, na mais moderna e generosa história da rebelião, sua finalidade definida era criar uma monarquia constitucional e democrática, com base na representação popular.

Como tal, o movimento não pôde ser tolerado pelo jovem rei e sua dupla política de poder, tanto interna como externa, espanhola e imperial. Pois, enquanto as comunidades se rebelavam em Castela (e em Aragão, através do movimento paralelo da *Germania*), os filhos e irmãos dos advogados, artesãos, moleiros, labregos e fidalgos que lutaram contra Carlos V lutavam a seu favor no México, no Caribe e em sua terra. De modo que uma das grandes ironias da nossa história é que, no mesmo momento em que Carlos V derrotou as forças *comuneras* em Villalar (1521), Hernán Cortés derrotou as forças astecas em Tenochtitlan.

No fundo, o problema para a Espanha e a América espanhola haveria de ser o mesmo: que tipo de ordem seria criada no dia seguinte ao dessas vitórias coincidentes? A resposta, infortunadamente, foi que, na Espanha, uma ordem vertical e autoritária haveria de impor-se sobre o movimento para uma ordem horizontal e democrática; e, no Novo Mundo, as estruturas verticalmente organizadas do império asteca (e, mais tarde, do inca) seriam simplesmente substituídas pelas estruturas verticais e autoritárias dos Habsburgo na Espanha.

A ironia adicional de tudo isso é que os conquistadores não eram muito diferentes dos homens que Carlos V venceu em Villalar. Assim, crendo que haviam triunfado no Novo Mundo, na verdade haviam sido derrotados no Velho Mundo. Os conquistadores deixaram passar a oportunidade de criar comunidades democráticas nas Américas, só para sacrificar a posição política que teriam e a conseqüente extensão potencial de seu poder. Eles não foram capazes de governar as terras que conquistaram. O rei, imediata e definitivamente, estruturou em seu favor as novas formas de governo nas Índias. O que os conquistadores e seus descendentes ganharam foram vantagens de fato sobre o próprio terreno e, finalmente, ilegítimas. A força destas vantagens dos conquistadores sobre o rei, *de facto, in situ*, foram consideráveis mas não suficientes, nem do ponto de vista da criação de comunidades potencialmente democráticas, nem do ponto de vista da criação de feudalidades potencialmente autônomas.

Podia ser de outra maneira? Podíamos ter criado um sistema democrático após a reconquista da Espanha e a conquista do Novo Mundo? Esta pergunta ressoa para sempre nos destinos da Espanha e da América espanhola.

154

Depois da derrota das comunidades de Castela em Villalar e dos astecas em Tenochtitlan, Carlos V não só consolidou o Estado centralizador espanhol, como também o fizeram a França e a Inglaterra, e não puderam fazê-lo os povos alemães e italianos. Carlos transformou a comunidade meramente peninsular que era a Espanha, empenhada em sua própria cruzada contra o Islã e tentando firmar um compromisso entre seus componentes triculturais, num império continental que, nas palavras de Ángel Ganivet, "abarcou tudo" na Holanda, Itália, Tunísia e Américas. Tal foi, porém, a origem da decadência espanhola, acrescenta Ganivet: "Nosso excesso de ação... ter tentado empreendimentos enormemente desproporcionados ao nosso poder." A dor de cabeça do imperador Carlos V foi a superextensão, e a agravou sua dupla natureza: seguro e inseguro, duro e gentil, dividido por suas alianças nacionais. Viveu 58 anos e, desse tempo, preferiu viver 28 em Flandres, muito mais do que nas terras germânicas de sua herdade imperial (nove anos) ou ainda no seu domínio espanhol, que visitou apenas sete vezes na vida, passando aí, no total, 18 anos. Talvez, porém, o que mais tenha dividido Carlos V tenha sido a sua incerteza sobre a maneira de responder aos desafios do reino, por meio da conciliação (sua tendência renascentista e erasmiana) ou da confrontação (sua tendência imperial e hispânica).

Lutou contra as nações indígenas das Américas através dos seus violentos capitães (Hernán Cortés e Francisco Pizarro) mas, ao mesmo tempo, lutou por lhes arrancar o domínio feudal do Novo Mundo mediante a legislação das Índias, que protegia as comunidades indígenas e restringia, *de jure*, os poderes *de facto* adquiridos pelos conquistadores. Lutou contra o novo poder islâmico, o império otomano, que se atrevera a estender-se do Mediterrâneo ao Danúbio, chegando até as portas de Viena. Lutou contra o rival francês, Francisco I, ao longo de um extenuante período de um quarto de século. Enfrentou o amotinamento de suas próprias tropas não remuneradas, que em seguida saquearam a cidade pontifícia, Roma, enquanto Carlos combatia os protestantes na Alemanha e, finalmente, se revelava incapaz de submetê-los, aceitando a derrota em Augsburgo, em 1555.

Esse exagero de encargos e desafios teria esgotado qualquer homem. Prematuramente exausto, Carlos V se retirou para o mosteiro de Yuste, nas isoladas terras da Estremadura. Entretinha-se, então, acertando os seus relógios e, às vezes, ensaiando os seus próprios funerais. A morte chegou-lhe, finalmente, em 1558. Ticiano, que pintara a poderosa figura eqüestre e armada, pintava agora um velho cavalheiro sensível, levemente curvado, totalmente trajado de negro e sentado numa cadeira curul, olhando com nostalgia, quem sabe com distração, um mundo com o qual, enfim, nunca se entendeu.

UMA CHUVA DE OURO

Carlos V abdicou em favor do filho, Filipe II, deixando-lhe o pesado império espanhol. Os protestantes floresciam, graças a sua santificação das ambições políticas dos príncipes do norte da Europa; os turcos punham em xeque o poder espanhol no Mediterrâneo; os Países Baixos se rebelavam contra a Espanha; os mouros que permaneciam na Espanha, ditos mouriscos, se insurgiram contra os decretos do jovem rei Filipe, que os despojava de sua língua e costumes, enquanto até a nobreza de Aragão se revoltava contra as restrições impostas a seus *fueros* ou cartas constitucionais. E, no entanto, Filipe II não só manteve o império em pé, como decididamente o confirmou, durante várias décadas, como a maior potência mundial.

Precisava, para isso, de receita. E a obteve, principalmente, com as sobretaxas impostas a seus súditos indefesos, quer pela Igreja, na Espanha e nas Américas, quer pelo ouro e pela prata do Novo Mundo. No século XVI, as minas americanas multiplicaram por sete as reservas européias de prata. O centro mineiro de Potosí, no Alto Peru (atualmente Bolívia), se converteu na maior cidade do Novo Mundo no século XVI: habitavam-na cinqüenta mil europeus e 45 mil índios; 14 mil destes eram utilizados como mineiros, sob o sistema de trabalhos forçados – a *mita* – que os ligava às minas durante a vida inteira e, às vezes, continuando na dos seus descendentes. Desde tempos imemoriais, os trabalhadores indígenas mascavam a folha de coca que, segundo o cronista jesuíta da flora e fauna do Novo Mundo, padre Joseph de Acosta, permitia a um homem passar dois dias andando sem comer. Foi o trabalho dos índios, esfaimados e dizimados pela doença, que proporcionou à Espanha e, através dela, ao resto da Europa, a imensa riqueza que passou a ter nessa época. No entanto, mesmo no auge da produção, as minas do México e do Peru só produziram um quarto da fortuna que a agricultura e a pecuária do Novo Mundo acumularam. E, mesmo em suas piores circunstâncias, as novas propriedades agrícolas dispensavam a seus trabalhadores um tratamento muito melhor que o dos capatazes das minas. Muitos trabalhadores destas fugiram para as *haciendas*, como para um mal menor. A coca, que abrandava o peso das longas horas de trabalho abaixo da superfície, se transformou num ritual.

A supervisão e exploração das minas foi deixada à iniciativa privada. Potosí era uma montanha virgem, intocada pelos incas, mas os espanhóis logo descobriram nela quatro grandes veios correndo "como os pólos", de norte a sul, e em cada um deles abriram numerosas minas. Mas todos os veios, ressaltou Acosta, se voltavam para o Oriente, para o sol nascente, para a Espanha, onde o rei recebia os carregamentos e ficava com um quinto do total.

A coroa espanhola autorizou apenas dois portos de entrada, Cádiz e Sevilha, para receber o ouro e a prata do Novo Mundo, mas, mesmo quando proibiu a exportação espanhola de metais preciosos, a monarquia se transformou – nas palavras do economista americano Rondo Cameron – "na pior violadora de sua própria lei...". Os metais tinham de pagar as dispendiosas guerras da Espanha na Europa, seus aparatosos monumentos, sua luxuosa aristocracia, a luta contra a Reforma protestante, a administração do império e a importação de manufaturados.

As enormes injeções de metais espanhóis revolucionaram a economia européia, trazendo a inflação, os preços altos, a procura crescente e o florescimento por toda a Europa das empresas bancárias, muitas das quais credoras da monarquia espanhola, dispostas a conceder generosos empréstimos a Filipe II sob a garantia da promessa dos fluxos intermináveis de ouro e prata oriundos de Potosí e Zacatecas. Quem pagaria esses empréstimos? Evidentemente, os sucessores de Filipe.

O contrabando a partir da Espanha passou a ser uma profissão generalizada e lucrativa. Um dos personagens do *D. Quixote*, Roque Guinart, existiu realmente, ganhando a vida com o contrabando de metais das Índias fora da Espanha. A partir da Itália, da Alemanha e dos Países Baixos, onde a Espanha tinha possessões, o ouro e a prata logo se esparramaram pela Europa inteira, provocando a "revolução dos preços" do século XVI que, embora comum a todo o continente, afetou primeiro, e mais, a própria Espanha. Naturalmente, os preços aumentaram mais e mais rapidamente no país onde se localizavam os portos de entrada.

Durante os reinados de Carlos V e Filipe II, o norte da Europa deu início a sua espetacular etapa de acumulação de capital. A Espanha, embora fosse a própria fonte do tesouro do Novo Mundo, ficou sendo um mero intermediário, desprovida de capital moderno e de capitalistas modernos, obrigada a importar manufaturas caras e a exportar matéria-prima barata: com essa fórmula clássica, entrou numa longa fase de decadência econômica. Uma estatística simples se mostra significativa: em 1629, segundo um economista espanhol da época, Alonso de Carranza, 75% do ouro e da prata das minas americanas se concentravam em apenas quatro cidades européias: Londres, Rouen, Antuérpia e Amsterdam.

A Espanha imperial tinha nas mãos um feixe de ironias. A mais poderosa monarquia católica do mundo terminou financiando, sem querer, os seus inimigos protestantes. A Espanha capitalizava a Europa, enquanto descapitalizava a si própria. Luís XIV disse-o mais sucintamente: "Vendamos à Espanha bens manufaturados e cobremo-los em ouro e prata." A Espanha era pobre porque era rica. Que significava tudo isso para nós no Novo Mundo? De certa maneira, que a Espanha se converteu em colônia da Europa capitalista e que nós, na América espanhola, nos convertemos em colônia de colônia. Desde o início, fomos duas entidades muito diferentes: o que aparentávamos ser e o que éramos realmente. Era também assim a Espanha, nossa mãe pátria.

COMBATENDO OS ELEMENTOS

A legitimidade do império americano da Espanha se baseou não apenas nos "direitos de conquista", mas também numa série de bulas papais que dividiram o mundo colonial entre a Espanha e Portugal. Protegido por Fernando e Isabel, o papa espanhol Alexandre VI, nascido Rodrigo Borgia, havia praticamente comprado seu trono pontifical e, uma vez nele, dedicou muitas horas a favorecer a fortuna dos seus bastardos, Lucrécia e César Borgia. Sobrou-lhe tempo, no entanto, para atender a seus verdadeiros patronos. Mediante o Tratado de Tordesilhas (1494), Alexandre VI ratificou a bula que traçava uma linha do pólo norte ao pólo sul, 370 léguas a oeste das ilhas de Cabo Verde, dando a Portugal todas as terras a leste dessa linha (do Brasil à Índia) e à Espanha todas as terras a oeste (do Caribe ao Pacífico).

Semelhante medida não agradou as outras potências européias. O maior rival de Carlos V, Francisco I da França, protestou: "Mostrai-me a cláusula do testamento de Adão que outorga ao rei da Espanha o domínio sobre a metade do mundo." Os holandeses, grandes incentivadores da liberdade de navegação e comércio, manifestaram descontentamento parecido, assim como sua eminente aliada, a rainha Isabel I da Inglaterra, que proclamou o princípio geral de que o mar e o ar eram comuns a todas as nações. Mas acrescentou, ainda, um corolário que seria decisivo para o futuro tanto da Inglaterra como da Espanha: "Visto que o mar pertence a todos, pertence a mim." Ela, então, encorajou seus mais audazes capitães a enfrentar o poder da Espanha, no mar e no Novo Mundo. A Inglaterra reclamava energicamente a sua parte. Em todo o Caribe – o *Mare Nostrum* espanhol, nas Américas – se erigiram verdadeiras cidades fortificadas, como defesa contra o ataque de piratas, mas também contra a agressão de potências estrangeiras. De Veracruz a Havana, de Maracaibo a Portobello e de San Juan de Puerto Rico a Cartagena de Índias, os espanhóis se viram obrigados a defender as suas riquezas em cada rincão das suas possessões.

O capitão inglês John Hawkins atacou Veracruz e outros portos, enquanto praticava, com o apoio da coroa inglesa, o comércio de escravos entre a África e o Caribe. Mas o corsário por antonomásia, e que agia em favor de seu soberano, foi Francis Drake. Quando sua frota entrou na baía de San Juan de Puerto Rico, estenderam-se correntes de costa a costa para detê-lo. O corsário perdeu, por isso, dois dos seus barcos. Todavia, de Veracruz, no México, a Valparaíso, no Chile, Drake atacou, ocupou por algum tempo, saqueou e partiu.

Não foi o primeiro nem seria o último pirata a ser sagrado cavaleiro pela monarquia inglesa. Em 1587, porém, Drake atreveu-se a atacar o porto de Cádiz, a entrada para o ouro na própria Espanha, afundando mais de vinte barcos e "chamuscando a barba de sua majestade católica". O ataque a Cádiz adiou os preparativos para o empreendimento supremo do reino de Filipe II: a criação de uma invencível armada para atacar a Inglaterra protestante, não tanto porque fosse protestante, mas porque ajudava os rebeldes súditos holandeses do monarca. Filipe II fora um resoluto defensor de Isabel I contra as ameaças de excomunhão que lhe foram feitas pelo papa, e temia sobretudo a ascensão ao trono inglês de Maria I, a pretendente católica escocesa vista pelo rei da Espanha como simples fantoche do rival francês Francisco I. Quando, porém, Isabel enviou o conde de Leicester a ajudar os holandeses contra a Espanha, Filipe concentrou sua hostilidade contra Isabel.

O monarca espanhol mal cabia em si de orgulho vitorioso, após derrotar os turcos no Mediterrâneo oriental, na grande batalha de Lepanto, onde, a 7 de outubro de 1571, o meio-irmão do rei, Don João da Áustria, não apenas venceu como matou o comandante turco Ali Pachá. Descrita e louvada até as alturas, a vitória de Lepanto foi notável por outro motivo: participou dela um soldado chamado Miguel de Cervantes que, no combate, perdeu o uso de uma das mãos.

Depois de Lepanto, irritado por Isabel, Filipe empreendeu a aventura da armada. Acreditava que o êxito da grande esquadra invasora permitiria à Espanha cumprir suas ambições: ser não só o maior império do mundo, como também a principal potência européia. Filipe delegou autoridade para a organização da imensa armada, concebida para acabar com o protestantismo de uma vez por todas e fazer do império espanhol a superpotência da Europa, com hegemonia sobre o mundo inteiro.

Por vinte anos meditou Filipe nesses assuntos. Bastaria o êxito da grande armada para assegurar as rotas do tesouro americano? Levaria forçosamente a Inglaterra de volta ao catolicismo? Fossem quais fossem seus pensamentos, nunca houve relação adequada entre seus fins e os meios usados para atingi-los. Um magnata do atum, o duque de Medina Sidonia, foi nomeado comandante-geral do empreendimento, apesar das suas repetidas queixas de que não estava apto para a tarefa e, mais ainda, de que enjoava a bordo. Filipe não o nomeou com critérios técnicos, mas políticos: só um dos próceres da Espanha, como o duque, poderia impor sua autoridade ao formigueiro que se apressava a suprir e aparelhar a armada, dos almirantes aos fabricantes de biscoitos, passando ainda por um obscuro burocrata chamado Miguel de Cervantes, convocado para recolher contribuições da Igreja a fim de financiar a aventura, e que foi preso quando as autoridades eclesiásticas se vingaram do seu zelo.

Apesar das somas investidas para equipar vinte galeões, 130 outras embarcações e trinta mil homens, Medina Sidonia mostrou-se um profeta do desastre. Jamais houve um plano geral e bem articulado para a operação. A armada devia triunfar simplesmente graças ao número dos seus componentes e à fé dos seus atos de devoção: 180 monges e frades a acompanharam, cantando diariamente missas e avemarias. A armada zarpou, tão compactamente amontoada quanto os atuns de Medina Sidonia, em barcos que se revelaram inúteis para arrostar as tormentosas águas do norte ou muito mais lentos que as embarcações inglesas. Tudo na esquadra vazava: os barris d'água, os próprios barcos e as notícias sobre a operação. O velho inimigo de Filipe, Drake, atacou a armada na saída do porto de Calais: as embarcações foram espalhadas e açoitadas por violentas tempestades que as jogaram até nas costas da Irlanda. Só a metade delas e um quarto dos seus tripulantes regressaram à Espanha. "Enviei minhas naus para lutar com os homens, não com os elementos", exclamou Filipe II.

O Espelho Enterrado

As esquadras cristãs em Messina, antes da batalha de Lepanto, em 1571. Giorgio Vasari, s.d.

A era imperial

O "Retrato da Armada" da rainha Elizabeth I, atribuído a George Gower, s.d.

A retirada da Armada Espanhola, 1588

VIOLÊNCIA NO CÉU

A derrota da armada foi, na verdade, a derrota da pretensão espanhola de ser a principal potência da Europa. A partir desse momento, a outra superpotência, a inimiga tradicional da Espanha, a França, passaria a provocá-la incessantemente. O mundo protestante, encabeçado pelos ingleses e holandeses, emergindo rapidamente, conseguiu aliar, a um poder naval que se mostrara superior ao da Espanha, um poderio militar que a desafiava. Além disso, a simbiose do protestantismo com o capitalismo, em toda a Europa do norte, estava gerando uma história bem-sucedida que deixava em contraste lamentável a contínua dependência espanhola do tesouro americano, seus altos impostos e sua indústria agropecuária. Os protestantes tinham encontrado uma férrea justificativa religiosa e política para o exercício do poder: *cuis regio, eius religio* (o príncipe reinante decidia a religião de seu reino, e essa escolha santificava sua soberania política e econômica). As possibilidades existentes no começo do século XVI – as modernas revoluções na ciência e na livre investigação, o governo parlamentar e os direitos tradicionais das comunidades – praticamente se tinham extinguido na Espanha. O Concílio de Trento (1545-1563) estabeleceu as rígidas exigências da Contra-Reforma. O dogma foi definido e fortalecido, a Igreja tinha o direito exclusivo de interpretar a Bíblia e a reconciliação com o protestantismo foi condenada.

O Concílio de Trento também deu ao papa o direito exclusivo de nomear bispos. Isso, porém, era algo que, apesar de toda a sua devoção, Filipe não podia tolerar. O monarca espanhol continuou nomeando seus próprios bispos e só aceitou publicar os decretos tridentinos sob a condição de que seus poderes sobre o clero espanhol fossem explicitamente reconhecidos. Sob Filipe, a Inquisição, responsável tãosomente perante o rei, aumentou seu poder como arma favorita da monarquia em matéria de autoridade religiosa e, mais adiante, fortaleceu a posição de Filipe contra Roma. Os bispos fiéis ao papa foram encarcerados e acusados de luteranismo. A Inquisição estendeu sua vigilância e perseguição não só aos protestantes, aos judeus e mouros, como aos convertidos, suspeitos de fé insuficiente e práticas secretas.

Complexo e conflituoso, em luta contra a Reforma protestante, mas também contra o poder papal, Filipe talvez tenha sido, sobretudo, um homem que lutava consigo mesmo. Como o pai, se retirou para uma tumba em vida. El Escorial, a cidadela deste homem, de sua fé e talvez também de suas dúvidas secretas, foi concebido como um sepulcro para Carlos V e outros antepassados de Filipe, mas serviu igualmente como um símbolo da fé ortodoxa e monumento à vitória militar de Filipe contra os franceses em San Quintín, em 1557. Primeiro e maior monumento arquitetônico da Contra-Reforma, tornou-se o Vaticano dos poderes temporais da Espanha.

"Construa-se com o máximo de pressa!", ordenou Filipe a seus arquitetos. Iniciada em 1563, a sóbria (e sombria) construção, vasta e hostil, só em 1584, porém,

El Escorial.
Pier María
Baldi, final do
século XVII

foi terminada. O rei ordenou que não houvesse nela nenhum adorno frívolo, sendo saqueadas as pedreiras e matas de Castela para a edificação; um exército de alvanéis, carpinteiros, carregadores, ferreiros, pintores e chumbeiros trabalharam e morreram ali; às vezes, se amotinaram. Mil bois transportaram o material e cem augúrios se elevaram sobre o edifício durante a construção, em forma de tempestades, acidentes sangrentos, e um cachorro ululante, fantasmal. Finalmente, contudo, no grande dia, os cadáveres de todos os antepassados de Filipe chegaram, retumbando, de toda a Espanha. Ele ali estava para recebê-los e sepultá-los no *pudridero*, o fosso da putrefação. Sua primeira ordem foi que se cantasse ali uma missa perpétua, para ele, todos os seus antepassados e descendentes. E, logo em seguida, que se celebrassem trinta mil missas adicionais para "o repouso da minha alma", escreveu o próprio Filipe.

Dedicada à morte, essa fortaleza, necrópole e mosteiro foi desenhada para "levar a violência aos céus", como escreveu o escritor francês Luís Bertrand. Infelizmente, porém, Filipe tinha de continuar governando os assuntos da Terra. Seu amor ao trabalho árduo tornou-se proverbial. Não lhe agradava conceder entrevistas. Preferia afogar-se nos papéis. Dizia-se que escrevia mais depressa do que qualquer secretário, sabia tudo o que existia em seus arquivos, e tudo supervisionava. Um seu coetâneo observou: "O rei é daquela classe de pessoas que não se move nem se trai em movimento nenhum, ainda que tivesse um gato enfiado pelo meio das calças."

Foi chamado "o Prudente", um eufemismo para indicar a sua extrema dificuldade para tomar decisões. No entanto, foi fiel ao seu ideal de restaurar a unidade cristã simultaneamente com a manutenção do poder da Espanha, seu império e dinastia. Também deu a si próprio um modelo de vida: o de seu pai, Carlos V, que idealizou a tal ponto que jamais pôde medir-se com ele.

Descrito como um homem pequeno, de voz extremamente baixa, os olhos arroxeados de tanto ler os documentos do Estado, raras vezes sorridente e, então, apenas com um ricto congelado, tinha o olhar um tanto sonhador e um tanto cruel, tão ausente quanto astuto, fazendo-nos perguntar se Filipe foi prudente ou inseguro, poderoso ou simplesmente sobrecarregado. Talvez o rei só pudesse responder na solidão de seus aposentos. Seria preciso imaginar a sua angústia enquanto ponderava sobre a suficiência da sua vontade humana para ser o lugar-tenente de Deus na Terra. Fracassaria na sua tentativa de restaurar a unidade da fé católica e, nesse caso, seria castigado na outra vida? Certamente o pensamento da morte jamais o abandonou. Filipe testemunhou a morte das suas três esposas, de quase todos os seus filhos e particularmente do seu filho Don Carlos, encarcerado pelo próprio rei "no serviço de Deus, e para o bem público".

O sonho de Filipe II. El Greco, c.1576-1577

Não é de se admirar que Federico García Lorca chamasse El Escorial de "o triste lugar de onde vêm todas as chuvas frias da Terra". El Greco, em seu extraordinário *Sueño de Felipe II*, coloca o rei de joelhos, suspenso entre o céu e a terra. Mas a maior maravilha é que esse monarca onipotente haja dedicado tanto tempo e dinheiro não só para reunir em torno de si os cadáveres da família, como também para rodear-se de verdadeiras montanhas de relíquias sagradas. Seus agentes percorreram toda a Europa a fim de trazer, para El Escorial, as caveiras, os ossos e as mãos mumificados dos santos e dos mártires, as relíquias dos espinhos da coroa de Cristo e da verdadeira cruz, que Filipe adorava mais do que o ouro e a prata. Na verdade, ele ainda conseguiu reunir todos os 290 sagrados dentes de santa Apolônia, a padroeira da dor de dentes. O depósito das relíquias de El Escorial deve ter sido semelhante ao do Cidadão Kane em Xanadu.

A DECADÊNCIA DA ESPANHA

Quando morreu Filipe II (de uma morte atroz, excrementícia, no Escorial), todas as suas dúvidas e fracassos caíram sobre a cabeça de um filho bastante incompetente, Filipe III. Preguiçoso (só trabalhava durante seis meses no ano), Filipe III delegou o poder a seus favoritos, que cometeram o erro colossal de expulsar todos os mouros que permaneciam na Espanha, 275 mil almas, embarcando-os para a África. Essa decisão contraproducente quase arruinou as classes médias de Valença e Aragão (que eram credoras dos mouros) e a nobreza que lhes alugava terras, ameaçando até a Inquisição, subitamente privada de mais de um quarto de milhão de hereges dignos de perseguição. Todos esses grupos perderam dinheiro ou poder; e muitos chegaram à bancarrota. Da mesma forma que as pessoas sem moradia encheram de repente as cidades modernas do Ocidente próspero, a Espanha imperial, sob Filipe III, pareceu transformar-se numa nação de mendigos, malfeitores e falidos. A inflação, a desvalorização, a substituição do ouro e da prata pela liga de cobre passaram a ser um espetáculo generalizado, insólito e ultrajante para uma nação que conquistara o México e o Peru.

A Espanha, além de tudo, personificou uma anomalia que os Estados Unidos correm o risco de repetir no final do século XX: a de ser um império pobre, carregado de dívidas, incapaz de resolver seus problemas, mas nem por isso menos obstinado em desempenhar um papel imperial no mundo, ainda que pedindo

A era imperial

esmola a outras nações mais ricas para continuar mantendo sua posição de polícia global. A Espanha não teve nem uma Alemanha nem um Japão que financiassem suas operações militares. Em compensação, contou com os banqueiros e, sobretudo, com os Fugger, que tão importante papel haviam desempenhado na ascensão dos Habsburgo ao cimo do Sacro Império Romano, em 1519. Havendo comprado os votos dos eleitores alemães, os banqueiros, em seguida, preferiram Carlos V a Francisco I da França, exclusivamente, como eles próprios confessaram, com base nas notícias das minas mexicanas. Jacob Fugger, um tubarão cuja astúcia só era comparável a seu orgulho, lembrou a Carlos V que "sem a minha ajuda, vossa Majestade Imperial jamais teria sido coroada...". Atrever-se-ia qualquer financista contemporâneo a falar com arrogância comparável a qualquer chefe de Estado muito menos imponente?

Os empréstimos dos Fugger e de outros bancos financiaram e sangraram o império espanhol até a última reserva. E, uma vez mais, o império feriu a si próprio muito além das fantasias de qualquer banqueiro. A Espanha continuou deslumbrada pela acumulação de ouro e prata como a meta essencial da economia. Esse engano mercantilista sobreviveu, cada vez mais quimérico, à medida que a economia européia e, em conseqüência, a economia mundial, se transformou, mais e mais, numa rede de relações comerciais, financeiras, industriais e tecnológicas. Em seu esplêndido ensaio *Spanish Imperialism and the Political Imagination*, Anthony Pagden ressalta a tendência espanhola a valorizar o *otium*, o lazer, acima do *negotium*, negação do lazer, negócio. Ainda que Pagden, corretamente, faça esta distinção como parte de outra, maior, baseada na idéia da honra (semente do ócio) ou da fé pública (o baluarte do negócio), ela não é incoerente com a generalizada atitude espanhola para com os assuntos econômicos. Para a Espanha, tudo o que brilhava era ouro e, enquanto o ouro continuasse fluindo das inesgotáveis minas do Novo Mundo, a Espanha manteria a parafernália do império, seu negócio mas também seu ócio: jamais o crédito se estendeu tanto, e por tanto tempo.

No entanto, durante uma fase igualmente grande, o escudo espanhol continuou sendo a mais forte moeda internacional, comparável ao dólar no nosso século, à libra esterlina no século XIX ou, quem sabe, ao marco alemão no século XXI. A máquina do império continuou funcionando durante longo tempo: a inércia é uma força poderosa e as aparências importam, ainda que decaiam os órgãos internos.

Parte dessa decadência foi devida à corrupção, que começou numa escala intensa e virulenta no reinado de Filipe III. Seus favoritos, o duque de Lerina e o filho, o duque de Uceda (que esbulhou seu pai), se consagraram ao latrocínio de altos vôos, em seu próprio benefício e no dos seus associados. As funções públicas foram postas à venda e até a sede do governo podia ser comprada e vendida. As autoridades civis de Valladolid subornaram o duque de Lerma com o fim de transferir a capital do país para a sua cidade, voltando ela porém para Madri, alguns anos depois, quando suas próprias autoridades burguesas subornaram outra vez o primeiro-ministro, que fez, assim, um perfeito negócio duplo.

O certo, porém, é que a Espanha nem inventou a corrupção administrativa, nem a levou a terrenos a que não tivesse chegado em outras nações européias. Às razões da decadência espanhola se acrescentam, contudo, as de uma visão generalizada do caráter espanhol como altamente afeiçoado à impontualidade e à vadiagem. Num de seus entremezes, Cervantes nos faz saber que, em termos militares, a ajuda proveniente da Espanha sempre chegará tarde. Um provérbio corrente, na Europa daquele tempo, expressava o desejo de que a nossa morte viesse da Espanha, pois nesse caso certamente se atrasaria para o encontro.

O grande paradoxo de tudo isso, todavia, é que as características de impontualidade, vadiagem, displicência aristocrática e corrupção inata são atribuídas à nação mais enérgica do mundo pós-renascentista. Menos organizada do que a França dos cardeais Richelieu e Mazarin, que finalmente derrotou o exército espanhol de uma vez por todas em Rocroi, no ano de 1643; menos astuciosa do que os ingleses, que despojaram a Espanha de toda esperança de manter a supremacia naval depois do desastre da grande armada, a Espanha se mostrara mais enérgica do que qualquer outra nação desde os tempos de Roma, empreendendo o descobrimento e a conquista de metade do globo, inclusive o Novo Mundo, fundando centenas de novas cidades nas Américas e se envolvendo em batalhas por toda parte, contra os turcos, os protestantes e as outras potências européias. A Espanha, no auge do seu poder, tudo podia: esgotar seu tesouro, esquecer seus pobres e seus falidos, desprezar o valor de sua moeda, sua economia incompetente, suas recessões e depressões, sua dívida tanto interna como externa, sua despesa deficitária, seu balanço de pagamentos negativo, enquanto se mantivesse à frente da missão contra o infiel, a ameaça islâmica e a heresia protestante. Finalmente, porém, a realidade cortou-lhe os passos e lhe impôs os limites que, tão facilmente, a loucura imperial transpôs.

O escritor espanhol Fernando Díaz Plaja oferece-nos um instigante paralelo entre a Espanha e os Estados Unidos. Ambos, no auge de sua influência, juntaram a força militar e política a uma fé obsedante em sua própria justificativa moral. Contra o protestantismo, no caso da Espanha, ou contra o comunismo, no caso dos Estados Unidos, os dois países estenderam em demasia o seu poder, protelaram os seus problemas internos e sacrificaram diversas gerações. E, ainda quando o inimigo deixou de os ameaçar, a obsessão de usar o poder permaneceu, cumulativa, embriagadora.

A analogia pode estender-se, se considerarmos que, no meio de sua prolongada decadência econômica, a Espanha continuou sendo uma nação militarmente poderosa e, além disso, a nação mais inovadora em matéria de tecnologia militar. Os famosos *tercios* espanhóis, regimentos de três mil homens, foram considerados as melhores unidades de combate na Europa. Faziam parte da melhor infantaria européia, que também pertencia à Espanha, a nação responsável pela organização da estrutura moderna do comando militar. Tanto "general" como "almirante" foram conceitos militares originalmente espanhóis. "Almirante", uma vez mais, é uma palavra de origem árabe.

Por fim, a terceira nêmesis da Espanha, depois da Inglaterra e da Holanda, foi a França, o outro grande poder continental que, por meio do compromisso, da flexibilidade política, boa administração, muitas perversidades maquiavélicas, além de enorme determinação, destituiu a Casa da Áustria de suas pretensões à monarquia universal, à unidade cristã ou a uma Europa monolítica dominada pelo império espanhol. Deve-se à França a revelação nua, racional e pouco gloriosa de que a verdade final dessas contendas era um combate de interesses nacionais, isentos de considerações religiosas ou morais, entre a França e a Espanha. A batalha de Rocroi (1643) acabou para sempre com o prestígio do exército espanhol.

Não é imaginável um modo mais cruel e quem sabe mais perverso de deixar bem marcada a superioridade do que o empregado por Luís XIV para humilhar a Espanha num simples assunto de protocolo. Em 1661, na corte de St. James, em Londres, o embaixador francês anunciou que, se o representante espanhol fosse admitido antes de que ele o fosse, seus criados iriam cortar as rédeas dos cavalos do espanhol. Em resposta, o embaixador espanhol prendeu os cavalos de sua carruagem com correntes. Logo em seguida, Luís XIV enviou um ultimato a Filipe IV, exigindo que o embaixador francês tivesse precedência sobre os embaixadores espanhóis em todas as cortes da Europa; do contrário, consideraria haver um motivo para a guerra. A decadência do poder espanhol pode ser julgada pelo fato de que Filipe IV, para evitar o conflito, desculpou-se com Luís XIV e, daí em diante, admitiu a precedência diplomática da França.

Mas também é significativo o fato de que essa guerra fosse uma questão de etiqueta. Durante dois séculos, a Espanha não só aspirou à hegemonia política européia, como impôs – o que não era pretensão, mas realidade – as modas culturais em toda a Europa. Esta influência ia desde a maneira de se trajar à maneira de guerrear e, de volta às formalidades da etiqueta da corte, o estilo diplomático e o comportamento na sociedade civilizada que, segundo Oswald Spengler, "deu à vida européia um cunho que haveria de durar até o Congresso de Viena e, no essencial, até além do governo de Bismarck na Alemanha..."

O autor de *A decadência do Ocidente* acrescenta que, de Carlos V a Filipe IV, a Europa viveu "o século espanhol em matéria de religião, vida intelectual, arte, política e costumes". Não foi este o último exemplo de um império de extensão demasiada, inconsciente dos seus muitos defeitos, encaminhando-se diretamente para o desastre, mas criando de tudo quanto é maneira, na corrupção e na decadência, o fermento necessário ao alcance de um ponto mais alto da criatividade artística. Pois, apesar da intolerância, da corrupção, da incompetência e extensão demasiada, a decadente monarquia espanhola do século XVII haveria de coexistir com o maior florescimento da cultura na Espanha: o *Siglo de Oro*, o Século de Ouro, época gloriosa da literatura e pintura espanholas – dos dramaturgos Lope de Vega e Calderón de la Barca, dos poetas Quevedo e Gôngora, do romancista Cervantes, e de pintores como El Greco, Velázquez, Zurbarán e Murillo.

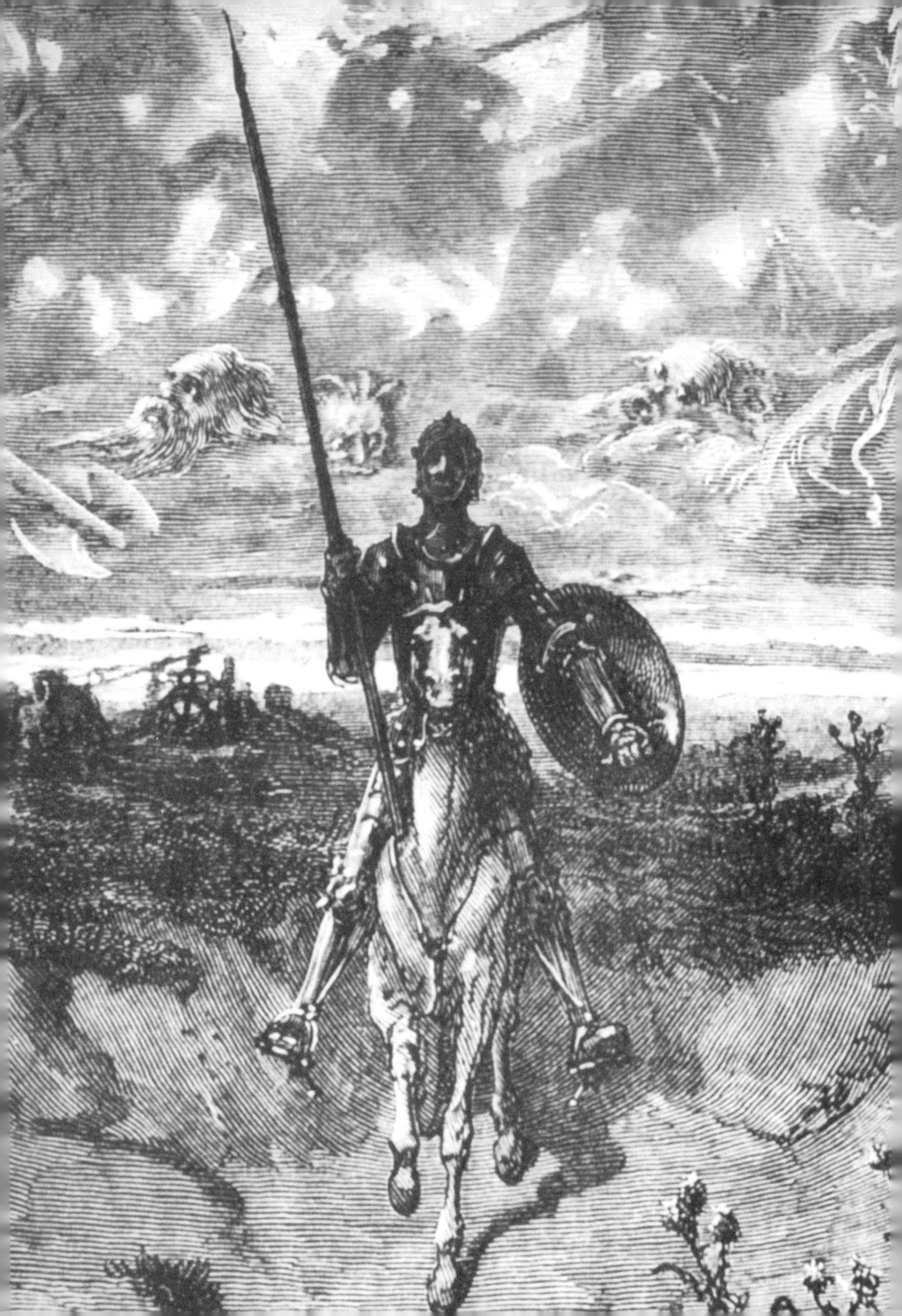

OITO

O Século de Ouro

Durante o século XVII, a monarquia espanhola continuou retendo uma boa parte dos carregamentos do tesouro americano para pagar suas guerras e, especialmente, suas dívidas. A rápida passagem do ouro e da prata pela Espanha, em direção à Europa, levou à desvalorização da moeda. Ninguém queria aceitar a liga de cobre. O império espanhol tinha quarenta milhões de habitantes, inclusive 16 milhões de europeus fora da península Ibérica, que só tinha nove milhões. Todavia, a divisão entre possuidores e não-possuidores estava crescendo à medida que a riqueza se distribuía injustamente. As cidades estavam cheias de mendigos, alguns deles legítimos pedintes, dotados de um certificado que lhes dava o direito de esmolar. Os cegos eram particularmente privilegiados, tendo autorização para cantar e vender almanaques. Mas a maioria dos 150 mil esmoleiros espanhóis da época de Cervantes e Velázquez eram impostores com talentos especiais para simular feridas sangrentas e febres súbitas.

Os ladrões podiam ser gatunos que roubavam as casas, devotos que roubavam as igrejas, "apóstolos", ou seja, especialistas em derrubar portas; e hábeis trapaceiros capazes de deixar nu um transeunte, no meio da rua. Os bandidos do campo eram, às vezes, velhos soldados sem ocupação, às vezes homens que fugiam dos inquisidores; e, ainda outras vezes, lavradores arruinados. Quem fugia da Inquisição? Muitas vezes, os judeus convertidos, depreciativamente chamados "marranos" (porcos), que não se exilaram em 1492 e eram objeto de incômodo, suspeita e perseguição, se não demonstravam habilidade suficiente para se integrar na sociedade cristã, como o fizeram os Torquemada ou, talvez, os antepassados de Teresa de Ávila e mesmo de Cervantes. Mas quem, na Espanha (inclusive entre nós, os hispano-americanos descendentes da Espanha), não se integrou com o sangue dos judeus e dos árabes, após mil anos de íntima coexistência?

Além do mundo dos mendigos, dos pícaros e ladrões, havia um enorme vazio que estendia os braços para o mundo da nobreza. Ali se achavam suspensos os fidal-

Dom Quixote.
De uma
gravura de
Gustave Doré

gos e, um pouco mais acima, os cavaleiros, até o cimo da sociedade, os próceres. Estes eram isentos de impostos, eram julgados por tribunais especiais, não podiam ser encarcerados por dívidas, tinham direito a portar espada e a usar trajes proibidos às categorias sociais inferiores. Todo indivíduo se via sujeito às regras e aos privilégios (ou à falta destes) de sua posição social.

O enterro do conde Orgaz. El Greco, 1586

Oficialmente, era um mundo organizado, um prolongamento do sentido medieval do lugar, da significação e harmonia. Mas, numa nova Europa, com uma nova ordem social, econômica e política cuja unidade religiosa se havia desintegrado, onde as classes sociais rompiam suas tradicionais camisas-de-força e reclamavam, ambiciosamente, um lugar ao sol; num mundo onde tudo se movia, rompendo fronteiras, inventando imagens e linguagens para uma nova era histórica, a Espanha não podia isolar-se completamente de tão ampla transformação. Resistiu, porém, à "desordem" do mundo externo o melhor que pôde, mediante a fé depositada na unidade católica – que era, infelizmente, apenas uma miragem. A Espanha se viu obrigada a adotar uma atitude dogmática para com a vida e, na medida em que efetivamente esposou o ideal da unidade religiosa, teve de se exprimir, ao mesmo tempo, numa linguagem ortodoxa capaz de sustentar a sua visão unitária do mundo.

Desse modo, o conflito espanhol do Século de Ouro se dá entre a ordem oficial e a desordem extra-oficial. Entre uma e outra, ocorreram múltiplas reações que deram ao Século de Ouro espanhol seu sentimento de urgência e talvez mesmo sua beleza. Pois, nessa prolongada tensão entre o que era permitido e o que era proibido, o que se pode ver e o que deve permanecer invisível, ou entre o dito e o não dito, há uma beleza pictórica, verbal e dramática mais veemente que qualquer silêncio. Tudo isso existiu na Espanha com um sentido de perigo, estimulação e inteligência. Raramente, em tão pouco tempo, uma nação se mostrou capaz de oferecer tantas respostas ao desafio de uma visão unificada, dogmática e organizada do mundo. Foram respostas que recorreram a todos os meios, da visão picaresca à visão mística.

Não há nenhuma outra pintura em que o humano e o divino coexistam de maneira tão gráfica, tão precisa e realista como *El entierro del conde de Orgaz*. Dividida entre essas duas esferas, a humana e a divina, a obra de El Greco estaria incompleta sem uma ou sem a outra. Se dividimos o quadro horizontalmente, percebemos que, de maneira singular, a parte superior é sem dúvida um extraordinário retrato religioso do reino dos céus, enquanto a parte inferior, com toda certeza, é um magnífico retrato do funeral de um militar e prócer da Espanha. Os rostos humanos possuem todos os traços da nossa tradição: individualismo, honra, orgulho, resistência estóica. Mas, só quando uma figura, no centro do quadro, olha para cima e encontra, por certo, o olhar de cima para baixo de Deus, o conde de Orgaz adquire seu pleno poder de circulação entre o céu e a terra, fazendo com que uma coisa dependa da outra, fundindo matéria e espírito através de uma articulação da vida e da

O Século de Ouro

O Espelho Enterrado

morte, assim como da dignidade terrena e da glória sobrenatural. Entre uma e outra, e certamente as abrangendo, nasce uma arte que se agita no cotidiano, na luta pela vida, mas que tampouco se sacrifica na renúncia aos prazeres terrenos. E talvez só entre semelhantes extremos, e numa semelhante sociedade, poderiam nascer a grande arte narrativa e a grande arte figurativa de um Miguel de Cervantes e de um Diego Velázquez.

O ELOGIO DA LOUCURA

Miguel de Cervantes nasceu em 1547, no seio de uma família da "fidalguia maltrapilha". Seguiu o pai, um médico fracassado, em sua existência errante na Espanha de Carlos V e Filipe II. Foi, com toda certeza, discípulo do renomado erasmista espanhol Juán López de Hoyos e, com menos certeza, estudante em Salamanca.

A influência de Erasmo sobre Cervantes é tão evidente quanto a enorme influência de Erasmo sobre a vida espanhola no início do século XVI. O sábio de Rotterdam suplicou à Igreja que se reformasse antes que fosse demasiadamente tarde. Foi também o defensor de uma nova cultura do humanismo: todas as coisas têm múltiplos sentidos; nem a razão, nem a fé esgotam o real. Elogiando a loucura, Erasmo argumentou que tanto a fé como a razão devem ser termos relativos, não absolutos. Sua influência na Espanha de Carlos V se revela no fato de que o próprio secretário do rei, Alfonso de Valdés, haja sido um erasmista confesso. No entanto, depois do cisma da Igreja e da Reforma luterana, Erasmo deixou de ser glorificado. Seus livros foram proibidos e suas nobres feições, pintadas por Holbeim o Jovem,

Miguel de Cervantes. Gravura do século XIX, artista desconhecido

Desiderio Erasmo. Gravura do século XIX, artista desconhecido

O Século de Ouro

foram desfiguradas numa atroz caricatura executada pela Inquisição. Não admira que Cervantes não mencionasse sequer a sua mais importante influência intelectual em nenhum dos seus livros. Todavia, Cervantes é a encarnação erasmiana da Espanha, em que coincidem os humores do apogeu e da decadência.

Em 1534, o humanista Juan Luis Vives havia escrito a Erasmo, dizendo: "O tempo em que vivemos é extremamente perigoso, e de tal modo que não poderia dizer o que é mais perigoso, se falar ou ficar calado." Um século mais tarde, o grande poeta barroco e escritor satírico Quevedo exclamaria: "Não ficarei calado!", questionando-se assim a si mesmo e a sua sociedade:

¿ *No ha de haber un espíritu valiente?*
¿ *Siempre se ha de sentir lo que se dice?*
¿ *Nunca se ha de decir lo que se siente?*

Ambos sabiam do que estavam falando. Vives, o erasmista e convertido, foi exilado da Espanha, suas posses confiscadas e sua família queimada em público pelo Santo Ofício. Quevedo foi repetidamente encarcerado pela irreverência dos seus escritos. O índice de obras proibidas pela Inquisição espanhola (inclusive as de Erasmo e de Maquiavel) era mais rigoroso do que o do papa. Filipe II proibiu que os espanhóis estudassem no exterior, com exceção de Roma. Esse enclausuramento intelectual afetou a importação e, evidentemente, a publicação de livros na própria Espanha.

Cervantes, o herói menor de Lepanto, inicialmente pôde cantar as glórias ortodoxas do império, como ao justificar a famosa expressão de Filipe II de que sua armada fora derrotada "pelos elementos". "Nossos barcos" – escreve Cervantes – "não os vira a destra desfavorável: vira-os a borrasca insuperável do vento, mar e céu." Mas, ao terminar o reinado de Filipe, Cervantes publicou um de seus "romances exemplares", *El celoso extremeño* (O estremenho zeloso), que originalmente se encerrava com os dois amantes na cama, unidos pela carne. No entanto, depois de o arcebispo de Sevilha, cardeal Fernando Niño de Guevara, ler o manuscrito, "os anjos da Contra-Reforma", como os denomina Américo Castro, agitaram as asas sobre os infortunados amantes. Na versão publicada do romance, o casal dorme separado, em perfeita castidade. Cervantes aceitara as sugestões de Sua Eminência.

À medida que a realidade impôs os limites que a demasiada extensão do império desdenhara, e à medida que Cervantes sentiu as flechas da censura em sua própria carne, ele começou a desenvolver uma linguagem cômica e indireta que contrariava as normas da conformidade oficial. Inventou, então, um par de díspares, o fidalgo pobretão que se imagina um cavaleiro andante dos tempos antigos, acompanhado por um pícaro, seu escudeiro Sancho Pança: estende, entre ambos, o místico e o picaresco; o sonho imperial e o realismo da sobrevivência. Do mesmo modo, genialmente, se reúnem a armadura amassada de D. Quixote e os arrotos famintos de Sancho Pança, a linguagem da épica e a linguagem do picaresco. O resultado, desde o início, é a própria ambigüidade tão desejada por Erasmo: a loucura razoável, a razão relativa, a obra de arte. D. Quixote fala a linguagem do abstrato absoluto; Sancho Pança, a linguagem do concreto relativo. Os dois personagens deixam de se entender entre si, e o romance moderno nasce quando os seus protagonistas deixam de falar o mesmo idioma. Os heróis antigos, Aquiles, Ulisses, o rei Artur, Rolando falavam todos a mesma linguagem. Num romance, cada personagem fala a sua própria linguagem.

A loucura, porém, pode ser, na verdade, perigosa. Cervantes, não nos esqueçamos disso, viveu na época em que Giordano Bruno foi queimado pela Inquisição, o que aconteceu em Roma, em 1600, cinco anos antes da publicação do *D. Quixote*. E, em 1616, dois anos depois da morte de Cervantes, a Igreja católica condenou oficialmente o sistema de Copérnico, enquanto, em 1633, Galileu foi obrigado a renunciar às suas idéias perante o Santo Ofício. Galileu morreu em 1642. Neste mesmo ano nasceu Isaac Newton. E a Europa, a Europa dos altos ideais renascentistas, se convertera na Europa das esperanças vencidas e da guerra religiosa. Tudo é possível, como o sonhou o humanismo renascentista? Ou tudo, agora, é duvidoso? No mesmo ano, 1605, *D. Quixote, O rei Lear* e *Macbeth* foram publicados. Dois velhos loucos e um jovem assassino aparecem no cenário do mundo para nos lembrarem a todos a glória e a servidão a que a humanidade está sujeita. Shakespeare entoa o louvor do "valente mundo novo". Cervantes lamenta a passagem da "Era do Ouro": "Naquela santa época, todas as coisas eram mantidas em comum... Claras nascentes e rios em correrdeiras ofereciam aos homens suas águas doces e límpidas, em abundância gloriosa. Tudo era paz então, tudo amizade, tudo concórdia... Não havia a fraude, o engano ou a malícia se misturando com a verdade e a franqueza, como nessa nossa época abominável." E Shakespeare nos pergunta se o mundo é *a tale told by an idiot, full of soud and fury, signifying nothing* ("um conto cheio de bulha e fúria, dito por um louco, significando nada"). Cervantes compartilhou com Shakespeare esse mundo detestável. Na verdade, ambos morreram no mesmo ano e no mesmo dia: 23 de abril de 1615.

O HOMEM DA MANCHA

Com o seu livro *Dom Quixote de La Mancha*, Cervantes inventa o romance moderno no país que com mais afinco rejeita a modernidade. Ao passo que a Espanha da Inquisição impôs um ponto de vista único, dogmático e ortodoxo sobre o mundo, Cervantes, essencialmente, imagina um mundo de pontos de vista múltiplos, e o faz por meio de uma sátira com a aparência inocente das novelas de cavalaria. E mais: se a modernidade se baseia em pontos de vista múltiplos, estes, por sua vez, se baseiam no princípio da incerteza. D. Quixote é, desde o início, um homem de fé, não

O Século de Ouro

Uma ilustração do *Dom Quixote* de Gustave Doré, 1862

de dúvidas ou de incertezas, e sua certeza provém de suas leituras. Sua fé está em seus livros, em suas "palavras, palavras, palavras".

Quando D. Quixote deixa sua aldeia e parte para os campos da Mancha, deixa atrás de si seus livros, sua biblioteca – seu refúgio. D. Quixote é um leitor de livros de cavalaria e acredita em tudo o que lê. Como conseqüência, tudo o que leu é verdadeiro. A leitura, para D. Quixote, é a sua loucura. Para ele, os moinhos são gigantes, porque assim o dizem seus livros. Quando os ataca e cai de cabeça, deduz que isso só pode ser a obra de bruxos e titãs, porque é isso o que leu e ninguém pode convencê-lo do contrário. D. Quixote levanta-se derrotado, volta a montar a égua e novamente sai para travar batalha contra os vilões e desfazer injúrias, proteger os órfãos e viúvas, porque esta é a missão que lhe foi confiada pelo código de honra contido nos seus livros. Mas, quando abandonou a sua aldeia e seus livros para sair pelos campos de Montiel, D. Quixote também deixou para trás o mundo bem ordenado da Idade Média, sólido como um castelo, onde tudo tinha um lugar reconhecível, e ingressa no bravo e novo mundo do Renascimento, agitado pelos ventos da ambigüidade e da mudança, onde tudo é duvidoso. O gênio de Cervantes consiste em que, havendo estabelecido a realidade da fé nos livros que D. Quixote traz enfiados na cabeça, agora estabelece a realidade da dúvida no próprio livro que D. Quixote vai viver: o romance *Dom Quixote de La Mancha*.

O princípio da incerteza fica estabelecido na primeira frase do romance: "Num lugar da Mancha, de cujo nome não me quero lembrar." Posto em dúvida o próprio lugar onde o romance se passa, Cervantes passa a estabelecer a incerteza sobre o autor do livro. Quem é o autor de *D. Quixote*? Um certo Cervantes? Um autor árabe traduzido por outro autor árabe? Ou os múltiplos autores dos reais e potenciais Quixotes apócrifos, continuações, condensações do texto original? Ou é o verdadeiro autor o escudeiro analfabeto, Sancho Pança, o único personagem que se acha presente no decorrer de todos os atos de D. Quixote, exceto quando é designado para governar a ilha ilusória de Barataria? Ao colocar em dúvida a autoria do livro, Cervantes coloca em dúvida o próprio conceito de autoridade.

Os nomes, no D. Quixote, são incertos. "D. Quixote" é simplesmente o nome de guerra de um fidalgo rural chamado Alonso Quijano – ou Quijada? Mas o personagem também chama a si mesmo de "O cavaleiro da triste figura", enquanto outros personagens deformam ou caricaturam ainda mais o seu nome, conforme as circunstâncias. O poder quixotesco da imaginação é de tal ordem que ele pode transformar uma égua desconjuntada no garboso corcel Rocinante. E quem é a senhora ideal de D. Quixote? Uma simples moçoila camponesa, de voz poderosa e olor a alho, ou a doce princesa Dulcinéia?

Finalmente, o gênero do livro também é duvidoso. Na novidade do seu romance, o *D. Quixote* compreende todos os gêneros literários em voga na sua época: a novela de cavalaria, a narrativa picaresca, o poema pastoral, a novela de amor, a novela bizantina, mesclando-os todos num gênero novo, o gênero dos gêneros, o romance, dotado de uma capacidade que abarca o novo e o mundo inteiro, inclusive em sua multiplicidade. O que, definitivamente, consagra esses diversos pontos de vista é o fato de que, no *D. Quixote*, pela primeira vez na literatura, os personagens descobrem que estão atuando dentro de um romance, que estão sendo julgados pelos numerosos pontos de vista de uma entidade nova e radicalmente moderna: o leitor, de livros publicados por essa outra novidade, a imprensa.

Dúvida e fé. Certeza e incerteza. Tais são os temas do mundo moderno com que Cervantes inaugura o romance europeu moderno. Dostoievski chamou *D. Quixote* de "o livro mais triste que já fora escrito", pois é "a história de uma desilusão". A aura das grandes esperanças que paulatinamente se apaga até perder suas ilusões haveria de ser uma das marcas de muitos romances modernos. Por fim, D. Quixote retorna a sua aldeia e recupera a razão. Mas, para ele, esta é uma loucura. D. Quixote, de novo convertido em Alonso Quijada, morre.

No entanto, não é realmente o velho fidalgo Alonso Quijada – ou Quijano – quem morre, enquanto D. Quixote continua vivendo para sempre no seu livro, galante, cômica, louca e heroicamente? Pois não é vencida a dúvida e a desilusão, depois de tudo, pelo amor? Na verdade, D. Quixote sabe perfeitamente quem é Dulcinéia: a humilde moça camponesa Aldonza Lorenzo. Sabe-o, admite-o e, todavia, porque a ama, diz: "é a mais alta princesa da Terra... Basta-me a mim pensar e crer que a boa Aldonza Lorenzo é bela e honesta, e quanto à linhagem, pouco importa... Pinto-a na minha imaginação como a desejo... E cada um diga disso o que quiser."

LAS MENINAS

Se a Contra-Reforma e a Inquisição exigiam um só ponto de vista, Cervantes responderia que estamos sendo vistos. Não estamos sós. Estamos rodeados pelos outros. Lemos, somos lidos. Não terminamos a nossa aventura. Não a terminaremos, Sancho, enquanto houver um leitor disposto a abrir o nosso livro e a devolver-nos, assim, a vida. Somos o resultado do ponto de vista de múltiplos leitores, passados, presentes e futuros. Mas sempre presentes quando lêem o *D. Quixote* ou vêem *Las Meninas*.

Apesar da multiplicidade das ilustrações inspiradas pelo *D. Quixote* – de Hogarth a Daumier, de Doré a Picasso, de Edward Cruikshank, no século XIX, a Antonio Saura, no XX –, talvez a mais sugestiva correspondência entre o livro de Cervantes e uma obra de pintura se encontra num salão, tão grande quanto silencioso, do Museu do Prado, de Madri. Ao entrar nesta sala, surpreendemos o pintor, Diego de Silva y Velázquez, exercendo o seu ofício, que é pintar. Mas, quem Velázquez está pintando? A infanta, suas *dueñas* (aias), a anã, ou um cavaleiro vestido de preto prestes a entrar por sob o umbral brilhantemente iluminado? Ou, na realidade, está pintando duas figuras que apenas se refletem num espelho enterrado na parede mais funda e sombria do estúdio do artista: o pai e a mãe da infanta, rei e rainha da Espanha?

Podemos achar que, seja como for, Velázquez está ali, o pincel numa das mãos, a palheta na outra, pintando a tela que nós realmente estamos vendo, *Las Meninas*. Podemos imaginá-lo, até que nos damos conta de que a maioria das figuras, exceto o cachorro cochilante e a mais solícita das aias, estão olhando para nós. Olham-nos a você e a mim. É possível que sejamos nós os verdadeiros protagonistas de *Las Meninas*, isto é, da tela que Velázquez está pintando neste momento?

Velázquez e a corte inteira nos convidam a nos unirmos à pintura, a entrarmos nela. Ao mesmo tempo, porém, o pintor dá um passo adiante e se move em direção a nós. Esta é a verdadeira dinâmica dessa obra-prima. Outorga-nos a liberdade de entrar e sair da pintura. Somos livres para ver o quadro e, por extensão, o mundo, de diversos modos, não apenas de um modo dogmático e ortodoxo. E temos consciência de que a pintura e o pintor nos olham. Pois bem, o quadro que Velázquez

Las Meninas.
Diego
Velázquez,
1656

O Século de Ouro

Detalhe do
artista, em
Las Meninas

está pintando, a tela do pintor neste quadro, nos dá as costas, é uma obra incompleta, enquanto estamos olhando o que consideramos ser o produto terminado. Contudo, entre essas duas evidências centrais, se abrem dois amplos e surpreendentes espaços. O primeiro pertence à cena original: Velázquez pintando, a infanta e as aias surpreendidas, o cavaleiro de preto entrando pelo umbral, o rei e a rainha refletidos no espelho. Realmente ocorreu esta cena? Foi posada, ou simplesmente Velázquez a imaginou em sua totalidade ou através de alguns dos seus elementos? E, em segundo lugar, terminou Velázquez o quadro? Ele não foi, em seu tempo, um pintor popular, informa-nos José Ortega y Gasset, sendo acusado de apresentar pinturas inacabadas. Um eminente contemporâneo do pintor, o poeta Quevedo, chegou a acusá-lo de só pintar "manchas distantes".

Mas, não constitui tudo isso uma abertura a mais na sociedade fechada do dogma e do ponto de vista único? Não nos levanta a possibilidade de que tudo no mundo – essa pintura, mas também essa história, essa narrativa – é inacabado? E que, de modo mais específico, nós mesmos somos seres incompletos, homens e mulheres que não se podem declarar "acabados", encerrados dentro de fronteiras finitas e seguras, mas seres incompletos ainda quando morremos porque, lembrados ou esquecidos, contribuímos para a criação de um passado que os nossos descendentes devem manter vivo se eles próprios querem ter futuro?

Cervantes nos ensina a ler de novo. Velázquez nos ensina a ver de novo. Isso, sem dúvida, é próprio dos grandes artistas e escritores. Estes, porém, trabalhando a partir do cerne de uma sociedade fechada, foram capazes de redefinir a realidade em função da imaginação. O que imaginamos é tanto possível como real.

DON JUAN E SÃO JUAN

Quando Diego de Silva y Velázquez foi nomeado pintor da corte pelo rei Filipe IV, em 1623, quis estabelecer uma clara distinção entre a liberdade de sua arte, que considerava um dom da natureza, e seu serviço ao rei, que era simplesmente um meio para um fim. Astuciosamente, Velázquez nunca se apresentou como pintor, mas como criado do rei. Quando o papa lhe enviou um colar de ouro para lhe premiar a arte, Velázquez o devolveu. Ele não era um pintor, mas um funcionário da corte. Desta maneira, Velázquez liberou a si próprio de qualquer obrigação para com o rei; salvo a de pintar o monarca e sua família à proporção que envelheciam, enquanto se convertiam em mobiliário teatral e deixavam de se assemelhar a qualquer coisa além da arte com que Velázquez os representou.

Distante, diz Ortega y Gasset, Velázquez foi um artista das distâncias; distante da corte, dos seus temas, de sua técnica, que só se faz "realista" de longe, uma vez que, visto de perto, sua pintura é de uma minúcia abstrata, audaciosa, bem além do seu tempo. A pintura, dessa forma, existia para a arte. O posto existia para o rei.

Velázquez tinha de fazer essa distinção para prosperar e sobreviver, se quisesse, também, conservar seu senso de humor. O rei Filipe IV, segundo amplamente se acreditava, era o modelo para o Don Juan, o devasso de Sevilha, como o descreveu, na versão original da obra, de 1630, o frade Gabriel Téllez, cujo *nom de plume* foi "Tirso de Molina" (embora depois, anacronicamente, se chegasse a mencionar como modelo do Don Juan um outro libertino, Don Miguel de Mañara, conhecido pela sedução de monjas enclausuradas). Filipe IV se sentia mais tentado pelas atrizes do que pelas donzelas de Cristo. Teve trinta filhos bastardos, e só um reconheceu: Don Juan, da atriz María Calderón. Quando rompia com uma amante, o rei a enviava para um convento, a fim de se assegurar de que ninguém a possuiria depois dele. Com exceção, talvez, do próprio Don Juan. Uma dama da corte, ao rejeitar os galanteios do monarca, lhe disse: "Senhor, não tenho vocação para o convento." Sua fama como libertino foi efetivamente extraordinária, comparável apenas aos seus acessos de arrependimento religioso e à sua estreita ligação com a abadessa de Ágreda, sua amiga e conselheira mais constante.

Desta corte de tenazes intrigas sexuais, penitências religiosas e práticas endogâmicas, haveriam de sair os anões e bufões pintados por Velázquez, mas também o próprio filho e herdeiro do rei, Carlos II, dito o Enfeitiçado. Monarca final da Casa de Habsburgo na Espanha, Carlos II foi pintado por Coello como uma cópia dos bufões disformes de Velázquez: impotente, ignorante, implausível. Acima, porém, de todas essas figuras grotescas, haveria de voar, ou deslizar, a figura da liberdade e da libertinagem, mas também, de um modo perverso, do *liberal* Don Juan, esquivando-se às muralhas de El Escorial, fugindo dos conventos e mosteiros, sempre em deslocamento, encontrando a velocidade do prazer na velocidade da mudança, correndo para além das fronteiras. A famosa "ária do catálogo", no *Don Giovanni* de Mozart, nos informa que o protagonista tem amantes na Itália, na França e na Turquia, mas na Espanha sobretudo, onde já tem "mil e três". Don Juan é o fundador do mercado comum europeu do erotismo, o Maquiavel do sexo, sempre escapando à vingança mas, especialmente, vencendo o tédio e a repetição. Talvez só ame a si mesmo. Em todo o caso, a satisfação se lhe escapole. Sua vida é movimento, mudança, circulação; insaciável, insatisfeito, inconsolável. Somente a música, e não a pintura, nem sequer a poesia, pode pretender alcançá-lo. Don Juan é um fugitivo, e sua música é uma fuga. Seu movimento perene é captado por Mozart, melhor do que por ninguém, no mais célebre *Don Giovanni* de todos.

No entanto, o primeiro Don Juan espanhol, *O libertino de Sevilha*, de Tirso, era um homem jovem e inexperiente, sem um grande rol de amantes, apenas quatro mulheres, para sermos exatos, e nenhum jardim de prazer além de Sevilha, seus palácios e conventos. Mas, se o Don Juan masculino é um sedutor, como evitar a sedução do outro sexo, a mulher tal como foi pintada por outro espanhol do

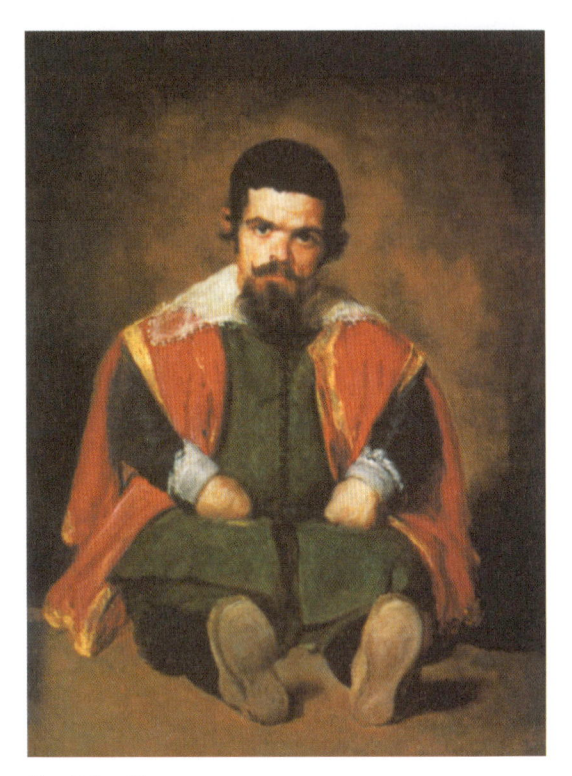

*Don Sebastián
de Morra.*
Velázquez,
c. 1644

O bufão.
Velázquez,
c. 1639

Carlos II.
Claudio Coello,
c. 1685

reinado de Filipe IV, Francisco Zurbarán, cujas virgens e mártires femininas se acham entre as mulheres mais sedutoras e perturbadoras jamais representadas? Os nus de Zurbarán são tíbios, pálidos; mas, mal você os vê, se tornam irresistíveis. Como no flamenco, na pintura de Zurbarán a roupa é portadora do prazer e do pecado, indissociáveis.

Como já vimos, Zurbarán recolheu a tradição da virgem e mártir espanhola, as mulheres dos primeiros séculos do cristianismo, que preferiram o martírio ao sexo, rejeitaram o matrimônio ou a sedução, particularmente quando se lhes oferecia um não-cristão ou um legionário romano, e por essa conduta davam a vida. Zurbarán pintou-as como esplêndidas figuras, repletas de turbulência sexual e paixão pela santidade, perseguidas por amantes rejeitados e pais insatisfeitos, dispostas a ser mutiladas e queimadas, a vestir-se como homens e ainda a ser acusadas de ser o pai da criança de uma filha de estalajadeiro, como no caso de santa Marina, ou obrigadas a vestir-se como homens e acusadas, para fechar o círculo, de seduzir as monjas, como no caso de santa Margarida.

Quaisquer que sejam as circunstâncias, Zurbarán veste-as todas de sedas e brocados, xales multicoloridos e capas ondulantes. Envolve-as em rosa e verde pálido, alaranjados entretecidos e amarelos que desmaiam. Coloca-lhes chapéus de palha campesinhos, báculos de peregrino, tiaras douradas, falsas anquinhas, cestos de frutas e grinaldas de flores. Também lhes oferece os emblemas de seu martírio. A santa

Uma cena da produção do *Don Giovanni*, de Mozart, pela English National Opera

Dorotéia, lhe devolve o cesto de flores, que enviou do céu ao procurador romano que a mandou decapitar. A santa Apolônia, os dentes (aqueles que Filipe II não chegou a colecionar), e a santa Lúcia seus próprios olhos, num prato.

A ambigüidade do erotismo sagrado de Zurbarán teve duas conseqüências importantes. A primeira foi a de que suas cortesãs celestiais podiam ser facilmente apresentadas não apenas como símbolos da salvação, mas também, conforme o caso, como paradigmas da perdição. Figuras praticamente idênticas às das santas reapareceram como demônias na pintura feita por Zurbarán sobre as tentações de são Jerônimo. O santo as espanta com um movimento dos braços, como se fossem moscas, porém elas, luxuosamente enfeitadas, tocam harpas e violões, cantando, provavelmente, a ária "Voi che sapete" ("Vós, que sabeis"), das *Bodas de Fígaro*, de Mozart. Pois tanto Zurbarán quanto Mozart nos perguntam: que sabemos, realmente, sobre o amor? E não é outra a pergunta do maior poeta místico da Espanha, são Juan de la Cruz, mas sob uma tensão infinitamente mais difícil que qualquer outra imaginada por Don Juan, Zurbarán ou Mozart. São Juan de la Cruz, cuja vida coincidiu com o reinado de Filipe II, era um monge: tentou aplicar à ordem dos carmelitas as reformas estritas de santa Teresa de Ávila, que haviam sido afrouxadas mais ou menos no final da Idade Média. Para são Juan, o símbolo fundador da ordem, o monte Carmelo, também se transformou no símbolo de uma ascensão, de uma viagem espiritual da carne até a imaterialidade absoluta necessária para ver Deus, que está ausente e invisível mesmo aos mais fiéis olhos do homem.

Alcançar a Deus é a ordem suprema da alma. Todos os escritos de são Juan de la Cruz estão impregnados desta obrigação. A mera aproximação é rejeitada como sendo débil e imeritória. São Juan nos fala de uma total rendição da alma a Deus. Suas quatro grandes obras (*Subida ao Monte Carmelo*, *Noite escura da alma*, *Cântico espiritual* e *Chama de amor viva*) são etapas da busca de Deus pela alma, despojando-se de todo desejo terreno, a fim de atingir o estado da união com Deus, casando-se com ele e adquirindo, com ele, a mais sublime identificação.

O problema, porém, para a viagem mística de são Juan é que o caminho, em todas as partes, estava rodeado de abrolhos. A mais espinhosa das questões consiste em saber que, para são Juan, Deus é Nada, o supremo Nada, e alcançá-lo significa viajar para este Nada que não pode ser tocado, visto ou compreendido sequer em termos físicos, humanos. Deus não é sensível. É distante, e não há relação entre ele e o ser humano. Essa posição exigente, totalmente implacável, derrotaria o mais fiel entre os fiéis, mas não são Juan, o maior místico espanhol, capaz de se sacrificar, e tudo sacrificar, a essas viagens transcendentais, ou transportes sem retorno, tão caros à ética espanhola: "Todo o ser das criaturas, comparado com o infinito ser de Deus, não é nada... Toda a beleza das criaturas, comparada com a infinita beleza de Deus, é extrema fealdade."

São Juan acreditou nisto; mas, longe de renunciar à união com Deus, a dificuldade só lhe aumentou o apetite. Se todas as coisas sensíveis existem rodeadas de silêncio e noite, o poeta se perderia no silêncio e na noite. O problema, desde o início, era que, neste silêncio absoluto, nesta noite profunda, talvez não houvesse outra comunicação que não fosse a da morte. Deus é invisível enquanto vivemos. Podemos vê-lo depois de mortos. É este o sentido do belo, extremo e impaciente poema de são Juan de la Cruz, "Coplas da alma que pena por ver a Deus", talvez um dos mais belos poemas da língua castelhana.

O gênio de são Juan consiste em que, ao negar atenção a toda matéria mundana e sensorial, admitiu que só tinha dois caminhos para Deus: um era a morte; o outro, a poesia. Enquanto se fazia todas essas perguntas sobre a impossibilidade de chegar a Deus, ainda mediante a poesia, são Juan se unia a Deus precisamente através da poesia. Procurando, no meio da noite escura da dúvida, obtém o que deseja: a união com Deus. A jornada de são Juan em outro dos maiores poemas da língua espanhola, *La noche oscura*, traduz-se por um misticismo poético em que a alma é feminina e Deus é masculino. Apesar da intenção simbólica, é impossível fugir à imediaticidade sensual e histórica da narração, que nos leva, pela mão do poeta, a uma aventura sexual que começa no mais profundo da noite. "Ela" abandona a sua casa sossegada, sem que ninguém a veja. "Ela" não tem outra luz ou guia senão a que lhe arde no coração. E esta luz a guia para "Ele", que "Ela" conhece, de sorte que "Ele" a espera a fim de que só "Ela" possa exclamar: "ó noite que juntaste amado com amada, amada em seu amado transformada"! E o assunto não termina aí, porque "Ela" nos informa que, sobre seus seios floridos, que "Ela" guarda só para "Ele", "Ele" adormece e "Ela" o acaricia. Então o vento sopra, espalhando-lhe os cabelos, enquanto "Ele", com a mão serena, fere a garganta da amada e suspende-lhe todos os sentidos. Finalmente, "Ela" diz:

> Fiquei, e me olvidei,
> o rosto reclinei sobre o amado, cessou tudo
> e me deixei, deixando o meu cuidado
> por entre as açucenas olvidado.

A noite escura é talvez o maior poema místico da língua castelhana. E também o mais erótico. Talvez seja o mais místico por ser o mais erótico.

A VIDA É SONHO

A luta contra estruturas, dogmas, proibições enriquece a arte? A verdade é que muita grande arte nasceu em harmonia com as convicções dominantes e as exigências da sociedade, principalmente durante a Antigüidade clássica e a Idade

Média. Mas, se é certo que o mundo moderno nasceu de um impulso crítico e foi legitimado, deve-se considerar a ortodoxia da Contra-Reforma espanhola um movimento antimoderno, ainda que burlado pela imaginação nas obras de Cervantes, Velázquez, Tirso de Molina e são Juan de la Cruz, que propõem uma experiência crítica a partir do interior do ser humano. São Juan de la Cruz era um poeta, se bem que fosse um poeta culpado e encarcerado pelos inimigos da reforma religiosa, a que se juntou após se encontrar com santa Teresa de Ávila.

O que quero dizer é que as respostas à Contra-Reforma podiam dar-se não apenas a partir de fora, como o fazem Cervantes e Velázquez, mas também a partir do próprio cerne do movimento. Nada o demonstra melhor do que a vida e a obra de dois santos espanhóis. Santa Teresa de Jesus (1515-1582) era a mistura extraordinária de uma rija vontade e atividade e um intelecto inseguro. Decidida a restaurar a dignidade da sua ordem carmelita, extraiu forças das suas raízes locais e castelhanas. Sua vontade de sobreviver deve provir de seus antepassados judeus e convertidos. Sua combatividade, da tradição guerreira da Reconquista. Todos os irmãos de santa Teresa foram soldados e emigraram para a América. Seu realismo veio do fundo da vida doméstica, do clã, da família, da cozinha. Só ela pôde dizer: "E, se é na cozinha, entre as panelas anda o Senhor." Seu caráter difícil se nutriu também da posição fronteiriça da terra castelhana. Dessa terra, ao deixar Ávila, a cidade natal, a santa haveria de dizer: "Não quero levar nem a poeira de Ávila." Filipe II chamou-a "mulher errante"; enfadonha, intrometida. Por fim, no entanto, somente graças à proteção do rei a santa mulher, ao longo de sua vida, foi capaz de fundar 32 conventos reformados, primeiramente só para as mulheres mas, após seu encontro em 1567 com são Juan de la Cruz, também para homens.

Santa Teresa não possuía o gênio literário de são Juan de la Cruz. O defeito dos seus escritos é certa necessidade de explicar tudo, mas o que os salva é a humildade, que contrasta muito com a sua poderosa personalidade pública. Santa Teresa, nos seus livros, se mostra cheia de dúvidas, confissões de ignorância e lapsos de memória. Mas todos os seus escritos brilham com verdadeira luz interior. O que ela tentava era abolir completamente sua biografia, para se tornar um ser puramente contemplativo. Não havia – segundo disse – outra maneira de alcançar a Graça. O símbolo da vida interior é essencialmente castelhano: o castelo. A alta fortaleza da reconquista e das novelas de cavalaria era a morada da alma cristã. Dentro do castelo da perfeição, a alma podia contemplar a Deus.

As reformas de santa Teresa foram criticadas como sendo frias e remotas, impondo uma regra de contemplação demasiadamente afastada da caridade cristã. Ela responderia que, assim como suas irmãs, orava por aqueles que não o faziam, e que sua austeridade não era senão uma expiação dos pecados alheios. Mas, se as carmelitas reformadas de santa Teresa tinham por meta o ápice da autonegação, outra ordem, fundada em 1540 por um ex-soldado, Inácio de Loiola, ressaltava a participação ativa dos seus membros no mundo temporal. A Companhia de Jesus logo abandonou os muros do convento para assumir compromissos seculares, especialmente na educação. E os jesuítas foram não só os mestres como os confessores dos monarcas católicos da Europa. Nem penitências, nem jejuns, nem uniformes; nenhum ramo feminino; só uma autoridade masculina altamente centralizada, uma sociedade falocrática, dominada pela extrema flexibilidade no contato com o mundo. A vasta influência dos jesuítas na Espanha e na América espanhola provocou ciúmes, disputas e, finalmente, sua expulsão durante as reformas iluministas dos Bourbon no século XVIII. Mas, no Século de Ouro, santa Teresa e santo Inácio iluminam os extremos religiosos da Contra-Reforma espanhola, e seus produtos culturais centrais. Um e outro representam a renovação religiosa. Viveram na Terra, no severo castelo da mulher, ou no mundo sem fronteiras dos homens: política, persuasão, educação e intriga. São Juan de la Cruz viveu no céu. Mas o espaço mais interessante, ou pelo menos mais compreensível da cultura da Contra-Reforma, talvez seja o teatro.

Este espaço intermediário entre o céu e a Terra é representado por um sacerdote e autor dramático, Pedro Calderón de la Barca (1600-1681). *La vida es sueño* (A vida é sonho) é, possivelmente, a maior de todas as obras de teatro espanholas e nos conta a história do príncipe Sigismundo, encerrado numa torre. Ele acredita que este é o seu estado natural. Para ele, a prisão foi "berço e sepultura". Nada pôde recordar ou prever fora do cárcere. Ali, ainda recém-nascido, colocou-o seu pai, rei da Polônia. A razão alegada é que, ainda esperando Sigismundo, sua mãe, a rainha, sonhou repetidas vezes que daria à luz um monstro com a forma humana, que lhe arrancaria as entranhas e a banharia em sangue, trazendo pois a "morte, ao nascer: a víbora humana do século".

E assim aconteceu. A rainha morreu e o rei estava convencido de que, se o filho chegasse ao trono, seria o príncipe mais cruel e mais vicioso que jamais desgovernara a Polônia. Tendo dado crédito ao mau presságio, anunciou que o menino morrera juntamente com a mãe e deliberou "encerrar a fera que havia nascido..." Passa a viver ali na torre Sigismundo, mísero e cativo. Pouco depois o rei, porém, tal era seu arbítrio, resolve tirar o filho da prisão, levá-lo ao trono e apostar num governo de prudência, sensatez, dignidade, capaz de "em tudo desmentir o fado que dele tantas coisas disse". Mas, se Sigismundo se mostrasse "ousado, cruel e arrogante", o rei seu pai haveria de cumprir com sua obrigação, devolvendo-lhe ao cárcere que, neste caso, não seria maldade, mas castigo.

Na verdade, o que faz o rei é romper a cadeia da fatalidade, oferecendo ao filho sua oportunidade de libertação. Da fatalidade natural do cárcere, Sigismundo é levado ao topo da liberdade e da fatalidade. Mas o augúrio se cumpre, por meio de atos livres do próprio Sigismundo, que se mostra cruel e criminoso. Cai então de volta, do cume para a cova, e fazem-no acreditar que tudo o quanto fez e viu, sentiu ou compreendeu, enquanto desempenhava o papel de príncipe, nada foi senão um sonho. Assim voltou a sua cela, trajado como um animal.

A longa vida de Calderón de la Barca correu paralela ao Século de Ouro. E, como ele, o século foi de Jano: um rosto olhou para trás, para a ascensão do império espanhol e as extraordinárias façanhas de descobrimento e conquista do Novo Mundo; mas o outro rosto, de Calderón e do século, olhava agora para o crepúsculo imperial da Espanha durante o governo do rei libertino, Filipe IV, e de seu filho imbecil, o Enfeitiçado. Calderón olhou para ambos os lados. Foi um grande dramaturgo; também foi um espanhol e um católico, um soldado e um sacerdote. É o maior autor de autos sacramentais, em que o dogma da presença de Cristo na Eucaristia é defendido contra a heresia luterana e calvinista. Mas *La vida es sueño* é uma obra assombrosamente moderna, a própria fonte de toda uma genealogia de sonhos teatrais, de Kleist a Strindberg e Pirandello (incluindo alguns descendentes populares em filmes de Buster Keaton e Woody Allen). Mas, apesar da sua radical modernidade, é uma obra que deve ser entendida como teatro católico da Contra-Reforma espanhola, no qual o que vemos é uma ação que se move da natureza, onde o homem caiu, para a história, onde o homem tem de novo a oportunidade de escolher e pode, pois, equivocar-se, numa segunda queda que, afinal, é redimida pelo sofrimento, pela fé e virtude.

Sigismundo afirma que seu maior pecado é ter nascido. Compara-se à natureza que, embora com menos alma que ele, possui mais liberdade. O protagonista sente essa ausência de liberdade como uma diminuição radical, uma sensação de não ter nascido completamente, que preenche com a necessidade de completar esse nascimento na história, e como uma fatalidade determinante, pela qual "antes de nascer, morreste". Mas pode ser um crime maior não ter absolutamente nascido? Sigismundo, ao nascer, matou a mãe. Enquanto Édipo foi condenado a agir, Sigismundo é condenado a sonhar. É esta a sua realidade. Mas que tipo de realidade é "o sonho"? É a regra, sendo a vigília a exceção? O sonho, compreendido nos seus próprios termos, e como a sua própria realidade, é intemporal. Pode ser eterno, ou pode ter começado cinco segundos antes. E num sonho nada pode ser possuído, nada pode ser tocado.

La vida es sueño foi escrita em 1635, no meio da disputa entre os jesuítas, que sublinhavam o livre-arbítrio e a inteligência humana, e os dominicanos, que acusavam os jesuítas de liberalismo e ressaltavam, em troca, a onipotência da justiça divina. E, ainda que Calderón não tenha deixado de responder a esse debate clássico da cristandade, respondeu, sobretudo, às exigências da arte. Seu tempo e seus problemas, os da Europa pós-renascentista, propuseram o grande tema da natureza da realidade. O que é o real? Onde se encontra? Como defini-lo, como podemos saber, e de onde viemos, para onde vamos? Calderón, porém, também viveu na Contra-Reforma, uma época que exigia a defesa do dogma. Empregou a arte para estender uma enorme sombra sobre as possibilidades da verdade, da realidade, da liberdade e da predestinação. Ele transforma toda certeza em problema. É um dramaturgo; compreende que só da dúvida e do conflito pode emergir a harmonia. E há maior conflito do que aquele entre a natureza e a civilização, entre o sonho e a realidade?

A Mancha

D. Quixote, escreve Ramiro de Maeztu, é o livro exemplar da decadência espanhola. O fidalgo está velho demais para viver suas aventuras. A era épica da Espanha se encerrou. Cervantes inventou um fantasma para informar à Espanha sobre o fim da épica. *D. Quixote* disse à Espanha: estás exausta, volta para casa. E, se Deus for bom para contigo, morrerás tranqüilamente. O sonho da utopia, no Novo Mundo, havia fracassado. A ilusão da monarquia católica universal se dissipara. Após oito séculos de reconquista, descobrimento e conquista; após *el* Cid e Isabel, a Católica, após Colombo e Cortés, santa Teresa e Loyola, Lepanto e a Armada, a festa tinha acabado.

Existe, sem dúvida, a tentação, ao longo da história da Espanha e da América espanhola, de dizer que os desastres da história foram compensados pelos triunfos da arte. Filipe II, a Inquisição, a Armada, a perseguição aos judeus, mouros e convertidos; os favoritos de Filipe III, a dissolução de Filipe IV e a imbecilidade de Carlos, o Enfeitiçado, de um lado; e, do outro, D. Quixote, são Juan de la Cruz, santa Teresa, *Las Meninas*, *La vida es sueño*, Don Juan, El Greco. Mas essa confrontação não nos diz que a história da Espanha e, em seguida, a das suas colônias americanas, é, na realidade, a história e o dilema de serem duas nações, duas culturas, duas realidades, dois sonhos, desesperadamente tentando se ver, se encontrar, se compreender?

Dois valores contrastantes, duas esferas da realidade, às vezes levitando, saltando sobre o vazio, dando um salto mortal para ir da margem do desejo para a do seu objeto. É por isso que as duas figuras do romance de Cervantes, D. Quixote e Sancho Pança, retêm uma tamanha validade no seu contraste e exercem uma atração tão universal. Neles, o dilema da Espanha é reconhecível por todos os homens e em todos os tempos. Todos nós nos batemos com o ideal e com o real. Todos nos debatemos entre o que é desejável e o que é possível. Todos enfrentamos exigências abstratas e tentamos reduzi-las ironicamente, com a absurdidade. Todos quereríamos viver num mundo razoável, onde a justiça fosse concreta. E somos todos, às vezes, personagens épicos como D. Quixote, mas a maior parte do tempo vivemos vidas picarescas, como a de Sancho Pança. Quiséramos todos significar mais do que somos. Mas nos prende à terra a servidão de comer, digerir, dormir, mover-nos. São Juan deseja transcender todo silêncio, enquanto santa Teresa vê o Senhor entre as panelas.

Somos todos homens e mulheres da Mancha. E, quando compreendemos que nenhum de nós é puro, que todos somos reais e ideais, heróicos e absurdos, feitos de partes iguais tanto de desejo e imaginação como de carne e osso, e que cada um de nós é, em parte, cristão, em parte judeu, com algo de mouro e muito de caucasiano, de negro, de índio, sem ter de sacrificar nenhum dos nossos componentes, só então entendemos, na verdade, tanto a grandeza como a servidão da Espanha, seu império, sua Idade do Ouro e sua inevitável decadência.

Estas exigências iam ser propostas, com maior urgência e necessidade do que nunca, pelas comunidades hispânicas do Novo Mundo. Pois, se na Espanha a cultura foi salva pela imaginação e pelo desejo, bem além dos limites do poder, isso iria constituir uma exigência ainda maior para os homens e mulheres da América colonial, porque eles – ou seja, nós – se viram capturados entre o mundo indígena destruído e um novo universo, tanto europeu como hispano-americano. A Mancha, na verdade, adquiriu o seu sentido pleno nas Américas.

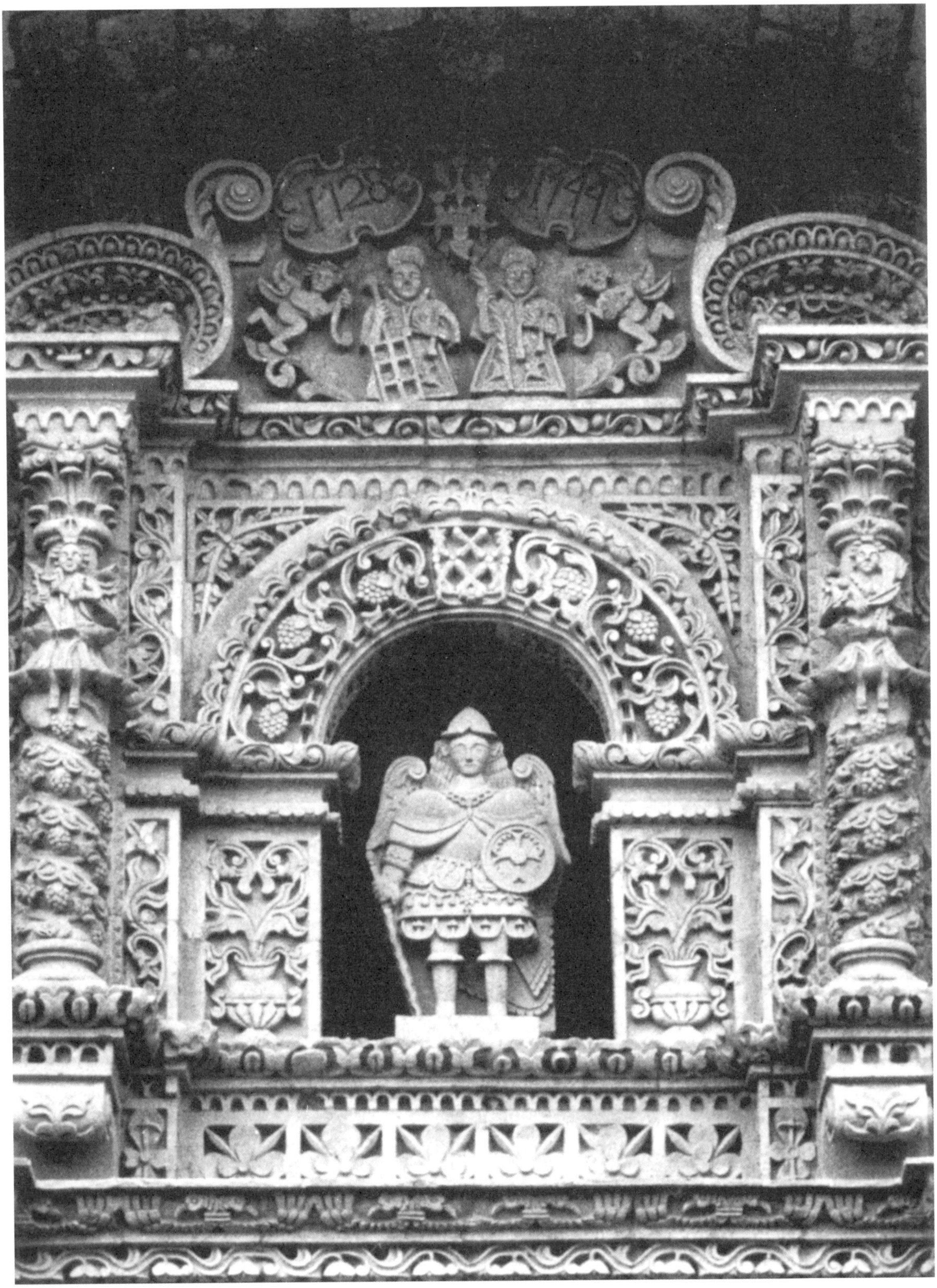

NOVE

O barroco do Novo Mundo

Os altos ideais do Renascimento foram postos à prova durante uma das mais prolongadas épocas de violência da história européia: as guerras de religião. Entre a Reforma e a paz de Westfália, os ideais e a realidade voltam a se divorciar. A resposta a essa separação é, novamente, de caráter sensual. A Reforma protestante expulsou as imagens das suas igrejas, considerando-as provas de idolatria papista. Tal puritanismo, porém, foi transcendido por uma forma extraordinária de compensação sensual, a da música – e, sobretudo, a de Johann Sebastian Bach. A rígida Contra-Reforma católica também teve de fazer concessão à sensualidade. Foi esta a arte do barroco, a exceção demasiada e dinâmica a um sistema religioso e político que desejava ver a si próprio unificado, imóvel e eterno. O barroco europeu transformou-se na arte de uma sociedade cambiante, de mudanças imensas que se agitavam atrás da rígida máscara da ortodoxia. Mas, se isso foi certo na Europa católica, haveria de sê-lo ainda muito mais nas nascentes sociedades do Novo Mundo, onde os obstáculos levantados contra a mudança eram, talvez, ainda maiores do que na Europa.

Já insisti em que o descobrimento da América se traduziu, para o Renascimento, no achado de um lugar para a utopia. Rapidamente, porém, tanto no Novo Mundo como na Europa, a distância entre os ideais e a realidade só aumentou. O paraíso americano logo se converteu num inferno. Os europeus transferiram para a América os sonhos das suas próprias utopias fracassadas e estas se tornaram pesadelos, à proporção que o poder colonial se expandiu e que os povos indígenas, em vez de serem os beneficiários da utopia, passaram a ser as vítimas do colonialismo, despojados das suas crenças antigas e das suas terras hereditárias, forçados a aceitar uma nova civilização e uma nova religião. Enquanto o Renascimento europeu permanecia sonhando com uma utopia cristã no Novo Mundo, esta foi destroçada pela dura realidade colonialista, de saque, de escravidão e mesmo de genocídio. Como na Europa, no entanto, entre o ideal e a realidade surgiu o barroco do Novo Mundo, apressando-se a preencher o vazio. Nesse caso, porém, no continente americano, oferecendo aos povos conquistados um espaço, um lugar que nem Colombo nem Copérnico podiam

A fachada barroca da Igreja de São Lourenço, em Potosí, na Bolívia. Atribuída a José Kondori, c. 1728 efetivamente conceder-lhes; um lugar para proteger e mascarar as suas crenças, e oferecendo ainda a todos nós, à nova população das Américas, de mestiços, descendentes de índios e espanhóis, um meio de expressar nossas dúvidas e ambigüidades.

Qual era o nosso lugar no mundo? A quem devíamos lealdade? Aos nossos pais europeus? A nossas mães quíchuas, astecas ou chibchas? A quem, agora, deveríamos dirigir as nossas orações? Aos deuses antigos ou aos novos? Que idioma íamos falar, o dos conquistados, ou o dos conquistadores? O barroco do Novo Mundo fez todas essas perguntas. Pois nada exprimiu melhor a nossa ambigüidade do que essa arte da abundância, baseada na necessidade e no desejo: uma arte de proliferações, fundamentada na insegurança, preenchendo rapidamente todos os vazios da nossa história pessoal e social, depois da conquista, com o que quer que encontrasse à mão; uma arte do paradoxo: da pujança, chegando praticamente a se afogar na sua própria fecundidade, e também dos que nada tinham, dos mendigos sentados nos átrios das igrejas, dos camponeses que iam à mesma igreja para fazer benzer seus animais e pássaros, ou que investiam as economias de todo um ano de duro trabalho, inclusive o valor das colheitas, na celebração do dia de seu padroeiro. O barroco é uma arte de deslocamentos, semelhante a um espelho em que, constantemente, podemos ver a nossa identidade em mudança. Uma arte dominada pelo fato singular e considerável de que a nova cultura americana se encontrava compreendida entre o mundo indígena destruído e um novo universo, tanto europeu como americano.

No bairro indígena de Potosí, a grande capital da mineração, no Alto Peru, a lenda diz que viveu, um dia, um índio órfão proveniente das baixas terras tropicais do *chaco*. O mito deu a essa criança o nome de José Kondori e, em Potosí, aprendeu a trabalhar a madeira, as artes do estofamento e da carpintaria. Por volta de 1728, esse arquiteto índio autodidata estava construindo as magníficas igrejas de Potosí, sem dúvida a mais brilhante ilustração sobre o que significa o barroco na América Latina. Pois, entre os anjos e videiras da fachada de San Lorenzo, aparece uma princesa incaica, com todos os símbolos de sua cultura derrotada reanimados por uma nova promessa de vida. A meia-lua indígena inquieta a tradicional serenidade da videira coríntia, como se entrelaçam a folhagem da selva americana e o trevo mediterrâneo. As sereias de Ulisses dedilham o violão peruano. E a flora, a fauna, a música e mesmo o sol do antigo mundo indígena reafirmam-se com força. Não haveria cultura européia no Novo Mundo se não fossem, assim, todos esses nossos símbolos nativos admitidos em pé de igualdade.

Muito além do mundo do império, do ouro e do poder; muito além das guerras entre religiões e dinastias, um bravo mundo novo estava se formando nas Américas, com mãos e vozes americanas. Uma nova sociedade, uma nova fé, com a sua própria linguagem, seus próprios costumes, suas próprias necessidades. Essa realidade constituiu um novo desafio para a Espanha, o de renovar a sua missão cultural, que sempre se constituiu como centro de inclusões culturais, não de exclusões.

"Para todo o porvir"

Semelhante "inclusividade" seria logo posta à prova por uma nova presença cultural. Os primeiros negros chegaram ao hemisfério ocidental como criados que acompanhavam seus amos espanhóis. Depois de longas estadas na Espanha, eram indivíduos tanto cristianizados como hispanizados. No entanto, a destruição da população indígena do Caribe pelos trabalhos forçados e enfermidades transformou os negros, antes criados que passavam pela Espanha, em escravos que chegavam diretamente da África, especialmente do Senegal e Angola.

A coroa espanhola regulamentou o tráfico de escravos em seu próprio benefício. Em 1518, Carlos V outorgou a um dos seus favoritos flamengos uma concessão para estabelecer quatro mil escravos africanos nas colônias espanholas. A partir de então, a população negra na América espanhola cresceria ao ritmo de oito mil pessoas por ano, até trinta mil em 1620. No Brasil, os primeiros negros chegaram em 1538. Nos três séculos seguintes, 3,5 milhões de escravos africanos cruzariam o Atlântico. Portugal importaria para o Brasil várias vezes mais negros do que os índios que ali encontrou originalmente. E, na atualidade, o continente americano possui a maior população negra fora da África. Para onde quer que fossem, porém, os escravos se achavam rigidamente ligados à economia agrícola, isto é, ao cultivo intensivo e extensivo dos produtos tropicais. Essa rígida equação – escravos negros e economia agrícola – foi complicada pela grande rivalidade entre as potências no comércio tanto dos escravos provindos da África como dos produtos do Novo Mundo.

Comprimidos entre essas exigências da política e o comércio internacional, os escravos negros não podiam sequer apelar à consciência cristã dos que os escravizavam. Os chefes africanos caçavam-nos para extrair lucro com a sua venda aos negociantes europeus, que alegavam, em vista disso, estar livrando os escravos da

Escravos africanos trabalhando num engenho de açúcar, no Brasil, conforme desenho de Frans Post, 1640

violência tribal. Enquanto isso, por sua vez, a Igreja cristã se justificava dizendo que os negros simplesmente estavam sendo salvos do paganismo.

Este grandioso exercício de injustiça e hipocrisia não conseguiu destruir o espírito criativo e rebelde dos escravos negros nas Américas. Revoltosos, fugitivos, sabotadores, freqüentemente fracassavam na intenção de libertar-se. Outras vezes, porém, o conseguiam, passando a ser capatazes, artesãos, agricultores e carregadores. Seu trabalho sempre foi intenso, não só nos campos, mas também como pedreiros e joalheiros, pintores e carpinteiros, alfaiates, sapateiros, cozinheiros e barbeiros. É difícil imaginar um aspecto do trabalho e da vida no Novo Mundo que não tenha sido marcado pela cultura negra. No Brasil, os negros ajudaram a explorar e conquistar o interior do continente. Regimentos negros e de comandantes negros combateram os holandeses e defenderam o Rio de Janeiro contra os franceses. Os negros foram essenciais à conquista, povoamento e desenvolvimento do Brasil. Também se rebelaram.

Uma das primeiras rebeliões de escravos teve lugar no início do século XVII, no México, onde o chefe negro e rebelde Yanga conseguiu ocupar uma grande extensão da costa do golfo do México, obrigando o vice-rei a renunciar, antes de a revolta finalmente ser sufocada pelas armas. Mas se permitiu, aos escravos derrotados, fundar o povoado de San Lorenzo de los Negros, em Veracruz. A Venezuela foi cenário de diversas revoltas negras durante o século XVIII, e que culminaram com a rebelião de Coro, em 1795. Esse levante, combinado com a revolução da independência no Haiti e a criação, nessa ilha, de um império negro, suscitou um verdadeiro terror contra os "pardos" nas classes altas da Venezuela, durante as posteriores guerras de independência. Além disso, durante a rebelião de Manuel Espinosa, na própria Caracas, os negros não apenas exigiram plenos direitos como o emprego das suas antigas senhoras brancas como cozinheiras e lavadeiras.

Muitas vezes, os rebeldes simplesmente desapareceram no interior, fundando aglomerações chamadas quilombos. Um deles, em Palmares, do estado de Alagoas, no Brasil, atravessou o século XVII. Seus vinte mil habitantes o converteram num estado africano no coração da América do Sul, com suas próprias tradições de origem. Como no caso dos índios, porém, foi no encontro com os europeus que os negros se tornaram habitantes do Novo Mundo, integrados numa cultura mestiça.

Os escravos tinham de adaptar sua língua, com protéica agilidade, à rápida mistura cultural, se queriam compreender e ser compreendidos pelos capatazes ou pelos demais trabalhadores, na maior parte negros mas de diferentes regiões da África, e sobretudo pelas suas novas mulheres. Que língua os filhos deveriam falar? Obviamente, as colônias ibéricas ofereceram a suas populações negras uma identificação mais forte com a língua comum (espanhol ou português) do que o fizeram as colônias francesas, inglesas e holandesas (crioulo e pidgin). Isso refletia tolerância e flexibilidade maiores das autoridades coloniais espanholas e portuguesas. As práticas religiosas alheias à catequese colonial foram proibidas nas possessões protestantes do Caribe, mas foram sem dúvida toleradas nas colônias católicas. Se existe algum traço de identidade entre a África e o Novo Mundo, é religioso e, particularmente em Cuba, suas origens são perfeitamente localizáveis. Acham-se, na verdade, nos povos ioruba do que é hoje a Nigéria, sobretudo na cidade de Oyo, no reino de Ulkami, que constituíram a cultura "lukumi", até hoje identificada com uma continuidade física, religiosa e estética das tradições cubanas.

O sincretismo cristão-ioruba, em Cuba, desenvolveu um fervor comparável ao do sincretismo cristão-indígena no México e no Peru. Em Cuba, porém, a religião sincrética chegou a ganhar seu próprio nome, a *santería* e, quando começou a revolução cubana, era praticada por três quartos da população. Assim, do mesmo modo que, no México, Tonantzin, a deusa dos astecas, se transformou na virgem morena de Guadalupe, em Cuba a deusa africana do mar, Iemanjá, se transformou em Nuestra Señora de Regla, padroeira dos marinheiros e especialmente do porto de Havana, enquanto Ogum, divindade africana dos ferreiros, se transformou em são Pedro, a quem foram dadas as chaves de ferro do paraíso.

Uma assimilação sincrética ainda mais notável é a de santa Bárbara, a mártir cristã encerrada numa torre para ser afastada dos seus pretendentes. Aí, como na obra teatral de Calderón, santa Bárbara sonhou. Converteu-se ao cristianismo. As autoridades romanas deram a seu pai a ordem de assassiná-la. Assim fez ele, para ser logo destruído, por um raio. Tão bela, sem dúvida, quanto um quadro de Zurbarán, e tão onírica quanto um personagem de Calderón, santa Bárbara foi assimilada à religião afro-cubana como Xangô, deus da guerra, porque na Europa cristã santa Bárbara se convertera, por sua associação com os raios, em padroeira dos artilheiros e dos mineiros.

A rebelião e a língua são parte do contínuo da cultura afro-americana, acrescentando-se a elas a identidade, de esplêndida persistência, dos procedimentos rítmicos, da movimentação corporal, da estética do corpo, da gramática da música e da dança. Desde o princípio, a música negra autorizou um ritmo privado, autônomo, livre e até rebelde da parte do ouvinte ou de quem dança, em vez de sujeitá-lo a um esquema dominante, previsível ou pré-escrito, como tradicionalmente acontecia na música ocidental. A música afro-americana, também desde as suas origens, predisse e praticou as formas da música moderna, nas quais um centro de referência tonal termina por se partir em múltiplos centros, cada um gerando reações diversas dos que ouvem. A polifonia musical foi ainda mais enriquecida pela imaginação voltada para a dança nas culturas negras das Américas: a dança como representação e a dança como celebração se tornaram indissociáveis uma da outra. Ao longo de toda essa continuidade, o próprio corpo alcançou um sentido de realidade, beleza e movimento que se afastava dos mandamentos restritivos da cultura católica, crioula e mestiça, do corpo.

A jubilosa celebração do corpo, a criação incessante da língua, a beleza do movimento e o espírito rebelde se somam num fato político essencial, assinalado pelo sociólogo norte-americano Frank Tannenbaum: a cultura negra, disse ele, se instalara de uma vez por todas nas Américas. E, sem dúvida, nada identificou tanto os Estados Unidos e a América Latina como a imaginação, a fala e os ritmos da nossa bacia comum de negritude: o sul dos Estados Unidos e o Caribe, a comunidade cultural que se estendeu do Orinoco e do Amazonas até o Mississípi, através das "ilhas na corrente".

A cultura afro-americana seria também o testemunho mais clamoroso da injustiça nas Américas. Os feitos, o trabalho, as leis e a língua dos negros confluiriam na mais poderosa corrente pela justiça que o Novo Mundo conheceu. Além disso, o resto das Américas acabou por compreender que o destino da cultura afro-americana seria o denominador comum da qualidade da justiça em todo o continente. Ela teria de ser adquirida em profundidade, não na aparência, e por isso se mostrava mais difícil de alcançar. É o que nos diz o poeta negro da Martinica, Aimé Césaire, quando escreve que a qualidade da cultura afro-americana vem de um povo "que se entrega com êxtase à essência de todas as coisas, está possuído pelo movimento de todas as coisas e palpita com a própria palpitação do mundo". Todavia, também para defender essas qualidades por meio do exercício da justiça, a cultura negra produziu alguns dos mais preclaros cérebros jurídicos, políticos e parlamentares do Novo Mundo.

Porque nenhuma das culturas do Novo Mundo nasceu no meio de tanto sofrimento e dor como a dos homens, mulheres a meninos negros que chegaram ao Novo Mundo nos navios negreiros. Ainda antes de serem embarcados, muitos tentavam suicidar-se. Uma vez a bordo, eram despidos, marcados a ferro no peito e acorrentados em parelhas. Sendo vendidos por jarda, viajavam capturados no espaço de uma sepultura, na profundeza dos porões, empacotados como sardinhas e sem qualquer cuidado sanitário. A asfixia, a loucura, e até o estrangulamento de alguns a fim de criar mais espaço respirável foram fatos comuns, assim como os motins, embora estes, em geral, tenham fracassado. Prosper Merimée, o autor de *Carmen*, escreveu um romance chamado *Tamango*, em que relata o fato real de um motim que teve êxito, a bordo de um navio negreiro. Os rebeldes, no entanto, não souberam manobrar a embarcação e pereceram, à deriva.

Que desse sofrimento nascesse uma cultura capaz, ao mesmo tempo, de prosseguir e de renascer no contato com as culturas preexistentes do Novo Mundo é por si mesmo uma prova da vontade de sobreviver, uma vontade que não pôde ser derrotada nem pelo sofrimento, nem mesmo pelo rancor justificado. A cultura negra do Novo Mundo, como a dos índios, achou sua expressão no barroco. E, do mesmo modo que apareceu um barroco hispano-americano, de Tonantzintla, no México, a Potosí, no Alto Peru, através do encontro das culturas indígenas e européias, a fusão de ingredientes culturais dos portugueses e dos negros levou à criação de um dos grandes monumentos do Novo Mundo: o barroco brasileiro – afro-lusitano – de Minas Gerais, a mais opulenta região de extração do ouro no século XVIII.

Ali, o mulato Aleijadinho criou uma obra considerada por muitos a culminância do barroco latino-americano. Aleijadinho era filho de uma escrava negra e de um arquiteto português, mas tanto os seus pais como o mundo a seu redor o abandonaram. O jovem era leproso. Dessa maneira, em vez de à sociedade dos homens e das mulheres, ele se uniu a uma sociedade barroca, feita de pedra. As doze estátuas dos profetas esculpidas por Aleijadinho na escada que conduz à igreja de Congonhas do Campo evitam a simetria da escultura clássica. Como as figuras italianas de Bernini (mas a tão colossal distância delas, geograficamente!), estas são estátuas em movimento, tridimensionais, que descem a escada em direção ao espectador: estátuas rebeldes, retorcidas na sua angústia mítica e sua raiva humana.

O caráter circular do barroco, que exige pontos de vista determinados pelo deslocamento e pela recusa de dar a nada e ninguém uma visão privilegiada; sua afirmação da mudança permanente; seu conflito entre o mundo ordenado, de poucos, e o mundo desordenado, da maioria, tudo isso foi consagrado por esse arquiteto mulato na igreja de Nossa Senhora do Pilar, em Ouro Preto, a grande capital mineira do Brasil colonial. A parte externa da igreja é um retângulo perfeito; dentro dela, porém, tudo é curva, polígono, formas ovóides, como o orbe de Colombo, o ovo do descobridor. O mundo é redondo e pode ser visto desses múltiplos pontos de vista. A visão do Aleijadinho se soma, assim, à dos artistas ibéricos e do Novo Mundo indo-americano. Em Congonhas e Ouro Preto, nossos olhos se reúnem, e nossos corpos estão de novo completos. Paradoxalmente, essa reunião é levada a cabo por um homem isolado, um jovem leproso que, ao que se dizia, só trabalhava de noite, quando não podia ser visto. Mas, do Brasil, já não se disse que o país cresce de noite, enquanto os brasileiros dormem?

Trabalhando de noite, rodeado pelo sono, talvez o Aleijadinho dê um corpo ao sonho dos seus contemporâneos. Mas não tinha outra maneira de se dirigir a eles, exceto mediante o silêncio da pedra. À medida que adquiriu uma forma própria, essa nova cultura do barroco americano, essa nova cultura indo-afro-ibérica, precisou de uma voz e a encontrou no maior poeta da América colonial.

"Minh'alma está dividida"

Ninguém podia prever que, de um convento no mundo enclausurado – e de dominação masculina – do México colonial, haveria de se ouvir uma voz de mulher, de freira, que se transformaria num dos grandes poetas barrocos do século XVII e, na opinião de muitos, num dos grandes poetas de todos os tempos.

Nascida Juana de Asbaje, no México central, em 1648, foi provavelmente filha ilegítima. Aos sete anos de idade, rogou à mãe que a deixasse vestir-se como menino, para poder estudar na universidade. Sua brilhante inteligência levou-a à

Estátuas dos profetas de Aleijadinho, em Congonhas do Campo, Brasil

corte do vice-reino, ainda adolescente. Ali assombrou os professores universitários com o seu conhecimento de todas as coisas sob o sol, do latim às matemáticas. Juana era uma intelectual que parecia saber tudo, apesar da (ou, talvez, graças a) distância, do isolamento e das restrições do mundo político e religioso em que lhe coube viver. Alcançou o louvor e a fama, embora bem depressa se tenha dado conta das dificuldades de ser uma escritora no México colonial. Não só teve de enfrentar a oposição masculina e a vigilância eclesiástica, como a consumição do seu tempo e a ameaça à sua segurança. Optou, assim, por entrar para a Igreja, esperando, quem sabe, encontrar refúgio na mesma instituição que um dia poderia atacá-la. Contudo, sua cela no convento de San Jerónimo, por algum tempo, afastou todos os perigos. Juana reuniu ali mais de quatro mil livros, seus papéis, suas penas, sua tinta, e instrumentos musicais. Podia então escrever sobre todas as coisas sob o sol, desenvolvendo, com prazer e disciplina, sua imaginação e sabedoria. Ali, no mundo da religião e das letras, que se uniram por um instante no tempo, ficou conhecida como sóror Juana Inés de la Cruz.

Uma vez que ninguém era mais silencioso, na sociedade colonial, do que as mulheres, talvez só uma mulher tenha podido dar voz a essa sociedade, sem deixar de admitir, lucidamente, as divisões da sua cabeça e do seu coração: *"En dos partes dividida / tengo el alma en confusión: / una, esclava a la pasión, / y otra, a la razón medida"* ("Em duas partes dividida / trago a alma em confusão: / uma, escrava da paixão, / a outra, à razão submetida").

Paixão? Razão? Escravidão? Onde estavam, então, a certeza, a fé, a cega aceitação dos preceitos religiosos, não os da razão, e muito menos os da paixão? Quem era, afinal de contas, essa monja presunçosa, admirada na Europa, amiga íntima e talvez companheira sexual da vice-rainha, presidindo uma corte pessoal a partir de sua cela, e admitindo que "padeço em querer e ser querida"?

No fim, sua cela monástica não foi capaz de protegê-la contra a autoridade, masculina e rigidamente ortodoxa, personificada pelo seu perseguidor, o arcebispo do México, Aguiar y Seixas. Aos quarenta anos de idade, foi privada de sua biblioteca, seus instrumentos musicais, suas penas e tinteiros. Atirada ao silêncio novamente, morreu aos 43 anos, em 1695.

Todavia, derrotou os que a silenciaram. Sua poesia barroca teve, para sempre, a capacidade de abraçar as formas e palavras da pujança do Novo Mundo, seus novos nomes, sua nova geografia, sua flora e fauna, nunca antes vistos por olhos europeus. Ela própria se perguntou se sua poesia não era mais do que um produto da terra: *"Qué mágicas infusiones / de los Índios herbolarios / de mi Patria, entre mis letras / el hechizo derramaron?"* ("Que mágicas infusões / de alguns índios ervanários / da Pátria, entre as minhas letras / o feitiço derramaram?")

Coisas não mencionadas na Bíblia

O sincretismo religioso, o barroco afro-americano, a poesia euro-americana de sóror Juana foram as manifestações do que a historiadora Peggy Liss chama de "o intercâmbio atlântico", a rede de comércio, cultura e política que imediatamente ligou a Europa e as Américas depois de 1492. Na base desses "impérios atlânticos", houve um intercâmbio de novidades, de coisas nunca vistas antes pelos europeus ou

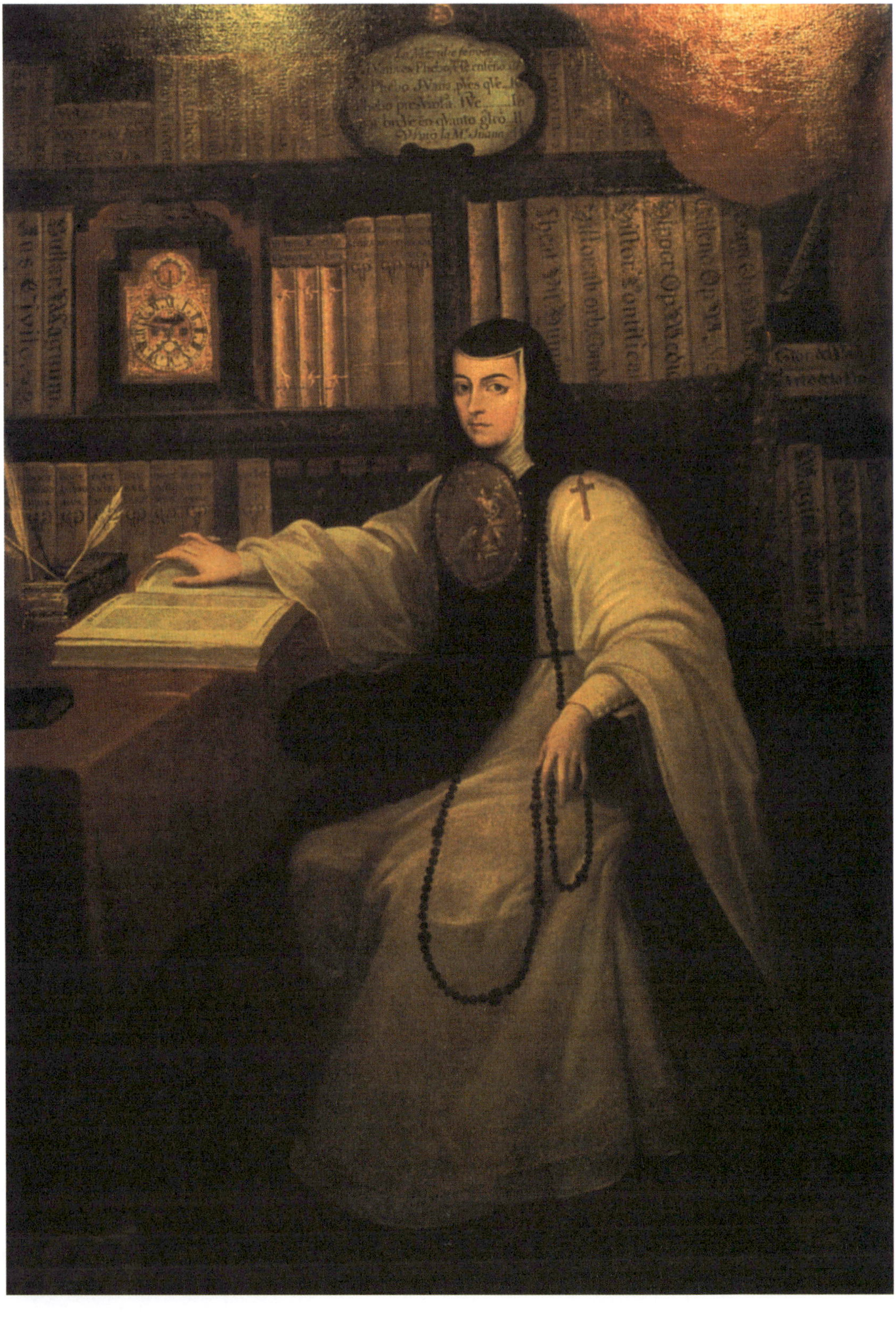

Sóror Juana Inés de la Cruz. Miguel Cabrera, 1751

pelos americanos. Depois de 1492, a flora e a fauna migraram em abundância de um continente para o outro, às vezes com o mesmo sentido de alheamento que acolheu, no início, produtos hoje comuns como os tomates, o chocolate. Temeu-se, na Europa, que o tomate fosse venenoso, sendo só mais tarde descobertas as suas deliciosas virtudes. A palavra vem do asteca *xitomatl*, mas foram provavelmente os italianos que lhe deram seu nome mais bonito: *pomodoro*, maçã dourada, fruto de ouro, com sua insinuação de paraíso, ou tanto de prazer como de pecado, se é que os dois podem separar-se. O chocolate, *xocolatl*, é outra palavra e produto asteca. No império de Montezuma, era ao mesmo tempo precioso e abundante, sendo usado, às vezes, na circulação monetária.

O imperador Montezuma adorava tomar chocolate, mas na Europa, a princípio, consideraram-no demasiadamente amargo para a maior parte dos paladares. No entanto, as senhoras de Espanha quase enlouqueceram ao experimentá-lo e, finalmente, Luís XIV, casado com uma infanta espanhola, introduziu-o na corte de Versalhes. E, se havia tanto chocolate no México, o açúcar escasseava na Europa, atingindo altos preços depois de cuidadosamente pesado nos pratos de uma balança. No Novo Mundo, o açúcar floresceu nos trópicos, invadiu antigas terras incultas e fez a fortuna do seu primeiro produtor, Gonzalo de Víbora, na ilha de La Española. Quando os trabalhadores indígenas do Caribe se extinguiram, os escravos negros tomaram-lhes o lugar, precisamente nas novas plantações de cana-de-açúcar, engenhos ou *centrales*.

Foi certamente Colombo quem primeiro viu homens e mulheres cruzando uma aldeia fumando tabaco, na terça-feira 6 de novembro de 1492, naturalmente em Cuba. Mas, como com o resto das novidades que chegavam do Novo Mundo, o Velho Mundo precisou de certo tempo para se acostumar com esses produtos exóticos. Foi requerida toda a elegância de Sir Walter Raleigh para fazer com que o tabaco fosse aceito na Inglaterra, ainda que o rei Jaime I tenha advertido que essa erva "converte todos os órgãos internos de um homem numa simples cozinha". Embora a América fosse descoberta porque os europeus queriam mais pimenta em suas mesas, a única especiaria encontrada no Novo Mundo foi o *chile* (pimenta malagueta), a pimenta de fogo que, como escreveu o padre Joseph de Acosta, era o "molho principal de todos os pratos". Na sua *Historia natural de las Indias*, de 1591, o obeso e sangüíneo padre, que subiu e desceu sem fôlego pelas grandes altitudes dos Andes, advertiu sobre o *chile* "que, ao entrar e sair, dizem todos que queima". E mais, continua a sua advertência: ingerido em quantidades excessivas, "provoca a sensualidade". Mais funesta, a folha da coca crescia por toda parte dos Andes e, mascando-a, escreveu Acosta, um homem "pode sair caminhando dois dias inteiros sem comer".

Em Offenburgo, na Alemanha, existe um monumento a Francis Drake, que traz uma batata na mão. Lê-se ali a inscrição: "A Sir Francis Drake, que introduziu a batata na Europa, A. D. 1580." Em seguida, se acrescenta: "Em nome dos milhões

Ilustrações coloniais das culturas de tomate e pimenta

de camponeses que bendizem a sua memória eterna." E, no entanto, quando as primeiras batatas chegaram à Europa, pareciam coisa suja, semelhante, como se disse, a testículos ou trufas, e *"truffles* (trufas) *kartoffel* (batata)". E uma seita religiosa russa, ao descobrir que a batata não era mencionada na Bíblia, declarou que se tratava de uma monstruosidade botânica. Não imaginavam que a vodca seria fabricada com a fermentação da batata.

Uma coisa que Cortés encontrou em abundância em todos os lugares das Américas foi o milho, o pão do Novo Mundo, o presente de Quetzalcóatl. A América o enviou para a Europa, em troca do trigo. Por muito tempo, porém, os europeus só usaram o milho para alimentar os porcos, que por sua vez, domesticados, foram aparecer no Novo Mundo, junto com os primeiros matadouros.

Talvez o gado e os cavalos tenham constituído a maior novidade de todas. E, se Bernal Díaz del Castillo podia precisar quantos cavalos chegaram com Cortés ao México (16, no total), alguns anos mais tarde, escapando ao poder dos conquistadores, os cavalos retornaram a seu estado selvagem e formaram enormes rebanhos que se deslocavam livremente ao longo da imensa distância entre o Colorado e a Patagônia. O trigo e o gado, emigrando para o sul como as antigas tribos provindas da Ásia, haveriam de firmar as bases da grande riqueza agropecuária do cone sul: Uruguai, Brasil e Argentina. Os rebanhos selvagens foram capturados pelos bucaneiros ingleses, franceses e holandeses, assim denominados porque secavam e defumavam a carne, num processo que os índios caribenhos chamavam de *bucan*.

Mas nem tudo era paz. Também chegaram ao Novo Mundo os mastins e sabujos, utilizados para seguir e apanhar os índios fugitivos e, mais tarde, os escravos negros. Em Porto Rico, Ponce de León considerava que seus cachorros eram tão importantes que lhes permitia partilhar com ele as comidas, as pilhagens, e receber os salários apropriados dos soldados espanhóis. Os cães, porém, como os que eram objetos de sua perseguição, também fugiram e formaram matilhas selvagens pelos campos.

As plantas européias que chegaram ao Novo Mundo eram mais sedentárias e algumas foram cuidadosamente vigiadas. As azeitonas, uvas, laranjas e limões se contavam entre as novidades européias nas Américas. As videiras eram consideradas tão preciosas que no Chile colonial eram cercadas de guardas armados: excelente precaução, em vista da qual o Chile continua produzindo o melhor vinho da América Latina. As laranjas silvestres logo se estenderam pelas terras subtropicais e, enquanto as ovelhas pereciam nos trópicos, se reproduziram maravilhosamente nas terras altas e nos pampas. O burro veio da Europa certamente para ficar. Em seu olhar melancólico, porém, havia um tom de assombro diante dos novos animais americanos, que tampouco foram mencionados na arca de Noé, como escreveu Acosta. Apareceram, então, encarapitados nas alturas dos Andes, vicunhas e guanacos, enquanto os sobrevoavam aves jamais vistas por olhos europeus: o condor, forte e rápido, e abutres ou urubus de asa veloz e olhar certeiro, limpando as cidades e as ruas, descendo em picada sobre todo tipo de carcaça.

Os papagaios eram faladores. O *guaxolotl* (em espanhol, *guajolote, pavo*; em português, peru) asteca era delicioso, sendo chamado pelos franceses *dindon*, a ave das Índias, ou pelos ingleses, caracteristicamente desorientados, *turkey* (literalmente, "Turquia"). O belo quetzal se elanguescia numa gaiola: sua vocação era voar livremente. Um peru à mesa; um papagaio palrando num pátio; um quetzal moribundo em sua gaiola; um urubu voando sobre os telhados. E, debaixo deles, as novas cidades das Américas.

A CIDADE BARROCA

Cidades novas, recém-cunhadas como a prata de Potosí, estenderam o domínio espanhol ao interior do continente, de modo que as economias agrárias e "mineiras" das Américas contavam com uma base urbana, um centro citadino a partir do qual a Espanha exercia o seu poder. Mas, dentro das cidades, rapidamente se desenvolveram desigualdades extremas e fortes tensões. As cidades portuárias (La Habana, San Juan de Puerto Rico, Cartagena de Indias, Maracaibo, Valparaíso) desenvolveram mais depressa uma moderna civilização mercantil, aberta às influências estrangeiras e predispostas à convivência, nas suas ruas. Diferençavam-se das cidades de montanha e planalto (México, Bogotá, La Paz, Quito, Guatemala) e também das cidades costeiras que se tornaram capitais de vice-reino (Lima, Buenos Aires), uma vez que, nestas, o ímpeto comercial foi retardado em benefício do instinto palaciano.

O sonho não declarado de muitas dessas capitais era o de converter-se em sociedade cortesã, e isso lhes deu um verniz parasitário, sublinhado pela grande divisão, dentro de cada centro urbano, entre os possuidores e não-possuidores. Enquanto

O ESPELHO ENTERRADO

A introdução dos cavalos no Peru. Artista desconhecido

uma capital européia, apesar de todas as suas injustiças, podia desenvolver um setor intermediário por meio das atividades comerciais e profissionais, na América espanhola os fidalgos só o eram porque possuíam, fora da cidade, minas e fazendas. Ser obedecido, servido, admirado e respeitado: tal foi o propósito vital do fidalgo hispano-americano. Rodeavam-no, exatamente, aqueles que podiam oferecer-lhe serviços. Só que, no Novo Mundo, foi mais difícil encontrar o respeito feudal. Sátiras e pasquins descrevem e ridicularizam as ambições cortesãs da alta sociedade, ancorada num oceano de pobreza. Os privilegiados são poucos; os marginalizados, muitíssimos; e, entre uns e outros, uma camada jocosa de mandriões, gatunos, prostitutas e mendigos ocupa a cena, como nas cidades barrocas do Século de Ouro espanhol.

Tensões entre possuidores e não-possuidores. Tensões entre fidalgos ricos e fidalgos pobres. Entre todos os fidalgos de origem espanhola e os mestiços rancorosos, maliciosos, ambiciosos e zombadores, corroendo as rígidas diferenças entre as classes altas e baixas. E os índios, negros e mestiços pobres não só aumentaram, como ameaçaram as classes superiores. Além das sublevações de índios nos primeiros anos da colônia, numerosos levantes populares se sucederam ao longo do tempo. Em 1624, o palácio do vice-rei na cidade do México foi incendiado por uma massa de trabalhadores urbanos, encabeçados por frades rebeldes, em protesto contra o "mau governo"; o famoso *tumulto* de 1692, provocado pela escassez de alimentos e pela subida dos preços, também atacou o palácio e outros edifícios governamentais.

A descrição mais exuberante da vida numa grande metrópole barroca do Novo Mundo nos foi oferecida por Bernardo de Balbuena, um poeta espanhol que chegou ao México ainda criança e escreveu sobre o que chamou a grandeza da Cidade do México em 1604. Apenas no capítulo de "presentes, ocasiões de satisfação", Balbuena fala "de festas e presentes, de mil maneiras", incluindo conversas, convites, jogos, jardins, saraus, caçadas, concertos, música, alegrias; de "diversões e novas comédias a cada dia", novos costumes, caprichos senhoriais, a autoridade em coches, carruagens, liteiras e cadeiras de arruar; de mulheres, toucados e quimeras; dos seus maridos, em "dores e remorsos", e tudo isso banhado "de galões e lavores, de bordados, / estojos, jóias, pérolas e pedras, / entre ouro, prata, aljôfar recamados"; e servidos por toda a criadagem; e tudo isso, ainda, como prova patente da nova posição da Nova Espanha, como cruzamento de caminhos comerciais:

> *En ti se junta España con la China,*
> *Italia con Japón, y finalmente*
> *un mundo entero en trata y disciplina...**

---

* (Em ti se junta a Espanha com a China, / a Itália com o Japão, e provavelmente um mundo inteiro em lida e disciplina. (N. do T.)

Essas pretensões são derrubadas, principalmente, pelos cronistas da outra capital de vice-reino, Lima. Mateo Rosas de Oquendo ridiculariza a oligarquia limenha, cercada de

> *Poetas mil de escaso entendimiento –;*
> *cortesanas de honra a lo borrado; de cucos y*
> *cuquillos más de un cuento.**

O vice-rei nos informa estar cercado de "vagabundos, cavaleiros pelados, jogadores sem conta, gariteiros", enquanto a polícia é de "ladrões muito atarefados". Uma cidade, termina por dizer, com "o sol escurecido, pardo desde nascido: é esta Lima, e seu freqüente trato". Simón de Ayanque, em sua descrição da Lima colonial, vai mais longe e mais perigosamente. Esta é uma cidade, nos recorda, de "índias, zambas (filhos de negro e mulato ou de negro e índia) e mulatas, *chinos* (descententes de zambo com índia), mestiços e negros... Verás em todos os ofícios *chinos*, mulatos e negros, e muito poucos espanhóis... Verás também muitos índios que vieram da terra, para não pagar imposto e se fazerem de cavalheiros".

A pretensão de ser algo distinto parece ser uma das marcas das sociedades urbanas barrocas, divididas entre ricos e pobres, ordens eclesiásticas em disputa, namoros apaixonados e rejeições igualmente apaixonadas do sexo e do corpo. Ao que parece, coexistiram na época colonial um estrito puritanismo e uma explosão de libertinagem. Roland Barthes escreveu que o sadismo prevalece sobretudo nas regiões subdesenvolvidas. A crueldade sexual pode exercer-se facilmente em sociedades de estritas delimitações sociais, em que o parceiro sexual pode ser facilmente recrutado (nas legiões de criados), o objeto do prazer facilmente desprezado, e a impunidade desfrutada, ainda que praticamente em lugares escondidos. As cidades da América colonial espanhola possuíram todos esses atributos, a que se acrescentou a dimensão – de impunidade e esconderijo – do mundo religioso, de conventos e mosteiros.

O escritor mexicano Fernando Benítez, num livro delicioso chamado *Los demonios en el convento*, relata muitas das "alucinantes ficções" que deram às sociedades da América Latina, junto com as suas práticas libertinas, o correspondente erotismo repressivo. O arcebispo do México nos tempos de sóror Juana, Aguiar y Seixas, tinha tamanho ódio às mulheres que não as permitia em sua presença e, se acidentalmente defrontava uma, logo cobria o rosto com as mãos. Seu horror à água (outra fobia hispânica e católica) era igualmente cáustico e, em sua fúria, havia ainda o fato de que caminhava ajudado por muletas, e as usava com violência, como o ficou sabendo o

---

* (Poetas mil de escasso entendimento –; / cortesãs só de honra já riscada; de trapaceiros que contar nem tento. (N. do T.)

poeta Carlos de Sigüenza y Góngora, amigo e protetor de sóror Juana, quando o arcebispo lhe quebrou os óculos e lhe cortou o rosto no meio de uma contenda teológica. Aguiar y Seixas também conseguiu reprimir as brigas de galo, o jogo, os romances e, obviamente, sempre que possível, as mulheres.

Numa época dominada por prelado tão implacável, responsável pelo aniquilamento de sóror Juana, outros puritanos, inferiores ao arcebispo, mas igualmente zelosos, atuaram com presteza. Um certo padre Barcia, ao redor do final do século XVII, decidiu reunir todas as mulheres da cidade do México e encerrá-las no convento de Belém, onde jamais seriam vistas por nenhum homem. Certamente, o padre Barcia logrou apenas reunir um grande número de prostitutas, atrizes e artistas de circo. Tão logo, porém, pôde trancá-las no convento, os amantes dessas mulheres tentaram libertá-las e matar Barcia. Sitiaram o local e, quando as mulheres se rebelaram, dizendo ao bom padre que, se era aquele o céu, bem preferiam o inferno, Barcia enlouqueceu e tentou suicidar-se mediante a introdução, no reto, de supositórios de água benta.

Num tempo assinalado pela tríplice tensão do sexo proibido, do ideal de esposar Cristo e ideal da maternidade virginal, muitas freiras mexicanas, horrorizadas com os seus próprios corpos, vedavam-se os olhos, transmitindo assim o seu desejo de serem cegas e surdas; lamberam o piso das suas celas até formar uma cruz com a saliva; foram açoitadas por suas próprias criadas; e se lambuzaram com o sangue dos seus próprios mênstruos. Paralelamente, os monges e sacerdotes, diz Benítez, também teriam sido chicoteados e golpeados como são Juan de la Cruz, pois viam nisso uma compensação pelos sofrimentos de Cristo no calvário.

A ÚLTIMA UTOPIA E O PRIMEIRO REBELDE

A última fronteira da utopia no Novo Mundo foram as missões jesuíticas do Paraguai. Ali, os jesuítas haviam obtido um decreto real para libertar os índios guaranis, governá-los e educá-los dentro dos limites de uma república cristã semelhante à Cidade de Deus na Terra. Em vez de morrer de trabalhos forçados e varíola, os guaranis do Paraguai aboliram o uso do dinheiro, estabeleceram a propriedade comunal e viveram uma vida agradável, baseada na distribuição eqüitativa da riqueza.

Essa comunidade utópica, porém, só perdurou por seu isolamento, e porque o rei da Espanha concedeu aos jesuítas o direito de armar-se e armar os índios contra os colonizadores espanhóis e portugueses ansiosos por apropriar-se deles e de suas terras. No entanto, é válido perguntar se uma utopia armada é realmente uma utopia. Despojados das armas e da proteção dos jesuítas, expulsos da Espanha e dos seus domínios pelos Bourbon em 1767, os guaranis foram igualmente absorvidos pela massa de populações desesperadas e escravizadas que, num momento dramático, encontraram uma voz na rebelião de Túpac Amaru. A 4 de novembro de 1780, o cacique índio da província de Tuita, nos Andes, José Gabriel Condorcanqui, adotou o nome do último imperador inca, Túpac Amaru e, afirmando-se descendente dos monarcas índios, ergueu-se em armas contra o governo espanhol. Seguido por um exército de almocreves indígenas, Túpac Amaru estendeu a revolução a todo o Peru.

Foi uma rebelião imersa em violência e simbolismo. Visto que os espanhóis haviam mostrado tanta sede de ouro, Túpac Amaru capturou o governador espanhol e o executou obrigando-o a tomar ouro derretido. E, uma vez que os índios só puderam ser derrotados pela cavalaria espanhola, depois da captura de Túpac Amaru, em 1781, ele foi executado da seguinte maneira, conforme um anônimo testemunho:

> Foi levado para o meio da praça: ali, o carrasco lhe cortou a língua e, já sem grilhões e algemas, puseram-no no chão. Ataram-lhe às mãos e aos pés quatro laços e, presos estes à cilha de quatro cavalos, quatro mestiços os puxaram em quatro diferentes direções: um espetáculo que jamais se vira nesta cidade. Não sei se porque os cavalos não eram muito fortes, ou porque o índio, na verdade, fosse de ferro, não puderam absolutamente despedaçá-lo e após um longo momento o mantiveram sendo esticado, de maneira que o tinham no ar, num estado que parecia uma aranha. A tal ponto que o comandante, tomado de compaixão, para que o infeliz não padecesse mais, despachou uma ordem da Companhia, mandando o carrasco lhe cortar a cabeça, o que se cumpriu. Conduziu-se-lhe o corpo, depois, para debaixo do patíbulo, onde lhe arrancaram os braços e os pés... Nesse dia, acorreu grande quantidade de gente e, em tamanho concurso, não se viam índios, ao menos com os trajes que usam e, se alguns havia, estariam disfarçados com capas ou ponchos. Sucedem certas coisas que parecem tramadas e dispostas pelo diabo, para confirmar esse povo em seus abusos, agouros, superstições. Digo-o porque, havendo feito um tempo muito seco, e dias muito calmos, aquele amanheceu tão turvo, que se não via sair o sol, e por toda parte ameaçava chover; pois às 12, quando estavam os cavalos a estirar o índio, levantou-se um forte pé-de-vento e, depois dele, um aguaceiro que fez a gente toda, mesmo os guardas, retirar-se à pressa. Isso foi causa de que os índios passassem a dizer que o céu e os elementos sentiram a morte do inca, que os espanhóis desumanos e ímpios estavam matando com tanta crueldade. Desse modo acabaram José Gabriel Túpac Amaru e Micaela Bastidas.

Em nosso próprio tempo, Pablo Neruda escreveria que, nos Andes, até as sementes repetem em silêncio: "Túpac." Uma tradição de revoltas sem fim e traições sem fim, e outra tradição de aspirações utópicas igualmente sem fim, violentas ou razoáveis, haviam governado os territórios espanhóis do Novo Mundo. Quando a monarquia dos Bourbon sucedeu à dos Habsburgo na Espanha, anunciou claramente que chegara a hora da razão. Foi também a época do pintor que imaginou o sonho da razão produzindo monstros.

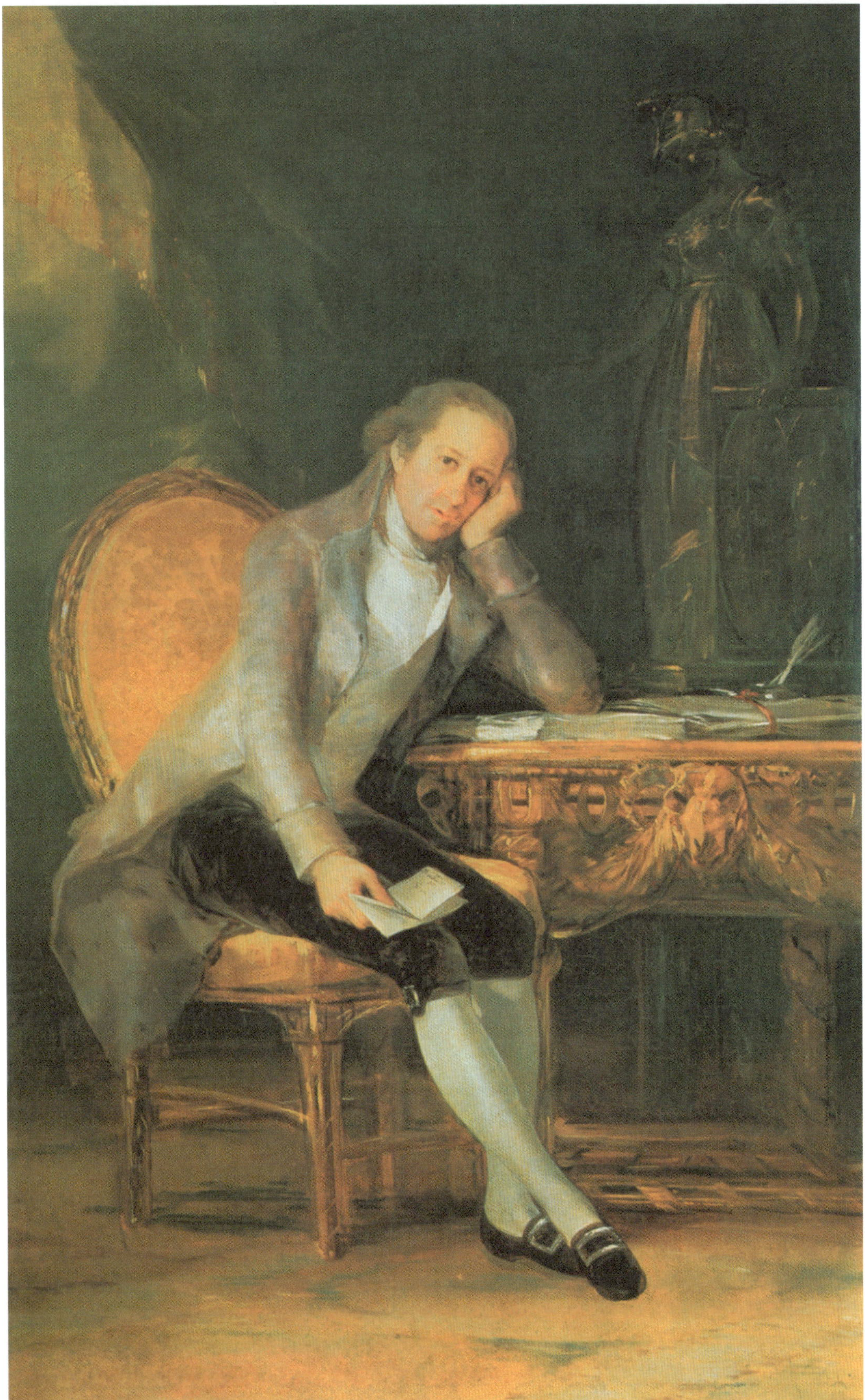

DEZ

A época de Goya

Em primeiro de novembro de 1700, Dia dos Mortos, o último monarca da Casa da Áustria na Espanha, Carlos II, morreu sem deixar descendentes. Ele próprio era o último descendente de Joana, a Louca, filha de Isabel, a Católica. Um dos seus biógrafos disse que ele fora envenenado cem anos antes de morrer.

Todas as sementes da loucura e da doença, plantadas durante o longo reinado dos Habsburgo, se concentraram finalmente nesse pobre menino imbecil, que nunca pôde fechar o queixo prognata e que não aprendeu a andar até os sete anos de idade. Foi chamado o Enfeitiçado, e mantido vivo, ao que se disse, por uma razão de Estado, para dar a entender que o império espanhol tinha uma cabeça e ainda podia impor-se aos outros Estados europeus. Ocorreu uma espécie de prodígio quando o Enfeitiçado visitou o palácio de verão dos Habsburgo, a quinta de são Ildefonso, perto de Segóvia, e o lugar, em seguida, se incendiou.

Foi reconstruído como um Versalhes espanhol, e de estilo rural, pelo rei que se seguiu na Espanha, Filipe V, neto de Luís XIV da França. Filipe chegou ao trono como um resultado da Guerra da Sucessão espanhola, que uma vez mais enfrentou a França contra a Inglaterra na luta para se decidir quem haveria de ocupar o trono da Espanha e reinar sobre os seus extensos domínios.

A imagem do último dos Habsburgo simbolizou tudo aquilo que os Bourbon modernizadores desejavam reformar e deixar atrás: a tradição a serviço do preconceito, a intolerância, o isolamento da modernidade. Mais um capítulo da longa luta espanhola entre o tradicional e o moderno seria vivido através do século XVIII, ilustrando novamente o embate cultural quase permanente, na Espanha e na América espanhola, entre o velho e o novo. O primeiro historiador da Espanha imperial, John Elliot, exprime-o sucintamente: "Numa época em que a face da Europa estava-se modificando mais rapidamente do que nunca, o país que fora outrora sua maior potência mostrava estar perdendo o componente essencial da sobrevivência – a disposição para mudar."

Gaspar Melchor de Jovellanos y Ramírez. Francisco de Goya, 1798

O iluminismo anunciou uma nova era para a humanidade. O passado foi deixado para trás, bárbaro, irracional, e o futuro foi aclamado: o homem era aperfeiçoável, bastava-lhe aplicar a razão às causas do progresso. A felicidade, nessa terra, era possível, graças à ciência, à educação e ao desenvolvimento econômico. O iluminismo pôs a Europa nos umbrais da Primeira Revolução Industrial. Unir-se-ia a Espanha a essa generalizada corrente continental ou permaneceria, uma vez mais, fora dela? Sairia a Espanha, enfim, da longa noite de El Escorial para entrar no reino solar do Século das Luzes? Dois homens estão de pé no centro desta arena cultural. Um é humanista, pensador e estadista de origem aristocrata; o outro, pintor de instintos populares e plebeu de origem elevado até as maiores alturas nas asas do seu gênio artístico. O nome do humanista é Melchor Gaspar de Jovellanos; o do pintor, Francisco de Goya y Lucientes.

UMA "REVOLUÇÃO FELIZ"

No ano de 1789, Jovellanos posou para Goya. O resultado é o retrato mais radiante, mas também o mais triste, do homem ilustrado do século XVIII, do filósofo de uma Europa que abraçou as ideais do iluminismo: razão, claridade, tolerância, sem a suficiente dose de ceticismo a respeito deles. É um dos grandes retratos biográficos, condensando no olhar a atitude e o ar de um homem juntamente com o que o rodeia, sua vida e também a do seu tempo.

Nascido no norte, na província das Astúrias, e décimo primeiro filho de um sistema pautado na primogenitura, Jovellanos foi destinado, antes de tudo, à vida eclesiástica, mas depois de fracassar, providencialmente, nos seus exames canônicos, chegou a Madri a tempo de tomar a carruagem do reformismo Bourbon e chamar a atenção do poderoso ministro de Carlos III, o conde de Aranda. Em quase uma década e meia, entre as idades de 23 e 37 anos, Jovellanos ascendeu de juiz de direito em Sevilha a membro da Real Academia Española em Madri. Descreveu a si mesmo entrando no mundo do direito armado tão-somente com "uma lógica bárbara e uma metafísica estéril e confusa", resultado dos seus estudos religiosos. Mas um dos seus amigos da época o descreveu como um homem que mantinha a "cabeça erguida", "pisando firme e decorosamente por natureza, ainda que alguns cressem que por afetação".

Jovellanos, o juiz, propôs-se limpar as cadeias andaluzas e pôr fim à prática corrente da tortura. Como símbolo de sua política reformista, abandonou a peruca tradicional da magistratura e apareceu com a cabeça despida no tribunal. Mas, enquanto outros travavam a batalha da modernidade baseados puramente nas aparências, Jovellanos estava convencido de que o iluminismo devia ir além da formalidade. O ímpeto modernizante dos Bourbon espanhóis deteve-se temporariamente devido às sublevações populares que se seguiram aos chamados motins de Squillace, quando, no Domingo de Ramos de 1766, em Madri, uma turba enfurecida atacou a residência do marquês de Squillace, ministro na corte de Carlos III.

Italiano de nascimento, o marquês estava sendo culpado de promover um decreto que proibia o uso dos grandes chapéus e capas negras porque, segundo as autoridades, protegiam os criminosos e lhes permitiam fugir impunes.

Em troca, os cidadãos de Madri foram persuadidos a usar o chapéu de três bicos e a capa curta, peças que tornavam impossível disfarçar-se. Quando os madrilenos deixaram de fazer caso do decreto, grupos especiais da polícia passaram a cortar as abas dos chapéus com tesouras e em público, até que essa cobertura adquirisse uma feição moderna, ainda que adornasse cabeças tradicionalistas e rabugentas.

A população amotinada ocupou as ruas de Madri e caminhou até o palácio real, obrigando o rei e sua família a abandonarem a cidade. Só a demissão do ministro Squillace acalmou essa fúria tradicionalista e, afinal das contas, xenofóbica. Os acontecimentos internacionais tampouco ajudaram o monarca reformista. A Espanha fora derrotada pela Inglaterra na Guerra dos Sete Anos e, ainda que Gibraltar já se encontrasse em mãos britânicas, em seguida Havana e Manila também foram capturadas pelo pérfido Albião,* só sendo devolvidas à tutela espanhola em troca da Flórida e de todos os territórios colonizados pela Espanha a leste do Mississipi.

A fim de sobrepor-se a esses contratempos e impulsionar, apesar deles, as reformas modernizadoras, o enérgico conde de Aranda foi nomeado primeiro-ministro. Seu conselheiro principal, verdadeira enciclopédia particular, seria o jovem magistrado das Astúrias, Jovellanos, em cujos discursos, escritos e atos a "revolução feliz" do humanismo alcançou seu vôo intelectual e finalidades práticas. Dar "entrada à luz" nos domínios da Espanha, exclamou Jovellanos: a Espanha precisa é de "ciências úteis, de princípios econômicos, e do espírito geral do iluminismo". Educadores e escritores como Jovellanos, e estadistas como Aranda, dirigiram a Espanha para o desenvolvimento, para o pragmatismo, as comunicações e a educação pública. Foi fundada uma dezena de entidades para a difusão das artes; foram lançadas mil idéias para a modernização econômica; e cem decretos se ocuparam do incentivo ao espírito da filosofia das luzes, na Espanha de Carlos III.

Infelizmente, um outro golpe de má sorte atingiu a Espanha quando, ao morrer Carlos III, seu filho, Carlos IV, assumiu o trono e imediatamente desfez a obra do pai em tudo o quanto podia. Só era determinante, para ele, uma frivolidade ilimitada. A Carlos IV interessava mais a boa vida do que a boa educação, e havia muito pouca massa cinzenta sob sua peruca empoada. Era manipulado com toda facilidade pela rainha, a sexualmente sôfrega María Luisa de Parma, conhecida pelo apelido um tanto lacticinoso de La Parmesana. O escandaloso concubinato da rainha com o oficial de 27 anos chamado Manuel Godoy – elevado ao posto de primeiro-ministro e, após suas derrotas na luta contra a França em 1795 chamado pelo rei de "Príncipe da

---

* Na mitologia romana, nome de um gigante, filho de Netuno, a antiga antonomásia da Inglaterra. (N. do T.)

Paz" – revelou que os piores vícios do nepotismo, o favoritismo e a corrupção, se haviam sucedido, infortunadamente, ao despotismo esclarecido dos tempos de Carlos III.

Jovellanos sofreu, conseqüentemente. Manteve a cabeça erguida, mas entendeu que a época de Carlos III terminara. Quando Carlos IV começou a perseguir os antigos ministros do iluminismo, Jovellanos continuou apoiando-os, se bem que muitos deles não fossem capazes de apoiar a si mesmos. Num prólogo macabro das perseguições ideológicas do nosso tempo, um ministro acusado reconheceu, em carta a Jovellanos: "Inspiro temor. Serei observado. Estarei na lista dos banidos. Gostaria de ser heróico. Não posso sê-lo. Perco-me..." A mensagem a Jovellanos foi transparente: deixa que outros sejam os heróis. O macarthismo não é nada novo, com ou sem perucas empoadas.

A partir de então, ninguém encarnaria melhor do que Jovellanos os dilemas inerentes à decisão de permanecer fiel a seus próprios ideais, salvando a integridade física. Ele regressou a sua casa nas Astúrias, satisfeito, moral e intelectualmente, em poder dar realidade e raiz a suas idéias em seu próprio torrão. As Astúrias eram uma terra de rica agricultura e de subsolo rico em carvão. A Primeira Revolução Industrial se aproximava e a Espanha não deveria ficar novamente para trás. Jovellanos fundou nas Astúrias um instituto de mineralogia, promoveu o uso do carvão para a geração de energia, abriu novos portos e novas estradas, caminhos para o coração de uma Espanha que requeria urgentemente a sua reforma agrária. Denunciou a acumulação de terras baldias, improdutivas, nas mãos de uns quantos proprietários de terra absenteístas; e indignou-se com as condições desumanas da vida rural, onde as ovelhas eram mais bem tratadas do que os homens. Mas Jovellanos lutou também em favor da escola e do arquivo, da irrigação e da comunicação. Foi chamado "o viajante do iluminismo", pois penetrou a terra dura e isolada dos seus antepassados.

O sonho do progresso, no Século das Luzes espanhol, chegou ao fim quando os reis franceses perderam as suas cabeças, e os reis espanhóis, resolvidos a não perder as suas, voltaram à prática do absolutismo ultraconservador. O processo de modernização foi praticamente suspenso a partir da Revolução Francesa. Pois, afinal, não eram a educação, a ciência e a reforma as próprias armas da Revolução? E Melchor Gaspar de Jovellanos não proclamara, alto e bom som, que a injustiça social permite estabelecer "a opulência dos ricos sobre a miséria dos pobres e edificar a felicidade do Estado sobre a opressão dos integrantes do próprio Estado"?

Em 1794, Jovellanos comemorou seus cinqüenta anos, idade, naquela época, já considerada velhice. Longe da corte, nas Astúrias, contentou-se em manter uma ação de retaguarda, em favor dos seus ideais de progresso. Temeu que ele mesmo, como muitos dos seus amigos, fosse acusado publicamente, e logo punido. Mas, como se até o seu refinamento estimulasse a perversidade dos inimigos, Jovellanos, em 1797, recebeu um envenenado presente de Godoy e Carlos IV, ao ser nomeado embaixador da Espanha na Rússia. Com o cargo público, veio a angústia particular.

A época de Goya

Don Manuel de Godoy, duque de Alcudia, Príncipe da Paz. Goya, 1801

Deveria aceitar e, como ele mesmo escreveu, "farei o bem, evitarei o mal que possa", ou se mancharia para sempre, colaborando com o governo corrupto, despótico e frívolo de Carlos IV? Em todo o caso, o filósofo não abrigava muitas ilusões: "Feliz de mim, se conservar o amor e a opinião do público que pude ter na vida obscura e privada!" Posto público, dor privada. Seus sonhos se tornaram "breve e perturbado sonho. Até as pedras excitam as minhas lágrimas". Convidado a comer com Godoy, na presença da mulher do primeiro-ministro, mas também de sua amante, a cantora Pepita Tudó, uma terceira relação fazia-se presente: a de Godoy com a própria rainha, La Parmesana. No seu diário, Jovellanos registrou: "Esse espetáculo rematou o meu desagrado. Minha alma não pôde suportá-lo. Nem comi, nem falei, nem pude sossegar o espírito. Fugi dali..."

Mas Godoy parecia decidido a capturar o rato intelectual ou, quem sabe, se divertia em brincar com ele como um gato. Quando ofereceu a Jovellanos o ministério da Justiça, um dos cinco postos de gabinete na Espanha de Carlos IV, um horizonte de imenso poder se abriu ante o olhar do filósofo. Durante oito meses, Jovellanos trabalhou de boa fé. Seu inimigo era a Inquisição. Tão logo, porém, provou o gosto do poder, Jovellanos foi neutralizado tão rapidamente quanto fora nomeado. Seus amigos e simpatizantes foram objeto de calúnias, intrigas e até prisão. Aplicou-se-lhe a política do gelo. A tertúlia de Jovellanos em Gijón se fez cada vez mais triste e solitária. O filósofo se perguntou se os seus amigos, intimidados e mal-agradecidos, retornariam a ela um dia. "Talvez voltem. Nada me importa!", escreve no diário. E preparou-se com estoicismo para suportar o que, inevitavelmente, haveria de acontecer. Acreditava que sua conduta fora honesta e impecável: sendo assim, poderia agüentar todos os embates da má fortuna. De qualquer modo, não lhe restava outro recurso além do testemunho da sua própria consciência. E a consciência "só me acusa daquelas fraquezas que são tão próprias da natureza humana".

Este, pois, era Jovellanos, uma vez mais a encarnação do espanhol estóico, mas desta vez pintado por Goya, sentado numa cadeira envernizada de ouro, uma folha de papel na mão, que descansa sobre o joelho direito, a cabeça descansando sobre a outra mão, o cotovelo fincado numa mesa de trabalho cheia de livros e papéis, uma pena e uma estátua de Minerva, a deusa da sabedoria, a inteligência armada, vigiando o sábio. Mas os dourados e a deusa são menos impressionantes do que a qualidade civil do retrato, o homem sem peruca, trajado de calças e sobrecasaca burguesas, meias simples e sapatos de fivela. Fosse norte-americano, Jovellanos teria sido o primo de Benjamin Franklin. Mas, na verdade, é a versão iluminista do magnífico retrato de El Greco, *El caballero de la mano en el pecho* que, aliás, é a versão século XVII do eterno perfil histórico oferecido por uma parte da Espanha como corretivo contra o picaresco ou cruel, pitoresco ou poderoso. Equilíbrio exato entre a arrogância dos poucos e a humildade dos muitos, é o retrato de um homem refugiado no seu foro íntimo, protegido pelos seus valores, sua dignidade e suas convicções privadas, em meio a um mar público de intriga, adversidade e compromisso.

Jovellanos, último intelectual descendente de Sêneca na Espanha, teve de lançar mão de toda a sua fortaleza pessoal para enfrentar a fortuna adversa. Em março de 1801, ele foi preso em sua terra asturiana. Um informante denunciara-o secretamente, por "ler livros proibidos", e insistiu em que fosse enviado "para muito longe de sua terra, privado de toda comunicação e correspondência". Jovellanos — acrescenta a carta que o denuncia — devia servir de exemplo para "os infinitos libertinos" que lhe seguiam as idéias. Sua casa foi cercada ao amanhecer, Jovellanos arrastado para fora de sua cama, seus papéis confiscados e, no dia seguinte, o filósofo partiu para o exílio acompanhado de quatro guardas armados. Seguiu-se um julgamento secreto e, após período de encarceramento numa cartuxa, o "viajante do iluminismo" passaria a ser o prisioneiro do castelo de Belver, na ilha de Mallorca. Ali permaneceu por seis longos anos.

Nesse ínterim, a reação contra a incompetência e a corrupção da trindade *non sancta* de Carlos IV, La Parmesana e Godoy firmou sua causa comum em torno de Fernando, o herdeiro da coroa. Uma turba sublevada, em Aranjuez, obrigou Carlos IV a renunciar em favor do filho. Por pouco Godoy não pereceu no meio do tumulto, e um dos primeiros decretos do novo governo foi libertar Jovellanos do seu castelo prisão. Contudo, Napoleão sabia agir com mais rapidez que qualquer Bourbon. Antes que o novo rei, Fernando, pusesse um pé em Madri, Bonaparte seqüestrou em Bayonne o pai e o filho, Carlos IV e Fernando VII, junto com o favorito Godoy e sua amante, a rainha María Luisa, e em seguida impôs à Espanha uma constituição liberal, abolindo a Inquisição e as alcavalas, destituindo o feudalismo e a Igreja de muitos privilégios, e proclamando os direitos do homem. Os Bonaparte, Napoleão e seu irmão José, instalado como rei da Espanha, convidaram Jovellanos a unir-se à "grande tarefa" de tornar a Espanha, enfim, uma nação moderna.

Jovellanos dirigiu o olhar para Madri. A população, ali, se levantara contra as forças de ocupação francesas. Quando a França ofereceu aos espanhóis a liberdade em troca do despotismo dos reis, os espanhóis gritaram: "Vivam as correntes!" e, em vez da liberdade, foram levados para o paredão. Goya pintou essa cena inesquecível; foi na noite do 2 de maio de 1808. E Jovellanos tomou uma decisão. Lutaria pela Espanha, pela sua independência, mas não pelos Bourbon estúpidos, corruptos e venais, retratados para sempre no grande quadro goyesco de Carlos IV e sua família.

A Espanha lutou e foi derrotada pela máquina de guerra imperial de Bonaparte. Jovellanos, sentindo que estava tudo perdido, voltou para o lar asturiano. O povo enlouqueceu, o filósofo foi levado em triunfo para a sua residência, acenderam-se fogueiras para festejar-lhe o regresso, todo o mundo iluminou a casa em sua honra, e Jovellanos foi proclamado "pai da pátria". Descobriu, porém, que sua casa, seus livros e pinturas haviam sido saqueados pelas tropas do marechal Ney. Uma vez mais, os franceses achavam-se às portas das Astúrias. Jovellanos mal teve tempo de embarcar. Era uma noite de tempestade e, com a navegação impossível, teve de atracar numa aldeia de pescadores, onde morreu de pneumonia. Ao delirar, repetia incessantemente: "Uma nação sem cabeças. Uma nação sem cabeças."

O SONHO DA RAZÃO

Como para compensar e estabelecer uma tensão dramática entre as forças da razão e as advertências da imaginação artística, o cenário da Espanha iluminista foi partilhado por Jovellanos com Goya, seu complemento e antítese. Ambos chegaram a Madri no momento culminante do regime reformista de Carlos III. Mas, se Jovellanos era um intelectual aristocrata, provindo de uma província que é quase toda sinônimo de dignidade, as Astúrias, Goya era um filho instintivo e plebeu da província rude e dura de Aragão. Filho de artesãos, sua aparência não o desmente. Veio da roça, das profundezas da Espanha, a aldeia aragonesa de Fuendetodos, que, ao que se dizia, "punha os cabelos em pé". Seus moradores eram sem dúvida rudes, mas também decididos, às vezes grosseiros, mas também sonhadores, em segredo. Aragão também é a patriazinha do Goya contemporâneo, o cineasta Luis Buñuel.

Goya era robusto, hirsuto, de olhos sonhadores, mas que possuíam um brilho metálico. Tinha um nariz plebeu, desenvolvido, e sua boca era um mistério, sensual, protuberante, como um rim no meio do rosto largo. Suas camisas ficavam abertas no colo, mostrando o peito virilmente peludo; suas botas se enxovalhavam em lodo e excremento. Amava o povo, tinha um espírito aberto e se juntava facilmente às festas populares. De fato, perdeu a audição de um dos ouvidos por tomar parte em um imoderado concurso de levantamento de carroças, em Aragão. Sua capacidade de trabalho foi sempre extraordinária.

As execuções do dois de maio de 1808. Goya, 1814-1815

Nomeado pintor da corte em 1786, Goya entrou no mundo de corrupção e engodo da decadência dos Bourbon, que se seguiu ao reinado de Carlos III. Rodeavam-no belas duquesas, filósofos brilhantes, príncipes estúpidos, rainhas infiéis (ainda que feias), favoritos venais, mas também toureiros e atrizes que embarcavam nas naus da vaidade e do egoísmo. Engodo e corrupção, mas também elegância, sensualidade e intenso gosto pela vida, pois o Século das Luzes, na Espanha, foi também o século dos palcos, das praças de touros e da pândega aristocrática. Goya seria o pintor deste mundo.

Por certo, quando lhe pediram para trazer a felicidade e a luz, Goya o fez com muito gosto. As grandes tapeçarias do Prado reproduzem os céus brilhantes e as cálidas sombras de um sensual verão madrileno. Essa estupenda série de cenas alegres,

Auto-retrato.
Goya, c. 1786

ensolaradas e brincalhonas, às vezes cervantinas em seu bulício popular, refletem, todavia, a atmosfera da Madri dos Bourbon, à medida que a cidade crescia e se embelezava sob o governo progressista. Alguns dos mais bonitos monumentos e avenidas madrilenos foram construídos sob Carlos III: o Museu do Prado, as fontes de Netuno, Apolo e Cibeles, a Porta de Alcalá. Teve razão Jovellanos ao dizer que fundar duas novas cidades, na Espanha, era melhor e menos caro do que conquistar uma cidade estrangeira.

Mas a intenção de Goya, mesmo quando pintava as mais deliciosas cenas pré-impressionistas de festividades campestres, como a festa de são Isidro em Madri ou o maravilhoso quadro da garota sob uma sombrinha enquanto o amante a corteja, não foi jamais a de ilustrar, mas a de apresentar. Goya apresentou o povo à aristocracia. A mulher de sangue azul passa em sua carruagem e troca olhares com as vendedoras de qualquer rua. Os aristocratas passeiam trajados como toureiros, e as atrizes são as rainhas de Madri. Impõe-se, entre todos, o estilo do *majismo** tanto feminino como masculino: o predomínio da aparência sobre o conteúdo, o culto da beleza e da juventude, a consagração da pose, da atitude, da teatralidade. Tudo isso busca sua fonte na energia popular. A alta sociedade desceu aos arrabaldes. E Goya foi quem deu a essa época seus ícones definitivos, com os dois grandes retratos da duquesa de Alba.

Em um deles, *La maja vestida*, vemos a grande dama disfarçada como uma moça do povo. No seguinte, *La maja desnuda*, Goya despiu a duquesa, nos mostrou sua intimidade, a doçura cor-de-rosa dos seus mamilos, o obscuro convite do sexo, a audaz suavidade das axilas adornadas. A *maja* não era um modelo posando como uma deusa mitológica. Essa mulher possuía tanto um título aristocrático como um disfarce popular. Afinal, não eram ambos disfarces? O corpo, afinal, não é um disfarce da alma, da imaginação, dos seus temores e anelos?

O olhar de Goya, o crítico social, transpassou com as sombras mais ácidas, com a luz mais afiada o espetáculo vicário da nobreza disfarçada de vitalidade proletária. *Los caprichos* são a crônica insuperável da loucura humana, suas hipocrisias, fraquezas, perversões. A beleza da técnica empregada por Goya, a água-forte branca, negra e cinzenta, projeta essas cenas da miséria moral muito além de qualquer suspeita moralista. As gravuras de *Los caprichos*, afinal, se resolvem, no mais famoso de todos eles, com uma crítica da razão, do otimismo acrítico, e da fé sem limites no progresso.

---

* A palavra é praticamente intraduzível. Designa a atitude que valoriza o traje muito vistoso e enfeitado, em geral por parte de pessoas pouco educadas, de classe subalterna, mas, nessa época, como mostra o autor, também por parte de gente da nobreza, num modismo de futilidade e simulação. A partir dos adjetivos, *majo, maja*. (N. do T.)

A época de Goya

A fonte de Cibeles, Madri

Gosto de comparar o semblante digno, quase republicano, de Melchor Gaspar de Jovellanos, pintado por Goya, e o mais famoso de *Los caprichos*, *El sueño de la razón produce monstruos*. O retrato essencial do homem da razão, sentado à escrivaninha, o papel numa das mãos, a cabeça descansando sobre a outra, converte-se no capricho da razão adormecida, liberando os monstros tanto do psiquismo como do mundo. O aparato e o cenário são os mesmos que no retrato. Mas, na gravura, Jovellanos, o educador, sucumbiu ao sono um minuto depois de Goya o pintar no seu estado habitual de completa racionalidade. Agora, no sonho da razão, as asas dos morcegos voam sobre a cabeça do filósofo. As gárgulas e as corujas saqueiam o seu sonho do progresso iluminista, e a razão, de maneira atroz, é vampirizada. Mas talvez a razão, quando esquece seus próprios limites e deixa de comportar-se criticamente em relação a si mesma e a seu filho, o progresso, mereça esse pesadelo. Talvez seja só o sonho dos monstros que produza a razão.

Frisei, anteriormente, que a tradição estóica na Espanha se encarna, de forma dramática, na figura e na obra de Jovellanos. É a hora de acrescentar que outra grande tradição espanhola, a do erasmismo renascentista, não é tampouco alheia a essa figura. Mas, na realidade, dorme perpetuamente Jovellanos o sonho da morte ou faz uma pequena sesta, desiludido, *El sueño de la razón*? "Terça-feira 20", escreve nas pá-

A festa de são Isidoro. Goya, 1788

Mulher sob uma sombrinha. Goya, 1777

ginas finais do seu *Diario*. "Pouco sono. Nuvens. Frio." Adormecido, Jovellanos libera os monstros da razão. Mediante essa dramática e assombrosa comparação entre a vigília e o sono, entre a realidade do homem desperto e a fantasia do homem adormecido, Goya lança uma luz enorme (junto com uma enorme sombra: uma e outra raramente se separam nesse artista) sobre a totalidade da sua obra, unindo deste modo a ensolarada liberdade das tapeçarias às obras finais, as imensamente amargas "pinturas negras" de um velho surdo que, na faixa dos setenta anos, ainda

A época de Goya

A maja vestida.
Goya, 1800-1803

A maja despida.
Goya, 1800-1803

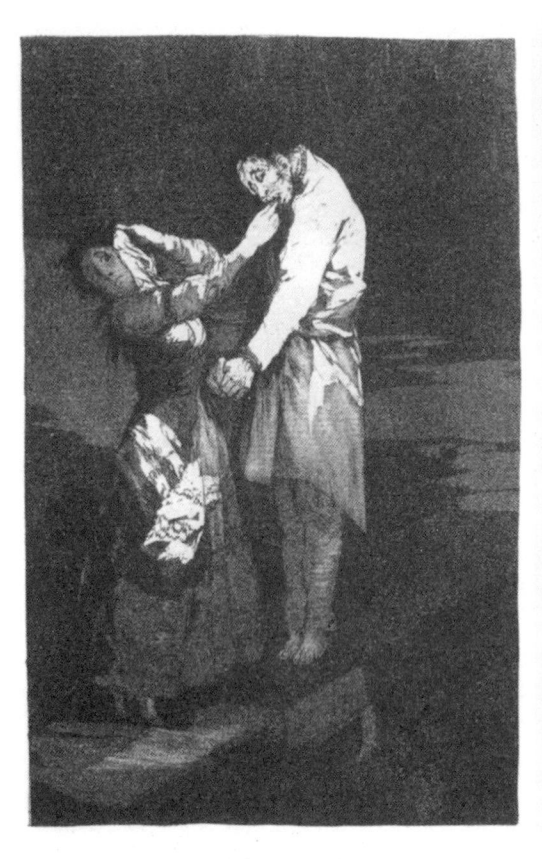

insiste em pintar quando a festa acabou, quando a corte de Carlos IV profanou o sentido das luzes, e quando os exércitos de Napoleão invadiram a Espanha.

Desse modo, o grande desenho de Goya apareceu pouco a pouco, revelando-se numa tela que, na realidade, se desenvolve como uma fita cinematográfica sobre um território tanto espanhol como universal, num tempo tanto passado como contemporâneo, luminoso como os céus estivais de Castela e apavorante como um frio páramo invernal. Sobre esse espaço e nesse tempo, enquanto a história faz desfilar os seus demônios – poder, vaidade, glória, bravura, morticínios – e maltrata os domínios da natureza com sangue e morte, a figura final de Goya, aparentemente, seria o deus Saturno, enlouquecido e devorador. Mas, entre os demônios da história e os domínios da natureza, Goya é capaz de invocar, dolorosa, majestosamente, a resposta da arte.

Francisco de Goya y Lucientes morreu em Bordeaux, em 1828, aos 82 anos, exilado do solo natal. Depois de Napoleão deixar a Espanha e desembocar nos anos finais das suas derrotas e desterros, o ultra-reacionário Fernando VII voltou a ocupar o trono, agindo como se nada houvesse acontecido ("os Bourbon" – conforme o famoso dito de Talleyrand – "não esquecem nada, mas não aprendem nada"), rasgando a Constituição liberal de 1812 e o legado de Jovellanos. Goya foi obrigado a exilar-se e, quando morreu, foi enterrado na França.

Caça aos dentes. Goya; de Los Caprichos

Todos cairemos. Goya; de Los Caprichos, 1799

O sonho da razão origina monstros. Goya; de Los Caprichos

El sueño de la razon produce monstruos

Que coragem! Goya; de Los Caprichos

Só em 1899 o governo espanhol pediu que os restos do grande artista fossem trazidos de volta para Madri. Quando o cônsul espanhol em Bordeaux ordenou a exumação do cadáver de Goya, descobriu que lhe faltava a cabeça. Imediatamente expediu um telegrama para o Ministério, em Madri: "Esqueleto de Goya sem cabeça. Solicito instruções." A que o governo respondeu, telegrafando: "Envie Goya, com ou sem cabeça."

VIVAM AS CORRENTES!

Goya é um assassino. No sentido figurado, como quando pintou a corte de Carlos IV e sua família, sem dissimular em nada os contornos da idiotice ou o realismo mais que fotográfico das suas figuras. E seu retrato de Godoy, reclinado numa cadeira curul de campanha, cercado dos motivos da atividade militar, só ressalta a ociosidade vulgar da personagem, sua anatomia inflada, fofa, descuidada e, suspeitamos, cheirando a alho.

Mas, literalmente, também Goya deu vida imortal ao crime, pintando os guerrilheiros de Madri, enquanto eram fuzilados pelas tropas francesas. Pois esses revolucionários franceses tinham vindo livrar o povo espanhol de indivíduos como

A época de Goya

A família de Carlos IV. Goya, 1800

Carlos IV e Godoy. No entanto, o imenso orgulho patriótico dos espanhóis retrucou aos franceses que, sendo assim, vivam as correntes! Sem dúvida não desconfiavam de que esse mesmo nacionalismo, as mesmas táticas de guerrilha, o mesmo grito de independência logo lhes seriam arrebatados pelos insurgentes da América espanhola, na sua luta contra o rei da Espanha.

Jean-Jacques Rousseau. Allan Ramsay, 1766

ONZE

Até a independência: Múltiplas máscaras e águas turvas

As distâncias, nas Américas, sempre foram enormes, e não apenas num sentido físico. Ainda hoje, na era dos jatos, viajar de Buenos Aires à Cidade do México leva umas 16 horas de vôo; em 1800, levava muitos meses. Por isso nos surpreende tanto que num só ano, 1810, os movimentos de independência se tenham manifestado, com velocidade extrema e sincronização tão assombrosa, do México, no vice-reinado da Nova Espanha, a Buenos Aires, no vice-reinado do Rio da Prata. Em abril, Caracas depôs o capitão-geral espanhol. Em maio, Buenos Aires expulsou o vice-rei espanhol. A 15 de setembro, o padre Hidalgo y Costilla levantou-se contra o regime espanhol no México. E no dia 18, do mesmo mês e do mesmo ano, na distante Santiago do Chile, foi iniciado o movimento da independência.

A simultaneidade é assombrosa, não em face da falta de comunicações ou das imensas distâncias físicas, que foram o fator negativo da equação. O fator positivo foi a comunidade de língua e de propósitos que uniu os movimentos patrióticos, novamente desde o México à Argentina, revelando a existência de fortes laços intelectuais e espirituais entre as colônias da Espanha nas Américas. A perda deste sentimento do destino comum, após a independência, devido a políticas nacionais e tensões regionais, é outra questão. Em 1810, porém, a independência hispano-americana vivia em intimidade consigo mesma.

O mais espantoso, no entanto, é o fato de que a independência haja ocorrido, ante a longevidade do império hispano-americano, os costumes, as sujeições e as inércias estabelecidas entre a península e o Novo Mundo desde 1492. No alvorecer do século XIX, a independência americana não era um fato evidente. Um caboclo da América espanhola que assomasse em sua varanda no México, em Caracas ou Buenos Aires no primeiro dia do ano de 1801 teria arriscado uma aposta se houvesse previsto que, em 1821, a Espanha perderia todas as suas possessões no Novo Mundo, com exceção de duas ilhas caribenhas, Cuba e Porto Rico.

Apesar de sua fortaleza, esses laços de sangue e de espírito acabaram tornando-se mais débeis do que a nova consciência de si mesmo, a vontade nacional e a divergência de interesses entre a metrópole e as colônias que se encaminharam para a grande corrente da independência: o nascimento das nações hispano-americanas. De onde veio essa nova consciência? Como evoluiu? Quais foram os seus atores? E a pergunta implícita, por certo: quais eram os hispano-americanos?

Em 1810, o ano da explosão revolucionária, 18 milhões de habitantes viviam sob o governo da Espanha, entre a Califórnia e o cabo Horn. Oito milhões continuavam sendo considerados indígenas, originários do Novo Mundo. Só um milhão eram negros puros, trazidos da África como resultado do tráfico de escravos. E só quatro milhões eram de raça caucasiana, tanto espanhóis peninsulares como crioulos, isto é, descendentes de europeus nascidos no Novo Mundo. Os crioulos (na sua maioria de ascendência espanhola, mas com uns tantos nomes franceses, alemães ou irlandeses – O'Higgins, O'Relly) superavam os espanhóis peninsulares na razão de nove para um. Por sua vez, porém, todos os hispano-americanos de raça branca constituíam uma minoria diante das pessoas de raça indígena, negra e mestiça. Estes últimos, que formavam o quarto e talvez o mais original e dinâmico de todos os grupos raciais, somavam, em 1810, cinco milhões. Eram uma mescla de todos os demais, classificados de acordo com denominações afetadas e amiúde insultuosas. O mestiço descendia dos casais de indivíduos branco e índio; o mulato (nome racialmente ofensivo, derivado de *mula*), de branco e negro; o zambo, de índio e negro; o *tercerón*, de mulato e branco; o *cuarterón*, de *tercerón* e branco, enquanto *tercerón* e mulato davam a categoria do *tentenelaire*, e o produto do *cuarterón* com negro era o *saltapatrás*.

Os dois fatos mais notáveis, no entanto, são que os crioulos eram maioria diante dos espanhóis, mas que eles próprios, crioulos, eram minoria diante da maioria "de cor". Um e outro fato fariam determinar a natureza da independência hispano-americana. Os crioulos possuíam uma aguda consciência de estar no topo da sociedade local e, no entanto, desempenharam um papel secundário ante os espanhóis peninsulares em termos de consideração, privilégios, acesso à riqueza ou à função pública, e a decisões políticas. Não obstante, a própria lassidão da administração dos Habsburgo na Espanha (e, certamente, as tremendas distâncias) originou, no meio crioulo, um sentimento de sobrevivência autônoma e capacidade de autogestão. O afrouxamento da administração colonial, na época dos Habsburgo, se imortalizou, como vimos, com as famosas palavras "a lei se acata, mas não se cumpre".

É isso, precisamente, o que mudou sob o zeloso regime reformista do monarca Bourbon Carlos III. Os Bourbon, após fazer o balanço dos anos finais do governo Habsburgo, se certificaram de que suas colônias estavam financiando a metrópole em quantidades muito inferiores às das colônias britânicas e francesas do Novo Mundo. Ao mesmo tempo, porém, a produção da América espanhola, quer de metais, quer na agricultura e pecuária, estava crescendo incessantemente, assim como suas populações e suas cidades se expandiam. Por que a metrópole, então, não recebia mais? Ou, de outro ponto de vista, por que as suas colônias estavam retendo mais?

Enquanto a coroa, indiscutivelmente, estava motivada por um desejo de prosperidade crescente, tanto de si mesma como dos seus súditos americanos, também queria o desenvolvimento de uma comunidade de interesses econômicos, mas estes apareceram envoltos por uma nova filosofia política, que negava a experiência dos três séculos anteriores. Tratava-se, portanto, e nem pela primeira vez ou pela última no mundo hispânico, de uma revolução de cima para baixo, imposta dentro do governo, não proveniente da vontade e do debate dos governados: como tal, foi incapaz de compreender os motivos pelos quais irritou as elites coloniais, uma vez que, ao enquadrar o mundo hispano-americano dentro do estreito molde da unidade com a Espanha, a coroa ameaçava os múltiplos interesses locais desenvolvidos durante os três séculos de colonização, seus sentimentos de autonomia e de identidade. Por outro lado, esses poderes locais haviam desenvolvido um alto grau de impunidade, aproveitando as distâncias entre a Espanha, sua abstrata "monarquia índia", e os objetivos absolutamente concretos da população crioula.

Então, em 1801 um crioulo de classe alta e típico de Buenos Aires, Caracas ou México poderia perguntar-se se ele ou os seus filhos podiam continuar sendo considerados simplesmente uma classe. Por acaso não estavam transformando-se numa *nação*, numa nação *crioula*? Em todo o caso, sentiram-se irritados, perplexos e mesmo ofendidos ao observar a maneira como a monarquia espanhola se desprendia violentamente do seu patriarcalismo tradicional, humanitário, distante, para lançar mão de um enfurecido intervencionismo.

A EXPULSÃO DOS JESUÍTAS

O acontecimento exterior e sensacional que precipitou o crescente sentimento de identidade em toda a América espanhola foi a transcendental decisão monárquica de expulsar os jesuítas da Espanha e de suas colônias.

O Estado nacional Bourbon julgou sua própria autoridade incompatível com os poderes excessivos das outras instituições, inclusive a Igreja, e também de classes privilegiadas como as velhas aristocracias dos proprietários de terra de Castela e Andaluzia. Em vez, porém, de atacá-las frontalmente, a coroa deu exemplo de seu estatismo modernizador distinguindo um grupo poderoso mas não tanto, abrangente mas não onipresente, e de estreita ligação quer com a Igreja, quer com a aristocracia. Em outras palavras, os jesuítas foram escolhidos para levar uma mensagem aos seus poderosos patronos. Carlos III e seus ministros resolveram acusar a Companhia de Jesus de haver instigado os motins de Squillace no Domingo de Ramos de 1767. Essa conduta fora-lhes inspirada sobretudo pelo desejo de obter maior independência do papado, já que era a Companhia de Jesus que se via como o mais íntimo aliado do poder católico-romano. Mas a monarquia também se propunha hostilizar a aristocracia espanhola mais antiga e conservadora, que desaprovava as reformas dos Bourbon e, além disso, estava muito ligada aos jesuítas. O semimonopólio jesuíta sobre a educação seria destroçado em benefício de um programa mais liberal.

Fossem quais fossem as razões da monarquia para expulsar os jesuítas, o fato é que acabaram inteiramente contraproducentes no Novo Mundo. Seguiu-se aí um novo paradoxo: as reformas dos Bourbon haviam promovido o estudo das ciências na Espanha. No Novo Mundo, porém, eram precisamente os jesuítas que haviam promovido tais estudos modernos. Em vez de se entrincheirar na escolástica, os jesuítas haviam arrebatado o poder acadêmico aos tomistas, que dominavam o pensamento político através dos preceitos de santo Tomás de Aquino, e haviam servido às elites hispano-americanas grandes doses de Descartes e Leibniz. De fato, foram os jesuítas que trouxeram para a América espanhola o espírito reformista dos Bourbon. A política da coroa fracassou, por não ter percebido que os seus esforços de modernização no campo educacional já haviam sido antecipados pelos jesuítas e que, fato ainda mais decisivo, a modernização da América espanhola significava sua identificação. Os jesuítas o compreenderam, a coroa não.

Na segunda metade do século XVIII, a América espanhola se atirara à aventura da moderna autodescoberta, ultrapassando rapidamente, em distância e profundidade, as reformas propostas por Madri. Os jesuítas foram identificados com essa renovação do autoconhecimento. Não admira, por isso, que o edito de expulsão, de 1767, haja tido um efeito explosivo nas colônias, preparando as condições para um choque entre estas e a monarquia. Comunidades inteiras, em todo o continente, se levantaram contra a expulsão dos jesuítas, e o vice-rei do México, o marquês de Croix, incumbido da operação de expulsar a irmandade, confessou numa carta a seu próprio irmão: "Eram donos absolutos dos corações e das consciências de todos os habitantes deste vasto império." Só podiam afirmá-lo em caráter particular. Em público, mostrou sempre a dura face autoritária da monarquia espanhola, condenando à morte quem se opusesse ao edito de expulsão e ainda advertindo, *urbi et orbi*, que "portanto, de uma vez para sempre, devem saber os súditos do grande monarca que ocupa o trono da Espanha que eles nasceram para calar e obedecer e não para discutir ou opinar nos altos assuntos do governo".

Tão implacável posição não foi capricho de um vice-rei excêntrico, que impunha sua vontade a uma longínqua colônia americana. As palavras do vice-rei confirmavam a pragmática real segundo a qual o próprio rei, Carlos III, o Esclarecido, ordenava à Inquisição: "É expressamente proibido que alguém possa escrever, declarar ou comover com o pretexto destas providências, a favor ou contra elas; deveis, em vez disso, impor silêncio em tal matéria a todos os meus vassalos, e ordeno que se punam os contraventores como réus de lesa-majestade."

Desterrados de Portugal, da Espanha e de seus domínios, os jesuítas naturalmente afluíram para as portas de Roma. O papa, porém, fechou-as aos bons irmãos, receoso de ofender as monarquias européias, e os exilados, em alguns casos, esperaram durante semanas nos seus barcos, ancorados diante do porto romano de Óstia, enjoados e enfermos, esperando ser admitidos, até que o papa se arrependeu. Se Espanha e Portugal haviam privado a si próprios dos talentos dos jesuítas, por que o papa não haveria de aproveitá-los? Mais que o papa, porém, o verdadeiro vencedor, neste incidente tragicômico, foi a América espanhola, pois no seu refúgio de Roma os jesuítas hispano-americanos não apenas criaram intrigas contra o rei da Espanha com o papado, como se identificaram com a causa do americanismo. Vingaram-se da coroa espanhola escrevendo *histórias nacionais* das colônias. O jesuíta chileno Juan Ignacio Molina escreveu (em Roma, e em italiano) sua *História nacional e civil do Chile*, enquanto o jesuíta mexicano Javier Clavijero escreveu (também em Roma, e em italiano) sua *História antiga do México*.

Estes livros deram enorme sentido de identidade às emergentes nações hispano-americanas, e tanto à elite crioula, branca e hispano-americana, como também aos grupos mestiços com acesso à educação e que foram capazes, cada vez mais, de se identificar com seus lugares de origem. Eles se identificaram através da realidade, da história e da geografia americanas. Juan Pablo de Vizcardo y Guzmán, jesuíta nascido em Arequipa, no Peru, escreveu estas palavras extraordinárias, no seu exílio em Londres, quando o Novo Mundo celebrou, em 1792, o terceiro centenário do descobrimento por Colombo: "O Novo Mundo é a nossa pátria, sua história é a nossa, e é nela que devemos examinar nossa situação presente, para nos decidir, de acordo com ela, a tomar o partido necessário à manutenção dos nossos próprios direitos... Nossa história, de três séculos para cá, poderia reduzir-se a essas quatro palavras: ingratidão, injustiça, servidão e desolação..." E, no México, o editor e sábio Antonio de Alzate iniciou a publicação de sua *Gaceta* em 1788. Prometeu, nela, que escreveria sobre os homens que haviam iluminado a "nossa nação hispano-americana". A nação americana, escreveu Alzate, possuía a sua própria cultura, seu próprio passado e suas próprias tradições, e elas eram tanto índias como européias.

A consciência continental do lugar e tempo em que se vivia recebeu enorme impulso com a presença do cientista alemão barão Alexander von Humboldt que, em sua excursão pela América espanhola principiada em 1799, descreveu a crescente riqueza das colônias, mas também lamentou que estas beneficiassem mais a Espanha do que os interesses locais. A América espanhola, escreveu Humboldt, precisava de menos imposto, mais comércio, uma classe média, e melhor governo. Nada disso, porém, era alcançável sem maior liberdade.

A classe crioula na América espanhola enfrentou um dilema não inteiramente distinto do que a metrópole defrontava. Juntamente com o crescimento da riqueza econômica e da diversidade do trabalho, aumentaram as divisões sociais e os conflitos de classe, pois, como o observou o economista norte-americano Mancur Olson, o rápido crescimento econômico pode ser seguido de crescente descontentamento político, sobretudo quando o bolo cresce, mas sua distribuição não lhe segue os passos. Olson, um pensador econômico irredutivelmente conservador, dá crédito a Marx na compreensão de que o progresso de um sistema pode conduzir a sua crise; de que os avanços dos sistemas sociais, não menos do que os seus fracassos, podem conduzi-los ao desaparecimento. São palavras que convêm perfeitamente ao destino da Espanha e das suas colônias americanas.

A NAÇÃO CRIOULA

Na primeira manhã do século XIX, a Espanha, a pátria-mãe, viu-se envolvida numa situação de corrupção crescente nas esferas do Estado e contínua participação em guerras continentais e transcontinentais, que lhe esgotavam os recursos domésticos e a obrigavam, mais e mais, a voltar os olhos para as colônias, tendo em vista financiar o excesso de despesa com a tributação americana. Os privilégios concedidos às colônias, em troca, só chegaram tarde, em conta-gotas, e sempre em função do proveito que a metrópole podia extrair deles. O desenvolvimento hispano-americano deveria submeter-se às necessidades de uma Espanha modernizadora e liberal apenas à medida que permitisse às colônias participar melhor das finanças e das obrigações internacionais espanholas do que o desorganizado sistema dos Habsburgo.

Uma retórica dura, autoritária e exagerada marcou, de quando em quando, o discurso geralmente progressista da coroa espanhola. Um completo resumo dele se pode ler nas palavras do vice-rei Revillagigedo, que em 1794 aconselhou ao seu sucessor no México: "... não se deve perder de vista que esta é uma colônia, e que deve depender da sua matriz, a Espanha, sua pátria mãe, e deve corresponder com algumas utilidades aos benefícios que recebe da sua proteção e, assim, necessita-se de grande tino para ajustar essa dependência, e que é mister se faça no interesse mútuo."

No México, em Caracas ou em Buenos Aires, o crioulo, na sua varanda, podia queixar-se de que cada vez pagava mais impostos, sem receber adequada representação política ou ter acesso à função pública. Ainda que as medidas favoráveis à liberdade de comércio tomadas pela monarquia dos Bourbon aumentassem o apetite crioulo de comerciar mais, e mais diretamente, com outras partes do mundo, o fato é que também abriram as economias hispano-americanas à competição internacional. Quem compraria mantas ou esporas fabricadas no interior da Argentina, se podia adquiri-las mais baratas, melhores e mais rapidamente, importando-as da Inglaterra? Por sua vez, essa situação provocou um novo problema: o de saber se os interesses mercantis da América espanhola iam sacrificar a sua produção interna à competição internacional, ou se a produção regional deveria ser protegida de semelhante competição.

Independentemente dessas decisões, as classes crioulas adquiriram consciência de que a sua própria unidade e sobrevivência também eram ameaçadas pelas maiorias não crioulas, de índios negros e mestiços – a temida *pardocracia*, como a chamaram na Venezuela. O século XVIII testemunhou diversas revoltas populares, algumas protagonizadas por negros, outras por índios, mas todas de curta duração. Até que, em 1780, a rebelião índia de Túpac Amaru abalou as espinhas dorsais coletivas dos crioulos. Foi, porém, a rebelião negra e mulata de Coro, na Venezuela, a que realmente aterrorizou os crioulos. Em 1795, milhares de negros e mulatos se levantaram em armas e mataram os proprietários de terra nos seus lugares de trabalho, proclamando "a república e a liberdade dos escravos", e se baseando na "lei dos franceses", isto é, no exemplo da Revolução Francesa. Os negros foram brutalmente reprimidos. Outros, porém, se converteram em fugitivos e criaram comunas autônomas no fundo das selvas e das planícies, onde a autoridade crioula ou vice-real não os pudesse alcançar.

O crioulo hispano-americano, cada vez mais afastado tanto do governo espanhol como da própria maioria nacional, viu-se forçado a tomar a iniciativa antes que a monarquia ou o povo lhe arrebatassem. O crioulo teve de se tornar o chefe da sua própria revolução, e haveria de conduzi-la em seu próprio interesse, já não a compartilhando com a Espanha mas exorcizando, ao mesmo tempo, o perigo de ter de compartilhá-la com mulatos, negros ou índios. Este cálculo, nu e frio, seria coberto com o manto, tíbio, da nascente consciência nacional, o sentimento da unidade abrangente que a história e a geografia proporcionavam, e que tanto excluía o imperialismo espanhol como a política igualitária.

Era isso que tencionava fazer a nação crioula, com a esperança de que o arco das suas justificativas morais, políticas, jurídicas, nacionalistas e mesmo sentimentais acabaria por abarcar quer a necessidade continuada da monarquia espanhola em relação a suas colônias, quer os reclamos cada vez mais intensos da maioria de cor em busca da liberdade com igualdade.

Notícias do mundo

Os morros de San Juan de Porto Rico e de Havana, como as imponentes fortificações levantadas em Cartagena de Índias, e as muralhas da San Juan de Ulúa em Veracruz serviam para isolar as colônias dos ataques, mas também das influências estrangeiras. Agora, porém, as paredes mostravam visíveis rachaduras. As notícias do mundo começaram a penetrá-las. As sociedades hispano-americanas, cada vez mais conscientes de sua identidade específica, cada vez menos dispostas a servir de meros apêndices da comunidade espanhola, sentiram que suas esperanças foram fomentadas por três acontecimentos internacionais, que chegaram como grandes ondas até as paredes das velhas fortalezas espanholas, enfraquecendo-as ainda mais.

Esses três acontecimentos foram: a revolução da independência nos Estados Unidos, a Revolução Francesa e a invasão napoleônica da Espanha. A viagem do barão von Humboldt dera asas às ilusões dos crioulos hispano-americanos. O cientista alemão propusera sua receita de sucesso (menos impostos, mais comércio, melhor governo) e ela transcendia a fidelidade à Espanha, assim como as considerações pragmáticas sobre a continuidade da aliança com a coroa. Na realidade, quando Humboldt publicou seu famoso livro *Ensaio político acerca da Nova Espanha*, uma nova nação aparecera no hemisfério ocidental, seguindo à risca a fórmula de Humboldt para o êxito. Os Estados Unidos da América haviam-se insurgido contra a Grã-Bretanha, a partir de uma revolta contra os impostos em Boston. Tinha-se outorgado, então, uma Constituição baseada nas liberdades individuais e no bom governo. Sua classe média promovia os valores ausentes no mundo hispânico: indústria, educação e poupança. E, para coroar esse panorama, a Espanha emprestara seu apoio à revolução norte-americana, como parte da estratégia antibritânica de Madri. Durante o conflito, os portos hispano-americanos se abriram aos navios rebeldes e revolucionários; em seguida, após seu triunfo, os Estados Unidos haviam-se convertido no mais importante parceiro comercial de Cuba, enquanto suas embarcações se mantiveram em tráfego marítimo em todo o Novo Mundo hispânico, tanto nas costas do Pacífico como nas do Caribe.

Nos primeiros anos da república norte-americana, que coincidiram com os últimos do império espanhol nas Américas, a admiração hispano-americana pela revolução dos norte-americanos foi imensa. No entanto, a inspiração ideológica maior veio dos filósofos franceses iluministas. Suas grandes idéias preencheram uma necessidade profunda, se bem que às vezes inconsciente, da nova *intelligentsia* hispano-americana. Advogados, burocratas, párocos, professores, estudantes e aprendizes de ciência, todos precisavam de uma nova versão secular do universo, que a escolástica explicara, no passado, tão dogmaticamente. Em vez de Tomás de Aquino, Thomas Paine e Thomas Jefferson. Em vez de santo Agostinho, o santoral civil, Montesquieu, Voltaire e Rousseau – especialmente Jean-Jacques Rousseau, o Cidadão de Genebra, e sua inesquecível proclamação: "O homem nasce livre, mas em toda parte se acha acorrentado." Rousseau talvez seja o escritor que maior influência exerceu sobre a história, a sensibilidade e a literatura da América espanhola. Representava os escritores do iluminismo, depositários dos novos princípios da organização social e política, contra a monarquia e contra a Igreja, opostos ao direito divino dos reis e a favor da soberania popular.

A mistura ficou embriagadora e atordoou os párocos de aldeia, os advogados das capitais provincianas e os primeiros escritores nacionais, nas antigas capitais da colônia. Todos se puseram aplicadamente a aprender francês, para saborear esses grandes escritores como se fossem um velho vinho da Borgonha. Imagine-se um jovem seminarista lendo Voltaire pela primeira vez no mundo colonial, ou um jovem advogado exaltado pela retórica e pelas exigências morais de Rousseau, já que este era um escritor que obrigava o leitor a agir, a transformar as palavras em realidade.

A vontade geral, os direitos do homem, a independência nacional: todas essas idéias foram recolhidas pelos criulos ilustrados e pelos mestiços principais, apesar do clamor generalizado da Inquisição, que denunciou a maré de literatura sediciosa, impregnada dos princípios gerais da igualdade e liberdade para todos e contrária à segurança do Estado. Os livros proibidos foram contrabandeados por meios originais. Uma vez que as igrejas e os mosteiros se achavam isentos de fiscalização alfandegária, muitos clérigos ilustrados, na Europa, enchiam os caixotes de objetos sagrados, e muitas vezes os próprios objetos, como vasos sagrados e arcas eucarísticas, de manuscritos, panfletos e livros proibidos. Talvez Voltaire tivesse modificado o seu grito de guerra, *Écrasez l'infâme!* (Esmagai a infame!), com referência à Igreja, se soubesse que o seu *Candide* viajaria da Espanha para a América dentro de um cibório.

A leitura desses autores inflamou os jovens intelectuais do mundo hispano-americano e lhes deu um novo credo, acima e além das lições, boas e más, da própria Revolução Francesa. Como sempre, a iconografia da época, mais poderosa do que qualquer análise detida dos acontecimentos e das idéias, nutriu-se de imagens da guilhotina, do terror, do regicídio e desterro, ou propôs a emoção vicária do heroísmo republicano, seus emblemas tricolores e entusiasmos populares. Menos atenção se deu ao fato de que a Revolução Francesa, em poucos meses, alcançara a maior amplitude de direitos políticos em toda história, e ainda a mais profunda transformação do regime de propriedade já operada na Europa. Quatro milhões de novos eleitores passaram a ter direito ao voto e cem mil juízes foram eleitos, além de 12 mil magistrados civis, entre 1789 e 1790. O sistema feudal foi abolido, assim como a nobreza e as culpas hereditárias passadas de geração em geração. Tribunais especiais para os nobres foram substituídos por tribunais comuns, para toda a população. A Igreja foi despojada de sua riqueza e a nação francesa se unificou, à medida que as alcavalas e as barreiras ao comércio interno foram abolidas.

Como resultado de todos esses fatores, uma personalidade como a de Bonaparte pôde surgir do nada. Era ele a melhor prova de que as carreiras estavam abertas a todos os talentos. Logrou sua ascensão na culminância da grande maré revolucionária. Napoleão se viu sempre como um representante do liberalismo, do progresso, das idéias novas, apesar do despotismo político que justificou com a invocação das condições de guerra e desafio da Europa reacionária. Mesmo no meio das guerras, todavia, Napoleão foi capaz de criar toda uma nova situação jurídica. Sua contribuição legislativa é verdadeiramente impressionante: o código civil francês, o sistema fiscal moderno, o código penal, a Legião de Honra, os sistemas educacionais e administrativos modernos, e até um orçamento equilibrado em tempo de guerra. Napoleão demonstrava o que um homem da burguesia podia obter, por meio da força, da vontade ou da inteligência: absolutamente tudo. Napoleão ordenou a criação das primeiras pavimentações e do primeiro corpo de bombeiros de Paris; inaugurou, inclusive, o serviço postal no Egito. Os jovens criolos hispano-americanos se viram neste modelo e também sonharam que tudo era efetivamente possível. Bastaria promulgar uma nova legislação iluminista para mudar a face da América espanhola.

As guerras napoleônicas também se fizeram sentir nas colônias americanas, em termos de novas relações comerciais. À proporção que a Espanha se foi envolvendo no conflito europeu, a América espanhola passou a depender crescentemente do comércio com os países neutros, especialmente os Estados Unidos, em relações que se multiplicaram durante o período. Com o comércio, porém, cresceu também a competição, sobretudo britânica, que ameaçou as indústrias locais, particularmente no rio da Prata. De fato, em 1806, uma invasão britânica de Buenos Aires tentara estabelecer uma cabeça-de-ponte sobre o Prata. Todavia, enquanto as forças espanholas e o vice-rei Sobremonte fugiram do ataque inglês, as milícias locais argentinas, chefiadas por Santiago Liniers, rechaçaram os ingleses. O mesmo drama se repetiu no ano seguinte, e uma pintura no Museo de Historia de Buenos Aires nos mostra o general inglês Beresford, humilhado, entregando a espada ao comandante argentino Liniers. Pode-se imaginar o sentimento de orgulho que tomou conta das milícias locais, desde que a Argentina derrotara a Inglaterra, que sempre derrotara a Espanha. A pergunta inevitável era a seguinte: poderia a Argentina, agora, derrotar a própria Espanha?

O sentimento nacional adquiria força extraordinária. A ocasião de provar a consistência dessa enorme constelação de sentimentos, esperanças, idéias e temores na relação entre a Espanha e suas colônias americanas chegou no instante em que Napoleão, no apogeu das suas vitórias européias, certo de que sua frente oriental estava assegurada pela aliança com a Rússia, atirou-se à invasão da Espanha dos Bourbon.

Pode-se bem perguntar se a pesada inércia do império espanhol no Novo Mundo, que acabava de entrar em seu quarto século, teria protelado os movimentos de independência se a situação espanhola não houvesse mudado de maneira tão drástica. Pela primeira vez, desde a invasão muçulmana em 711, a Espanha fora invadida por uma nação estrangeira. Os Bourbon, na figura esplendidamente idiota de Fernando VII, haviam perdido o trono. Em seu lugar, governava a família Bonaparte, encarnada pela figura esplendidamente ébria do irmão de Napoleão, José, logo apelidado Pepe Botella (Pepe Garrafa) pelo povo espanhol. E, embora esse povo tenha resistido bravamente aos invasores franceses, o fato é que a família real era prisioneira de Napoleão em Bayonne e que a Espanha já não era governada pelos espanhóis.

Qual seria a resposta das colônias?

Na verdade, após três séculos de administração colonial, uma realidade nova, imprevista e deslumbrante, cegou todos e cada um dos habitantes da América espanhola. A monarquia, que hábil ou ineptamente, paternalística ou tiranicamente, arredia ou intrometidamente, com indiferença ou zelo nos havia governado, já não existia.

As perguntas dos hispano-americanos foram inevitáveis. Se não há rei na Espanha, a soberania não reverte para nós? Se não há um governo imperial legítimo na Espanha, já não somos, de fato, independentes? Ou o nosso dever, em vez disso, é manter as colônias na reserva, para o momento da restauração da monarquia espa-

Até a independência: Múltiplas máscaras e águas turvas

Napoleão em seu gabinete.
Jacques-Louis David, 1812

nhola? Devemos agir em nome da coroa, mas contra Napoleão? Os efeitos dos exemplos norte-americano e francês acrescentaram-se a essas considerações imediatas. Podíamos expulsar também o poder colonial? Podíamos substituir uma monarquia por uma república? Poderíamos constituir nações modernas e independentes, comerciando com todos, publicando, lendo e falando com liberdade, libertos para sempre da vigilância da Inquisição?

Agora, na esteira dos acontecimentos na Espanha, as assembléias de toda a América espanhola ressuscitaram. Era a única maneira pela qual as forças sociais mais organizadas podiam atuar, dentro de um arcabouço legal, para avaliar os acontecimentos na Espanha e o futuro das colônias. Na assembléia de Buenos Aires, em maio de 1810, reuniram-se os militares e as milícias locais, repletos de confiança em si mesmos, depois da dupla vitória contra os ingleses. Pela primeira vez, um exército latino-americano local desfrutara o sabor da vitória e da identidade nacional. Graças a esse êxito, os crioulos haviam sido capazes de prender Sobremonte, o fugitivo vice-rei espanhol, e convencer-se de que, do mesmo modo que tinham repelido a dominação britânica, poderiam muito bem fazer o mesmo com a dominação espanhola.

Estavam ali, nos quadros da assembléia, os leitores de Voltaire e Rousseau, esperando aplicar as suas idéias gerais sobre a liberdade, a vontade geral e a felicidade de todos, mal se lhes desse a oportunidade de fazê-lo. Entre eles, mas um pouco à parte, sentava-se um intenso jovem de olhar distante, como se o quadro não pudesse conter a imensidão do que descortinava, ou a intensidade de seu espírito. Era Mariano Moreno, ardente jacobino que deu voz não apenas às exigências liberais da *intelligentsia* como também às exigências econômicas da classe empresarial argentina em favor do livre comércio, da restrição de impostos e de uma marinha mercante independente. Moreno, amado por todos, morreu aos 31 anos, mas o respeito que inspirava era tão grande que se atendeu à solicitação da jovem viúva de que, em todas as pinturas, seu rosto aparecesse sem as cicatrizes da varíola que o acometeu na vida real.

Os acontecimentos também galvanizaram os membros do baixo clero, que tinham os seus próprios ressentimentos contra o governo espanhol. O zelo reformista dos Bourbon havia-os prejudicado mais do que a ninguém com uma lei – mal concebida – de 1805, que despojou o baixo clero dos seus pobres privilégios e cancelou todas as hipotecas religiosas sobre a propriedade agrária. O propósito desta dura lei foi pagar a guerra e contentar Napoleão, oferecendo ao imperador dos franceses um subsídio de cinco milhões de pesos em ouro.

Nesse mesmo ano, 1805, a armada espanhola foi desbaratada em Trafalgar, a massa monetária recuperada do clero – mediante a chamada Lei das Consolidações – ficou no bolso dos cortesãos dos Bourbon, e o baixo clero da América espanhola começou a publicar jornais incendiários como *La Aurora de Chile*, do padre Camilo Henríquez de Santiago, ou a promover reuniões de conspiração disfarçadas de tertúlias literárias, como a do padre Miguel Hidalgo, na província mexicana, ou ainda participando das reuniões da assembléia de Buenos Aires.

Clérigos, comerciantes, intelectuais, oficiais do exército: aparecia, entre todos, a decisão de atuar de maneira unificada em face dos extraordinários acontecimentos que se sucediam, e a fim de escolher entre a continuação da lealdade à Espanha, uma independência temporária até Napoleão ser expulso e Fernando VII restaurado ou, afinal, a separação radical e definitiva da coroa espanhola. As águas da independência, ao baixar, estavam turvas, e seus protagonistas a iniciaram mascarados.

PARTE IV

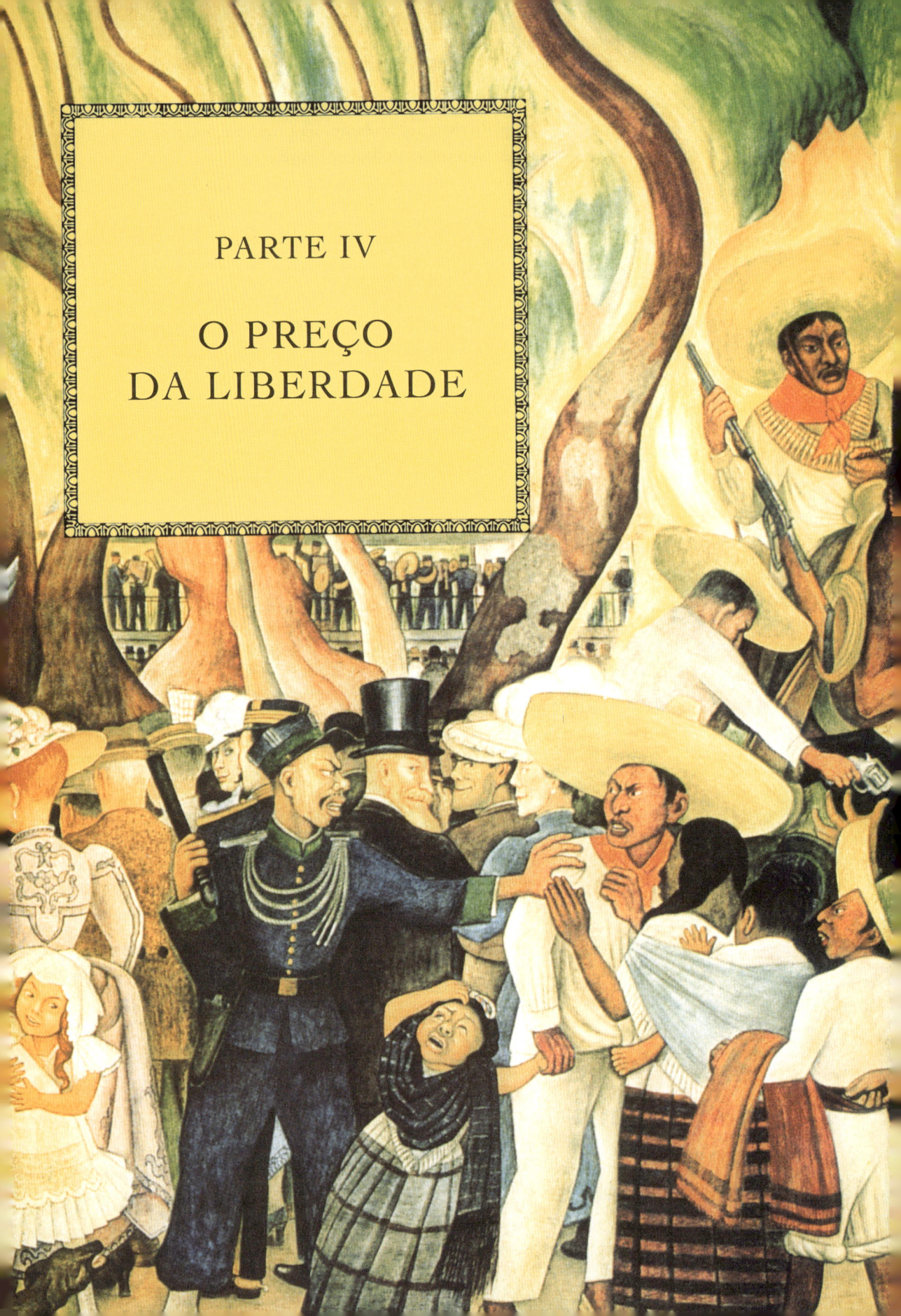

O PREÇO DA LIBERDADE

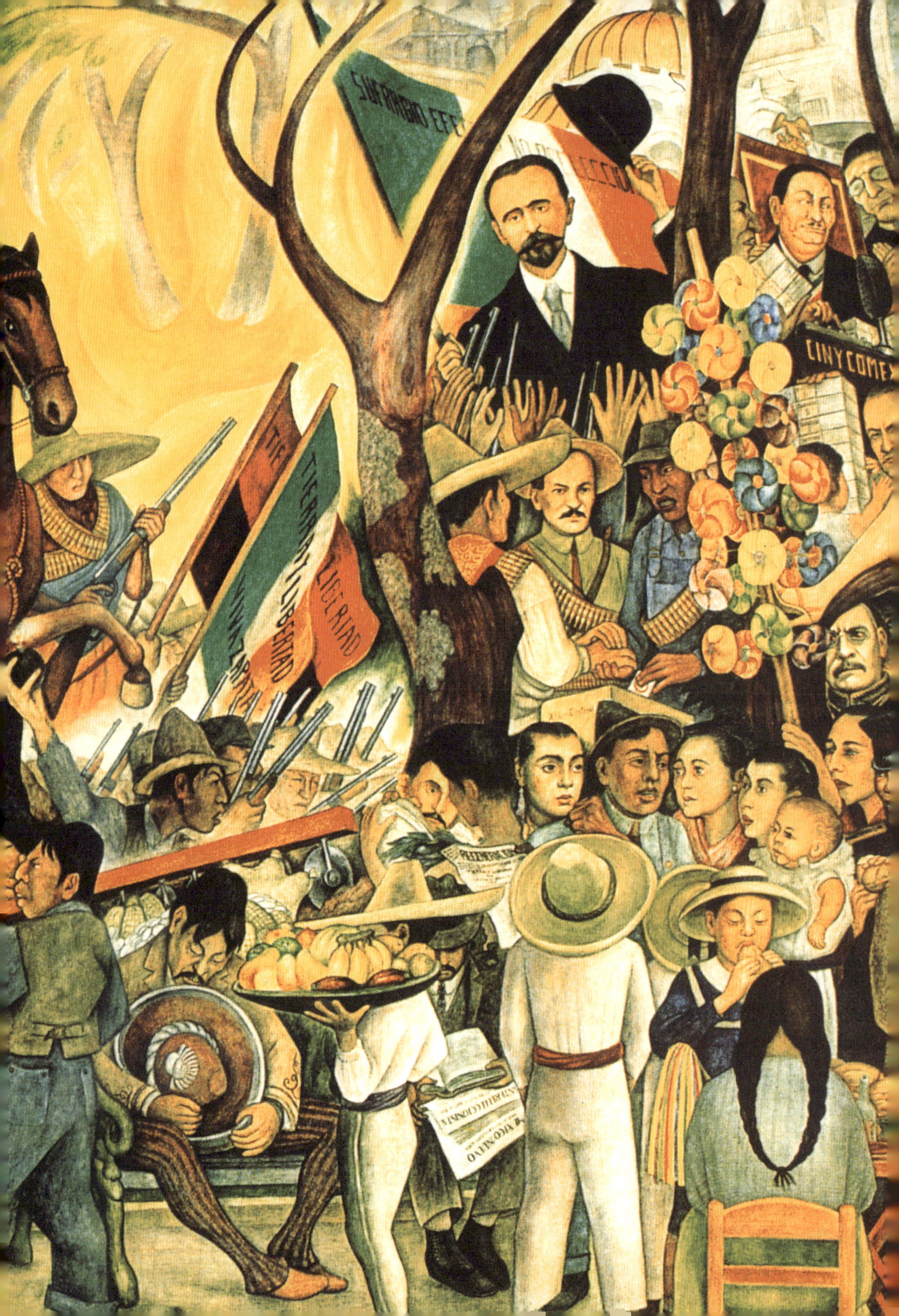
LIBERTAD
CINYCOMEX

O encontro de
Bolívar com
San Martín

248

DOZE

Simón Bolívar e José de San Martín

Essas idéias, opções e acontecimentos radicais deixaram marca profunda num jovem aristocrata venezuelano, nervoso e impaciente, com um espírito tão aberto quanto os seus ardentes olhos negros. Chamava-se Simón Bolívar e, enquanto lia avidamente os filósofos proibidos, também ele se perguntou: não podemos comerciar por nós mesmos, pensar por nós mesmos e governar a nós mesmos?

Herdeiro de uma riquíssima família de proprietários de terra e oficiais do exército, Bolívar conheceu desde bem cedo a tristeza e a solidão. O pai morreu quando o menino ainda tinha três anos, e a mãe quando tinha nove. A partir de então, Bolívar consideraria sua ama-de-leite negra, Hipólita, como pai e mãe verdadeiros. A mistura racial de Bolívar foi amplamente discutida. Os primeiros detentores desse nome chegaram, do País Basco à Venezuela, no século XVI. Depois de dois séculos, como o observa Jean Descola, "entre índios lânguidos e vênus negras", inevitavelmente se converteram em mestiços e mulatos.

Os retratos de Bolívar sublinham, idealizam, apagam ou dissimulam a mistura racial. Mas sua relação com Hipólita é muito mais reveladora. Como o escreveu o romancista venezuelano Arturo Uslar Pietri, na América espanhola todos somos, através das nossas avós negras ou índias, triculturais. Ainda quando sejamos brancos "puros", também somos negros e índios. Mas também um puro negro ou um índio puro participa do mundo europeu. Ou seja: o triculturalismo não é uma questão racial. A cultura é que se impõe ao racismo.

Em 1799, aos 18 anos, Simón Bolívar partiu na grande viagem à Europa prescrita, no século XVIII, aos jovens de sua categoria social. Foi, como descreve Descola, um "descobrimento do Velho Mundo". Bolívar, pequeno e nervoso, se entregou ao prazer. Era um dançarino extraordinário e desfrutou o mundo vertiginoso da Espanha de Goya: os passeios em Madri, as noites no teatro, as festas ao ar livre no palácio de verão, a Granja de San Ildefonso. Também se apaixonou por uma jovem de origem venezuelana, María Teresa Rodríguez, que tinha dois anos mais do que ele. Oito meses depois de casados, o romântico matrimônio terminou em tragédia: uma das "febres malignas" daqueles tempos levou María Teresa. O amor nos tempos da cólera deixou

No verso:
detalhe do
Sonho de uma tarde de domingo na alameda.
Diego Rivera

Simón Bolívar

Bolívar transformado num viúvo de apenas 19 anos. Jamais voltaria a casar-se, a menos que consideremos a Independência e a Revolução suas eternas noivas.

O jovem Bolívar chegou a Paris às vésperas da autocoroação de Napoleão na Notre Dame. Tenha ou não visto nisso uma traição da promessa igualitária e libertadora da Revolução Francesa, o certo é que o evento lhe ratificou o fervor republicano e levou-o à decisão, de caráter permanente, de opor resistência a toda tentação de criar monarquias no Novo Mundo. Em qualquer caso, os interesses de Bolívar não se achavam na Europa napoleônica, mas nas situações concretas da América do Sul. Quaisquer que fossem as suas contradições com a Revolução Francesa, ou com a grandeza e os defeitos de Bonaparte, como homem e imperador, Bolívar as deixou obviamente para trás, ao se aventurar de maneira dramática, entusiasta, retórica e afirmativa nos mares da revolução. No cimo do Sacramonte, em Roma, em companhia do seu tutor e companheiro de viagem Simón Rodríguez, Bolívar fez a seguinte e solene promessa, seu verdadeiro intróito na história: "Juro pelo Deus dos meus pais... juro pela minha honra, e juro pela minha pátria, que não me darei descanso ao braço, nem repouso à alma, até que haja rompido as correntes que nos oprimem por vontade do poder espanhol!"

Cumpriu a palavra. Se outros falavam de independência provisória enquanto a Espanha permanecesse em mãos francesas, ou de lealdade a Fernando VII – "a máscara fernandina" –, Bolívar arrancou todas as máscaras e declarou, em seu regresso à Venezuela, que a América espanhola devia ser radicalmente independente da metrópole e afirmar suas próprias características: "Lancemos sem temor a pedra fundamental da liberdade sul-americana. Vacilar é sucumbir."

Quem era esse homem, esse aristocrata que lutava pela igualdade, esse homem também materialmente riquíssimo que entregou sua vida à revolução? Bolívar, o visionário humanista que podia fazer guerra com a mesma violência implacável dos seus inimigos. O guerreiro e filósofo que passou pela história pensando em voz alta. O romântico impaciente que desejava alcançar tantas coisas em tão pouco tempo: a democracia, a justiça e a unidade latino-americana.

Bolívar era antes de tudo um homem de ação, um gênio militar que cobriu um campo de batalha tão vasto quanto a Europa de Napoleão: do Caribe ao Pacífico e ao altiplano peruano, ele saltava de novo após cada derrota, mesmo depois de seu exílio temporário na Jamaica, conduzindo "a guerra até a morte" contra os terríveis comandantes espanhóis, que abandonavam os prisioneiros amarrados aos postes sob o sol até apodrecerem vivos. Bolívar avaliara melhor a situação na Espanha do que se pensara. A ausência do rei seqüestrado, Fernando VII, não significava que Napoleão governasse efetivamente as colônias espanholas: estas permaneceram, de maneira nada incerta, nas mãos de exércitos espanhóis bem equipados, sujeitos à autoridade dos vice-reis e dos capitães gerais, que não tinham a menor intenção de abandonar seus postos ou de renunciar a sua lealdade em favor de uma monarquia dos Bourbon contínua e, eventualmente, restaurada.

E mais: a invasão napoleônica não só deixara a Espanha sem rei espanhol. Provocara a ação das forças liberais da península. Enquanto os franceses tentavam subjugar as guerrilhas espanholas, as cortes, adormecidas, se organizaram para preencher o vazio de poder e apresentar à monarquia um *fait accompli*: uma Constituição liberal. Reunidas em Cádiz, as cortes, remoçadas, prepararam exatamente isso: um documento político que marca, efetivamente, o início da modernidade espanhola. Muitos representantes das colônias hispano-americanas se achavam presentes. Mas as autoridades coloniais, da Cidade do México a Caracas ou a Santiago do Chile, observaram tudo isso com pavor. A ausência de um rei na Espanha, uma Constituição liberal e a independência na América somavam-se para escrever, no muro das autoridades monárquicas, a advertência de que seu tempo estava no fim.

Quando Napoleão, com efeitos desastrosos, voltou o olhar para leste e se atirou à sua fatal campanha contra a Rússia, os funcionários espanhóis, nas colônias, se sentiram autorizados a iniciar ações muito mais violentas, talvez, do que se houvesse uma cabeça visível em Madri. Afinal, a volta ao trono do autoritário e reacionário Fernando VII, em 1814, não fez mais que acentuar o ânimo da violência contra os rebeldes. O rei, restaurado, se recusou a jurar a Constituição de Cádiz e transformou a Espanha em bastião da nova ordem conservadora na Europa, que logo seria conhecida como a Santa Aliança, e abençoada no Congresso de Viena.

Nessas circunstâncias, os comandantes espanhóis desenvolveram uma vontade implacável de acabar com o movimento revoltoso. Bolívar enfrentou-os com as mesmas armas. Sua declaração de guerra até a morte contra a Espanha não admite acordos: "Todo espanhol que não conspire contra a tirania e em favor da causa justa... será tido como inimigo e como traidor da pátria e, como conseqüência, será irremissivelmente passado pelas armas... Espanhóis e canários, contai com a morte, ainda que sejais indiferentes, se não obrais ativamente em benefício da liberdade da América..."

Bolívar proclamou a liberdade dos escravos em troca de sua participação no exército rebelde. Os espanhóis não responderam à iniciativa de Bolívar com uma declaração comparável. Os escravos, no entanto, assumiram uma posição neutra: a oligarquia crioula da Venezuela, temendo mais a igualdade com os negros do que a continuação do colonialismo, lutou pela independência para obter liberdades econômicas, mas se opôs a fazer concessões igualitárias aos negros. Estes se deram conta de que a Espanha não lhes oferecia nada, mas tampouco, quem sabe, a independência. O exército de Bolívar, todavia, foi fortalecido pelo aparecimento de caudilhos locais, que organizaram regimentos de *llaneros*, lanceiros das planícies quentes e úmidas do Orinoco, dispostos a guerrear em troca de terras. Bolívar aceitou essa exigência, ainda que as terras fossem prometidas mediante documentos que só seriam revalidados uma vez ganha a guerra. Mais tarde, a infantaria foi incapaz de reclamar suas terras; em compensação, os caudilhos se apossaram de grandes extensões. O mais importante deles foi José Antonio Páez, um *llanero* que era o próprio oposto de Bolívar, o Sancho Pança do Quixote bolivariano. Atarracado, cabeçudo, praticamente iletrado, mas apegado à terra e a seu povo, Páez assegurou a Bolívar um fluxo incessante de soldados.

"Se a natureza se opõe aos nossos desígnios, lutaremos contra ela e faremos que nos obedeça!", exclamou Bolívar, em outra de suas tiradas retóricas. Esta ressonância romântica do verbo e da ação de Bolívar se tornou evidente ao encabeçar a marcha dos seus "rapazes malvados" por sobre os cumes gelados dos Andes, no fundo das selvas equatoriais e de suas aranhas mortíferas, libertando a Colômbia em Boyacá e a Venezuela em Carabobo. Em toda parte foi recebido com entusiasmo e ares de glória, sendo proclamado o Libertador. Bolívar sonhava não apenas com a independência da América espanhola, mas com a sua unidade. Viu os nossos países como uma raça humana em miniatura... um macrocosmos: "Não somos europeus, não somos índios, mas uma espécie intermediária entre os indígenas e os espanhóis." Mas parte da inteligência de Bolívar estava na sua capacidade de rir de si mesmo e, ao lado de suas declarações mais grandiloqüentes, outras apreciações, comicamente autocríticas, revelam não só o seu sentido das proporções, mas o seu sentimento ainda mais profundo de destino e fracasso trágico. "Os três grandes patetas da humanidade foram Jesus Cristo, Dom Quixote e eu..."

A CAMPANHA DOS ANDES

Do Orinoco ao rio da Prata, todo um continente lutava pela independência, expulsando a coroa espanhola, mas colocando em seu lugar um novo poder encabeçado pelos exércitos locais. A primeira vitória datava de 1806, quando as milícias locais da Argentina rechaçaram a força invasora inglesa no porto de Buenos Aires.

Depois da reunião da assembléia, a 25 de maio de 1810, a Argentina consolidou rapidamente sua independência, expulsou o vice-rei e estabeleceu uma aliança entre as milícias locais e os intelectuais, que levou a revolução além dos pampas e até as regiões mineiras de Potosí, no Alto Peru. A revolução argentina foi a mais radical da América espanhola e, estendendo-se logo a partir de sua base urbana e européia em Buenos Aires, desfraldou as idéias do iluminismo diante das assombradas aldeias indígenas do Alto Peru: no teto da América do Sul, a revolução argentina suprimiu os impostos; distribuiu terra, ofereceu educação e igualdade. Não eram decisões bem compreendidas pelos povos iletrados, ignorantes da língua castelhana. Além disso, as leis da revolução não se podiam cumprir enquanto a Espanha e seu exército realista permanecessem entrincheirados no mais poderoso bastião do continente sul-americano, o vice-reinado do Peru e sua majestosa capital, Lima.

No Alto Peru, fronteira militar entre as forças realistas de Lima e as forças revolucionárias de Buenos Aires, produziu-se uma prolongada paralisação, rompida apenas pela interferência das múltiplas forças guerrilheiras da região, encabeçadas por caudilhos hábeis e ambiciosos. Os montoneros realizavam ações de retaguarda, incessantes e casuais, que muitas vezes desorientaram os espanhóis, mas não deram a vitória aos argentinos. Na realidade, talvez só tenham dado poder aos ubíquos chefes separatistas dessas "republiquetas". Nestas, os estadistas das futuras repúblicas nacionais da América espanhola podiam prever os perigos da desunião, da atomização e da contenda incessante entre os poderes centralizadores e as forças políticas locais.

Surgiu, então, o segundo grande dirigente das guerras sul-americanas, empenhado em romper a situação de mútua imobilidade. José de San Martín, oficial do exército argentino, percebeu que as lutas da independência jamais se completariam enquanto os espanhóis permanecessem entrincheirados no Peru. Aos 39 anos de idade, San Martín, que na Espanha lutara com o exército espanhol contra os franceses, decidiu alterar para sempre a situação, mediante um ataque de surpresa aos realistas em seu flanco no sul do Chile.

O Chile, porém, estava protegido pela muralha dos Andes. Nem sequer Aníbal se atreveria a cruzar essa fronteira proibitiva. Mas, lá pelo fim de 1816, San Martín organizara uma economia de guerra na cidade de Mendoza, nos sopés argentinos dos Andes, com o fim de criar um exército destinado a expulsar a Espanha do cone sul do hemisfério. Com base em Mendoza, San Martín podia agir isolado das intrigas políticas de Buenos Aires e concentrar-se na tarefa a realizar. Como em todos os seus atos, também neste San Martín foi tão meticuloso como heróico. Aos pobres, pediu camisas e mantos; aos ricos, jóias; os velhos soldados lhe entregaram suas cornetas, e as fazendas, seus cavalos. Fabricou os seus próprios canhões e sua pólvora, assim como os uniformes de suas tropas. Enviou espiões ao Chile para espalhar falsos rumores, enganando os espanhóis e fazendo-os acreditar que atacaria através das terras índias, ao sul do Aconcágua. Os índios da região, os *pechuenches*, nada lerdos

José de
San Martín

ou preguiçosos, informaram os espanhóis, exatamente como San Martín o previra. O novo presidente da Argentina, Pueyrredón, enviou-lhe dois mil sabres e duzentas barracas de campanha. "Vai aqui o mundo. Vai o demônio. Vai a carne... Porra! Não me venha a pedir mais."

San Martín não precisava de mais. Encarregou cada soldado de ser a sentinela de seu próprio destino, nomeou a virgem *generala de las tropas*, e a 18 de janeiro de 1817 principiou a subida dos Andes. Marchou com 5.423 homens, mulas, cavalos, 18 peças de artilharia e provisões que incluíam uma carroça cheia de trigo. San Martín previa uma campanha longa e difícil, e levou consigo pedreiros e um padeiro, muitas lanternas e carroças de água, bem como uma carruagem repleta de mapas. Galgaram mais de 4.000 m, ao lado do mais alto pico da América do Sul, o Aconcágua, enfrentando os ventos, o gelo e a cinza vulcânica, combatendo os realistas nos desfiladeiros e capturando suas guarnições, mas também enfrentando o *soroche*, angustiante falta de ar nas grandes altitudes.

Finalmente, a 12 de fevereiro, San Martín chegou ao outro lado dos Andes, em noite de luar. Nessa madrugada, desceu sobre as forças espanholas para a decisiva batalha de Chacabuco. No campo, após a refrega, quinhentos soldados realistas e apenas 12 insurrectos jaziam mortos. San Martín abraçou o aliado, o comandante chileno Bernardo O'Higgins. Ambos sabiam que o cone sul das Américas estava livre, do Atlântico ao Pacífico. A independência do Chile e da Argentina era um fato. Nada faltava senão navegar para o norte e expulsar os espanhóis de sua fortaleza no Peru.

Na campanha dos Andes, contudo, não apenas se alcançaram as grandes alturas do espaço físico, mas ainda maiores alturas morais. A marcha de San Martín nos demonstrou, aos hispano-americanos, que éramos capazes de nos organizar e de agir com precisão, com valentia e vigor contra obstáculos gigantescos. A travessia dos Andes constitui um exemplo, uma fonte de orgulho e uma referência para o futuro da América espanhola.

SAN MARTÍN E BOLÍVAR

De Valparaíso, no Chile, San Martín zarpou para libertar o Peru, com uma armada sob o comando do almirante irlandês Lord Thomas Cochrane e um bando de capitães ingleses trajados de jaquetas brancas e ostentando suíças vermelhas. Em julho de 1821, San Martín entrou em Lima e proclamou a independência do Peru. Ainda assim, todavia, teve de se inteirar das realidades coloniais profundamente enraizadas. Uma antecipação das frustrações que aguardavam as repúblicas independentes deixou seu gosto amargo na boca de San Martín: nomeado "protetor do Peru", o libertador aboliu o imposto indígena e o trabalho forçado nas minas. No entanto, a oligarquia peruana, que dera muito pouca ajuda à independência, alegou que a liberdade provocaria a deserção nas minas e nas fazendas, e o fim do sistema colonial de posse da terra. O decreto de San Martín permaneceu no papel, do mesmo modo que as Leis das Índias que o precederam (de fato, o Peru independente só aboliu a escravidão em 1855, sete anos antes da proclamação da emancipação por Abraham Lincoln). Como o resume John Lynch em sua clássica história da revolução da independência, as classes altas do Peru, "zelosas dos seus privilégios, e conscientes da massa sem privilégios... não se preocupavam tanto com a sobrevivência do governo espanhol ou com a vitória da independência, mas com o grau de poder e dominação que lhes seriam reservados sob qualquer regime".

Em 1822, Bolívar e San Martín, os dois grandes emancipadores, se encontraram pela primeira e única vez no porto equatoriano de Guayaquil. De que falaram? Muito se especulou a respeito, mas tudo parece indicar que o tema central foi a futura organização dos estados recentemente libertados. Bolívar e San Martín estavam de acordo quanto à substância da independência, mas não quanto a sua forma. San Martín sentia-se atraído por formas monárquicas de governo? Foi incapaz de persuadir Bolívar, firme republicano? Para além das hipóteses, fica claro que a tentação de estabelecer uma monarquia na América espanhola morreu de uma vez por todas, mas a maneira pela qual as repúblicas deviam ser organizadas continuou sendo um assunto não resolvido.

Apresentou-se também o espinhoso tema da colaboração entre os chefes. San Martín, de mais idade, ofereceu-se para ser o segundo de Bolívar, mas Bolívar se negou a aceitar isso. San Martín temeu uma luta entre iguais, que inevitavelmente seria uma dissensão política, fato que lhe repugnava. O argentino não queria rivalidade com o venezuelano. Na verdade, San Martín disse a Bolívar: "Realizei a minha tarefa. A glória que se segue é tua. Vou para casa."

San Martín acreditava firmemente que os militares não deveriam governar. Ele queria instituições fortes, não homens fortes. E aconselhou à Argentina nunca se entregar ao "soldado bem-sucedido": "A presença de um militar bem-sucedido, por mais desprendimento que demonstre, é temível aos estados que de novo se constituem... Será possível que eu seja o escolhido para ser o verdugo dos meus concidadãos?... Não. Jamais, jamais."

Não manchara suas mãos na guerra e não queria manchá-las na paz. Sua posição foi profundamente moral. Mas é possível discutir as suas razões? Precisou San Martín correr o risco de governar a Argentina, para evitar a própria ameaça que queria exorcizar: o governo militar, que haveria de envenenar a história de sua pátria?

Não é possível sabê-lo. San Martín tomara sua decisão. "Quero ir embora para um canto, e viver como um homem", disse, retirando-se para uma fazenda de Mendoza. Acossado, vigiado pelos primeiros governos republicanos, por fim optou pelo exílio na França. Morreu aos 72 anos, sem regressar às terras que libertara.

Bolívar permaneceu e lutou arduamente com o problema: como governarmos depois de alcançada a independência? Pode-se dizer que o Libertador esgotou a alma à procura de uma solução. No Congresso de Angostura, onde a Constituição de 1819 foi elaborada, Bolívar tentou evitar os extremos que, por sua vez, oprimiriam a existência da América espanhola durante todo o século XIX e em várias décadas do século XX. Tirania ou anarquia?

"Não aspiremos ao impossível, não aconteça que, para nos elevar sobre o terreno da liberdade, desçamos ao terreno da tirania. Da liberdade absoluta, desce-se sempre ao poder absoluto e, no meio desses dois termos, está a suprema liberdade social."

Bolívar achou que o povo da América espanhola vivia uma "infância permanente", embora chamasse isso de atitude paternalista (ou mesmo apadrinhadora), afirmando que um povo tão carente de cultura política não podia ter uma democracia imediata. Para atingir o equilíbrio necessário, Bolívar propôs-lhe, em Angostura, um "hábil despotismo", um executivo forte, capaz de impor a igualdade jurídica onde predominava a desigualdade racial. Bolívar adverte contra "uma aristocracia hierárquica, de empregos e riqueza" dos que, embora "falem de liberdade e garantias, só para eles as querem, não para o povo... querem a liberdade para elevar-se... mas não para se nivelarem com os indivíduos das classes inferiores"...

E posto que Bolívar, enfim, proponha um executivo forte e um despotismo esclarecido ("o presidente da república vem a ser, em nossa constituição, como o sol que... dá vida ao universo"), não cai na tradição autoritária espanhola, mas a tempera com a sua formação francesa. Se é discípulo de Montesquieu na insistência de que as instituições se adaptem à cultura, não o é dos federalistas norte-americanos, que rechaça dando nome aos bois: "consultemos o *Espírito das leis*, não o de Washington."

Mas outra sua influência mais profunda, a de Rousseau e de sua visão da virtude política, leva-o a propor um quarto poder, moral, como apêndice à Constituição e matéria de reflexão para o porvir. Entre o poder moral "impraticável" nos tempos presentes e o "sol" presidencial, Bolívar não encontrou o que Montesquieu pressupunha: uma sociedade civil.

Talvez temesse o poder dos "caciques" locais, cujas ambições, em muitos casos, balcanizaram as repúblicas nascentes. Bolívar, por certo, jamais considerou os modelos alternativos de autogoverno por meio da identificação cultural, que haviam sobrevivido em muitas comunidades agrárias. Ao mesmo tempo, porém, promoveu uma visão magnífica da unidade latino-americana, prematura mas duradoura, aberta às promessas do futuro e às realidades variáveis da política internacional. Em seu apelo ao Congresso Anfictiônico do Panamá, em 1824, Bolívar pediu à América Latina a busca de instrumentos de conciliação, unidade e conselho. Significativamente, não convidou os Estados Unidos da América. Talvez já conhecesse a carta em 1823, escrita por Thomas Jefferson a James Monroe, em que o estadista norte-americano prediz uma rápida expansão dos Estados Unidos além das suas fronteiras, para cobrir "todo o norte do continente e, talvez, o sul". Talvez conhecesse também a carta de 1817 do mesmo Jefferson a Lafayette, em que o democrata da Virgínia considerava os "nossos irmãos do sul" despreparados para a independência. "A ignorância e o preconceito", escreveu, "não são fundamentos apropriados para o autogoverno: os latino-americanos", concluiu Jefferson, são "incapazes de governar a si mesmos."

Bolívar respondeu com a sua proposta de um poder moral que, como ele próprio a exprimiu, devia "regenerar o caráter e os costumes que a tirania e a guerra nos deixaram". Essa idéia vinha "da mais remota antigüidade", levando-se em conta que o iluminismo moral constituía "o primeiro requisito" para o exercício político na América espanhola. Na realidade, nossa necessidade essencial e contínua foi sempre a de uma sociedade civil independente, com um pluralismo autônomo de atividades sociais, intelectuais, políticas e econômicas sobre as quais se poderiam erigir instituições democráticas flexíveis e duradouras. Visto que tanto a sociedade civil pluralista como as instituições democráticas se destacavam pela ausência, Bolívar concebeu uma "nação liberal" criada pelo Estado, que, por sua vez, educaria – isto é, criaria – uma cidadania democrática. Podia-se conseguir isso sem força? Mas, se se tratava de força, então não cabia ao exército governar a nação? E uma nação governada por um exército podia ser liberal e democrática?

As guerras de independência, indiscutivelmente, liberaram novas e numerosas forças sociais. Heterogêneas e cruas, sentiram pouca necessidade de partilhar a angústia de Bolívar. Eram as maiorias índias, negras e mulatas, nem sequer representadas no Congresso Constituinte de Angostura. Eram os proprietários de terra crioulos, que não haviam apoiado a independência a fim de perder suas propriedades ou dar poder aos "pardos". E eram, sobretudo, os novos caudilhos militares como Páez, que após a guerra assumiram a posse das extensões territoriais outorgadas por Bolívar para lhes pagar os serviços dos tempos de guerra. Os caudilhos encarnariam com rapidez a proposição em virtude da qual, sendo necessárias a unidade e a força, eles as proporcionariam.

Todos esses grupos viraram as costas a Bolívar e abandonaram o Libertador em sua longa e solitária peregrinação até a morte. Esse caminho, contudo, passava pela ditadura, e pelo seu fracasso. Temeroso de que a anarquia, o partidarismo e, finalmente, a desintegração desabassem sobre as novas repúblicas, em 1828 Bolívar se proclamou ditador em nome da unidade. O Libertador, então, teve de enfrentar o ódio do cidadão, e até a vontade de assassiná-lo. Um atentado contra ele, nesse ano, só se frustrou pela intervenção de sua amante, Manuelita Sáenz, que distraiu os matadores, enquanto Bolívar fugia.

O sentimento da derrota consumiu Bolívar. Ao longo de vinte anos havia lutado, redigindo constituições com uma das mãos e brandindo o sabre com a outra: "Não tivemos tempo para aprender, enquanto estivemos defendendo-nos." Esgotado, Bolívar sucumbiu ao desespero. "A América inteira é um quadro espantoso de desordem sanguinária... Nossa Colômbia caminha aos trancos e barrancos, todo o país está em guerra civil... Na Bolívia, em cinco dias houve três presidentes, e mataram dois", lamentou-se em 1829. E, quando deixou Bogotá, à meia-noite de 8 de maio de 1830, as pessoas saíram para as varandas e esvaziaram sobre sua cabeça o conteúdo dos seus penicos. "Vamos embora", disse a seu oficial ajudante. "Aqui já não nos querem."

Estava certo. Caluniado, acusado de ambições ditatoriais, declarado criminoso em sua Venezuela natal, Bolívar seguiu a rota do rio Madalena até o mar, prolongando a viagem como se dependesse disso prolongar a vida. Em sua comovedora e imaginosa recriação da viagem de Bolívar até o mar, Gabriel García Márquez visualiza as mil lembranças, encontros, digressões e pretextos que permitiram ao Libertador estender a sua vida uns tantos dias mais. A visão duradoura do romance, *O general em seu labirinto*, é a de uma mente vibrante e criativa arrastando um corpo moribundo que já mal responde à vontade do dono.

Em seu leito de agonia em Santa Marta, umas semanas mais tarde, Bolívar pronunciou seu próprio epitáfio: "A América é ingovernável para nós... Aquele que serve a uma revolução ara no mar..." O jovem idealista, o brilhante chefe militar, o estadista desiludido, estava morto, aos 47 anos de idade.

A MANHÃ DA INDEPENDÊNCIA

Na manhã que se seguiu à independência, acordamos com uma clássica ressaca, compreendendo a enorme distância que existia entre os ideais e as ações, e que, freqüentemente, os ideais eram destruídos pela falta de comunicações, pelo isolamento, ausência de instituições, pobreza das práticas democráticas, profundidade das diferenças entre a capital e o interior, entre as iniciativas locais e o governo central, entre o moderno e o tradicional, e entre liberais e conservadores. Apesar disso, uma piada corrente em Bogotá dizia que a única distinção entre eles é que os liberais iam à missa das seis e os conservadores à das sete. Mas a divisão mais amarga, mais cruel e profunda, continuou sendo a da desigualdade social.

Tudo isso criou um vazio na vida hispano-americana. Depois de 15 anos de guerra permanente, sentimos outra vez a ausência da monarquia espanhola como instituição política central. Na verdade, a monarquia, junto com a Igreja, era a nossa instituição mais firme e mais antiga. Madri podia ter atuado a tempo no sentido de evitar as revoluções da independência? Era esse o programa do nosso velho conhecido, o ilustrado conde de Aranda, que advertiu Carlos III da explosão que se preparava nas colônias americanas da Espanha, oferecendo-lhe, igualmente, a solução do problema. Aranda sugeriu a criação de uma comunidade de nações de língua espanhola na América, associadas à Espanha e entre si, do mesmo modo que ficariam, um dia, as antigas colônias inglesas.

Ninguém deu ouvidos a Aranda, e a cegueira política dos sucessivos reis Carlos IV e Fernando VII acabou definitivamente com a comunidade das nações. Mas, na realidade, talvez não estivéssemos preparados para receber a carga da autodeterminação. Até San Martín, escrevendo de Lima, e segundo o comandante inglês William Bowles, deploraria "a perigosa disposição revolucionária das classes inferiores", cuja "falta de educação e informação, de um modo geral, é tão grande". O general Santander, amargo inimigo de Bolívar, enquanto presidente da Colômbia, converteu piedosamente esse medo numa hipocrisia digna de Uriah Heep, quando disse: "Mil vezes bendigo a povoação de Cundinamarca, povoação rústica e ignorante, mas com virtudes, e sobretudo com uma obediência louvável."

Essas atitudes faziam parte de uma justificativa que ressoaria, de maneira cada vez mais oca, ao longo dos 150 anos seguintes. Não estávamos preparados para a independência. Não estávamos prontos para a democracia. Não estávamos prontos para a igualdade. Mas, quando uma nação realmente está pronta? Estavam-no a África negra, a Índia? Na verdade, estiveram-no os Estados Unidos da América?

Ninguém aprende a nadar se não se lança à água, e o que a América espanhola haveria de aprender só conseguiria fazê-lo por meio da independência. Aprendemos que a coroa e a Igreja eram as nossas mais velhas instituições. Expulsáramos aquela, e tínhamos de situar esta no justo lugar. Aprendemos que a nossa realidade mais nova e mais frágil era a sociedade civil; aprendemos a necessidade de uma vigorosa classe média, mas não às expensas dos talentos criativos das comunidades rurais. Os círculos intelectuais e os partidos políticos começaram a manifestar-se mas, entre a ausência da monarquia e a debilidade da sociedade civil, entre a fachada da nação legal e a substância da nação real, abriu-se um vazio que só seria preenchido pelo que San Martín mais temia: o soldado bem-sucedido, o homem forte, o tirano. O ditador dominaria o cenário da América espanhola por muito, muito tempo.

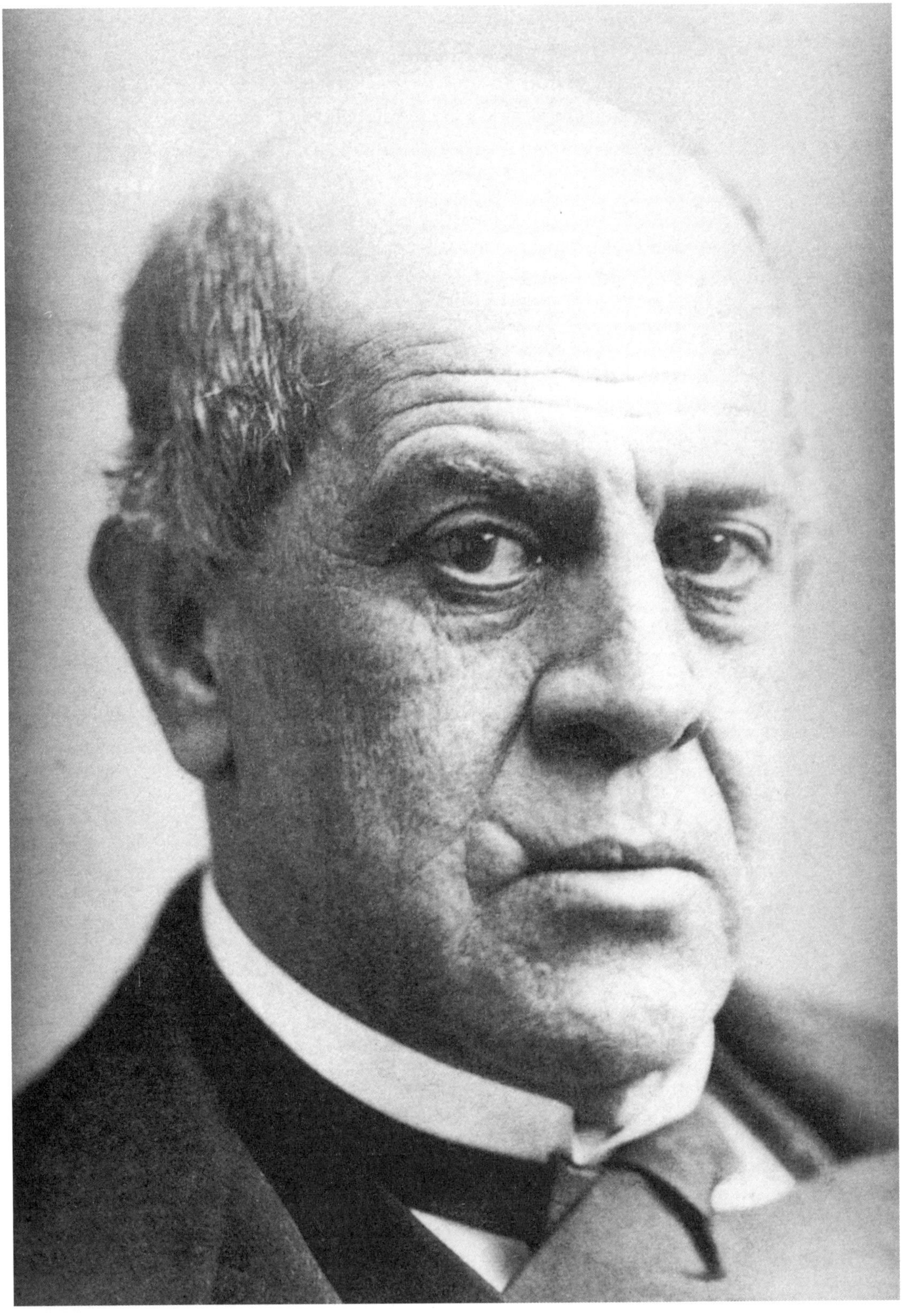

TREZE

O tempo dos tiranos

Entre 1810 e 1815, a revolução argentina da independência se irradiou a partir de Buenos Aires, com uma mensagem radical de liberdade. A revolução de maio de 1810 constituiu-se de uma união entre as armas e as letras, como diria Dom Quixote: o exército e os intelectuais se uniram num propósito comum de independência. Essa aliança imediatamente enfrentou um dilema típico de todas as sociedades revolucionárias: a perseguição dos ideais democráticos com métodos não-democráticos, tendo em vista opor-se a perigos, reais ou imaginários, que ameaçassem a revolução. Com esta finalidade, criou-se um Comitê de Saúde Pública em Buenos Aires, com autoridade para identificar a oposição, receber denúncias contra supostos contra-revolucionários e executá-los sumariamente, tal como ocorreu em 1812 com o comerciante realista Martín Alzaga e seus companheiros de conspiração. Essas sementes de intolerância não explicam, porém, o surgimento dos regimes tirânicos na América espanhola.

As revoluções foram animadas por um furor libertário. Novamente, o caso argentino oferece o melhor exemplo. O ardente e fanático jacobino portenho Juan José Castelli difundiu as idéias do iluminismo francês no Alto Peru, pregando o evangelho de Rousseau e de Voltaire aos índios quíchuas e aimarás, suprimindo à força os impostos cobrados aos índios e distribuindo terras, prometendo escolas e igualdade. Tudo isso viria de maneira natural, como resultado de uma rebelião permanente. "Levantem-se", disse Castelli a multidões de índios, "tudo acabou. Agora somos iguais."

Trinta anos mais tarde, no Chile, onde se achava exilado, um escritor argentino de 34 anos, Domingo Faustino Sarmiento, evocaria nostalgicamente o tempo da revolução e a audácia com que a Argentina a iniciara, levando-a a todas as partes e como se tivesse recebido "do alto a missão de realizar uma grande obra". E sua pátria se viu recompensada, pois "em apenas 14 anos castigara a Inglaterra, varrera a metade do continente, equipara dez exércitos, travara cem batalhas campais, vencendo em toda parte, misturando-se com todos os acontecimentos, violando todas as

Domingo F.
Sarmiento

tradições, experimentando todas as teorias, aventurando-se em tudo e saindo-se bem em tudo" (e agora) "vivia, enriquecia, se civilizava..."

Em vez disso, porém, Sarmiento escrevia do Chile, fugindo da tirania assassina de Juan Manuel de Rosas, em Buenos Aires. Que acontecera à promessa de grandeza e liberdade? "Com a revolução vêm os exércitos e a glória", mas também, admite-o, "as revoltas e sedições."

Sarmiento, o jovem provinciano de San Juan, no norte da Argentina; o brilhante rapaz autodidata que, na juventude, ensinara adultos a ler e escrever; o vigoroso escritor polêmico tinha razão em perguntar-se por que o sonho da independência naufragara tão dolorosamente, do México à Argentina, ao chegar o século à metade. Por acaso os liberais não haviam proposto uma república democrática liberal, baseada, cultural e juridicamente, nos modelos europeus e norte-americanos? *O contrato social* (de Rousseau) voa de mão em mão", escreve Sarmiento no seu livro clássico, *Facundo: civilización y barbarie*. "Robespierre e a Convenção (são) os modelos... Buenos Aires se crê uma continuação da Europa..."

Dessa maneira, talvez inconscientemente, Sarmiento responde a sua própria pergunta. Os pensadores e estadistas da revolução liberal imaginaram e proclamaram uma democracia hispano-americana ideal. Simón Bolívar encontrava-se entre eles. Mas essa democracia, proposta nas leis e proclamada de cima, menosprezava as múltiplas realidades que era necessário mudar para que a democracia fosse mais que uma intenção, ou a liberdade mais que uma declaração de Castelli aos índios do Alto Peru que, além de tudo, não entendiam uma palavra de espanhol.

A resistência das antigas estruturas, tanto indígenas como coloniais, à mudança repentina, mesmo que de inspiração democrática, foi subestimada. As novas repúblicas, assim como a coroa antes delas, surgiam como algo muito distante das preocupações concretas dos trabalhadores e camponeses, que as olhavam de baixo. No entanto, ficavam longe também dos proprietários de terra e "caciques" políticos locais, que desejavam aumentar seu poder e privilégios, de modo algum entregá-los aos trabalhadores. O fervor com que a Argentina independente proclamou a sua solidariedade com outras revoluções, evocado por Sarmiento com tanto entusiasmo, acabou, afinal, como um fato contraproducente. As campanhas argentinas para impor a revolução radical no Paraguai desembocaram na ditadura isolada de José Gaspar Rodríguez de Francia, que fechou sua "república" ao resto do mundo. A campanha jacobina de Castelli, no Alto Peru, assustou as oligarquias locais, que se tornaram pró-espanholas, lutaram contra os exércitos revolucionários e, no fim, proclamaram a independência em seu próprio benefício, sem qualquer concessão às classes trabalhadoras.

Como vimos, às oligarquias tradicionais se juntou, fortalecendo-as, uma nova classe proprietária formada por oficiais do exército, recompensados com terra por seus serviços na campanha revolucionária. Lembrei, antes, que em 1817 Bolívar promulgou um decreto que prometia o confisco de terras públicas da Venezuela, destinadas, assim, aos soldados republicanos. Mas o congresso, por sua vez, decretou que os soldados seriam pagos com vales que só podiam ser reclamados numa data incerta, depois da guerra. Quando a data chegou, os bônus não foram reclamados pela infantaria iletrada, mas pelos oficiais poderosos e senhores da vitória. José Antonio Páez, o caudilho republicano das planícies venezuelanas, criou desse modo um enorme latifúndio no Apure. Ainda que não tivesse fundado uma república separatista, Páez por si mesmo se converteu em lei, com total indiferença ao governo de Caracas.

As guerras da independência, portanto, encorajaram a decisão das classes altas tradicionais de se aferrar ao poder, excitaram as ambições dos caudilhos e desencadearam em um e outro grupo uma dinâmica fatal que haveria de lançá-los contra os novos governos nacionais e liberais, desde o de Vicente Guerrero, no México, até o de Bernardino Rivadavia, na Argentina. Ambos seriam sucedidos por reacionárias ditaduras militares, de Santa Anna, no México, e de Rosas, na Argentina. O desaparecimento da autoridade colonial, depois de trezentos anos de dominação, criou um vazio formalmente preenchido pelos governos liberais centralistas, mas estes se mostraram incapazes de submeter uma força muito mais imediata, a dos caudilhos provincianos, que dispunham de gente armada, terra, gado, cavalos e camponeses para se impor localmente. A própria existência desses caudilhos desafiou os novos governos nacionais. A ingenuidade e o idealismo político liberal, instalados nas capitais, não souberam conter as forças centrífugas.

Os liberais centralistas desejavam implantar em todo o país um governo de legalidade. Assim foi a política de Bernardino Rivadavia, na Argentina, que, durante a década de 1820, ampliou a educação, limitou o poder da Igreja e levou adiante uma transferência maciça de terras do domínio público para o privado, com a esperança de estabelecer um moderno sistema da propriedade particular. A grande ironia desse projeto foi que as terras públicas, evidentemente, foram adquiridas por um pequeno grupo de fazendeiros, que concentraram o seu poder em enormes extensões de terra chamadas *estancias*. Por volta de 1827, quando Rivadavia foi obrigado a renunciar, quase 8,5 milhões de hectares de terras públicas, na Argentina, haviam sido transferidos para apenas quinhentos indivíduos, estabelecendo-se assim o sistema *estanciero*, por muito, muito tempo.

Rivadavia caiu, não por suas inocentes e contraproducentes leis sobre a propriedade, mas porque se recusou a ceder um centímetro em sua política centralista ou "unitária", que favorecia a hegemonia de Buenos Aires sobre a autonomia das regiões. Mas era nas regiões que se encontrava o verdadeiro poder, inclusive no que implicasse o desafio ao governo nacional. Entre os numerosos caudilhos argentinos que exercem o domínio de suas províncias, dois sobressaem: Estanislao López, em Santa Fe, e Facundo Quiroga, em La Rioja. Quiroga é o protagonista do célebre estudo de Sarmiento sobre a política, a história e os costumes argentinos intitulado *Facundo: civilización y barbarie*. Caudilho provinciano, Quiroga, em sua aparência física, era o próprio retrato da barbárie. A barba preta subia-lhe até as maçãs do rosto, e os grandes cachos do cabelo preto se lhe derramavam sobre a testa "como as serpentes da cabeça da Medusa". De acordo com Sarmiento, Facundo era capaz de matar um homem a pontapés. Uma vez abriu a cabeça do filho com uma machadinha simplesmente porque o menino não parava de chorar. E ainda incendiou a casa onde viviam os seus próprios pais, quando estes se negaram a lhe emprestar dinheiro. Facundo agitou negras bandeiras com a divisa "Religião ou Morte", mas jamais se ajoelhou para orar, confessar ou ouvir missa. Sarmiento, o bom liberal, queria educar, civilizar e modernizar um mundo de impunidade e impulsos selvagens. No entanto, a política da civilização tinha de esperar que se esgotasse o tempo dos bárbaros.

Depois de as reformas de Rivadavia, voluntária ou involuntariamente, passarem um gigantesco poder econômico para um limitado grupo de proprietários, estes tiveram de apreciar assuntos de caráter mais concreto. Por exemplo, quem protegeria mais adequadamente os seus interesses? Os caudilhos locais ou o governo nacional portenho? Mas uma nova consideração se apresentou no cenário. Para sobreviver e se expandir pelos pampas, o sistema de propriedade, no interior da Argentina, exigiu algo que, afinal de contas, fora um princípio fundamental da revolução da independência: a liberdade de comércio, a liberdade de importar bens manufaturados europeus e norte-americanos, e facilitar seu intercâmbio por exportações de trigo, lã, couros e carnes argentinas.

Tamanha voragem de exigências, que se agitava perigosamente no vazio deixado pela monarquia espanhola, explica a aparição do tirano Juan Manuel de Rosas. Personagem maquiavélico, misto de leão e raposa, ele ampliou rapidamente o agudo dualismo da Argentina. Os centralistas, no país, eram chamados "unitários". Favoreciam a hegemonia de Buenos Aires e da região litorânea ao redor da capital. O poder de Buenos Aires se fundamentava no comércio de exportação e importação, na *estancia* e no *saladero*.* Sobre estes três pilares se firmou, ali, a chamada "civilização do gado". Do outro lado, os federais, autonomistas e regionalistas, favoreciam uma ação flexível entre as províncias. Materialmente, baseavam-se na atividade da mineração e numa população de massas nômades, sem terras. Seu mundo era o da vereda solitária do boi e da carroça: levavam-se três meses para viajar da fronteira norte do país a Buenos Aires. Esse isolamento da província era a base de poder dos caudilhos locais.

Rosas, um *estanciero* extremamente rico da província de Buenos Aires, formulou uma enganosa estratégia pela qual se apresentou como um caudilho a mais entre os de origem regional que lutavam em favor dos interesses locais das províncias, no próprio ato de conquistar e consolidar o poder central. Politicamente, proclamou sua lealdade ao federalismo e jurou lutar até a morte contra os unitaristas. Graças,

---

* Na Argentina, estabelecimento onde se salgam as carnes. (N. do T.)

264

Juan Manuel
de Rosas

porém, à confusão que introduziu na política argentina, Rosas conseguiu, primeiro, seduzir os políticos locais e, em seguida, derrotá-los. Com a morte tanto de Quiroga como de López, Rosas se transformou no senhor incontestável da Argentina, em nome de um federalismo a que só prestava a homenagem retórica. Na realidade, combateu brutalmente os unitaristas com suas tropas federalistas, que se distinguiam pelos barretes vermelhos e cravos da mesma cor, só para impor o mesmo que dizia combater: o poder central. Em Rosas, os grandes proprietários de terra e de gado encontraram o homem certo. O tirano assegurou a hegemonia de Buenos Aires, da *estancia* e do *saladero*, assim como a crescente concentração de terra, mediante a compra e venda ou doações. O governo, seus parentes e protegidos garantiram-se rendas permanentes, com o controle da alfândega de Buenos Aires. E mais: os ricos aliados de Rosas enriqueceram ainda mais com o confisco de bens dos inimigos políticos do regime. A classe dos proprietários de terra ficou imensamente agradecida a Rosas quando este procedeu à expansão da zona de pastagem, obtida por meio das suas contínuas guerras contra os índios.

Rosas entregou o poder às forças centralizadoras, enquanto se mostrava, retoricamente, um fervoroso federalista. Tudo isso demonstra a suprema agilidade política do ditador argentino. Freqüentemente, os observadores estrangeiros descreveram sua aparência de ruivo, os olhos duros, a fortaleza física. Em 1835, a publicação francesa *Revue des Deux Mondes* escreveu que "ninguém sabia domar uma égua, subjugar um cavalo selvagem ou caçar uma onça-parda melhor do que Rosas". E, na realidade, Rosas jamais escondeu a natureza de sua demagogia populista: "Rivadavia desprezava o físico, assim os homens das classes baixas, os do campo, que são os homens de ação... pareceu-me, pois, desde então, muito importante conseguir uma influência grande sobre essa classe, para contê-la ou dirigi-la; e propus-me adquirir essa influência a qualquer custo; para isso, foi-me preciso trabalhar com muita constância, com muito sacrifício de comodidades e de dinheiro, fazer-me *gaucho* como eles, falar com eles e fazer tudo o que faziam: protegê-los, fazer-me o seu procurador."

Semelhante cinismo não deixa de ser simpático. Não o são, porém, os escritos mentirosos de alguns dos seus seguidores, que lhe elogiam os dons, os vastos conhecimentos, a sabedoria política e a valentia nas campanhas militares. Consumado estadista, acrescentou incontido o autor destes elogios: e guerreiro intrépido, ágil, valoroso. Em poucas palavras, Rosas, aos olhos desse adulador, era "o mais perfeito exemplo do político, herói, guerreiro e grande cidadão".

Essa homenagem de mau gosto, publicada num jornal dominado por Rosas, *La Gaceta Mercantil*, foi temperada por muitas apreciações estrangeiras. Um viajante francês reconheceu que Rosas derrotara a anarquia, "que devorava a terra", mas esse triunfo foi avaliado pela seguinte opinião, desabonadora: "Infelizmente, Rosas foi para o extremo oposto... Impôs sua personalidade às instituições existentes. Obrigou a totalidade da população a adorar-lhe o retrato. Ordenou que se queimasse incenso em frente ao seu retrato, nas igrejas. E fez-se puxar, em sua carruagem, por grupos de mulheres..."

Enquanto assumia a postura de amigo do povo, se bem que, na realidade, protegendo os interesses da minoria proprietária de terra, Rosas, na ácida frase de Sarmiento, "introduzira o regime da *estancia* de gado na administração da república mais guerreira, mais entusiasmada com a liberdade e que mais sacrifícios fez para consegui-la". Fez algo pior. O diplomata francês conde Alejandro Walewski, filho de Napoleão Bonaparte e da aristocrata polonesa Maria Walewska, percebeu claramente que Rosas "não sabia se manter no poder senão à força". "Vingativo e imperioso", cometeu numerosos atos sangrentos, que o coroaram com uma "auréola de terror". Não tolerava a oposição e acabou criando, como o viu claramente Walewski, "um sistema de opressão legal por meio do qual persegue os inimigos".

Rosas organizou *la mazorca*, talvez o primeiro esquadrão da morte latino-americano, para silenciar seus inimigos. Sarmiento narra como, na cidade de Córdoba, o chefe local da *mazorca*, um tal Bárcena, chegou a um baile e lançou sobre o salão as cabeças cortadas de três jovens cujas aterrorizadas famílias se achavam presentes. Talvez hiperbolicamente, Sarmiento escreve que, entre 1835 e 1840, "quase toda a cidade de Buenos Aires passou pelos cárceres (de Rosas)...". Por quê? Que haviam feito? Exatamente nada. "Imbecis! Não vedes que se está disciplinando a cidade?..."

Anarquia ou tirania. Esse depressivo movimento pendular, na nossa vida política, serviu a Rosas de justificativa para usar o poder da maneira como o usou. Unificou o país, até Sarmiento o admitiu. Arrancou o poder dos caudilhos locais e, ao fazê-lo, evitou a atomização da República Argentina. Rapidamente se deu conta de que, entre todas as verdades que se podiam dizer sobre o país, a principal era a de que Buenos Aires haveria de desempenhar um papel essencial, visto que era o único ponto existente entre a nação e o mundo, mas também entre o principal centro comercial da nação e os produtos do seu interior. Rosas dirigiu magistralmente seu teatro político, nominalmente federalista e centralista de fato, aproveitando o conflito entre as forças existentes para dizimar a oposição a ele e concentrar todo o poder em si mesmo.

Manteve-se no posto da autoridade suprema durante 23 anos, entre 1829 e 1852. Os argentinos continuam debatendo calorosamente a sua personalidade. Afinal, não conseguiu a unidade, o fim da anarquia, uma vigorosa expansão do comércio internacional, o patriotismo, a resistência à intervenção estrangeira e uma defesa igualmente vigorosa do desenvolvimento interno, com base nas forças produtivas? É essa a argumentação dos defensores de Rosas. No entanto, a ilegalidade, a crueldade e o terror disfarçado de ordem podem ser o preço da liberdade?

TIRANOS: IMACULADOS OU PROMÍSCUOS

Do outro lado do rio de fronteira com a Argentina, às margens do Paraná, outro caudilho nacional governou o Paraguai como "ditador perpétuo", entre 1814 e 1840. O doutor Gaspar Rodríguez de Francia explorou o nacionalismo paraguaio em benefício próprio. Esquecido entre as ambições do Brasil e da Argentina, não se resignou, em contraste com a pequena república do Uruguai, a ser um simples estado-tampão entre os gigantes da América do Sul. Baseando-se na premissa de que o Paraguai não estava disposto a mudar de dominação da Espanha para a do Brasil ou a da Argentina, o doutor Francia isolou efetivamente seu país de qualquer contato com o estrangeiro.

Isolado no coração da América do Sul, sem litorais próprios, o Paraguai fora a reserva colonial dos jesuítas. Agora, rodeado de vizinhos ambiciosos, Francia converteu o fato do isolamento paraguaio em sua virtude nacionalista, enclausurando verdadeiramente o país com o pretexto de salvá-lo da absorção. Nomeou-se "El Supremo", proibiu o comércio, a viagem ao exterior e mesmo o serviço de correios entre a sua nação fortaleza e o mundo externo. Como num romance de Evelyn Waugh, o estrangeiro que conseguia entrar no Paraguai permanecia lá para sempre. O doutor Francia envolveu esse chauvinismo popular de ferro numa capa populista. Por necessidade, sua introvertida república era autárquica: criou uma economia de subsistência e favoreceu o governo demagógico da multidão sob a direção do tirano. Atacou e esvaziou a Igreja. No entanto, como na Argentina, o tirano finalmente protegeu e fortaleceu os interesses oligárquicos, tanto antigos como recentes. O longo reinado de Francia demonstra o fato, muitas vezes ignorado, de que o nacionalismo latino-americano tem suas origens na direita, e aclara a noção de que o populismo despótico só consegue disfarçar a paralisia imposta pelo tirano à sociedade: dando a impressão de que tudo se move, nada muda.

A "ditadura suprema" do imaculado doutor Francia terminou em 1840, quando o ditador morreu, aos 74 anos. Não conseguiu salvar a sua nova nação da infelicidade e do conflito permanente. Mais tarde, de 1865 a 1870, o Paraguai teve de combater a Argentina e o Brasil quase literalmente até o último homem: perdeu na guerra a maior parte de sua população masculina. Assediado por interminável disputa territorial com a Bolívia na região das selvas do Chaco, o país continuaria sob o tacão das ditaduras até o início da última década do nosso século.

O equivalente e contemporâneo de Rosas e Francia no México, general Antonio López de Santa Anna, foi menos afortunado do que seus colegas. Em contraste com Francia, que é o protagonista de um poderoso romance de Augusto Roa Bastos, ninguém foi capaz de fazer verdadeira justiça literária a Santa Anna, um personagem que parece escapar das mãos da recriação literária pelo simples fato de que sua vida é muito mais fictícia do que qualquer criação novelística. Na biografia de Santa Anna, a realidade vence a ficção. Ele aparece pintado nos murais contemporâneos de Diego Rivera que, por si mesmos, parecem histórias em quadrinhos glorificadas. Mas isso convém a Santa Anna, o protótipo do ditador latino-americano de opereta. Astuto e sedutor, chegou a combinar esses traços com uma enorme dose de audácia e descaramento, exercendo a presidência do México 11 vezes, entre 1833 e 1854. Figura grotesca; torcedor de briga de galo e galanteador, Santa Anna chegou a cair na tentação de dar golpes de Estado em si mesmo.

Em 1838, Santa Anna perdeu uma perna na Guerra dos Pastéis, travada contra a França e assim denominada porque uma esquadra francesa bombardeou Veracruz para respaldar as reclamações de um padeiro francês cujo estabelecimento fora saqueado durante um motim na Cidade do México. Santa Anna enterrou a perna na catedral do México, com pompa e bênção episcopal. A cada vez, porém, que Santa Anna caía do poder, a perna era desenterrada e arrastada pelas turbas ensandecidas, só para ser outra vez inumada, com a mesma pompa e a mesma bênção, se o tirano

General Antonio López de Santa Anna. Litografia, artista desconhecido

retornava ao posto. Caberia perguntar: foi sempre a mesma perna ou, afinal, uma substituta teatral, uma imitação de utilidade?

Se Francia foi um tirano imaculado e ascético, Santa Anna foi um ditador promíscuo e cômico. Mas ninguém riu quando, graças à sua inépcia, perdeu primeiro a província do Texas, em seguida todo o beiral dos territórios mexicanos do norte, incluindo o Arizona, o Novo México, Colorado, Nevada, Califórnia e partes do Utah, nas aras do "destino manifesto" de um expansivo e juvenil gigante, os Estados Unidos da América, na corrida imperial para o oceano Pacífico. "A guerra de Polk,* como a chamaram os críticos, foi denunciada por um solitário representante no congresso norte-americano, Abraham Lincoln. O escritor Henry David Thoreau, como Edmund Wilson durante a guerra do Vietnã, se negou a pagar impostos para financiar a guerra. Mas, em 1848, o México perdeu a metade do seu território nacional, e a nova fronteira sobre o rio Bravo passou a ser, para muitos mexicanos, uma ferida aberta.

Santa Anna sequer teve o consolo de ser considerado, como Rosas, um patriota.

A REAÇÃO LIBERAL: BENITO JUÁREZ

Em 1854, Santa Anna, que se fez proclamar "Sua Alteza Sereníssima", cobria-se com uma capa de arminho, gastando boa parte do erário nacional com a impor-

---

* Por causa de James Knox Polk, político norte-americano (1795-1849), eleito presidente em 1844; em 1846 e 1847, conduziu a predatória guerra cujos resultados, como lembra o autor, passaram do México para os EUA mais ou menos a metade do território original. (N. do T.)

tação, de Paris, de uniformes de cetim amarelo para os guardas do seu palácio. Foi derrubado por uma reação de repugnância e dignidade nacional, encabeçada pelo Partido Liberal, em cujas fileiras militava Benito Juárez, uma figura diametralmente oposta à do homem forte com o peito coberto de medalhas. Benito Juárez era um austero advogado de Oaxaca, da raça indígena zapoteca. Quando criança, cresceu como pastor, iletrado e sem saber espanhol até que, aos 12 anos, foi levado pela irmã, empregada doméstica na casa de um pároco secular, para a cidade de Oaxaca. Ali Juárez aprendeu a ler e escrever em espanhol. Tinha a mente aguçada e uma ambição enorme. Sempre chamou seu protetor, o franciscano Salanueva, "meu padrinho". Mas Juárez não estudou para o sacerdócio, como o esperava Salanueva. Em 1828, aos 22 anos, o jovem indígena deixou a casa do clérigo para se dedicar a uma carreira jurídica que acabaria por transformá-lo no maior reformista e presidente liberal do México no século XIX.

É possível imaginar as forças que se agitavam no peito deste jovem quando deixou a paróquia provinciana de Oaxaca. Um traço de fatalidade indígena lhe permitiria suportar muitas derrotas. Ainda que formado no ambiente de um pobre clérigo católico, Juárez adquiriria, com a profissão das leis, uma vontade feroz de superar os obstáculos que impediam o México de se tornar uma nação moderna e independente, entre os quais o excessivo poder da Igreja.

Sua primeira decisão foi a de separar a Igreja do Estado. As Leis de Reforma confiscaram a riqueza vasta e improdutiva da Igreja, fazendo-a circular. Também retiraram aos militares e à aristocracia seus tribunais particulares, estabelecendo a prioridade do direito civil e de uma legislação geral aplicável a toda a cidadania. Esse conjunto de leis não demorou para ser denunciado pelo partido conservador. Juárez e os liberais haviam optado claramente por uma solução: submeter o exército e a Igreja ao domínio do Estado nacional e, em seguida, submeter todos, inclusive o Estado, ao controle da lei.

Por três anos os conservadores se puseram em guerra contra Juárez e suas reformas. Quando Juárez finalmente os derrotou no campo de batalha, em 1860, os conservadores se voltaram para o exterior e encontraram apoio na corte de Napoleão III, na França, que acabava de conquistar a Indochina e sonhava, agora, ampliar a influência imperial francesa nas Américas. Era também o sonho da imperatriz, a espanhola Eugenia de Montijo, que imaginou um império latino nas Américas, capaz de enfrentar a crescente influência e poderio dos Estados Unidos. Estes, porém, no momento se encontravam desunidos pela guerra da Secessão, e Napoleão III viu em tudo isso a oportunidade de se assemelhar à grandeza do tio, Napoleão Bonaparte, o Grande.

Apoiados por Napoleão, o Pequeno (como o chamou o seu inimigo Victor Hugo), os conservadores mexicanos se dirigiram, em peregrinação, ao castelo de Miramar sobre o Adriático, onde o arquiduque Maximiliano da Áustria representava o irmão, o imperador austríaco Francisco José, como governador de Trieste. Ali lhe ofereceram a coroa do México.

Maximiliano, um jovem atraente, alto, louro e barbado, era, contudo, um homem de vontade fraca. Carlota, sua mulher, ambiciosa e politicamente atenta, filha do rei Leopoldo da Bélgica, pressionou Maximiliano para que aceitasse o reinado.

Os dois irmãos Maximiliano e Francisco José tinham ideais políticos diferentes. Em Viena, Francisco José, após esmagar os levantes nacionalistas liberais de 1848, governou da maneira autocrática peculiar aos Habsburgo. Em Trieste – e antes, na Lombardia –, Maximiliano, ao contrário, simpatizou com as reformas liberais e apoiou o *aggiornamento* (atualização, modernização) da Igreja e do Império. Os conservadores mexicanos, que em 1862 se apresentaram em Miramar, passaram por cima dessas sutilezas. Para eles, o México precisava de Maximiliano para restaurar a ordem desfeita pelos revolucionários bárbaros e anárquicos. O povo mexicano rogava-lhe que aceitasse. O exército francês ocupara o território do México e agora precisava de Maximiliano para pacificá-lo. Um referendo fraudulento, manipulado pelos franceses, favorecera a monarquia e Maximiliano. E o casal não teria qualquer oportunidade de reinar em Viena. No México, pensaram em criar uma monarquia moderna e esclarecida, que faria Francisco José corar de vergonha. A rivalidade fraterna foi, dessa forma, o *modus operandi* revelado na correspondência que circulou entre Trieste, Viena, Bruxelas e, por fim, a Cidade do México. Carlota convenceu Maximiliano de que, se deixassem passar a oportunidade mexicana, jamais encabeçariam um reino: só o serviriam.

Benito Juárez.
José Clemente Orozco, 1948

Se Carlota, porém, se viu cegada pela ambição, assim como por honesta necessidade de fazer jus à educação política do pai, seus olhos certamente se abriram quando o *Novara* atracou em Veracruz, revelando o tortuoso caminho da costa à capital, bem além das flores e dos arcos de triunfo oferecidos pelos índios. Cortés percorrera, a pé, a mesma rota, havia 350 anos, mas o imperador Carlos V jamais se deslocara até o Novo Mundo. Maximiliano e Carlota, porém, não eram Hernán Cortés, nem muito menos Carlos V. Seu coche real, dourado e de enormes rodas, atravessou penosamente as estradas rurais do México, passando por uma adversidade atrás da outra, avarias, estorvos, até mesmo capotagens.

A saga imperial teve incidentes cômicos. Quando chegou à Cidade do México, o casal de monarcas ocupou os aposentos de Santa Anna no Palácio Nacional. Os percevejos os obrigaram a deixar as camas e dormir sobre a mesa de bilhar. Logo, porém, foram transferidos para a comodidade do Castelo de Chapultepec, que até há pouco havia sido a escola militar mexicana, de onde seis jovens cadetes saltaram para a morte envoltos na bandeira para não se renderem às forças invasoras norte-americanas.

Maximiliano, imperador do México, e sua esposa, Carlota

A mesma disposição contra a intervenção estrangeira começou a unificar os mexicanos de todas as tendências, com exceção dos conservadores puros e duros, que esperavam, com o beneplácito de Maximiliano, recuperar as terras confiscadas pelos liberais. Achavam-se entre eles, certamente, as autoridades eclesiásticas. Mas Maximiliano, para mostrar seu idealismo e imprimir sua chancela pessoal aos assuntos de Estado, resolveu manter a legislação reformista de Benito Juárez. Os gritos de indignação foram ouvidos das fazendas de Jalisco até os corredores de San Pedro. Maximiliano não compreendia que fora enviado ao México para manter o privilégio, não para aboli-lo? O imperador convidou Benito Juárez para ser seu primeiro-ministro. Juárez, no entanto, recusou a convocação: se Maximiliano desejava uma democracia, que tentasse alcançá-la na Áustria, libertando os súditos do irmão Francisco José. O México continuaria lutando contra a ocupação francesa.

O comandante francês, Aquiles Bazaine, avaliou a força e extensão da resistência mexicana, levando o imperador a compreender que não haveria paz enquanto não fossem derrotadas as forças de Juárez e seus partidários republicanos. Bazaine forçou o monarca a promulgar um decreto que condenava à execução sumária qualquer mexicano que fosse encontrado portando armas. A lei ficou conhecida como Decreto Negro e, ao firmá-la a 2 de outubro de 1865, Maximiliano assinou sua própria sentença de morte.

Ao lado do coche dourado de Maximiliano, no Castelo de Chapultepec, vê-se hoje a simples carruagem negra de Benito Juárez. Nela, o presidente do México percorreu os desertos do norte, carregado de arquivos, chefiando a guerra de guerrilhas contra os franceses, fiel a suas próprias palavras: "Onde quer que eu esteja, no alto de uma montanha ou no fundo de um barranco, abandonado por todos, talvez, não deixarei de empunhar a bandeira da república até o dia da vitória."

Em seu escritório sobre rodas, Juárez converteu-se na própria encarnação da fatalidade indígena, da legalidade romana e do estoicismo hispânico. Quis transformar em realidade os sonhos de Simón Bolívar e José de San Martín: instituições fortes, não homens fortes; supremacia do governo civil, em que ninguém se encontre acima da lei. Mas imaginemos, uma vez mais, os sentimentos desse homem, um menino pastor indígena, depois um advogado formado nos ideais da Revolução Francesa, vendo subitamente essa mesma civilização voltar-se contra ele e negar ao México o direito à independência. Imaginemos também a vontade de Juárez, sem outro escritório além da carruagem, tendo em vista a defesa do México a qualquer preço, e a instauração do princípio pelo qual nenhuma potência estrangeira tinha o direito de determinar o governo de uma nação latino-americana.

Maximiliano e Carlota, na realidade, à frente de uma corte fantasmal, não tinham nada a oferecer e nada com que derrotar Juárez. Os caprichos de independência, por parte de Maximiliano, eram risíveis. O imperador não era nada independente, era apenas o títere de Napoleão III, apoiado pelas baionetas francesas. Quando, em 1867, o monarca francês decidiu abandonar Maximiliano, sua queda passou a ser inevitável. Outros assuntos, muito mais urgentes, ocupavam a atenção de Napoleão, o Pequeno.

A guerra civil norte-americana terminara. Napoleão apoiara o sul e o sul apoiara Napoleão: ambos desejavam um México acrescentado ao sistema escravista e à plantação feudal. Agora, porém, tinham triunfado Lincoln e o norte, enquanto, junto às fronteiras orientais da França, Bismarck conseguira unificar a Alemanha sob a hegemonia militar da Prússia e punha os olhos no Ocidente, à espera de maiores triunfos e conquistas. Os guerrilheiros mexicanos, camponeses de dia e soldados de noite, desapareciam na paisagem, mimetizados, em movimentos rápidos, dignos herdeiros da tradição de resistência firmada por Viriato contra Roma. Não se deixaram vencer por Maximiliano e pelos franceses. E, na própria França, um movimento de protesto contra a guerra do México, com ataques na imprensa e manifestações públicas, exigia o fim da sangria mexicana e deplorava os milhares de jovens franceses que voltavam para a pátria em ataúdes. Só uma estrela imperial brilhava na lapela de Napoleão: conquistara o sudeste asiático, do golfo de Tonkin ao delta do Mekong. Cem anos depois, a mesma guerra seria conduzida pelo Juárez da Indochina, chamado Ho Chi Min.

Quando as tropas francesas se retiraram, Carlota viajou imediatamente para Paris e, nas Tulherias, repreendeu Napoleão por não cumprir a palavra. Foi inútil. Contando com apenas um grupo leal de oficiais mexicanos, Maximiliano se rendeu em Querétaro, a 15 de maio de 1867. Foi fuzilado perto dali, no Cerro de las Campanas. Juárez não cedeu ante os apelos internacionais para que poupasse a vida de Maximiliano: milhares de mexicanos, vítimas do Decreto Negro, se levantaram entre Juárez e a clemência. Carlota continuara sua campanha na Europa. Durante uma audiência para defender a causa do marido junto ao papa Pio IX, adoeceu gravemente e teve de passar a noite no Vaticano – sendo, oficialmente, a primeira mulher a fazê-lo. A jovem imperatriz enlouquecera. Com 27 anos, foi encerrada no castelo de Bouchutz, na Bélgica, sua terra natal. Continuou, ali, escrevendo cartas a seu amado Maximiliano. Jamais se inteirou de que ele havia morrido. Só comia nozes e só bebia água de cachoeira, convencida de que Napoleão queria envenená-la. Raramente foi vista em público, em enterros e cerimônias outras, encolhida, cada vez menor, cada vez mais distante. Quando em 1915 seu primo, o cáiser Guilherme II, invadiu a Bélgica, pôs guardas no castelo, para proteger "Sua Majestade, a Imperatriz do México".

Finalmente, em 1927, Carlota morreu, aos 87 anos de idade. Há uma fotografia dela no esquife, com uma touca negra, as mãos manchadas envolvidas por um rosário, o perfil morto sob uma curiosa mescla de avidez e inocência. Como estava longe, a anciã, do brilhante retrato imperial do pintor Winterhalter, com a imperatriz envolta em tafetás e véus, a pele brilhante, os cabelos escuros, a orgulho contido, um brilho de inteligência e humor no olhar.

Maximiliano também jazia para sempre na cripta dos Habsburgo, em Viena. O pelotão de fuzilamento fizera-lhe ir pelos ares um dos olhos. O embalsamamento não pôde encontrar um só olho azul artificial em todo Querétaro, de tal modo que, por fim, o olho negro de uma virgem local foi incrustado na órbita do imperador fuzilado. No fundo da gruta dos Capuchinhos, Maximiliano olha a morte com um olho azul austríaco e um olho negro indígena. Afinal, os Habsburgo, que conquistaram o México em 1521, haviam colocado o pé no antigo império de Montezuma. Mais de uma vez, Maximiliano teve de refletir sobre a ironia de representar Carlos V e Filipe II. Mas o México, terreno para a épica dos longínquos monarcas espanhóis, se convertera em cenário da tragédia de seu descendente Maximiliano. Sua Coroa, como o intitulou o dramaturgo mexicano Rodolfo Usigli, foi uma coroa de sombras.

REPÚBLICAS RESTAURADAS, CULTURAS À ESPERA

Em 1867, Benito Juárez entrou na Cidade do México em triunfo e restaurou a república liberal. Conseguiriam as leis da reforma, o governo civil, o sistema democrático, a separação de poderes, a liberdade de imprensa e a livre empresa econômica vencer a pesada tradição da autocracia indígena, o governo colonial espanhol e a anarcotirania republicana? Quase simultaneamente, após a queda de Rosas em 1852, na Argentina dois regimes civis sucessivos, os de Bartolomé Mitre e de Domingo Faustino Sarmiento, tentaram encaminhar o país para a eliminação do caudilhismo local e o desenvolvimento dos territórios interiores, com a expansão das comunicações, da educação e da imigração maciça.

Com um Juárez e um Sarmiento presidindo ao mesmo tempo as duas maiores repúblicas hispano-americanas, era possível imaginar que os nossos sonhos de esta-

O tempo dos tiranos

Execução de Maximiliano

bilidade democrática e prosperidade econômica iam finalmente realizar-se. No entanto, esse ideal político dependia de outro fato, abrangente, mas que só emergia com muita lentidão: a consciência da vida cultural, a reflexão a respeito desse fundamento quase geológico de crenças – mutáveis ou duradouras –, costumes, sonhos, memórias, linguagens e paixões que verdadeiramente dirigem a vida das sociedades. As nossas, desde o México até a Argentina, tinham muito que aprender sobre elas próprias, antes de a cultura e a política poderem coincidir em todos os aspectos numa comunidade democrática.

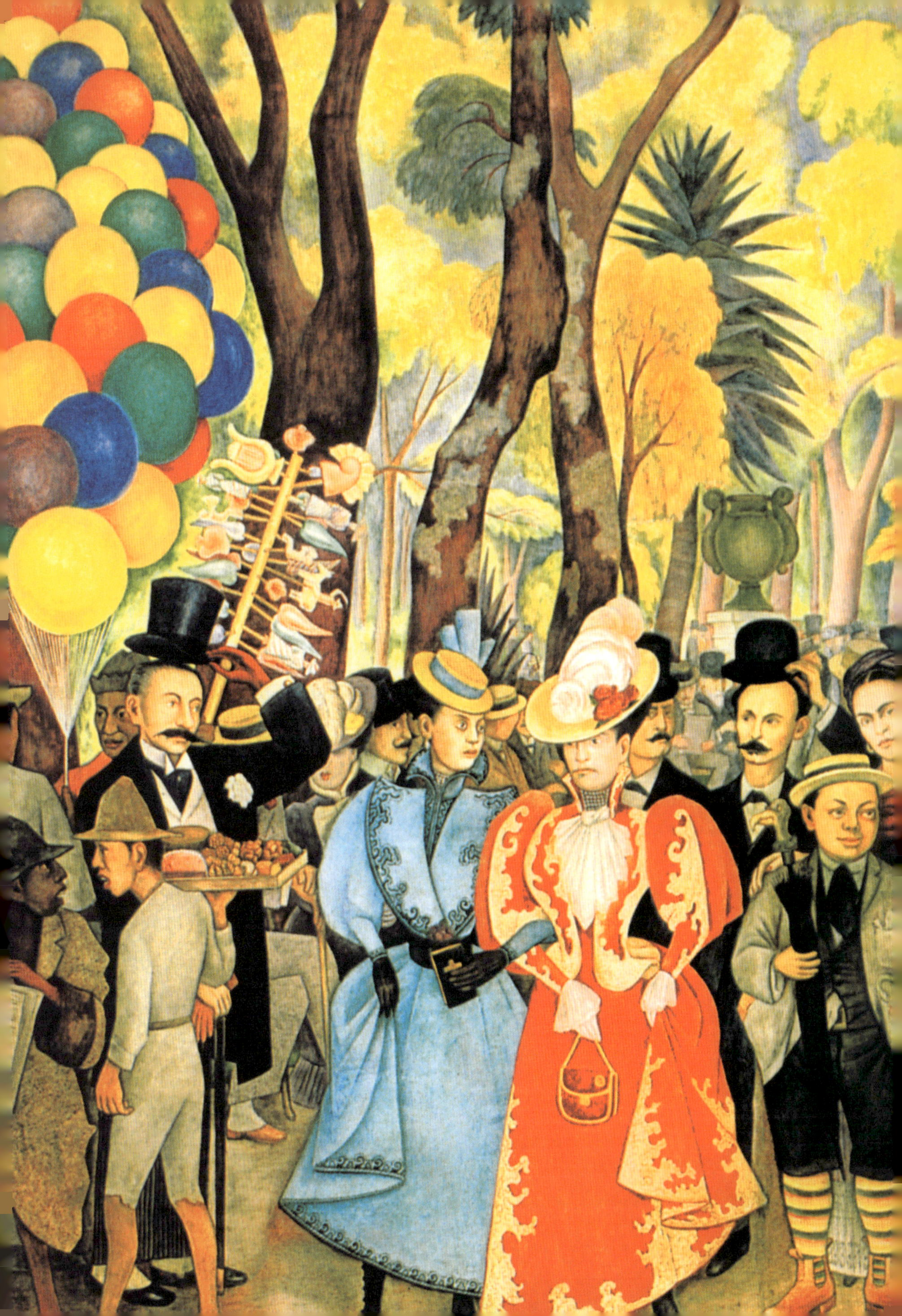

QUATORZE

A cultura da independência

Do ponto de vista cultural, a América espanhola independente deu as costas à herança índia, como à negra, considerando ambas algo "bárbaro". Ao mesmo tempo, dividimo-nos dramaticamente quanto à tradição espanhola. Muitos hispano-americanos acusaram a Espanha de todos os nossos males. A mãe pátria privara as colônias de tudo o que a Europa moderna chegara a representar, desde a liberdade religiosa até a riqueza econômica e a democracia política. Por acaso a Espanha não era responsável por todo o nosso lastro dogmático e conformista, em que os privilégios eram a regra e a caridade a exceção? Da Espanha nos chegaram todas as desgraças e, além disso, a herança de uma Igreja militante: em outras palavras, devíamos à Espanha tudo aquilo que a modernidade européia julgava intolerável. E, na vida política, sentimo-nos abandonados à falta da democracia, à nulidade do cidadão e dos seus direitos, à distância entre a lei e a prática, entre o governo e os governados.

Não é de admirar que, em sua maioria, as elites hispano-americanas hajam rechaçado a tradição espanhola, dando ruidosamente a conhecer suas razões, num discurso atrás do outro. Sarmiento falou em nome de muitos hispano-americanos, com grande paixão e com idêntica falta de imparcialidade, mas cheio de alegria parricida, quando disse que, na Espanha, não havia escritores, cientistas, estadistas ou historiadores, nem nada digno de menção. O historiador chileno José Victorino Lastarria escreveu que, entre Colombo e Bolívar, não houvera mais do que um "negro inverno" na América espanhola. E o poeta romântico argentino Esteban Echeverría alegou que éramos independentes mas não livres, pois mesmo quando as armas da Espanha já não nos oprimiam, suas tradições atavam-nos a ela.

Semelhante e obstinada renúncia a uma parte imprescindível do nosso próprio passado cultural abriu, naturalmente, um vazio a mais em nossa história independente, de maneira comparável ao vazio político determinado pela ausência da monarquia. Novamente, o abismo tinha de ser preenchido. Muitos hispano-americanos olharam para o norte, para os Estados Unidos da América, a jovem república do Novo Mundo que conhecera o êxito imediato, enquanto íamos de fracasso em fracasso.

Detalhe do
*Sonho de uma
tarde de domingo
na alameda*.
Diego Rivera

Os liberais hispano-americanos eram os grandes admiradores dos Estados Unidos, no princípio da nossa longa, tortuosa e inevitável relação. Aplaudiam a vitalidade, as instituições políticas e o ímpeto modernizador da democracia norte-americana.

Pelos mesmos motivos, os conservadores latino-americanos se opunham aos Estados Unidos. Para eles, os piores pecados contra o credo conservador eram a democracia, o capitalismo, o protestantismo, a tolerância religiosa e o livre exame. O radicalismo da revolução da independência nas 13 colônias desorientou ainda mais as classes conservadoras da América espanhola. Os revolucionários a mando de Washington haviam sido implacáveis, confiscando as terras dos agricultores pró-britânicos, condenando os conservadores ao fuzilamento e obrigando um terço da população a fugir dos Estados Unidos para refúgios conservadores no Canadá ou, às vezes, para se afogar nos mares da Terra Nova. Mas os conservadores hispano-americanos, sobretudo, acabaram por temer o que viam como um potencial expansionista na jovem república de língua inglesa. Em essência, a filosofia do "destino manifesto" já fora formulada por Thomas Jefferson e John Quincy Adams. Numa carta datada de 1821, Adams escreveu a Henry Clay: "É inevitável que o resto do continente será nosso."

A guerra contra o México, em 1847, e a perda da metade do nosso território nacional para os Estados Unidos convenceram muitos liberais de que os conservadores haviam avaliado corretamente as ambições territoriais norte-americanas. A questão cultural, contudo, não se resolvia tão facilmente. Se não era para os Estados Unidos, para onde deveríamos voltar os olhos em busca de inspiração e modelos? No século XIX, a América Latina encontrou a resposta imediata na França e especialmente em Paris, a cidade que Baudelaire chamou de "a capital do século XIX". A influência parisiense se fez sentir de Haia a Argélia, e de São Petersburgo ao Cairo. Mas no México, em Bogotá ou Buenos Aires, serviu à necessidade profunda de preencher o vazio cultural deixado pela ausência da Espanha.

Repudiar a Espanha significou aceitar a França como novo templo da liberdade, do bom gosto, do romantismo e de todas as coisas boas deste mundo. Caracteristicamente, outro historiador chileno, Benjamín Vicuña Mackenna, em 1853, escreveu, lá na capital francesa: "Estava em Paris... a capital do mundo, o coração da humanidade... o universo em miniatura." E o aristocrata brasileiro Eduardo Prado suspirou: "Sem dúvida, o mundo é Paris." No século XVI, a América espanhola fora a Utopia da Europa. No século XIX, devolvemos a amabilidade e convertemos a Europa em Utopia da América espanhola. A cidade de Guatemala chegou a chamar a si própria de "a Paris da América Central". Nosso anseio secreto, certamente, é que algum dia Paris viesse a chamar-se de "a Guatemala da Europa".

O ruim dessa admiração pela Europa, como o indica o escritor chileno Claudio Véliz em seu livro *A tradição centralista da América Latina*, é que não se estendeu ao modo de produção europeu, mas tão-somente ao modo de consumo europeu.

As classes altas da América Latina imitaram a sensibilidade européia em sua maneira de gastar, vestir-se, viver; em estilo, arquitetura e literatura, assim como em idéias sociais, políticas e econômicas. O que não copiaram foram os meios de produção europeus, pois isso teria significado mudar os meios de produção na América Latina. A ópera converteu-se no símbolo de uma modernidade latino-americana elegante e europeizada. Desde o Teatro Juárez, neoclássico, na cidade mineira de Guanajuato, no México, até o opulento Teatro Colón, em Buenos Aires, tudo eram dourados, veludos vermelhos, panos de fundo pintados, longos entreatos e atraentes decotes. Na verdade, a chegada a Bogotá da primeira costureira francesa, uma certa Madame Gautron, na década de 1840, considerou-se durante muito tempo um acontecimento memorável, pois mostrava que a capital colombiana enfim era uma cidade moderna. Um jornalista colombiano acrescentou que os gostos de Bogotá, à medida que, em seu progresso, foi de obscura capital provinciana a moderna capital cosmopolita, podiam ser ilustrados pelo que as classes altas bebiam em 1810 (o tradicional chocolate hispano-indígena), em 1840 (café francês) e em 1860 (chá inglês).

Apesar de tudo, semelhante imitação extralógica, como a chamaria o sociólogo francês Gabriel Tarde, imprimiu uma certa vitalidade às cidades latino-americanas mas, na América Latina do século XIX, até a morte podia ser uma imitação da Europa. O cemitério de La Recoleta, no centro de Buenos Aires, é uma cidade Potemkim da vida eterna, uma Disneylândia da morte onde todos os bons oligarcas argentinos estão enterrados e onde, ao que parece, todos eles pensaram que podiam levar para o outro mundo suas fortunas terrenas. Há que se perguntar de quantas cabeças de gado, de quantas vasilhas de leite e fardos de pele curtida precisaram para construir qualquer desses extravagantes monumentos fúnebres, onde os anjos voam por cima dos bustos burgueses de distintos comerciantes, e a trombeta de Gabriel soa para sempre na tumba de um digno general argentino.

La Recoleta nos oferece uma visão do paraíso como continuação da opulência baseada no gado e no comércio. Mas, enquanto isso, de volta à fazenda, à herdade, à plantação ou à *estancia*, correspondia-nos oferecer açúcar, algodão, lã, couros, borracha e trigo, para manter o estilo de vida do liberalismo econômico na América Latina, mas não o estilo de vida do liberalismo político. A América Latina (inclusive o Brasil) aproveitou a expansão mundial do capitalismo no século XIX, proporcionando-lhe matérias-primas, mas sem proporcionar a nós próprios capital para o investimento e a poupança,

A tônica da nossa vida econômica ficou no comércio exterior, sendo esta necessidade determinada por um fator inteiramente alheio às iniciativas latino-americanas: a crescente expansão da Europa ocidental e dos Estados Unidos em todos os aspectos, incluindo-se os da população, comércio, industrialização, instituições políticas, crescimento urbano e educação. A América Latina manteve-se periférica em todo esse processo, valendo-se da revolução dos modernos meios de comunicação e

Teatro Colón,
Buenos Aires

Cemitério de La Recoleta, Buenos Aires

transporte para crescer apenas comercialmente. O barco a vapor foi o principal veículo desse passo. Em 1876, o primeiro barco frigorífico zarpou do porto de Buenos Aires para a Europa com um carregamento de carne congelada. Na mesma década, as primeiras exportações de trigo argentino cruzavam o Atlântico. Na fase que se seguiu imediatamente à independência, a Inglaterra administrou o comércio exterior latino-americano e, na parte final do século, os Estados Unidos passaram a ser o associado mais importante. As duas potências, no entanto, empregaram os mesmos instrumentos do poder econômico: acordos favoráveis aos interessados; empréstimos e créditos; investimentos; e a manipulação da economia exportadora de minerais, produtos agrícolas e primários requeridos pela expansão anglo-americana. Uma minoria local altamente privilegiada serviu como intermediária tanto para as exportações como para as importações de bens manufaturados europeus e norte-americanos não produzidos na América Latina e procurados pela população urbana tanto das suas grandes capitais como de cidades do interior.

Os comerciantes latino-americanos, nessa fase de acesso a modernas relações de comércio internacional, tomaram consciência de que suas fortunas dependiam da continuação das estruturas agrárias e mineradoras coloniais, das grandes extensões territoriais, da exploração mineira intensiva e da força de trabalho mal remunerada. Era este o significado da independência? Os proprietários de terra e de minas obtiveram lucros gigantescos, enquanto a maioria da população permanecia afundada na pobreza. No fim do século XIX, a expectativa de vida na maior parte da América Latina era inferior a 27 anos de idade; em algumas regiões, o analfabetismo ainda pesava sobre 98% da população; e mais da metade desta estava em zonas rurais, vivendo sua maioria em condições de miséria extrema. "A pausa liberal", como denomina Claudio Véliz essa etapa da nossa vida independente, para a maior parte dos nossos cidadãos consolidou as dificuldades dos tempos coloniais.

Na verdade, no século XIX convertemo-nos em órfãos do nosso próprio capitalismo periférico, permutando febrilmente as nossas exportações por importações européias e norte-americanas a fim de manter os padrões de consumo das classes alta e média, mas sempre postergando uma consideração racional e radical que tivesse em vista melhorar a sorte e o padrão de vida da maioria. Os capitalistas dominantes na Europa e nos Estados Unidos retiveram os lucros e incrementaram seus percentuais de poupança, elevando rapidamente, com isso, sua produtividade. A Europa e os Estados Unidos produziram o seu próprio banquete. Nós lhes servimos as sobremesas: chocolate, café, açúcar, fruta e tabaco. A frase de Alfonso Reyes, a esse respeito, foi exata: a América Latina chegava tarde ao banquete da civilização.

UMA NOVA SOCIEDADE

As reformas liberais, a intervenção estrangeira, o conflito civil, as tradições conservadoras e o comércio exterior chocaram-se entre si, agitando as sociedades coloniais da América espanhola, liberando forças e mesmo permitindo, ao lado da consolidação de uma classe alta de proprietários de terra, comerciantes e políticos, a lenta ascensão de uma classe média moderna. Incluía esta advogados e negociantes, cujos serviços eram requeridos pela crescente relação entre a América Latina e a economia mundial, entre a cidade e o campo, e entre as várias classes sociais nos conglomerados urbanos em desenvolvimento.

Buenos Aires, que tinha 42 mil habitantes em 1810, ao se proclamar a independência, alcançara 180 mil em 1870 e continuaria crescendo aceleradamente, em grande parte graças à maciça imigração européia, atingindo 1,600 milhão em 1914, ao ter início a Primeira Guerra Mundial. O porto chileno de Valparaíso, foco do comércio no Pacífico, e também do comércio Atlântico pelo cabo Horn, duplicou sua população de 52 mil em 1856 para cem mil em 1876. A Cidade do México tinha 230 mil almas depois da queda do império de Maximiliano, consideravelmente menos do que ao cair o império de Montezuma. Mas quando Porfirio Díaz, por sua vez, caiu em 1910, a cidade crescera até meio milhão de habitantes. Nos sessenta anos que se seguiram a 1870, Santiago do Chile e Caracas multiplicaram a população por cinco, Bogotá por oito e Montevidéu por quatro. Jornalistas, intelectuais, professores, burocratas e comerciantes, assim como suas famílias, proporcionaram às nossas cidades dinamismo, ânimo para o debate e para o crescimento. Homens e mulheres de feitio urbano viram a si próprios como o melhor modo de se proteger contra a dupla tentação latino-americana da ditadura ou da anarquia, ou seja, a estabilidade se transformou no mais decisivo valor das classes médias. Estas sentiram que os libertadores do início do século XIX invocavam projetos políticos abstratos, porque não podiam alicerçar sua ação política na existência real de uma sociedade civil. Agora, dois novos fatores concretos da política e da economia haviam emergido: a classe média urbana e o Estado nacional.

Ambas essas forças buscaram sua identidade ao longo do século XIX. A classe média, freqüentemente, a encontrou fazendo-se retratar. Retratos do médico, da dona-de-casa, das crianças e mesmo do carteiro foram mais do que uma moda: eram uma prova da existência. Os reis e os aristocratas já não eram os únicos dignos de serem retratados. Os quadros de Juan Cordero, no México, e os de Prilidiano Pueyrredón, na Argentina, fixaram a fisionomia das classes médias urbanas, enquanto Hermenegildo Bustos, ele mesmo carteiro no seu Guanajuato natal, fixou os sinais de identidade dos cidadãos mais humildes das populações provincianas. Finalmente, as classes médias hispano-americanas tinham um rosto. E, se às vezes idealizaram a si próprias, quem podia cobrar-lhes um sentimento de identidade recém-adquirida, seu orgulho, sua emersão da obscuridade? Não bastava esse fato social para justificar as revoluções da independência?

Durante o século XIX, o melhor exemplo do êxito de uma sociedade burguesa na América Latina se encontrou no Chile, país definido pela distância em termos físicos e obrigado a contar com os seus próprios recursos mais do que os centros metropolitanos do império espanhol, México e Lima. A febre do ouro na Califórnia e na Austrália abriu grandes mercados aos produtos agrícolas chilenos na bacia do Pacífico, enquanto a Europa descobriu e importou maciçamente o cobre e os nitratos chilenos. O sentimento de possuir um destino nacional superior chegou a levar o Chile a uma guerra injusta contra o Peru e a Bolívia, para lhes conquistar os depósitos de salitre do deserto de Atacama. A Bolívia perdeu, com isso, o seu acesso ao mar. O Peru, suas províncias sulinas. Mas o Chile, controlando o comércio do Pacífico através do porto de Valparaíso, viu o surgimento de grandes fortunas nacionais e, com elas, a criação de instituições políticas únicas no continente sul-americano.

O Chile, por fim, pagou um preço enorme por essa expansão. O país chegou a depender excessivamente de apenas dois produtos: o cobre e os nitratos. Mas com a elevação ou queda de seus preços internacionais, as fortunas chilenas se elevaram ou caíram do mesmo jeito. O país independente ficou dependendo cada vez mais do mundo, e este cada vez menos do Chile. E, quando apareceu na Alemanha a produção de nitratos sintéticos, a nação chilena foi arruinada. Em 1918, o Chile era um país em bancarrota, antecipando por mais de uma década a grande depressão mundial. Todavia, durante os felizes anos do século XIX liberal, o desenvolvimento político chileno alcançou um razoável equilíbrio com relação a seu progresso econômico. Entre a supremacia política de Diego Portales, em 1830, e a presidência de José María Balmaceda na década de 1880, o Chile passou a ser a sociedade política mais bem estruturada da América Latina. É certo que as liberdades eram reservadas às

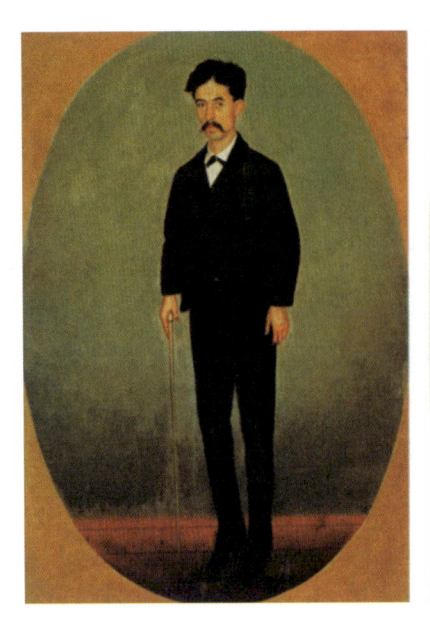

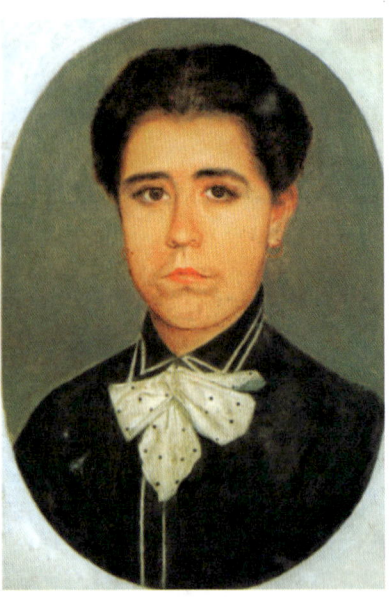

Don Manuel Desiderio Rojas. Hermenegildo Bustos, 1885

María de los Remedios Barajas. Hermenegildo Bustos, 1892

classes médias e alta, e nunca extensivas aos camponeses e trabalhadores. Dentro desses limites, porém, o Chile chegou a um equilíbrio político baseado no princípio do elitismo diversificado. O cidadão chileno pôde encontrar opções entre o poder do congresso e o poder do executivo, entre a indústria e a agricultura, o setor público e o setor privado, a esfera secular e a eclesiástica. Lembremos que o México e a Argentina, nessa mesma época, estavam sendo esmagados pelas tiranias de Santa Anna e Rosas.

Na verdade, o Chile se tornou um asilo contra a opressão argentina de Rosas. Abriu então as portas a grandes mestres, como o argentino Sarmiento e o venezuelano Andrés Bello. Criou, nesses anos, o melhor sistema educacional da América Latina. Seus pensadores eram liberais e anticlericais, como José Victorino Lastarria e Francisco Bilbao; seus historiadores ficam entre os melhores que já tivemos: Benjamín Vicuña Mackenna e Diego Barros Aranna.

Tudo isso fez do Chile a primeira nação relativamente moderna da América Latina. Um dos primeiros sinais da modernidade, nas nossas repúblicas ainda púberes, foi o surgimento de uma literatura da independência, de romances e poesia, mas também de jornalismo e história. Os maiores debates culturais do século XIX ocorreram precisamente no Chile, país em que a classe média crescia muito e o público leitor era cada vez mais amplo, além de poder contar com instituições que favoreciam a liberdade da elite. O jornalismo, liberado enfim da vigilância da Inquisição, foi a maior novidade de todas. Na América Latina, os dois maiores jornais do século XIX foram fundados na Argentina, com quatro meses de diferença: *La Prensa*, em 1869, e *La Nación*, em 1870. Os latino-americanos podiam, assim, citar as famosas palavras do poeta e estadista francês Lamartine: "A imprensa é o principal instrumento da civilização, no nosso tempo."

Definir a civilização era o problema que mais atraía o debate cultural no século XIX. O que era essa categoria civilizada a que aspirávamos e com a qual identificávamos a vida moderna e o próprio bem-estar? Por exclusão, decidimos que a civilização não significava ser índio, negro ou espanhol. Em vez disso, pretendêramos acreditar que civilização significava ser europeu, de preferência francês.

As aspirações modernizadoras das elites latino-americanas, desse modo, acabaram por derrotar a si próprias. Dividiram artificialmente os componentes da nossa cultura, sacrificando-os numa opção simplista entre "civilização e barbárie", como a definiu Sarmiento no subtítulo do *Facundo*. Neste, explicou que "é uma lei da humanidade que os interesses novos, as idéias fecundas, o progresso triunfem, afinal, sobre as tradições envelhecidas, os hábitos ignorantes e as preocupações estacionárias".

CIVILIZAÇÃO E BARBÁRIE

A verdadeira "barbárie" dessa ideologia "civilizada" consistiu em que excluía da noção de civilização todos os modelos alternativos de existência, índios, negros, comunitários, assim como toda relação de propriedade que não fosse a consagrada pela economia liberal. Sintomaticamente, essa posição excluía o estilo de vida secular baseado na propriedade comunal, como o *ejido*, no México, ou o *ayllu*, no Peru, bem como o produto agrário partilhado. Essas culturas alternativas se filiavam a uma escala de valores diferentes dos das cidades. A tradição, o conhecimento mútuo, a capacidade de autogoverno entre comunidades que conheciam bem seus próprios habitantes, a proximidade e bom uso da natureza, e a desconfiança sobre leis abstratas impostas de cima, tudo isso fazia parte dessa civilização alternativa negada pela mentalidade progressista do século XIX. Tão clamorosa negligência voltaria a perseguir a América espanhola no século XX, quando o exemplo da sociedade alternativa como uma arcádia agrária mexicana foi proposto pelo chefe camponês Emiliano Zapata.

A cultura alternativa de índios e negros foi vista como um obstáculo para o progresso pelas elites liberais do século XIX, que chegaram a professar uma ideologia que consideravam "científica". Tal não passava de uma adaptação da filosofia positivista de Auguste Comte, segundo a qual a história humana se desenvolvia em etapas previsíveis e universalmente válidas. Bastava uma nação latino-americana descobrir em que etapa desse desenvolvimento se encontrava para se inserir, cientificamente, no movimento ecumênico para o progresso. O lema dessa filosofia, "ordem e progresso", inspirou todos os governos modernizadores do século XIX latino-americano. Acabou até se fixando, como prova da influência exercida por Comte, no próprio centro da bandeira nacional brasileira.

O positivismo permitiu aos altos sacerdotes da "real politik" latino-americana apresentarem-se envoltos, não nas suas bandeiras nacionais, mas numa filosofia que dissipava as brumas do passado metafísico. Já que era possível predizer cientificamente o movimento da sociedade, também era possível administrar a mudança e, subseqüentemente, eliminar os obstáculos a ela, dos quais o primeiro era o da população indígena. O escritor argentino Carlos Bunge, num volume notável chamado *Nuestra América*, bendisse o alcoolismo, a varíola e a tuberculose, por haverem dizimado os índios e negros das Américas.

A propaganda contra os índios foi o contraponto de um fervoroso desejo de trazer imigrantes brancos europeus para a América Latina. Também perpetuou a imagem dos índios como assassinos e ladrões. "Governar é povoar", escreveu o jornalista e educador argentino Juan Bautista Alberdi. Antes, porém, pelo visto, era necessário despovoar. Em 1879, um exército saiu de Buenos Aires, sob o comando do general Julio Roca, com a missão de exterminar todos os índios nos territórios do sul da Argentina. As terras de pastoreio indígena eram necessárias à civilização, isto é, aos imigrantes europeus. O general Roca levou a cabo com grande êxito o que chamou de sua "campanha do deserto", sendo duas vezes recompensado com a presidência da Argentina.

No Chile, o povo araucano, de feroz independência, nunca foi conquistado pelos espanhóis. Conquistaram-no, finalmente, a espingarda e a locomotiva. Em 1880, uma campanha militar reduziu-os à vida das reservas. No México, a ditadura de Porfirio Díaz proclamou a si própria "científica" e inspirada pelo positivismo. Díaz, que era homem de origem indígena, zapoteca, conduziu violentas campanhas contra a população dos estados nortistas do México, Sonora, Sinaloa e Chihuahua, agarrados a suas terras ancestrais. Díaz queria outorgar esses territórios aos novos proprietários de terra mexicanos fiéis a ele e especialmente à família Lamantour e a empresas norte-americanas como a Richardson Construction Company de Los Angeles e a Wheeler Land Company de Phoenix, Arizona. Provocou, assim, a rebelião de Tomóchic em Chihuahua e, na guerra contra os povos *yaqui* e *mayo*, os chefes destes foram levados para o alto-mar num navio de guerra, acorrentados e lançados ao oceano Pacífico. Os chefes da revolta *yaqui* foram assassinados, e a metade de sua população, trinta mil pessoas, foi deportada e levada a uma marcha atroz até Yucatán, onde foi separada de suas mulheres, enquanto estas eram obrigadas a se casar com trabalhadores chineses, esquecer suas famílias e a tradição indígena.

Então, de onde provinha a barbárie? Da cidade ou do campo? O certo é que a ideologia do progresso saltava todos os obstáculos. Os índios eram sacrificáveis. E a conquista, obviamente, não se encerrara. Agora, nós, os hispano-americanos independentes, éramos os novos conquistadores, atuando exatamente como os descendentes de Cortés e Pizarro. Só os uniformes haviam mudado.

Mas, segundo os ideólogos da civilização, havia outro componente de "regressão" e "barbárie" no campo. Chamados *charros* no México, *guasos* no Chile e *gauchos* na Argentina, geraram uma linguagem e uma imagem que deu voz e olhos a uma cultura à parte da cultura humana. Figuras próximas da natureza, "machos", fora da lei, bandidos a cavalo, homens independentes e solitários numa paisagem cega e também solitária, nunca longe da violência da nossa vida social. Suas biografias sempre andam perto de alguma usurpação de terras, de um estupro, uma cabana em chamas ou o *pronunciamiento* (sublevação) de algum caudilho local, sem falar em uma ou outra intervenção estrangeira, de modo que o *charro* e o *gaucho* estão sempre à beira do precipício da guerrilha, olhando sempre, às vezes cegamente, para o abismo da revolução.

Tradicionalmente, o *charro*, como o *gaucho*, contara suas histórias em canções. A canção do *charro* se chama *corrido*. É um derivado do romance medieval e renascentista espanhol, um poema noticioso em octossílabos e que se insere numa tradição oral constantemente modificada e enriquecida. O *charro*, como o *gaucho*, são os Heitores e Aquiles da epopéia agrária latino-americana, uma segunda história que se afirma, de palavra e de fato, longe das formas convencionais da civilização e da história. Como o *charro*, o *gaucho* canta a sua própria história. Os *payadores* (cantores folclóricos dos pampas), ao cantar, nos fazem sentir que possuem um poder concedido pela ausência de qualquer outro meio de comunicação. Um dos temas dos *payadores* é que o *gaucho* começa a cantar no ventre de sua mãe; nasce cantando e morre cantando. E o que ele canta, por certo, são suas agruras. Só uma canção pode consolá-las.

A canção dos *payadores* foi o jornal dos pampas. É o único livro de história dos *gauchos* e, finalmente, é a fonte da maior obra literária do século XIX na América espanhola, o poema *Martín Fierro*, de José Hernández. Hernández era um escritor urbano que passou algum tempo nos pampas. Manifestou-se contra Sarmiento e sua aguda opção entre o urbano e o agrário, entre a civilização e a barbárie. Ao chegar à presidência da república, em 1868, Sarmiento perdeu completamente as estribeiras no seu desprezo pelo *gaucho*: "Não procurei economizar sangue de *gaucho*. É um abono que se precisa tornar útil ao país. O sangue é a única coisa que eles têm de humanos."

Hernández desejava defender o mundo agrário contra as explorações e a arrogância da cidade. *Martín Fierro* não é o obstáculo ao progresso: é a vítima dos "caprichos de ensoberbecidos caudilhetes, que abusam da fraqueza e do isolamento".

No poema, Martín Fierro começa recordando sua vida como um homem livre, em seguida seus sofrimentos nas mãos dos militares e dos corruptos "caciques" ruralistas. Após ser levado para o exército pelo recrutamento, e desertar, e ser encarcerado, o *gaucho* volta para casa. Mas Ítaca está em ruínas, Penélope foi violentada e seqüestrada, Ulisses já não tem mar para continuar a viagem, a não ser os pampas imensos e sem lei:

¡Yo juré en esa ocasión
*ser más malo que una fiera!**

---

* Eu jurei, nessa ocasião, / ser bem pior do que uma fera! (N. do T.)

Gaucho,
Uruguai, 1990

E assim começou sua carreira de crimes. Diz-se que a palavra *gaucho*, assim como sua equivalente do outro lado dos Andes, no Chile, *huaso*, vem do araucano *guacho*, que significa ilegítimo, órfão, sem pai. Esse sentimento de orfandade, e até de bastardia, foi uma das chancelas da conquista sobre os filhos da Espanha e do mundo indígena, reaparecendo agora como marca secreta dessas figuras solitárias e violentas das nossas planícies e montanhas.

"Two to tango"

À medida que as cidades latino-americanas cresceram, se tornaram, cada vez mais, ímãs para um número crescente de migrantes do interior: das *estancias*, dos pampas, das fazendas e das planícies. Na Argentina, esse fenômeno ocorreu mais cedo do que nos outros lugares, pela simples razão de que nenhuma outra cidade latino-americana, na virada para o século XX, cresceu tão rapidamente quanto Buenos Aires, ou se tornou tão depressa um enorme centro de atração para o imigrante. Em 1869, a Argentina tinha uma população de apenas dois milhões de habitantes. Entre 1880 e 1905, chegaram ao país três milhões de imigrantes europeus. E, em 1900, um terço da população portenha nascera no exterior. No fim do século XIX, ambas as correntes migratórias, o *gaucho* e o europeu, se uniram nas *orillas flacas* (baixos arredores) de Buenos Aires.

> *... las estrellas son la guía*
> *que el gaucho tiene en la pampa.*

O tango

As estrelas o guiam para a cidade, onde só desce do cavalo para se perder nas vielas dos bairros. Sem lei, sem terra e sem companhia, os imigrantes do interior são os antigos *gauchos* abandonados e desorientados nas calçadas de Buenos Aires. Aí se encontram com os imigrantes da Europa, nos bares e prostíbulos da cidade. Cidade de homens solitários, de homem sem mulher. Todos se reconhecem no tango, uma música para imigrantes, numa cidade de solidão e transição.

O tango nos conta histórias de frustrações, nostalgias, fragilidades, inseguranças. Jorge Luis Borges chamou-o "a grande conversa de Buenos Aires". Mas é, sobretudo, um poderoso acontecimento sexual. Como o exprime o dito inglês, *"two to tango"*, um homem e uma mulher, abraçados. No tango, o casal cumpre um destino tanto individual como partilhado, embora também se dando conta da possibilidade de controlá-lo. Daí a precisa definição de tango do compositor Santos Discépolo: "Um pensamento triste que se pode dançar." As origens do tango são tão misteriosas como sua presença atual. Africanas ou mediterrâneas, porém, oferecem-nos o contato verbal entre sua etimologia negra, *tang*, que significa tocar, aproximar-se, interpretar, e sua raiz latina, o verbo *tangere*, que também significa tocar, aproximar-se, interpretar. E tudo isso, por certo, possui sua própria ressonância castelhana *tañer*, em português tanger – um violão, por exemplo.

Seja qual for sua origem, o tango viaja para o exterior por volta do início do século XX, dos bordéis de Buenos Aires para os salões de Paris. Era o tango mais uma das nossas sobremesas exportáveis, junto com o chocolate, o café, o açúcar e o tabaco? De qualquer modo, converteu-se na sensação da Europa, a primeira dança em que os casais se abraçavam em público. O papa Pio X proibiu o que chamou de "esta dança selvagem". O rei Luís da Bavária proibiu a seus oficiais dançar o tango, enquanto, na Inglaterra, a duquesa de Norfolk declarou que aquela era uma dança contrária à índole e aos bons costumes ingleses. Mas os homens e as mulheres inglesas, em 1914, todas as noites acudiam em grande número às Ceias de Tango do Hotel Savoy, em Londres.

Apesar do êxito internacional, o tango sempre voltou a sua fonte, Buenos Aires, e a sua função primordial de evocar o mistério e a miséria das nossas cidades, a dificuldade de viver como seres humanos nas nossas aglomerações urbanas. Mas, nas cidades, assim como no campo, toda uma cultura de encontros, mesclada, irreverente e mestiça estava surgindo, manifestando-se na linguagem, na música, nos movimentos do corpo, e em gestos, sonhos, lembranças, desejos. Aos poucos, a América espanhola tomava consciência de que não se tratava de escolher simplesmente entre a modernidade e a tradição, mas de manter as duas permanentemente vivas e sob tensão criadora.

Gradualmente tomávamos consciência de que a busca de uma identidade cultural não se exauria nos extremos do cosmopolitismo ou do chauvinismo, da promiscuidade ou do isolamento, da civilização ou da barbárie, mas tendia para um equilíbrio inteligente e bem administrado entre o que éramos capazes de tirar do mundo e o que éramos capazes de lhe dar. O debate cultural da independência passou por todos esses dilemas. Tivemos medo de ser nós mesmos, obrigando-nos a ser algo diferente, francês, inglês ou norte-americano. Este dilema simplesmente refletia a dificuldade que sentíamos em nos situar no mundo, reconhecendo-o e sendo por ele reconhecidos. Lutamos com o modo de dominar o nosso próprio tempo e de viver no nosso próprio contexto, sem reduzi-los a uma perigosa confusão do passado com o atraso e do futuro com o progresso.

Por meio do desenvolvimento da cultura em todos os seus níveis, elitista e popular, refinada e vulgar, chegamos a descobrir que, para ser verdadeiramente histórico, o tempo deve ser tanto passado quanto futuro, e só pode ser uma coisa e outra no presente. Desde cedo, os nossos melhores artistas modernos entenderam isso.

Diego Rivera, o moderno pintor mexicano do século XX, na década de 1940 criou um mural para o Hotel del Prado, na Cidade do México, diante do parque da Alameda. Rivera descreveu nele um sonho povoado por todas as figuras históricas do México, desde a conquista até a Revolução. Apresenta um sonho, mas também o profundo debate em torno da nossa identidade: a nossa cultura deveria ser nativa ou importada; índia, espanhola, norte-americana ou francesa? Trata-se de um falso dilema, contestou o patriota e escritor cubano José Martí, que podemos ver, cavalheirescamente, saudando com o chapéu algumas damas que passam pelo mural da Alameda. Martí, com toda a sua amável humildade, encontrou a chave para a solução desse nosso velho problema. Não apenas adverte contra os perigos de importar modelos de progresso de maneira acrítica. Também ligou o progresso às reais necessidades do povo, aos recursos reais de seu país e à verdadeira composição social da América espanhola.

Para Martí, deveríamos destacar recursos, gente, necessidades, cultura, tradições, extraindo de tudo isso um modelo nacional de progresso. "O governo", escreveu em *Nuestra América*, "há de nascer do país. O espírito (e) a forma do governo hão de se harmonizar às próprias características do país. O governo não é mais do que o equilíbrio dos elementos naturais do país." (...) Sobre esta base, talvez possamos alcançar a verdadeira democracia: (...) "se a república não abre os braços a todos, a república morre." Tendo como alicerce a força do autoconhecimento, Martí até previu uma capacidade latino-americana para participar com independência do panorama internacional: "O povo que quer morrer vende a um só povo, e o que quer salvar-se vende a mais de um... É preciso equilibrar o comércio, para assegurar a liberdade."

A solução martiana continua sendo a melhor. Pode cumprir as expectativas nacionais sem sacrificar uma plena participação no mundo interdependente e multipolar que nos aguarda no século XXI. É, também, a mais exigente das soluções. Martí nos pede para não esquecer ninguém, não esquecer nada. A cultura totalmente inclusiva proposta por José Martí logo encontrou modelos próprios em escritores como o nicaragüense Rubén Darío, um poeta indubitavelmente tanto hispano-americano como europeu, ou na obra do extraordinário artista gráfico mexicano da virada para o século XX, José Guadalupe Posada. Tanto Martí como Posada, tanto Rubén Darío como sóror Juana Inés de la Cruz, ou o escultor Aleijadinho extraíram sua criação original da grande riqueza de tradições que, afortunadamente, compõem a existência latino-americana. Para os nossos maiores artistas, a diversidade cultural, longe de ser um embaraço, transformou-se na própria fonte da criatividade.

Sonho de uma tarde de domingo na alameda. Diego Rivera, 1947

Um esqueleto sobre uma bicicleta

José Guadalupe Posada foi um cronista da atualidade em gravuras sensacionais e envolventes, provindas da observação direta à janela do seu estúdio de impressão, na Cidade do México. Posada desenhou e imprimiu cartazes e jornais de rua para o povo, que exigia a reportagem direta e "sensacionalista" do que estava ocorrendo, para saber quem assassinou quem, quem dera à luz uma criança com duas cabeças, quem ganhara as eleições presidenciais e quando ia passar um cometa sobre as nossas cabeças. O idioma popular de Posada deu às massas urbanas, mas também aos imigrantes iletrados do campo, o equivalente leigo dos ex-votos, retábulos e outras formas de expressão religiosa popular, em geral pintados sobre estanho ou madeira, que ainda se podem ver nas igrejas mexicanas. Os fiéis, com esses objetos, dão graças à virgem ou a seu santo padroeiro pelas graças recebidas. Oriunda da cultura agrária mexicana da sacralidade, a arte de José Guadalupe Posada, todavia, também foi uma antecipação dos grafites modernos, que hoje encontramos especialmente nas cidades norte-americanas, de Nova York a Los Angeles. Como estes, as gravuras de Posada dão uma voz aos pobres.

Posada pertenceu a essa rara categoria de artistas claramente associados a uma forma universal da cultura: a cultura do perigo, do estranho, dos extremos e da informalidade. Nesse sentido, Posada pertence à família espanhola de Goya e de Buñuel. Sua arte também consegue universalizar o excêntrico. Por essa mesma razão, se acha estreitamente ligada à cultura das ruas e dos que carecem de letra ou voz. Em Posada, abundam os assassinatos. Os mais interessantes nos mostram mulheres de alta sociedade, de longos vestidos negros, atirando umas contra as outras. Pintou cenas de suicídio, morte e estrangulamento. Uma jovem se atira da torre mais alta da Ca-

Membros de uma gangue em frente a grafite, Los Angeles, 1989

tedral do México. Um toureiro é chifrado. Um alfaiate é sentenciado à morte por haver cortado a garganta da mulher. Também abundam o sexo, o namoro, a bebida, a dança. Quarenta e um homossexuais são descobertos vestidos de mulher num baile particular. Nascem diversos monstros. Um menino com a cara nas nádegas, homens com pernas em vez de braços, porco com cara de homem.

Mas há outra face grotesca do desastre que Posada oferece como sonho e como pesadelo. São os desastres que se dão na alma de cada indivíduo, não no mundo eterno dos acontecimentos. Como *Os caprichos* de Goya ou *Os demônios* de Posada; suas assombrações voadoras, seus íncubos e monstros (chamados Avareza, Gula, Inveja, Ira, Luxúria, Orgulho e Preguiça) nos mordem e nos puxam, enquanto as serpentes nos afogam com seus abraços mortais, e os fantasmas surgem ao meio-dia para assustar a pobre Dona Pachita, vendedora de velas da esquina. Fantasmas e demônios, morcegos e dragões convergem numa extraordinária gravura de Posada. Nesta, uma atração de feira, chamada Teatro da Ilusão, tem uma entrada que não é senão a boca aberta de um demônio, com colmilhos e tudo, à espera de devorar o espectador que entra no último dos espetáculos, esse "país jamais descoberto", custodiado pela sargento chamado morte, como o chama Shakespeare no *Hamlet*.

A morte nos espera na feira, no carnaval que subverte as categorias sociais e as ficções políticas. O grande espetáculo igualitário, que dissolve as fronteiras entre o cenário e a platéia, entre o autor e o espectador, entre o que olha e o que é olhado. Esse encontro carnavalesco, esse grande solvente da autoridade desde os alvores do mundo, leva Posada a uma visão da morte fantasticamente alegre e irônica. As caveiras de Posada são ilustrações preparadas para o Dia de Todos os Santos e o Dia

Um rico acossado pelos sete pecados mortais. Posada, s.d.

A cultura da independência

de Finados. A arte do macabro, em Posada, ascende até o topo no mais moderno dos veículos, a bicicleta, que apareceu subitamente num cemitério fantasmagórico. Em 1890, a bicicleta se transformou na grande moda da Cidade do México, uma novidade que possivelmente não estava separada de outras formas de progresso: a primeira usina de eletricidade, implantada em 1898; o globo do sr. Joaquín de la Cantolla que voou sobre a cidade em 1902; e o primeiro vôo de avião, pouco depois, feito pelo sr. Braniff. Mas esses eventos "modernos" nunca acabavam com os lastros do passado. As gravuras de Posada evocam, junto ao progresso, os pesos mortos da superstição, da ignorância e do assalto armado.

Com um golpe de gênio, Posada resolve e reúne essas contradições na figura da morte de bicicleta, fundindo o velho com o novo na inevitabilidade da morte. A bicicleta leva janotas e valentões, deputados e falsos médicos, rábulas e juízes, velhinhas devotas e ianques exploradores; os gringos, diz Posada, devem tomar cuidado com esses hábeis ciclistas. Tanto o habitante do campo como o da cidade terão de rodar, inevitavelmente, pela avenida da morte, sem dúvida uma morte alegre, uma morte com cigarro na boca, dançando o *jarabe tapatío* (sapateado mexicano) e, sobretudo, também cômica e dramaticamente disfarçada como uma dama do fim do século, uma espécie de Mae West macabra, envolta nas mantilhas da serpente emplumada, Quetzalcóatl, a cabeça pelada coberta de um suntuoso chapéu parisiense, de abas largas e carregado de flores. Excepcional até isoladamente, essa imagem deve tanto à tradição quanto lhe outorga. Em Posada, como em todos os grandes artistas, a criação é uma pausa que leva adiante a tradição e, genialmente, a reconhece e transcende, a nega e enriquece.

Uma senhora da alta sociedade. Posada, s.d.

Aí estão, efetivamente, *Os caprichos* de Goya com um selo latino-americano, e o macabro jardim do príncipe Orsini, em Bomarzo, com suas tumbas que abrem as mandíbulas para receber os mortos. Mas também se acham aí as tradições do *coatepantli* asteca, o muro de serpentes recentemente descoberto no Templo Maior da Cidade do México, e das caveiras de açúcar que as crianças mexicanas comem no Dia de Finados. As imagens de Posada são, ainda, precursoras das técnicas de montagem cinematográfica. Sergei Eisenstein reconheceu sua dívida para com Posada nas seqüências do Dia de Finados do seu filme *Que viva México*.

Já fora do comum por si mesma, essa concepção se torna única quando todas as imagens precedentes, mas sobretudo a da morte, confluem para um modo de ver a revolução – e, por conseguinte, a história – como violência e morte. Visão tumultuosa, animada e brincalhona da morte, a obra de Posada não apenas oferece à sociedade, ao espírito de Goya seu espelho disforme, como igualmente lhe oferece uma franca apreciação da história como ruína. Pois Posada nos ajuda a unir nossa continuidade cultural a uma constante exigência crítica. Pagamos caro pela crença equivocada de que a história e a felicidade podem coincidir, beatificamente. Posada recorda-nos que devemos ser sempre críticos. Toda felicidade é relativa, porque absolutos não existem. A história só é história se não nos engana com uma promessa de êxito absoluto ou de cumprimento perfeito. E só pode viver a vida quem não deixa de lado a consciência trágica, inclusive, como o faz Posada, na visão da morte. Em Posada, as contradições culturais da independência se resolvem num fantástico e perigoso encontro dos opostos, mediante o risco e a revolução, a vida e a morte.

Dom Quixote Caveira. José Guadalupe Posada, c. 1887

A cultura da independência

Grande caveira elétrica.
O cemitério está cheio de vítimas do bonde elétrico recentemente introduzido. Posada, 1907

Na aurora do século XX, os latino-americanos tomamos consciência de que haveríamos de correr todos esses perigos a fim de conhecer os nossos rostos verdadeiros, compreender a totalidade do nosso passado e projetar um futuro que não negasse o que éramos mas, pelo contrário, coincidisse com o nosso passado para dar vida ao nosso futuro. Para chegar a esse ponto, uma vez mais tivemos de lutar violentamente com a história. Violenta ou razoável, revolucionária ou pacífica, nossa história tinha de encarar de frente o dilema que mais constantemente arrastávamos desde os tempos pré-colombianos e coloniais: a questão da posse da terra e dos direitos da maioria. Em nenhum lugar o povo e a terra revelaram tanto a sua fraternidade como na primeira grande comoção social do novo século: a Revolução Mexicana.

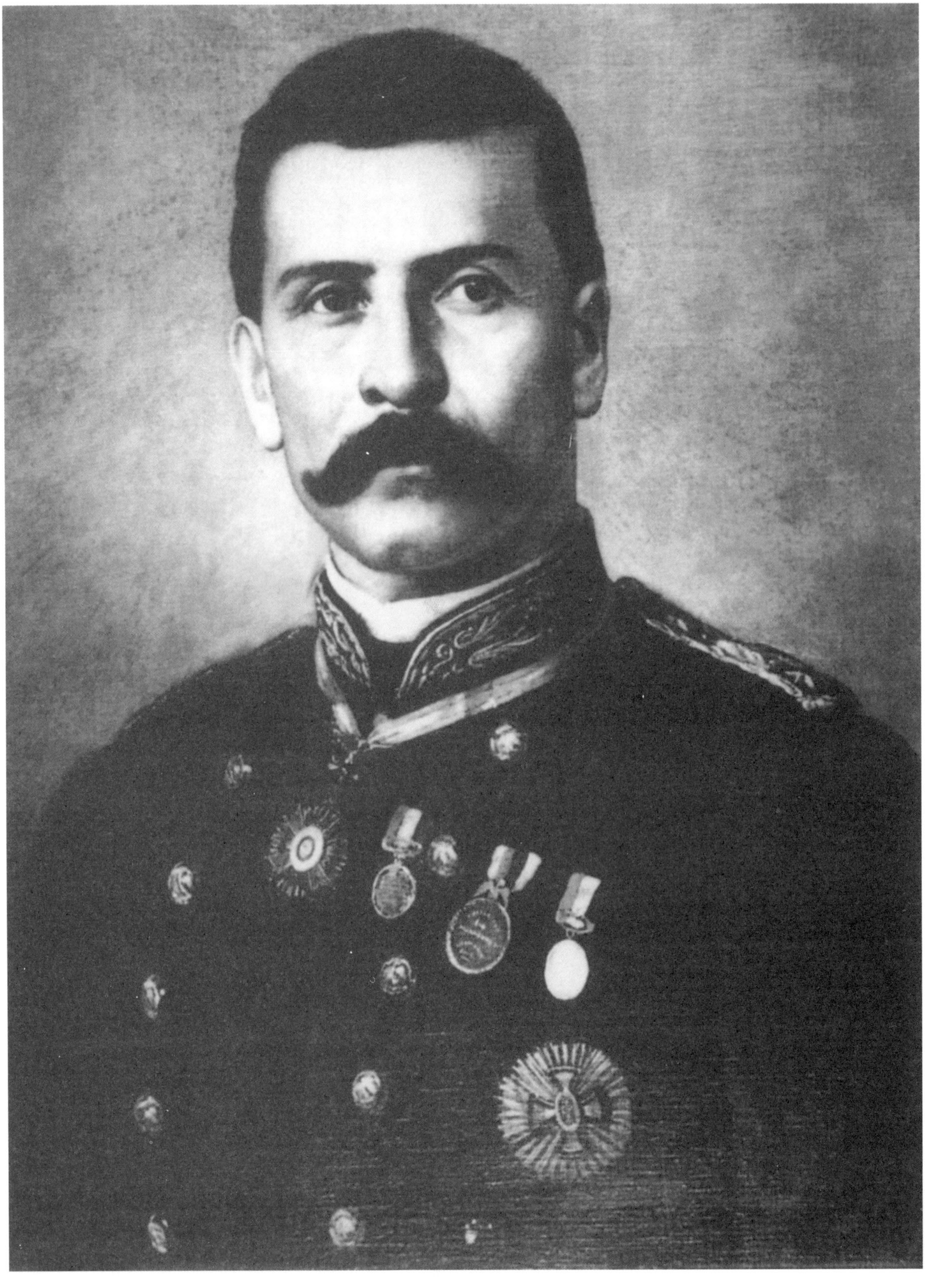

QUINZE

Terra e liberdade

A Revolução Mexicana, na realidade, se compôs de duas revoluções. Encabeçaram a primeira os chefes guerrilheiros populares, Pancho Villa no norte, e Emiliano Zapata, no sul; suas metas eram a justiça social baseada no governo local. A segunda revolução foi dirigida pelos profissionais, intelectuais, fazendeiros e comerciantes da classe média emergente: sua perspectiva era a de um México moderno, democrático e progressista, mas com um governo centralizado e um Estado nacional forte.

Tanto as cabeças do movimento agrário como as do movimento de classe média sentiram que suas esperanças tinham sido postergadas por tempo demais sob o prolongado governo pessoal de Porfirio Díaz, presidente do México quase continuamente, entre 1876 e 1910. Díaz, que fora, ele próprio, valoroso guerrilheiro sob as ordens de Benito Juárez e contra a intervenção francesa, chegou à presidência sob os estandartes do liberalismo latino-americano. Mas o lema "ordem e progresso" não incluía, na concepção de Porfirio Díaz, nem a democracia, nem a justiça social; significava, simplesmente, desenvolvimento econômico rápido, favorecendo as elites e sancionando métodos pouco democráticos para alcançar as metas econômicas. A princípio, Díaz cortejou as classes médias que se haviam formado durante o período de independência do século XIX. Novos grupos de negociantes, administradores e fazendeiros entraram em cena, à medida que Díaz incentivou o investimento estrangeiro em petróleo, estradas de ferro e colonização de terras. O regime porfirista aumentou a malha ferroviária mexicana de 1.661km em 1881 para 14.573km em 1900. Essas políticas também transformaram milhares de camponeses e artesãos tradicionais em operários do campo e da cidade, enquanto o sistema da *hacienda*, reforçado pelas leis de reforma do liberalismo, privou as comunidades camponesas tradicionais dos últimos vestígios de suas posses hereditárias, até então protegidas por leis emanadas da coroa espanhola.

As terras, as águas e as matas foram absorvidas pela nova e poderosa unidade territorial, a fazenda. À medida que mais e mais camponeses perderam suas terras,

Porfirio Díaz

converteram-se de fato em escravos dos latifúndios. Só um deles, a propriedade da família Terrazas, em Chihuahua, era maior que a Bélgica e os Países Baixos juntos, levando-se um dia e uma noite para atravessá-lo de trem. As possessões estrangeiras chegaram a ser igualmente vastas. Até 1910, as propriedades norte-americanas no México alcançavam a extensão de quarenta milhões de hectares, inclusive grande parte das mais valiosas terras florestais, minerais e agrícolas, que representavam 22% da superfície mexicana. O conjunto de propriedades do magnata do jornalismo William Randolph Hearst chegaram a mais de três milhões de hectares.

A *hacienda* mexicana não era senão uma consumada manifestação do sistema de peonagem por dívida que tomara o lugar, desde os tempos coloniais, de outras sucessivas formas de exploração do trabalho agrícola: a *encomienda* primeiro e o *repartimiento* em seguida. Na verdade, a dívida era a principal corrente que prendia o camponês. Dívida para com o armazém da propriedade. Dívida passada de geração em geração. Em 1910, 98% da terra cultivável no México era das fazendas, enquanto 90% dos camponeses mexicanos careciam de terras próprias. E, todavia, as massas do meio rural constituíam 80% da população do país, com 90% de analfabetos. No entanto, ao converter milhares de camponeses e artesãos tradicionais em operários da agricultura e da indústria, Díaz se viu obrigado a criar poderosas forças de segurança, para desencorajar a união sindical dos operários, esvaziar suas greves e garantir que o país continuasse a contar com mão-de-obra barata. De outra maneira, nem o apoio local por parte de Díaz, nem os crescentes interesses estrangeiros se beneficiariam da economia mexicana em rápida expansão, ou nela investiriam.

Assim, o descontentamento e a rebelião se tornaram inevitáveis no ambiente de dois grupos sociais: o dos novos operários industriais e o dos antigos trabalhadores agrários. Para eles, Porfirio Díaz tinha uma resposta mordaz, e brutal: "Matem-nos enquanto quentes!" Com uma distância de seis meses apenas, duas greves industriais sacudiram a administração de Porfirio Díaz. Em junho de 1906, os trabalhadores da mina de cobre de Cananea desafiaram não só a ditadura mexicana, mas também seus aliados estrangeiros. Díaz soube apelar aos *rangers* do Arizona para esmagar a rebelião mineira, a fim de "proteger as vidas e as propriedades norte-americanas". Em dezembro, o Círculo de Obreros Libres, da fábrica têxtil de Rio Branco, Veracruz, se insurgiu contra uma situação que incluía a alienação do armazém da propriedade, condições subumanas de alojamento, uso de passaportes internos e carteiras de identidade, e material de leitura censurado. Desta vez, Díaz não se valeu de forças repressivas estrangeiras: enviou tropas federais para atirar nos operários, amontoar seus cadáveres em vagões de estrada de ferro e levá-los para Veracruz, onde foram jogados no mar.

Cada vez mais, até os grupos de classe média, originalmente favorecidos por Díaz, se distanciaram do regime. Cada vez mais, na realidade, se viram reduzidos e prejudicados, à medida que os lucros maiores passavam para as mãos das empresas estrangeiras, que demonstravam grande interesse em exportar do México, mas muito pouco interesse em ampliar o mercado interno mexicano.

Semelhante esquema, imposto a uma sociedade fundamentalmente agrária, criou uma classe de proprietários de terra extremamente forte, uma burguesia fraca, um campesinato triturado e um movimento operário coibido. No fim, o fracasso do regime em incorporar os novos grupos sociais que ele próprio criara gerou uma profunda alienação para o governo de Porfirio Díaz. A repressão, a falta de oportunidades, a suscetibilidade ante as crises internacionais, antigas exigências com respeito à terra e novas exigências com respeito ao poder, assim como os sentimentos nacionalistas acabaram unindo os camponeses, operários, classes médias e elites provincianas num irrefreável movimento em prol da revolução. Como acontece muitas vezes, a sociedade rebaixara o Estado e o Estado a ignorava. Mais profundamente, tanto o México como o resto da América Latina estavam começando a questionar os valores através dos quais a modernidade podia medir-se numa sociedade agrária tradicional. A modernidade deveria favorecer mais o crescimento econômico, a liberdade política ou a continuidade cultural? Favorecer um ou dois desses fatores significava sacrificar os demais? Ou podíamos alcançar um equilíbrio simultâneo entre prosperidade, democracia e cultura?

TEMPESTADE SOBRE O MÉXICO

Nos primitivos noticiários cinematográficos do princípio do século, Porfirio Díaz e seu séquito parecem pertencer mais à Alemanha do cáiser do que ao Novo Mundo americano. No gabinete senil (a maior parte dos ministros possuía entre setenta e oitenta anos de idade), os integrantes chamavam a si próprios de "cientistas", ou seja, seguidores da filosofia do sociólogo francês Auguste Comte, cuja doutrina, partilhada por todos os regimes liberais da América Latina, postulava uma dialética pela qual o homem progredia em três etapas, da teológica à mística, e desta à positivista. Então, despojando-se de explicações sobrenaturais ou ideais, o homem finalmente enfrenta a realidade. No entanto, a realidade enfrentada pelos "cientistas" era esquizofrênica. De um lado, era a realidade que queriam ver, beneficiada pelo progresso e pela modernização. De outro, muito diferente, era a injustiça agrária sofrida pela maioria do povo.

Em setembro de 1910, Porfirio Díaz recebeu a homenagem do mundo ao celebrar o centenário da independência do México. Estadistas e escritores de toda parte louvaram o dirigente forte que trouxera ao México a paz, o progresso e a estabilidade. Porfirio Díaz ainda lustrara mais a sua imagem internacional, declarando a um jornalista norte-americano que o "México, finalmente, estava preparado para a democracia". O povo mexicano resolveu provar suas palavras.

Um obscuro advogado e proprietário de terras chamado Francisco Madero, à época com 39 anos de idade, também registrou a promessa porfirista da democracia, escrevendo um livrinho chamado *La sucesión presidencial en 1910*. Neste, Madero fez um sensível apelo às eleições livres e a que se pusesse fim às sucessivas reeleições de Porfirio. Numa nação com 90% de analfabetos, um pequeno livro de um pequeno homem se tornou o estopim necessário para atear fogo na mata velha e seca do "porfiriato". Todos os que podiam ler o livrinho não deixaram de lê-lo, e todos os que o leram lhe repetiram a mensagem.

Do sul, chegou um rapaz que já havia encabeçado uma delegação campesina de seu estado natal, Morelos, para expressar as queixas do povo ao presidente Díaz. Mal ele voltou, porém, a Morelos, o jovem foi castigado e recrutado para servir ao exército. Em 1909, as aldeias, empenhadas em lutar pelos seus direitos, elegeram seu chefe o mesmo homem, Emiliano Zapata, então aos trinta anos de idade. Zapata se transformara num hábil treinador de cavalos e almocreve. Seu olhar poderoso, direto, mas sonhador, marcava todos os que o conheciam. Do norte, chegou outro homem do povo, antigo peão de fazenda, rebelde e ocasionalmente ladrão de cavalos, chamado Doroteo Arango, que recebeu o nome de guerra "Pancho Villa". Villa reuniu um exército de vaqueiros, labregos e artesãos para lutar contra a ditadura. E, no centro dessa luta, achava-se o Apóstolo da Democracia, o modesto Francisco Madero, que prometeu ao México nada mais, nada menos que a plena democracia.

Díaz, evidentemente, não estava disposto a aceitar desafios a sua autoridade. Quando Madero questionou a decisão do idoso ditador de disputar mais uma vez a presidência, foi encarcerado – fato que imediatamente o transformou em herói. Enquanto estava preso, Díaz reelegeu-se. Madero fugiu e chamou o povo para se levantar em armas: os meios legais tinham-se esgotado. Bandos de guerrilheiros, chefiados por Villa no norte e por Zapata no sul, se avolumaram em exércitos que, juntos, derrotaram as velhas autoridades do antigo exército federal. Em 10 de maio de 1911, quando Ciudad Juárez, em Chihuahua, na fronteira do Rio Grande e defronte aos Estados Unidos, caiu nas mãos das forças rebeldes, Porfirio Díaz se deu conta de que seu tempo tinha acabado. Ao partir em direção ao exílio e à morte em Paris, advertiu que Madero desacorrentara um tigre; restava saber se conseguiria dominá-lo.

Madero chegou à presidência numa onda de entusiasmo popular. Multidões delirantes o aplaudiram em cada estação de sua viagem para a capital. Ao entrar na Cidade do México, as pessoas acreditaram que assistiam à chegada do novo messias. No mesmo dia, um terrível terremoto sacudiu a cidade, intensificando a atmosfera de prodígio. Mas Madero queria dar ao México uma coisa mais modesta – e, no entanto, quase milagrosa, ante a tradição autoritária desde os tempos dos astecas e dos vice-reis espanhóis: uma democracia atuante. Imprensa livre, congresso independente e todo crítico do poder executivo, liberdade civil para a organização de partidos políticos. Tudo isso Madero deu ao México. Mas deu pouca atenção às razões subjacentes ao descontentamento.

Chegada de Francisco Madero à cidade do México.
José Guadalupe Posada, c. 1911

A velha burocracia permaneceu nos seus postos, as fazendas não foram tocadas, os camponeses não recuperaram suas terras e o exército da ditadura continuou de pé, pronto para reprimir os que quisessem mudar o estado de coisas. Grupos de camponeses começaram a invadir as terras e os povoados. A polícia e os sindicatos se enfrentaram pelas ruas. Por fim, Zapata denunciou Madero como um traidor e resolveu continuar lutando. Com a instabilidade no México, cresceu a inquietação nos Estados Unidos. Generais em rivalidade se levantaram para restaurar o antigo regime. Os negócios se retraíram e, finalmente, em dez dias de fevereiro de 1913, a chamada "dezena trágica", as ruas da Cidade do México viraram um campo de batalha. O tigre estava solto.

Demasiadamente vagaroso em suas reformas para satisfazer os amigos e demasiadamente brando com os inimigos, Madero foi sufocado por uma conspiração do exército com os proprietários de terra e o embaixador norte-americano, Henry Lane Wilson. No momento mais crítico do levante na Cidade do México, o comandante militar designado por Madero, general Victoriano Huerta, o atraiçoou com o apoio do embaixador Wilson, que erigiu a si próprio como juiz do que chamou "os imaturos mexicanos" e "a emotiva raça latina". Mais, porém, do que o ineficiente Madero, a administração do presidente Taft temia os chefes populares, Villa e Zapata, firmes em sua exigência de redistribuir a terra e orientar o autogoverno no caso das comunidades agrárias.

O frágil Madero foi assassinado por Huerta a sangue-frio. Segundo um jornalista norte-americano, Madero colocara uma sentinela surda e cega no portão de sua vida, para que gritasse: "Sem novidade." O brutal assassínio de Madero voltou a unir o país. Huerta se demonstrou de vez um tirano sangrento e incompetente, com excesso de apego a sua garrafa de conhaque. Afrontou uma nação ultrajada, em que todas as facções rebeldes se uniram sob Venustiano Carranza, antigo senador dos tempos de Porfirio Díaz e governador do estado nortista de Coahuila. Carranza representava as classes médias e altas da província, que desejavam, mais que a democracia política, um Estado nacional forte e aberto, capaz de acolher os homens de negócios, os profissionais e os pequenos proprietários de terra, excluídos dos benefícios do México centralizado durante a longa administração de Dom Porfirio.

Três forças militares se uniram contra Huerta. No sul, Emiliano Zapata resistiu à política de terra queimada de Huerta e respondeu tocando fogo nas fazendas. Nos estados do norte, Pancho Villa formou um poderoso exército, a Divisão do Norte, e, com os seus *dorados* (rapazes de ouro), venceu uma batalha após outra contra o exército federal, apoderando-se das fazendas, destruindo os proprietários de terra e os prestamistas, e ameaçando o poder de Carranza, que fora proclamado primeiro chefe da revolução. Quando Villa tomou Zacatecas, coração das minas do país, Carranza se fez apoiar cada vez mais pelo chefe mais hábil da revolução, Álvaro Obregón, um agricultor de Sonora cujas divisões incluíam os valentes *yaquis*, decididos a vingar os atos de extermínio ordenados por Díaz contra eles.

Em 1914, Huerta foi derrotado e os exércitos revolucionários se prepararam para entrar na Cidade do México. Mas, uma vez alcançada a vitória, a revolução se voltou contra si própria. Pois a revolução mexicana, na realidade, se fez de duas revoluções, como invoquei no início do capítulo. O movimento agrário do interior, encabeçado por Pancho Villa e Zapata, fixou-se para sempre na iconografia popular. Revolução de bases localizadas, sua finalidade foi restaurar os direitos das aldeias à terra, às águas e às matas. Esse projeto favorecia um tipo de democracia descentralizada, comunitária e capaz de governar a si própria, em função de tradições há muito compartilhadas. Viu a si própria como continuadora dos mais antigos valores da vida rural e foi, em múltiplos aspectos, de caráter conservador. A revolução número dois, muito mais nebulosa nos ícones mentais, foi o movimento nacional, centralizador e modernizador, encabeçado por Carranza e finalmente consolidado no poder por dois vigorosos homens de Estado: o próprio Obregón primeiro e, mais tarde, seu sucessor Plutarco Elías Calles, que dominaram a vida política do México entre 1920 e 1935.

O choque entre as duas correntes revolucionárias haveria de ser ainda mais sangrento que a revolução contra a velha ordem. Talvez toda revolução seja, essencialmente, um acontecimento épico em que um povo unido se levanta contra uma tirania em decadência. Em seguida, porém, se transforma num acontecimento trágico, quando a revolução se volta contra a revolução: o irmão contra o irmão. Carranza, por algum tempo, foi desalojado da Cidade do México pelos combatentes comandados por Zapata e Villa, que entraram juntos na capital. Pancho Villa, radiante, se sentou na cadeira presidencial. A seu lado, Zapata, mais taciturno, não largou o grande chapéu enquanto olhava, indiferente, a paisagem urbana. As raízes de ambos não estavam aí, nesse topo, mas no fundo do mundo rural. "Esta cidade está cheia de calçadas", disse Zapata a Villa, "e eu estou só caindo nelas."

Terra e liberdade

Voltaram então para o seu mundo agrário, distribuindo terras, fundando escolas, propondo um modelo alternativo de desenvolvimento. E, de fato, durante um ano incrível (1914-1915), Emiliano Zapata e o povoado de Morelos governaram a si próprios sem intervenção do centro, criando uma das sociedades mais viáveis já vistas na América Latina. As terras foram distribuídas de acordo com a vontade das aldeias: propriedade comunal ou individual; a agricultura foi não apenas restabelecida como notavelmente ampliada. Zapata e seus companheiros, desde o início, eram aldeões, labregos e quinhoeiros; sua autoridade provinha dos conselhos locais e assentava-se na fidelidade aos textos legais que eles mesmos estavam encarregando-se de converter em realidade. Tal foi a base para o que podemos chamar uma política de confiança. Em sua história definitiva do movimento zapatista, John Womack faz observar que "significativamente, Zapata nunca organizou uma polícia do Estado; os conselhos das aldeias se incumbiram de aplicar a lei de maneira flexível". Os chefes militares foram proibidos de intervir nos assuntos dos povoados e, quando o próprio Zapata teve de arbitrar conflitos locais, limitou sempre sua ação ao apoio das decisões que os habitantes do povoado já haviam tomado por sua própria conta.

Os camponeses de Morelos, sob o zapatismo, tornaram realidade o sonho modesto e profundo por que tanto haviam lutado. Longe de ancorar na resignação, demonstraram que uma cultura agrária podia escapar ao fatalismo, adquirindo organização civil e econômica, humana e funcional, sobre alicerces locais. Demonstraram que os mexicanos *podiam* governar a si próprios democraticamente. E, no entanto, foram exatamente estes valores do sistema zapatista que o condenaram à morte: a arcádia morelense caminhava em sentido contrário ao projeto nacional. Na verdade, a visão do Estado nacional mexicano pressupunha o desaparecimento das peculiaridades provinciais em benefício do empreendimento nacional maior. O pequeno Mo-

Pancho Villa (no meio) e Emiliano Zapata (segurando um grande chapéu) no Palácio Presidencial da Cidade do México, c. 1916

relos devia ser sacrificado ao grande México, a força dinâmica, responsável, sem escrúpulos e centralizada que tomava forma em torno de Carranza e seus ambiciosos lugar-tenentes Obregón e Calles.

Uma revolução nacional enfrentou uma revolução local. Esta se fundamentava nas tradições compartilhadas e aceitas por todos; aquela ainda tinha de elaborar e impor um plano nacional de progresso. O zapatismo podia resolver os problemas à medida que se apresentavam. A moral consuetudinária era clara, concisa e irrevogável; a cultura local era homogênea, e o íntimo conhecimento que as pessoas tinham umas das outras favorecia formas de democracia direta. A revolução nacional, ao contrário, sentiu que seu dever era centralizar as forças existentes para transformar uma sociedade heterogênea e criar uma infra-estrutura moderna num país que carecia de comunicações, energia elétrica e coordenação administrativa. Além disso, a revolução de Morelos podia dar-se ao luxo de ser internacionalmente irresponsável, mas a revolução nacional tinha de enfrentar a pressão permanente do poder norte-americano e a ameaça explícita, outra vez, da intervenção estrangeira.

Confundido por uma revolução ao sul de sua fronteira, que não podia nem dominar nem compreender, o governo de Woodrow Wilson, dos Estados Unidos, em 1913 ocupou Veracruz e, em 1917, deu ordens ao general John Pershing ("Black Jack") para marchar a Chihuahua, a fim de castigar Pancho Villa, que fizera uma incursão no território norte-americano, no Novo México. As duas operações fracassaram: a ocupação de Veracruz só fortaleceu o ditador Huerta, em nome do nacionalismo mexicano, e Pershing jamais pôde capturar o ágil e hábil Pancho Villa. Além disso, porém, Wilson teve de resistir a pressões poderosas da parte dos grupos de norte-americanos afetados pela revolução, decididos a estimular a invasão e até a anexação do México revolucionário. Ao terminar a Primeira Guerra Mundial, os Estados Unidos, vitoriosos na Europa, tinham um milhão de homens armados e a impaciente dinâmica necessária para entrar no México e resolver seus problemas em favor dos interesses norte-americanos. Um México dividido, como o Líbano dos nossos dias, podia ter deixado de ser uma nação para se tornar uma ferida aberta. A revolução tinha de acabar, os chefes guerrilheiros tinham de ser eliminados, e um compromisso político e legal precisava ser estabelecido tanto dentro como fora do país.

A MORTE DE ZAPATA

A batalha final entre as duas revoluções estava próxima. No campo de Celaya, em 1915, o comandante carranzista Álvaro Obregón infligiu a Pancho Villa uma derrota decisiva. O guerrilheiro sempre contara com o poder de sua cavalaria para chegar à vitória. Obregón não o ignorava. Colocou sua artilharia na linha final do campo de batalha e desafiou Villa a cavalgar em sua direção. Escondidos em tocas de lobo, os soldados *yaquis*, quando os cavalos de Villa iam passar sobre suas cabeças, levantaram as baionetas e as cravaram nas barrigas dos animais. A batalha terminou numa chuva de tripas, sangue e fumaça. O general Obregón perdeu o braço direito no combate; diz-se que de tal ordem eram as pilhas de cadáveres, que ele não podia achar o braço cortado; então, Obregón lançou para o alto uma moeda de ouro e, tal como o esperava, o braço saiu voando para apanhar a peça. Cabe acrescentar, em honra do general, que ele próprio inventou e contou a história.

Foi também Obregón o autor da frase famosa segundo a qual nenhum general mexicano podia resistir a um canhonaço de cinqüenta mil pesos. Disso, sem dúvida, também sabia Carranza, que se dispôs a preparar uma armadilha contra o único desafio sério à unidade revolucionária: o indomável Zapata. Só ele permanecia, eleito pelo seu povoado para lutar sob a bandeira de "Terra e liberdade". Esse chamado às armas, que definiu sua vida, selou o seu destino.

A 10 de abril de 1919, Emiliano Zapata cavalgou para a fazenda de Chinameca para se encontrar com o coronel Jesús Guajardo, oficial que desertara do governo carranzista. Quando Zapata entrou pelo portão da fazenda, às duas horas da tarde, a guarda de Guajardo apresentou-lhe armas. Então soou uma corneta e a guarda disparou duas vezes, à queima-roupa, contra Zapata. O guerrilheiro caiu para sempre. Em agosto, faria quarenta anos de idade. O coronel, ficou-se sabendo, não era um desertor, mas parte de uma conspiração governamental para assassinar Zapata. O guerrilheiro, intransigente e incômodo, que jamais arriou nem suas bandeiras, nem sua guarda, lutou até o fim pela estrita aplicação das exigências de terra e liberdade. O coronel Guajardo, ao contrário, foi promovido a general e recebeu uma recompensa de 52 mil pesos, o irresistível canhonaço a que se referiu Obregón.

O cadáver de Zapata foi jogado sobre uma mula, levado a Cuautla e lançado ao chão. Seu rosto foi iluminado com lâmpadas, para lhe tirarem fotografias: era preciso destruir o mito de Zapata. Zapata estava morto. Mas nenhum habitante daquele vale aceita essa versão. Zapata não podia morrer. Era sagaz demais para cair em uma emboscada. E seu cavalo branco pode ser visto constantemente, esperando-o no alto da montanha. Todos os habitantes do vale de Morelos, dos velhos veteranos da revolução até as crianças da escola, crêem que Zapata continua vivendo. E talvez tenham razão: pois, enquanto os povos lutarem para governar a si próprios de acordo com os seus valores culturais e suas convicções mais profundas, o zapatismo viverá.

UMA REVOLUÇÃO CULTURAL

Em 1920, o próprio Venustiano Carranza foi misteriosamente assassinado, enquanto se esquivava a novo conflito interno da revolução. Álvaro Obregón, o astro ascendente do Novo Mundo revolucionário, pôs em prática a Constituição elaborada em 1917 por todas as forças rebeldes, procurou abarcar os zapatistas mediante a reforma agrária, e consolou Pancho Villa com uma chácara no norte do México (onde em 1923 o chefe guerrilheiro também tombou assassinado). Obregón resistiu às pressões norte-americanas para que preterisse a ampliação das leis mais radicais sobre distribuição da terra e exploração do subsolo mas, acima de tudo, em sua presidência, principiou-se um programa nacional de educação sob o enérgico secretário da Educação, o escritor José Vasconcelos.

Quando os primeiros professores rurais saíram da Cidade do México para as velhas fazendas, muitos foram imediatamente mortos a tiros; outros voltaram para a capital com os narizes ou as orelhas cortadas pelos jagunços das fazendas, enquanto outros mais conseguiram defender as suas escolas rurais e ensinar pela primeira vez o alfabeto a gente de todas as idades. Vasconcelos também abriu os edifícios públicos aos muralistas, dando assim início a um renascimento artístico tanto no México como em toda a América Latina. A ação de Vasconcelos dentro da Revolução Mexicana levou muitos latino-americanos a se perguntarem se havíamos, enfim, alcançado uma síntese harmoniosa e um acordo com a grande riqueza de todas as nossas tradições, sem excluir nenhum dos seus componentes, culturais ou éticos. Pois, no México, a revolução cultural parecia abranger desde o nível mais elementar de ensinar a ler e escrever até o mais elevado nível da criação artística.

No entanto, os problemas econômicos e políticos acumulados no México e na América Latina chegariam a ofuscar, nos primeiros três quartos do século XX, sua realidade cultural. Ao caminhar, porém, para o fim desse período, essa realidade, nas nossas nações, se vem impondo sobre a política e a economia. A segunda história da América espanhola, a história às vezes enterrada, explodiu na luta revolucionária do México e derrubou os muros do isolamento entre os mexicanos, transformando-se, sobretudo, numa revolução cultural. Um país apartado de si mesmo, desde a aurora dos tempos, pelas barreiras geográficas da montanha, do deserto e do desfiladeiro, com grupos humanos separados entre si, se uniu por fim nas tremendas cavalgadas dos homens e das mulheres de Pancho Villa que partiram do norte, em sua marcha para o abraço com os homens e as mulheres de Emiliano Zapata, que partiram do sul. Nesse abraço revolucionário, os mexicanos finalmente souberam como falavam, cantavam, comiam e bebiam, sonhavam e amavam, choravam e lutavam os demais mexicanos.

E, se isso ocorrera no México, por que também não haveria de ocorrer na Venezuela ou em Honduras, na Argentina ou na Colômbia, não necessariamente mediante a violência revolucionária, mas talvez mediante uma abordagem apaixonada da urgente necessidade latino-americana de identificar e fundir a experiência cultural com os projetos políticos e econômicos? No México, pela primeira vez, uma nação hispano-americana se viu como realmente era, sem disfarces, às vezes brutal, às vezes insuportavelmente terna. Partilhávamos um profundo sentimento de dignidade e um altivo desprezo pela morte. As fotografias da Revolução Mexicana, tiradas pelos irmãos Casasola, revelam esta súbita definição da identidade, por exemplo, quando as tropas de Emiliano Zapata entraram na Cidade do México, em 1914, ocuparam os palacetes da aristocracia porfiriana fugitiva e se viram, pela primeira vez, refletidas de corpo inteiro nos grandes espelhos.

Os rostos desses homens e mulheres já não eram máscaras, mas rostos de mulheres que abandonaram suas aldeias para seguir seus homens nos trens ou a pé. Eram os rostos ameaçadores e riscados de cicatrizes dos guerreiros que foram tomar o café da manhã no fino restaurante Samborn's. Eram os rostos de crianças nascidas entre uma batalha e outra, longe de suas aldeias, verdadeiros cidadãos da revolução e de uma nova nação que aprendera, na guerra civil, a encarar a totalidade do seu passado, indígena e espanhol, mestiço, católico e liberal, tradicional e modernizador, velho e novo, paciente e rebelde, mas sempre, afinal, profundamente enraizado na terra e em sua cultura.

Essa nação conflituosa descobriu então todos os estratos de sua riquíssima cultura, lutou corpo a corpo com todas as contradições herdadas e assinalou a aparição de uma nova sociedade hispano-americana, moderna apenas se primeiro fosse capaz de tomar consciência de si mesma, sem excluir nenhum aspecto da sua cultura.

A Revolução Mexicana revelou essa realidade cultural. Mas as exigências imediatas, e muitas vezes confusas, da política nacional e internacional haveriam de relegá-la, constantemente, à obscuridade. A medida da nossa modernidade logo se tornou a distância entre a nossa fragmentação política e a nossa unidade cultural. E a pergunta que nos fez o tempo foi a de saber se podíamos identificar as duas, a política e a cultura, deixando-as cada vez mais autênticas, mais completas e mais compatíveis com a nossa realidade mais profunda. As sucessivas crises do mundo hispânico, ao longo do século XX, seriam um desafio que às vezes nos aproxima, mas às vezes lamentavelmente nos separa desse ideal. Ao entrar no século XX, desse modo, a América Latina descobriu que sua meta seria unir a cultura com a história. Esse dilema latino-americano faria parte de um grande combate universal, entre a esperança e a violência.

A despedida do soldado. Posada, c. 1887

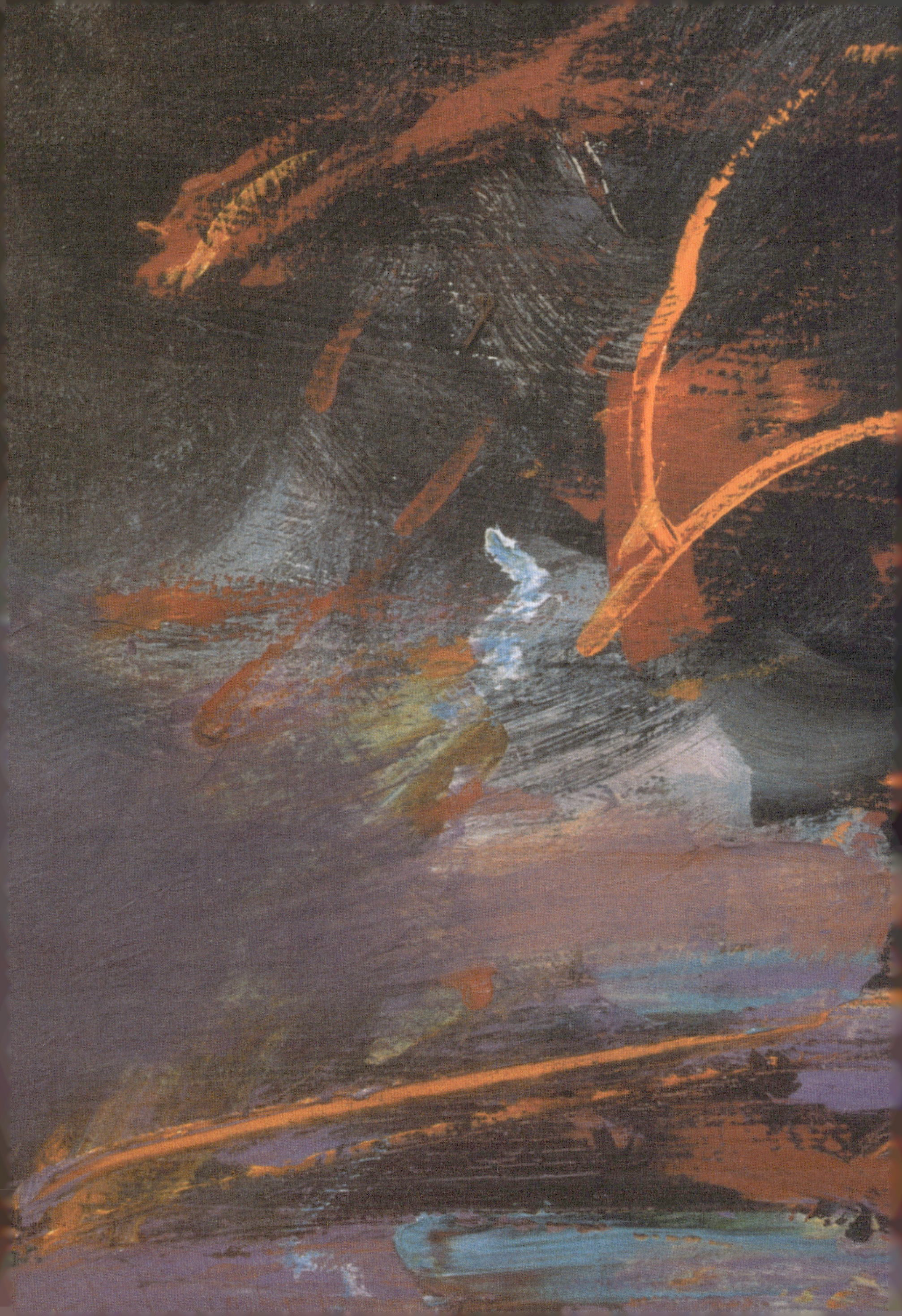

PARTE V

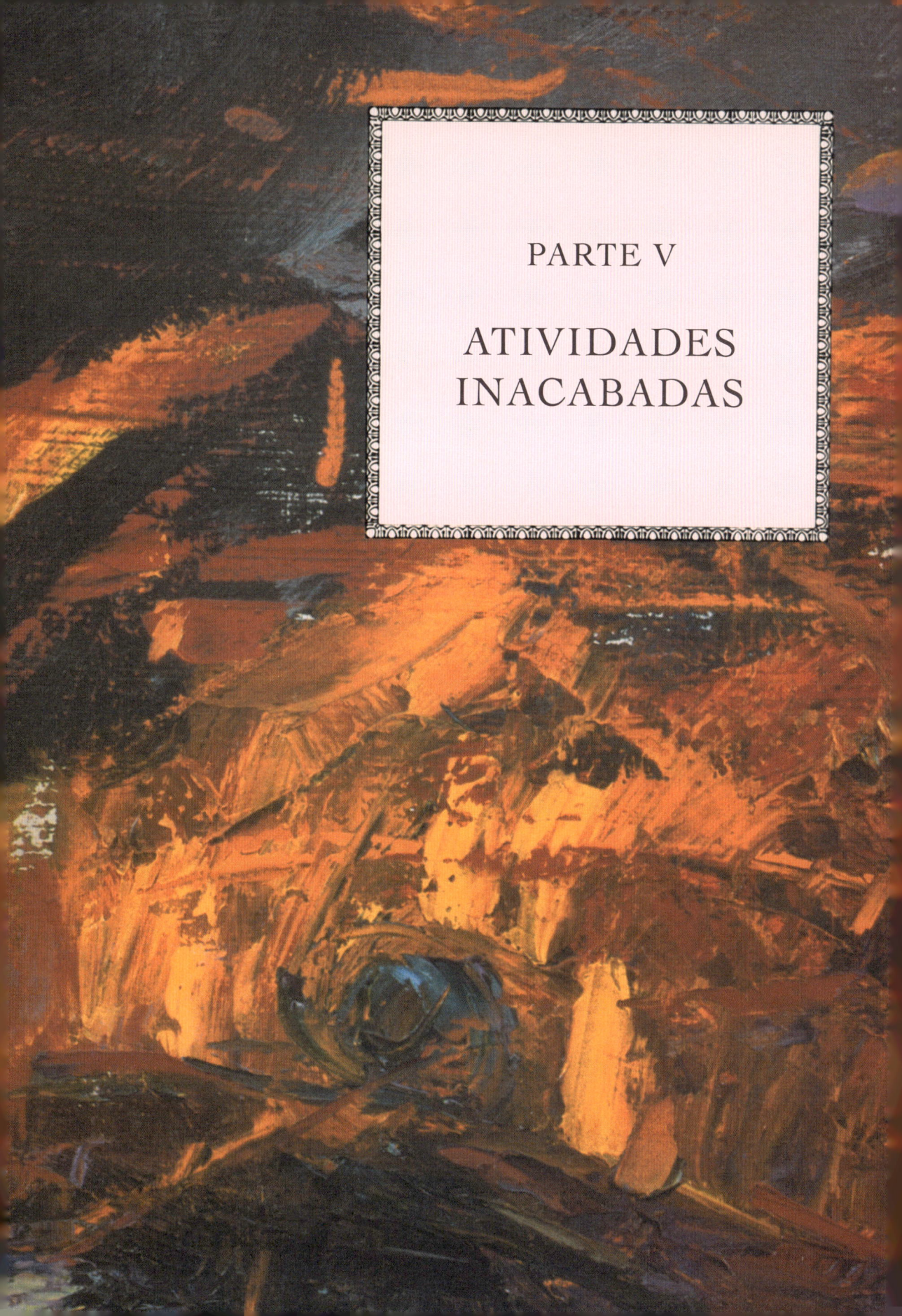

ATIVIDADES INACABADAS

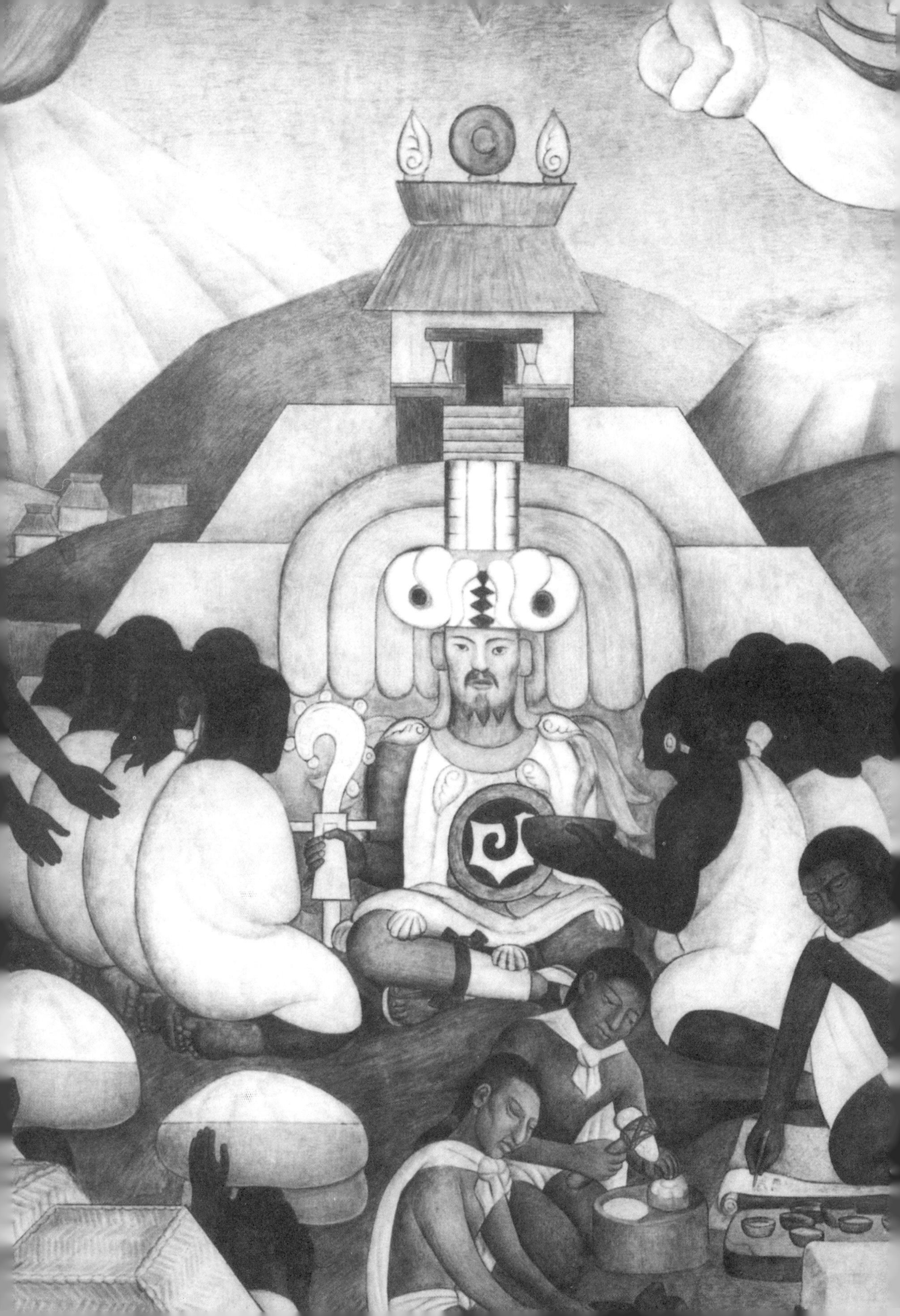

DEZESSEIS

A América Latina

Num dos afrescos pintados pelo artista mexicano José Clemente Orozco em Pomona College, na Califórnia, a figura de Prometeu simbolizava a visão trágica da humanidade, com origem na Antigüidade clássica, e no Mediterrâneo, *Mare Nostrum*. O herói, condenado por Júpiter por ter dado o fogo do conhecimento e a liberdade aos homens, foi acorrentado a uma rocha, enquanto o fígado lhe era eternamente devorado por um abutre.

No outro grande mural de Orozco, o que se acha na Biblioteca Baker, no Dartmouth College em New Hampshire, o mito de Quetzalcóatl, a serpente emplumada, reflete a face do mito mediterrâneo de Prometeu. No Novo Mundo, o criador da humanidade, o inventor da agricultura e das artes, é exilado porque adquire um rosto humano e, ao mesmo tempo, descobre no coração as alegrias e dores da humanidade.

Mas, numa terceira e não menos magnífica obra de arte, a cúpula do hospital Cabañas, em Guadalajara, no México, Orozco resolve ambas as figuras, o herói mediterrâneo e o indo-americano, Prometeu e Quetzalcóatl, numa só imagem universal: o homem em chamas, destinado a perecer para sempre no fogo da sua própria criação e a ficar renascendo dele.

Em Orozco, os dois mundos, o velho e o novo, o europeu e o latino-americano, se fundem no calor da chama, na agitação do oceano ou na solidão aérea e transparente da montanha. Os elementos se humanizam. Mas também se comunicam universalmente, se reúnem e se abraçam. A arte de Orozco reitera a convicção de que poucas culturas do mundo possuem a continuidade da cultura criada na América indo-afro-ibérica. É esta, precisamente, a razão pela qual a falta de uma continuidade comparável, na vida política e econômica, nos fere tão profundamente.

De início, a continuidade da cultura não requer equivalência política para o fato estético. Os mitos de Prometeu ou de Quetzalcóatl, as pinturas de Goya ou de Orozco, são fatos estéticos auto-suficientes. Mas também indicam maneiras de ser, de pensar, vestir-se, comer, amar, mobiliar, cantar, lutar e sonhar. Um fato cultural simboliza e conjuga cada modo de ser. Uma pintura, um poema, uma obra cinema-

Detalhe de
*A lenda de
Quetzalcóatl*.
Diego Rivera.
No verso
detalhe de
Capotagem.
Carlos
Almaráz

Prometeu. José Clemente Orozco, 1930

A vinda de Quetzalcóatl, de A Epopéia da Civilização Americana. Orozco, 1932-1934

A América Latina

O homem no fogo. Orozco, 1939

tográfica indicam como somos, o que podemos fazer, o que nos falta fazer. A cultura é a resposta aos desafios da existência e é, afinal, apresentada pelos mesmos para os quais criamos a política e a economia: os cidadãos, os componentes da sociedade civil. Se isso assim é, por que a cultura não haveria de oferecer-nos a necessária coincidência de si própria com a vida política e econômica? Podemos, no século vindouro, unir na América Latina os três fatores da nossa existência, dando início à unidade política e econômica desde a base da unidade cultural? Só podemos responder a essa pergunta apreciando claramente os problemas concretos, políticos e econômicos que nos assediam à medida que o V Centenário vai e vem, e um novo século se abre. Nossos problemas estão esperando soluções. A continuidade cultural é tanto uma condição como um desafio para se obter um contrato social viável. Nossos problemas são o nosso negócio inacabado. Mas, não somos todos, os homens e mulheres das Américas, seres humanos incompletos? Em outros termos: nenhum de nós disse a última palavra.

ATIVIDADES INACABADAS

Havia um altíssimo edifício no antigo parque da Lama, na Cidade do México, cuja construção nunca terminava. Ano a ano, sua altura crescia, mas sempre podíamos ver o ar através da sua colméia de cimento. Não sabíamos quando, se é que isso aconteceria, o hotel que viria a ser receberia os seus primeiros hóspedes. Este edifício talvez seja um símbolo apropriado para a América Latina, crescendo, mas inacabada, dinâmica mas repleta de problemas aparentemente insolúveis. Três décadas de desenvolvimento econômico, a partir da Segunda Guerra Mundial, em que a produção aumentou 200%, se detiveram abruptamente, seguidas por uma década de desenvolvimento perdido, na qual a renda *per capita* desceu todos os anos a partir de 1980 até alcançar uma perda cumulativa de 20%, enquanto os salários reais voltavam aos níveis de 1960. As conseqüências sociais da crise atual estão diante de todos: escassez de alimentos, declínios na educação, na moradia, na saúde e nos demais serviços públicos; o crime, as classes médias desiludidas e milhões de subproletários à deriva nas favelas das cidades. No entanto, os governos da região se viram obrigados, desde 1982, a exportar capital, a um ritmo de 45 milhões de dólares por ano, e só para o serviço de uma dívida externa 450 bilhões de dólares. Os 7% do produto nacional bruto da América Latina estão sendo transferidos para o exterior a cada ano como o equivalente a 50% do valor das nossas exportações.

Tais problemas, porém, não devemos esquecê-lo, são o resultado de enormes mudanças e de um enorme crescimento, muitas vezes caótico, muitas vezes injusto. À proporção que a América Latina se despojou da sua pele colonial, transformou-se cada vez mais numa parte do mundo, mas deixou para trás a maioria dos próprios latino-americanos. Ultrapassamos as portas do V Centenário e nos aproximamos do terceiro milênio com uma população que, em vinte anos, duplicou de duzentos milhões em 1970 para quatrocentos milhões em 1992. No ano 2000, teremos o dobro da população dos Estados Unidos. É uma população jovem. A metade tem mais ou menos 15 anos. Uma população desejosa de obter serviços sociais, empregos e educação. Já nasceram todos os latino-americanos que procurarão um trabalho no ano 2000. E, pela primeira vez na nossa história, a maioria da população nasceu em sociedades urbanas e industrializadas. Em produto nacional bruto, o Brasil se tornou a oitava economia do mundo, e o México a décima terceira. A história recente da América Latina é caótica, veloz, contraditória. Coexistem o burro e o jato, o castiçal de vela e o letreiro a gás néon. A metade dos duzentos milhões de jovens latino-americanos nasceu depois que Fidel Castro tomou o poder em Cuba, em 1959. E toda criança latino-americana que nasça daqui até o ano 2000 nascerá devendo mil dólares a um banco estrangeiro.

À medida que crescem e olham o mundo que os rodeia, nossos jovens buscam respostas para tais problemas e observam com senso crítico a nossa história recente. Por que ainda não fomos capazes de resolver o nosso problema fundamental, que é o de unir o crescimento econômico com a justiça social, e ambos com a democracia política? Por que não fomos capazes de dar à política e à economia a continuidade existente na cultura? As respostas a essas perguntas são tão variadas como as próprias sociedades latino-americanas, que após a independência se diversificaram extraordinariamente, desenvolvendo-se como estados nacionais. Durante o século XIX, a América Latina se inseriu na economia mundial como produtora de matérias-primas e importadora de capital e bens manufaturados. Desse modo, se concentraram grandes riquezas. O pensamento liberal confiou em que a riqueza acumulada até as bordas, mais cedo ou mais tarde, gota a gota, escorreria para baixo. Isso jamais aconteceu. Para compensar os desequilíbrios da política econômica liberal, os estados nacionais ampliaram os setores públicos, assumiram os postos-chave, promoveram leis de proteção social e benefício coletivo. Apesar disso, a grande depressão de 1929 açoitou a América Latina com mais força do que os centros metropolitanos da Europa e da América do Norte, desafiando seus governos a encontrarem melhores soluções. O México, na fase pós-revolucionária, distribuiu a terra, nacionalizou recursos básicos, educou a população, construiu uma infra-estrutura e mobiliou a casa do desenvolvimento capitalista por meio da revolução social. O Chile fortaleceu o pluralismo político, o governo parlamentar e a organização do trabalho, capitalizando sua ampla experiência no século XIX com uma oligarquia doméstica e uma próspera classe média. O Uruguai investiu os seus lucros com a exportação na criação de um estado de bem-estar, altamente urbanizado e burocraticamente confortável. A Argentina, por sua vez, continuou colhendo a riqueza dos seus cereais, seu gado, suas exportações.

A Segunda Guerra Mundial permitiu à América Latina sair da depressão ao aumentar os preços do cobre, do estanho, do carvão mineral, da carne, da lã, da pita, a ponto de muitos camponeses maias entrarem de joelhos em suas igrejas para suplicar que a guerra nunca terminasse. A América Latina foi capaz de substituir as importações, animar as indústrias nacionais, estabelecer as infra-estruturas necessárias para sustentá-las e até, às vezes, criar condições mínimas para a educação e o bem-estar social. O crescimento econômico gerou uma nova classe média, investimentos crescentes e expansão urbana. Não obstante, a sociedade e suas instituições se separaram cada vez mais. A educação prometeu ao povo mais do que a economia podia dar-lhe, material ou politicamente. A bem dizer, a sociedade gerou procuras a um ritmo superior ao da capacidade política e econômica com que lhes responderia. O resultado, às vezes, foi o governo autoritário, para reprimir a sociedade; às vezes, a revolução; às vezes, o movimento pela democracia. Mas, por meio da insurreição, da repressão, dos movimentos de massa, do populismo, das eleições ou da revolução, ao se iniciar a década de 1960 as antigas colônias espanholas do Novo Mundo haviam-se transformado até o ponto de se tornarem, por vezes, irreconhecíveis.

Como aspectos principais, a crescente classe média e a combativa classe operária exigiram que o ritmo para a criação de maior riqueza com maior justiça fosse acelerado. Algumas nações foram mais afortunadas do que outras. Apesar de uma longa sucessão de ditaduras militares, a Venezuela passou por amplo crescimento econômico, graças às vastas reservas naturais de petróleo e ferro. Na década de 1950, a Venezuela derrubou o último governante militar e, desde então, o país foi capaz de unir o crescimento econômico ao governo democrático, até que a crise presente tentou divorciar essa aliança ideal. Contrastando com isso, Costa Rica transformou a necessidade em virtude, servindo-se da sua falta de riqueza colonial para sustentar um esforço de prosperidade modesta, sábia e democraticamente administrada.

Desse modo, se não há fórmulas universais ou seguras, a verdade é que cada país deve esmiuçar sua experiência histórica para encontrar o caminho próprio. O México, ao norte, e a Argentina, ao sul, as duas maiores nações da América espanhola, também oferecem o melhor estudo de contrastes e continuam sendo, em função do território, da população e riqueza de cada uma, dois países extraordinariamente representativos do elenco latino-americano. Suas diferenças bem podem iluminar a nossa comunidade, do Rio Grande à Patagônia.

A CABEÇA DE GOLIAS

No final do século XIX e início do século XX, a Argentina parecia representar a mais luminosa esperança de uma nação latino-americana rica, estável e baseada em princípios liberais. Após a queda de Rosas, a Argentina se tornou o próprio modelo de uma nação latino-americana capaz de se modernizar rapidamente. Mas a cada vantagem que, como uma pérola, se incrustou no imenso e plano horizonte da grande república do sul, correspondia uma desvantagem igualmente tenaz que lhe turvava o caminho.

As fronteiras do "progresso" tinham sido ampliadas mediante guerras de extermínio contra os índios, mas o sistema do latifúndio também se estendera ainda mais e, dentro da nação, a imensa distância entre a moderna e ativa metrópole atlântica, Buenos Aires, e o interior, os pampas, criou uma divisão moral e política profunda, que Ezequiel Martínez Estrada descreveu graficamente ao dizer que Buenos Aires era a cabeça do gigante Golias colocada sobre o frágil corpo de Davi, a nação argentina. Estranhamente, este grande país, com sua fabulosa riqueza, a terra agrícola e pecuária mais fértil da América Latina e, finalmente, uma população homogênea e educada, não foi capaz de alcançar a verdadeira grandeza nacional. Isso não se deve apenas, como em outras repúblicas latino-americanas, ao fato de grandes problemas do passado terem persistido. Na Argentina, embora a sociedade tenha mudado drasticamente com a imigração, a urbanização, a educação e o desenvolvimento econômico, as instituições políticas não se transformaram na mesma proporção e a identidade cultural se manteve vaga e irresoluta. No entanto, a fachada modernizadora continuou deslumbrando o mundo por muito tempo. Buenos Aires, em todos os aspectos da vida urbana, era uma cidade tão moderna e européia como as cidades européias a que mais se assemelhava: Paris, Madri e Barcelona. A pretensão modernizadora argentina derrotou a si própria porque se baseava numa divisão artificial entre o mundo urbano e o mundo agrário, sacrificando a metade, se não mais, da nossa cultura, à identificação do mundo civilizado com a Europa, e do mundo bárbaro com o interior agrário.

Em 1916, a sociedade civil argentina, encabeçada por uma classe média dinâmica, apresentou sua exigência mais radical de poder político diante das oligarquias agrárias e comerciais que, até então, haviam governado o país. A classe média elegeu um presidente quase apostólico, Hipólito Yrigoyen. Mas Yrigoyen não chegou à altura de sua promessa. Não só se mostrou, em termos relativos, menos eficiente do que a oligarquia: também foi mais repressor. Quando a grande depressão chegou à Argentina, em 1929, o exército encenou o primeiro dos seus golpes sucessivos contra os regimes eleitos, depondo Yrigoyen.

Durante a Segunda Guerra Mundial, a Argentina amealhou enorme excedente comercial com as exportações para as economias européias devastadas pela guerra. Voltava a idade do ouro. O grande símbolo da oligarquia, o cemitério de La Recoleta, no centro de Buenos Aires, continuou erigindo mausoléus para hospedar a vida eterna dos generais e comerciantes, dos grandes *estancieros* e proprietários dos pampas. Com base no governo militar e no auge das exportações, esperou-se, mais uma vez, e para sempre, que a Argentina se transformasse no paraíso dos oligarcas, dominando, como as enfáticas tumbas de La Recoleta, a massa relativamente bem paga, bem alimentada, branca e educada de trabalhadores. Hoje, porém, como se neste símbolo ficassem cifradas as mudanças ocorridas na Argentina contemporânea, uma intrusa se fez presente no meio dos túmulos da aristocracia comercial e latifundiária.

Seu nome é Eva Perón e ali, enfim, seu corpo jaz em paz, em La Recoleta, o cemitério dos oligarcas que a humilharam e que ela odiou com fúria retribuída. Mas a viagem de Eva Perón para a sepultura foi, por assim dizer, acidentada. Glorificada como uma santa quando em 1952 morreu de câncer, aos 33 anos, a mais poderosa mulher da Argentina e da América Latina foi embalsamada e enterrada com pompa nos escritórios centrais da Confederação Geral dos Trabalhadores. Quando o seu viúvo, o presidente Juan Domingo Perón, foi derrotado em 1955, o cadáver de Eva foi seqüestrado, certamente pela Junta Militar que lhe sucedeu e queria apagar o mito do peronismo. A Junta escolheu 11 féretros, encheu dez deles com pedras e no décimo primeiro colocou o cadáver de Eva Perón. Os caixões foram etiquetados como restos mortais de Evita e remetidos para os quatro cantos da Terra. O ataúde de Eva chegou a um cemitério de Milão, onde o marido finalmente o recuperou em 1974, ao retornar ao poder. Desde então, Eva Duarte de Perón repousa no cemitério de La Recoleta.

Extraordinária viagem para uma moça de província e atriz secundária que, em 1944, se casou com o cada vez mais poderoso general Perón e para sempre com a República Argentina, misturando ambos, o marido e a Argentina, com a mística do peronismo, que tomou a riqueza acumulada com o excedente comercial da Segunda Guerra Mundial e a distribuiu pelo povo, com generosidade mas escasso senso econômico. Esse impulso básico do peronismo chegou acompanhado de leis sociais igualmente generosas, mas não construiu uma infra-estrutura firme, nem legou a Argentina instituições políticas fortes, nem contribuiu para aumentar a produtividade e obter a renovação tecnológica. A grande riqueza potencial da Argentina foi, em grande parte, dilapidada de maneira demagógica, e embora, graças ao peronismo, enorme número de argentinos "invisíveis", os *descamisados*, se tornassem livres (demasiadamente visíveis aos olhos da aristocracia pecuarista e comercial dominante), seu novo sentido de dignidade e identidade não conseguiu suprir a falta de instituições políticas capazes de canalizar a nova energia de forma satisfatória.

Tal foi o paradoxo da Argentina. Com uma classe média extensa, a nação sem dúvida mais bem alimentada, mais bem vestida e bem educada, assim como a mais homogênea, entre as latino-americanas, não soube criar instituições políticas que efetivamente a representassem. Conseqüentemente, o Estado, fraco, jamais pôde responder aos reclamos da classe operária organizada, das classes médias, do exército, do empresariado ou dos credores estrangeiros, acabando sempre por se render a uns poucos integrantes dessas forças.

Perón se rendeu ao povo, às massas, aos que se sentiam esquecidos, desconhecidos, marginalizados, desanimados, depreciados no grande jogo da riqueza e da política. Daí seu mito duradouro, assim como suas duradouras contribuições legislativas: o voto feminino, o divórcio, a previdência social, as férias remuneradas, a proteção do trabalhador rural, dos salários, dos artesãos, dos empregados domésticos e, certamente, dos sindicatos operários. Mas Juan Domingo Perón ofereceu um tipo de

Juan e Eva Perón após a reeleição de Perón, junho de 1952

governo estatista e burocratizado, com partidos políticos fracos e um congresso fraco. O exército, em vez disso, continuou forte. Dele saiu o próprio Perón e, quando este se foi, o exército permaneceu no poder, deixando as instituições políticas fracas dominadas pelos próprios militares, à falta de um chefe político realmente forte. Desse modo, o ciclo só se renovava de forma fatal e deprimente.

O débil governo civil é derrubado por um novo golpe militar, ao caos se sucede a tirania, e à tirania o caos. O cemitério de La Recoleta, como escreveu Tomás Eloy Martínez, passa a ser o símbolo de um país necrófilo, cujo cadáver mais ilustre talvez seja o da sua própria Argentina.

A REVOLUÇÃO COMO INSTITUIÇÃO

Um caso muito diferente se desenvolveu no país que, de tantas maneiras, constitui o pólo oposto da Argentina: o México, país mestiço, de raízes espanholas e indígenas profundas, ausência quase total de imigração européia, poucos ápices de exportação e um excesso de problemas provenientes da tradicional fragilidade de uma população iletrada, mal nutrida e demasiadamente prolífica. O México, hoje, tem oitenta milhões de habitantes, contra 15 milhões em 1910. A Argentina tem 35 milhões de habitantes, apenas 15 milhões mais do que em 1910. E, enquanto a Argentina nunca teve uma revolução, o México, em virtude do tamanho do país, teve a primeira e talvez mais profunda das revoluções latino-americanas no século XX. A Revolução Mexicana começou em 1910, como um movimento político em prol de eleições livres, mas sua dinâmica levou-a a se transformar num movimento social para alcançar maior desenvolvimento com maior justiça e, sobretudo, se transformou num evento cultural, celebrado nas obras dos muralistas mexicanos, eles próprios um produto da Revolução.

Os regimes revolucionários procuraram ir ao encontro das necessidades dos camponeses, intervindo no sistema da *hacienda* e liberando-os da peonagem por dívida, entregando-lhes terras e permitindo-lhes emigrar para as cidades e os novos centros industriais, onde se converteram em mão-de-obra barata de uma indústria que cresceu rapidamente, sobretudo depois de, em 1938, o presidente Lázaro Cárdenas nacionalizar o petróleo. Além disso, ele fortaleceu a nascente classe operária, cujas organizações ficaram sob a proteção governamental. Todas as classes, mas sobretudo as classes médias, se beneficiaram da ampliação das atividades educacionais, enquanto a classe empresarial descobriu que, além de contar com combustível barato, mão-de-obra barata e mercados internos em crescimento, ainda que cativos, também podia contar com subsídios governamentais. Uma política de obras públicas, iniciada pelo presidente Plutarco Elías Calles, pela primeira vez unificou o território nacional, dotando-o de estradas, hospitais, telégrafos e meios de irrigação.

O preço a pagar por esse desenvolvimento foi político, e foi alto. A Revolução Mexicana criou um sistema político *sui generis*, cujas peças centrais foram o presidente da República e o Partido Revolucionário Institucional. Ambos serviram ao Estado nacional, que finalmente salvaria o México da anarquia interna e das pressões externas, conseguindo imprimir-lhe um desenvolvimento equilibrado, se bem que com o sacrifício da até então sempre postergada democracia política. Cárdenas firmou as condições para a presidência mexicana, uma vez que em 1936 expulsou o chefe máximo, Plutarco Elías Calles. Todo o poder para César, sugeriria, mas só por um período, não renovável, de seis anos. César não podia reeleger-se mas, em compensação, se reservava o direito de designar o sucessor, o novo César, perpetuando o sistema, assim, *ad infinitum*.

Desse modo, enquanto a Argentina criou uma sociedade civil forte, e sem instituições políticas fortes, o México contrabalançou a debilidade da sociedade civil com um Estado nacional forte, governado por duas instituições poderosas: o presidente e o partido. Ao fortalecer, porém, a própria sociedade com o desenvolvimento econômico e a educação, o sistema mexicano, mais cedo ou mais tarde, devia ser desafiado pelos seus próprios filhos. Enquanto durou a permuta entre o desenvolvimento econômico e o apoio político, o México foi um modelo de estabilidade na América Latina. Mas, quando a crise afundou o país numa grande recessão, os filhos da Revolução, a sociedade civil mexicana, exigiram a renovação do crescimento econômico, mas dessa vez com democracia e justiça social. Educada nos ideais da Revolução, da liberdade e da democracia, a sociedade mexicana queria, agora, alcançar o que aprendera na escola, desejando tornar realidade o progresso com democracia e justiça nas ruas, nas fábricas e nas urnas.

O NASCIMENTO DA NAÇÃO

As respostas estéticas dos muralistas mexicanos servem para ilustrar a composição mental e política da América espanhola ao longo do século XX. Diego Rivera refletiu a nostalgia teocrática, de origem indigenista e hispânica, para obter a ordem e a simetria. No seu gigantesco mural em que descreve a história do México na escada do Palácio Nacional mexicano, Rivera culmina o mural indígena com uma pirâmide em cujo ápice se senta o imperador e, acima dele, o sol. Essa pintura é seguida de um afresco com a Igreja Católica, e a cruz em cima. E o mural culmina com um terceiro afresco presidido, desta vez, pela "igreja" comunista, com a foice e o martelo, no lugar da cruz católica ou do sol indígena. A promessa de Rivera, seguramente, é de que tudo acabará dando certo.

Ao contrário, José Clemente Orozco, cético e sardônico, parece brindar-nos com uma porção de piscadelas e caretas enquanto observa um desfile de parvos a ladrões, funcionários corruptos e uma justiça falsamente cega, passeando, enquanto o artista nos diz: não nos enganemos; as coisas voltarão a ficar feias se não abrirmos os olhos, não criticarmos, não advertirmos, não virmos a realidade tal como é.

Finalmente, David Alfaro Siqueiros, verdadeiro discípulo dos futuristas italianos, simplesmente celebra a abundante energia da realidade. Em seu mural do Palácio de Bellas Artes, na Cidade do México, a liberdade rompe suas correntes com uma expressão alegre e, no entanto, dolorosa, extremamente parecida com a expressão do parto. Desde o México até o Chile, Siqueiros celebrou essa tautologia genérica e geradora: a nação está nascendo. O nascimento e a nacionalidade nos abraçam a todos com sua energia, e um mural após outro repete essa mensagem e suas identificações, de uma forma ruidosa e clara.

Foi desse modo que a América Latina primeiro procurou responder à incipiência do seu nacionalismo no século XIX e a sua não menor instabilidade, criando estados nacionais viáveis. Apesar das suas imensas diferenças, Lázaro Cárdenas, no México (1934-1940), Getúlio Vargas, no Brasil (1930-1945), e Juan Domingo Perón, na Argentina (1946-1955) tinham em comum esse propósito. Mas o que o México e o Brasil consolidaram a Argentina dissipou. No entanto, nessas três nações, as maiores da América Latina, a educação, assim como a demagogia e o desenvolvimento

O Espelho Enterrado

A lenda de Quetzalcóatl. Diego Rivera, 1929

A nova democracia. David Alfaro Siqueiros, 1944-1945

econômico, por mais injustamente administrados que fossem, contribuíram para a criação de sociedades civis modernas, com um Estado forte no México, um Estado fraco na Argentina, e um Estado metafórico, metamorfoseante e quase surrealista no Brasil. Mas, em outros países, os mais precários da América Latina, em todos os sentidos, a urgência maior foi a de criar, antes de tudo, instituições mínimas – onde ainda nenhuma existia – e um mínimo de independência nacional – onde os imperativos geopolíticos pareciam excluí-la. Eram estes os países da América Central e das Antilhas, e sua nêmesis foi o novo império que preencheu o vazio deixado na região pela queda final em 1898 do império espanhol, os Estados Unidos da América.

O Dr. Jekyll e Mr. Hyde

Nossa conflituosa percepção dos Estados Unidos tem sido a de uma democracia por dentro e um império por fora: Dr. Jekyll e Mr. Hyde. Temos admirado a democracia, e temos deplorado o império. Pagamos pelos seus atos, ao intervir constantemente nas nossas vidas em nome do destino manifesto, do *big stick* (poder de coerção política), da diplomacia do dólar, e da arrogância cultural.

A partir da sua formulação, em 1821, a doutrina Monroe foi rechaçada pela América Latina como uma política unilateral e hipócrita. Ainda que nela se proibisse a presença européia em assuntos do hemisfério, a doutrina Monroe, sem dúvida, não excluía a intervenção norte-americana nos nossos assuntos. A agressão orquestrada pelo presidente Polk contra o México, em 1846, e a perda subseqüente da metade do nosso território nacional demonstraram que nada nos protegia da agressão norte-americana. O México, mais tarde, em 1913, sofreu a ocupação norte-americana de Veracruz, durante a Revolução, enquanto o presidente Woodrow Wilson exclamava: "Eu ensinarei aos latino-americanos a eleger bons homens para o governo."

Mas em nenhum lugar o intervencionismo norte-americano foi mais feroz do que nas Antilhas. Porto Rico, liberado do domínio espanhol, se tornou e permaneceu uma colônia *de facto* dos Estados Unidos. A Cuba outorgou-se uma independência formal, mas limitada pela emenda Platt, que concedia aos Estados Unidos o direito de intervir nos assuntos internos da ilha. E Theodore Roosevelt simplesmente arrancou da República da Colômbia a província do Panamá, cortando-a em seguida pela metade, com o canal do Panamá e a zona do Canal. Além de tudo, Theodore Roosevelt disse, da América Latina, que lhe "irritavam essas desgraçadas e pequenas repúblicas que me causam tantas dificuldades".

As intervenções militares e as ocupações do Haiti, da República Dominicana e Honduras foram todas levadas a cabo em nome da estabilidade, da democracia, da lei, da ordem e da proteção das vidas e propriedades norte-americanas (particularmente as da United Fruit Company). Mas nenhuma nação da América Central ou das Antilhas sofreu humilhações mais prolongadas do que a República da Nicarágua, primeiro ocupada em 1857 pelo filibusteiro norte-americano William Walker e, depois, continuamente invadida e ocupada pelos Estados Unidos entre 1909 e 1933, quando o líder nacionalista César Augusto Sandino foi assassinado, e o seu assassino, Anastasio Somoza, colocado no poder com o apoio dos fuzileiros navais norte-americanos; reinou, com a família, até ser derrubado pela revolução sandinista de 1979. Durante mais de quatro décadas, os Somoza obtiveram tudo o que quiseram de Washington. Como o exprimiu o presidente Franklin Roosevelt, "Somoza é um filho-da-puta, mas é *nosso* filho-da-puta."

E, no entanto, Franklin Roosevelt também representou uma guinada na tradicional política norte-americana para a América Latina. Os acontecimentos da Revolução Mexicana se fizeram catalisadores da relação entre a América Latina e os Estados Unidos. A ocupação de Veracruz e a expedição punitiva do general Pershing contra Pancho Villa foram intervenções físicas, militares, seguidas de campanha política e diplomática contra as leis e políticas da Revolução, sobretudo as referentes à reforma agrária, que afetavam as propriedades norte-americanas no território do México. "O México está sentado no banco dos réus por seus crimes contra a humanidade", trovejou o secretário de Estado da administração de Coolidge, B. Kellog, enquanto o próprio presidente Coolidge, indivíduo freqüentemente taciturno, em 1927 acusou o México, perante o congresso dos Estados Unidos, de ser "a fonte da subversão bolchevique na América Central". Mas a crise mais grave nas relações entre o México e os Estados Unidos ocorreu em 1938, quando o presidente Cárdenas nacionalizou as reservas petrolíferas mexicanas e expropriou as companhias estrangeiras. Em Washington, o presidente Roosevelt foi pressionado para romper relações com o México, para aplicar-lhe sanções e até para invadi-lo, mas resistiu a tudo isso e se sentou à mesa de negociações.

Roosevelt inaugurou, assim, uma nova época nas nossas relações. Ele próprio as chamou "política de boa vizinhança", e seu significado foi um maior respeito norte-americano pela dinâmica interna e pelas soluções locais dentro de cada um dos nossos países. Sem dúvida, Roosevelt apoiou os Somoza na Nicarágua, Trujillo na República Dominicana e Batista em Cuba, mas não se opôs às transformações internas da Revolução Mexicana sob Cárdenas, nem à frente popular eleita no Chile com a aliança, entre radicais, socialistas e comunistas, ou sequer ao corporativismo protofascista de Getúlio Vargas e seu Estado Novo, no Brasil. Com isso tudo, o presidente Roosevelt conseguiu o que efetivamente queria: o apoio latino-americano durante a Segunda Guerra Mundial. Os sentimentos pró-germânicos e pró-nipônicos abundavam na região. Graças a Roosevelt, a guerra nos encontrou junto aos aliados.

Mas também nós conseguimos o que queríamos: um conjunto de leis e tratados que comprometeram os Estados Unidos e a América Latina a observar os princípios da não-intervenção, da autodeterminação e solução negociada de qualquer controvérsia. Apesar disso, nossa velha tradição de direito romano, uma vez mais, entrou em agudo conflito com a tradição pragmática do *common law* anglo-norte-americano. O secretário de Estado do presidente Eisenhower, John Foster Dulles, declarou que, na América Latina, os Estados Unidos não tinham amigos, mas interesses.

Ao terminar a Segunda Guerra Mundial, começou a guerra fria, e os avanços das administrações de Roosevelt e Truman foram enterrados, à medida que governos populares eleitos na Guatemala e no Chile foram derrubados com a aprovação e ajuda norte-americana, porque se achavam à esquerda e podiam, de algum modo, converter-se em cabeças-de-ponte soviéticas no hemisfério. Em seu lugar, apareceram as ditaduras militares, torturando e assassinando em nome do anticomunismo. O terrorismo oficial dos sucessivos regimes militares na Argentina foi descrito pelo nome dado às suas vítimas, *los desaparecidos*. O que realmente desapareceu foi a própria nação: a Argentina. Extremamente eficazes como assassinos do seu próprio povo, os generais argentinos se mostraram absolutamente incapazes na tentativa de derrotar as forças armadas britânicas nas Malvinas. Acabaram desaparecendo mas, praticamente, também desapareceu a Argentina.

Os frágeis governos civis, uma vez mais, tiveram de combater a ameaça militar. A partir do regime civil do presidente Raúl Alfonsín, a pergunta que paira sobre a Argentina é saber se os governos civis terão tempo para neutralizar o exército, desacreditado pela derrota nas Malvinas e pela "Guerra Suja". No Chile, a força das tradições políticas da nação sobreviveu até aos genocídios, assassinatos em massa e deportações do general Augusto Pinochet em nome da democracia e do anticomunismo; em 1990, o país estava de volta ao regime democrático. Mas tanto um quanto outro desses países nunca foram frontalmente atacados pelos Estados Unidos.

Em vez disso, nas Antilhas, Washington opôs-se ativamente ao regime revolucionário cubano. Fidel Castro tratou de terminar com a submissão de seu país aos Estados Unidos, mas criou uma nova submissão, à outra superpotência, a União Soviética. As fracassadas políticas norte-americanas, especialmente a vergonhosa expedição em 1961 à baía dos Porcos e o continuado bloqueio econômico norte-americano contra a ilha, sem dúvida tornaram a vida mais difícil para o regime castrista. No entanto, não bastam essas políticas para explicar a eliminação drástica da dissidência, ou a ausência da liberdade de expressão e de êxito econômico em Cuba, nem, sobretudo, a incapacidade para transformar os verdadeiros feitos da Revolução – a alfabetização, as oportunidades educacionais, o melhor sistema de saúde do Terceiro Mundo – em instituições operantes, objetivamente democráticas, alheias à identificação subjetiva ou sujeição caprichosa a um único caudilho carismático. A falta de imaginação diplomática e de generosidade do lado norte-americano, com a falta de imaginação política e de eficácia econômica do lado cubano podem, ainda, levar os dois países a uma sangrenta confrontação. A antiga sombra da Numância paira sobre Cuba: um sítio, um suicídio coletivo igual ao da cidade ibérica defendida até o último homem contra as legiões romanas. A América Latina deve ajudar ambas as partes a ir além dos antagonismos e da retórica de seus próceres, para tentar o que José Martí desejou, no amanhecer da independência cubana: "... Se a República não abre os braços a todos e não progride com todos, a República morre."

Na Nicarágua, uma nova revolução, jovem e pobre, consegue manter sua independência, apesar de pressões, saques e agressões físicas financiadas pelos Estados Unidos. Num dos fossos mais profundos da nossa relação, a administração Reagan concentrou esforços, dinheiro, vontade política e ainda crédito internacional para suprimir a revolução de um país do tamanho do estado de Massachusetts, um país que o jornalista Walter Lippman descreveu, certa vez, como "tão independente quanto o estado norte-americano de Rhode Island". Washington desafiou as Nações Unidas, as resoluções do seu Conselho de Segurança, as decisões da sua Corte Internacional de Justiça, e se envolveu em operações ilegais como a Irã-contra, simplesmente porque a Nicarágua, uma virtual colônia dos Estados Unidos desde 1909, desafiara os Estados Unidos e definira um caminho independente para si mesma.

Produto da política norte-americana, o exército *contra* destruiu escolas e colheitas, mutilou crianças, mas não derrotou a dinâmica da Revolução Nicaragüense, que consistiu em educar o povo, criar instituições onde não as havia e liberar as forças da sociedade civil; estas se organizaram num amplo leque que ia da extrema esquerda à extrema direita, e em 15 partidos políticos. Em 1989, a realização de eleições livres foi exemplo de política democrática num país que sempre estivera precisando dela. Todos estes foram ganhos da revolução sandinista. No curso de tal processo, a América Central conseguiu também, pela primeira vez na sua história, arrebatar a Washington a iniciativa diplomática e desembocar num processo de paz autônomo, apesar dos Estados Unidos. Entre Contadora, Esquipulas e o chamado Plano Árias, o novo fato foi reconhecido mediante a concessão do prêmio Nobel da Paz ao presidente costarriquenho Óscar Arias.

UM ALEPH CULTURAL

Agora, também a guerra fria terminara e a América Latina se encontrava em crise, compreendendo que tanto o capitalismo como o socialismo, nas suas versões latino-americanas, não haviam conseguido livrar da miséria a maioria da nossa gente. Nossos modelos políticos e econômicos, de direita e de esquerda, haviam-se despencado sobre as nossas cabeças.

Mas, tratava-se realmente de modelos nossos? Por acaso, desde a independência, não estivéramos imitando constantemente os mais prestigiosos modelos estrangeiros na economia e na política? Era fatal que a América Latina ficasse capturada entre os Rapazes de Chicago e os Irmãos Marx, ou seja, entre o capitalismo selvagem, irrestrito, e um socialismo ineficaz, centralizador e burocrático? Por acaso não possuíamos a tradição, a informação, as capacidades intelectuais e de organização para criar os nossos próprios modelos de desenvolvimento, efetivamente compatíveis com o que temos sido, com o que somos e queremos ser?

No meio da nossa crise dos quatro "Ds" – Dívida, Drogas, Desenvolvimento e Democracia –, demo-nos conta de que só podíamos responder a essas perguntas a partir de nós mesmos, isto é, de dentro das nossas culturas. Demo-nos conta de que tínhamos uma política balcanizada e fragmentária, sistemas econômicos fracassados e enormes desigualdades sociais, mas, ao mesmo tempo, contávamos com uma notável continuidade cultural, que se mantinha de pé em meio à crise generalizada da política e da economia.

Ao terminar a guerra fria, a América Latina esperava livrar-se das grandes potências e de sua opção simplista: comigo ou contra mim. O anticomunismo, pretexto principal para a intervenção norte-americana, parecia evaporar-se à medida que o antigo império soviético se desintegrava. Mas esses fatos, mais do que nunca, nos obrigaram a considerar que nos encontrávamos ligados a um mundo de comunicações instantâneas e de integração global, embora ainda diante de problemas que, por vezes, datavam de época anterior à conquista. Nossa obrigação passou a ser a de colocar as nossas casas em ordem. Para isso, porém, tínhamos de compreender a nós mesmos, conhecer a nossa cultura, nosso passado, nossas tradições como fontes de uma nova criação. Mas tampouco nos podíamos compreender sem a cultura dos demais, especialmente a dos dois grandes reflexos de nós mesmos na Europa e nos Estados Unidos, a Espanha e as comunidades hispânicas da América do Norte. Mais uma vez, à medida que se desenvolveu a trágica história do século XX, a América espanhola olhou para a Espanha e ali encontrou a praia européia do Novo Mundo. Assim como no Mediterrâneo, no nosso mar, no *Mare Nostrum*, outra torre inacabada parecia olhar para as Américas.

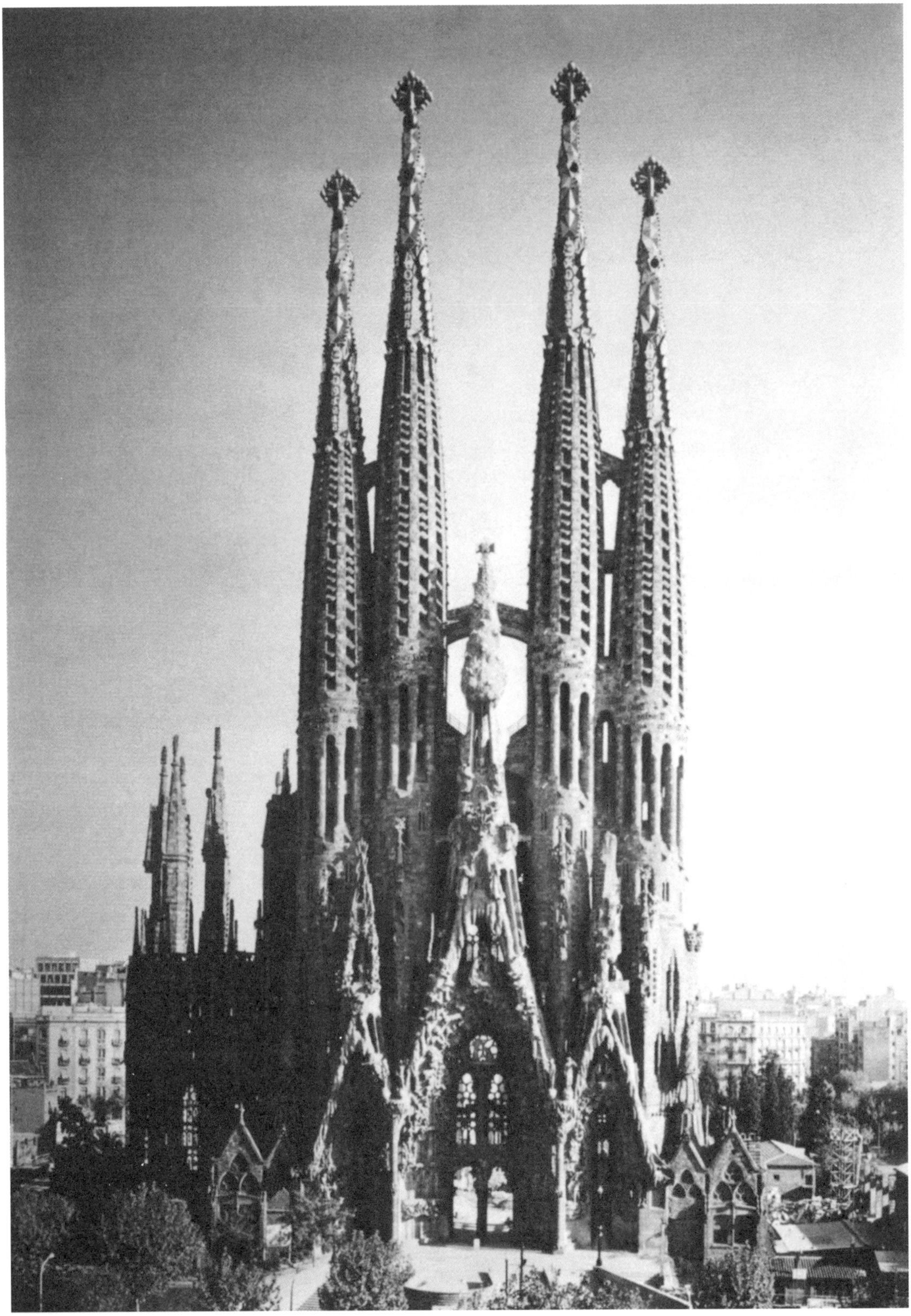

DEZESSETE

A Espanha contemporânea

A Sagrada Família.
Antonio Gaudí

As torres do Templo Expiatório da Sagrada Família dominam o porto de Barcelona e o Mediterrâneo. A grande obra de Antonio Gaudí não apenas aponta para o céu: como é costume na Espanha, também aponta para a terra. São um extremo do artifício. No entanto, assemelham-se às grutas, às estalagmites, aos penhascos e despenhadeiros das montanhas mais solitárias. As torres da Sagrada Família parecem tão sólidas como as das catedrais góticas de Burgos ou de Compostela, mas se trata de estruturas ocas, tão leves como duas velas que gotejam cera.

Durante um século, a Sagrada Família esteve construindo-se, com diversas interrupções e, durante essa fase, jamais deixou de ser fonte de controvérsia e de fortes paixões. Antonio Gaudí morreu em 1926, aos 74 anos, deixando sua obra inacabada. Com seu estilo sinuoso, sensual e revolucionário, que pode ser visto em toda Barcelona – pois ele a fez sua cidade –, Gaudí foi morto por um bonde e, quando o seu corpo foi levado para o necrotério, ninguém o reconheceu, tão discreto, modesto e realmente inacabado fora ele. Como os arquitetos de Compostela ou das pirâmides toltecas, Gaudí era de fato um artista anônimo, o portador de uma promessa inacabada, o próprio exemplo da morte como interrupção da promessa.

Assim, a Sagrada Família permaneceu inacabada, um projeto, uma promessa, como a Espanha, como a América espanhola. Não é a morte, porém, o que realmente deixa as nossas vidas inacabadas, mas a própria vida: a vida histórica. E, em Barcelona, admirando a Sagrada Família de Gaudí em tão ativo porto, centro comercial no Mediterrâneo ao longo de milênios, mas também cidade de profundas raízes regionais da Catalunha, podemos lembrar, mais uma vez, o desfile de povos que passam diante do espelho desenterrado: fundadores celtíberos, navegadores e comerciantes fenícios e gregos, legionários romanos, invasores bárbaros, exércitos muçulmanos, *el* Cid e Colombo, os conquistadores rumo ao Novo Mundo, os príncipes Habsburgo, e os escritores e pintores do Século de Ouro. Todos nos obrigam a considerar que tanto a Espanha como a América espanhola são o resultado de um encontro de culturas.

Da atalaia da Sagrada Família, olhando para o Mediterrâneo, mas olhando também, terra adentro, para uma Espanha orgulhosa, progressista e democrática que parece ter assimilado inteligentemente seu passado, ser-nos-á permitido, a todos os povos de língua espanhola, progredir também com um profundo sentido da tradição, viver num mundo de comunicações instantâneas e integração econômica global, mas sem perder o sentido da nossa própria história, das nossas próprias raízes? Podemos pertencer à aldeia global, sem abandonar por isso a aldeia local? O templo inacabado de Gaudí permite-nos perguntar-nos não só quem somos, mas em que estamos convertendo-nos, quais são os nossos negócios inacabados, não apenas na Espanha, mas em toda a comunidade hispânica, nas três hispanidades que são a Espanha, a América espanhola e os Estados Unidos da América.

O velho império espanhol, cujos ossos se podem achar em todos os quadrantes do Novo Mundo, não possuía semelhantes dúvidas. Autoproclamou-se "real, corpóreo, verdadeiro e eterno". Durou exatamente quatro séculos, desde o desembarque de Colombo nas Antilhas, em 1492, até a derrota final do império velho pelo império jovem, os Estados Unidos da América, em 1898. Açulada pelos cabeçalhos sensacionalistas do jornal de William Randolph Hearst, *The New York Journal*, a guerra foi celebrada com um sentido de patriotismo exacerbado, explícito no grito "Recordemos o *Maine*, para o inferno com a Espanha", que terminou arrancando da coroa espanhola Cuba, Porto Rico e as Filipinas. Nas palavras de Theodore Roosevelt, que combateu na guerra encabeçando sua "cavalaria rude", tratou-se de "uma esplêndida guerrinha".

"Aqui jaz metade da Espanha"

Nada restava do império de Carlos V e de Filipe II, onde o sol jamais se punha. Agora, o sol já se escondera e o fato provocou reações de assombro na Espanha. Desaparecera o sonho da grandeza. A Espanha enganara a si própria. "Nos ninhos de antigamente, não há mais aves", dissera com melancolia Dom Quixote, quando voltou para morrer em sua velha aldeia. Agora, parecia que o fim do império fora predito de uma vez por todas nesses dois espectros literários que vagaram por toda uma Espanha fechada e absorta consigo mesma: Dom Quixote e Sancho Pança. Mas, se era esta a ilusão, qual era a realidade do país? Podia agora a Espanha ver a própria face e descobrir o que estava sepultado em seu espelho histórico, a fraqueza, a fraqueza política que lhe deixara perder sua oportunidade democrática e modernizadora, encarnada em 1812 na Constituição de Cádiz, que deu corpo às esperanças de uma geração inteira de cidadãos hispânicos na Espanha e nas Américas?

No entanto, a Constituição de Cádiz, como tantas outras leis em nossa história, fora abandonada, assaltada pelas realidades de interesses e práticas patrimonialistas, provincianas, muitas vezes indecentes, enquanto a monarquia, desacreditada desde o movimento da invasão napoleônica, não possuía a antiga energia nem

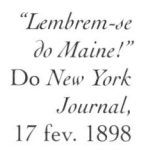

"Lembrem-se do Maine!" Do *New York Journal*, 17 fev. 1898

dos autoritários Habsburgo, nem dos Bourbon paternalistas. Essa política sem leme levou freqüentemente a guerras fratricidas, que permitiram ao jornalista Mariano José de Larra exclamar, em tom fúnebre: "Aqui jaz metade da Espanha; vítima da outra metade." Mas nem Larra, nem publicistas como Blanco White, nem romancistas como Benito Pérez Galdós, que escreveu a comédia humana espanhola numa vasta saga que abrange todos os níveis da sociedade, ou o autor esplendidamente irônico, contido e agridoce de *A regente*, Leopoldo Alas, "Clarín", podiam resgatar a Espanha da fraqueza intelectual que a deixou fora da corrente dominante no pensamento, na política, na ciência e na economia ocidentais.

¡España miserable! – exclamou o poeta Antonio Machado –, *ayer dominadora, envuelta en sus harapos, desprecia cuanto ignora* ("Espanha insensível: ontem dominadora, envolta em seus andrajos despreza tudo o que ignora"). Este é um amargo epitáfio, mas não o único. A voz de Machado foi uma das do coro de uma geração, chamada a Geração de 1898, ano da perda do império, que gritava à Espanha: reforma-te, conhece-te, moderniza-te... Mas, antes de tudo, olha-te, disse o dramaturgo Ramón

del Valle Inclán que, em obras como *Divinas palabras*, apresentou a Espanha como parte de um espantalho, uma realidade grotesca, um corredor de espelhos disformes onde até as imagens mais belas podiam tornar-se absurdas: "O sentido trágico da vida espanhola", escreveu Valle Inclán, "só se pode manifestar com uma estética sistematicamente deformada..."

O improvável e hirsuto Valle Inclán, com sua barba de bode, seus grossos pincenês, os olhos de coruja e a mão cortada, perdida numa briga de rua quando um rival o pegou com sua bengala e enterrou-lhe na pele abotoaduras da camisa, com a conseqüente infecção e amputação. Esse bandido maneta contrastava com a nobreza professoral do filósofo de Salamanca, Miguel de Unamuno, de barba branca, o cabelo aparado e o olhar de lince, que parecia parte da paisagem. Não, respondeu Unamuno: a Espanha, na verdade, possuía um sentido trágico da vida porque trazia o olhar fixo nas dores e glórias do passado. Agora, cabia-lhe usar esse passado para revelar o presente. O único propósito da tradição é iluminar o presente. O passado, como tal, não existe. Toda a história da Espanha só pode ser entendida como intra-história, série simultânea de momentos que se fazem presentes com a imaginação, a emoção e a vida.

Sim, exclamou um terceiro escritor, o filósofo José Ortega y Gasset, quadrado, fumante, calvo, com um rosto tão marcado pelo tempo quanto o de um picador. O preço, porém, consiste em se unir à humanidade, criando uma nação moderna. E a Espanha não era senão uma nação invertebrada, um vegetal num falso paraíso. Despertemos, gritou Ortega, ou seremos sacudidos e arrastados para a modernidade. Ocorreu, então, algo que não se pôde prever nas derrotas das baías de Manila e Santiago. Enquanto Ortega e um regimento de cientistas, educadores e artistas arrastaram a Espanha para a Europa e para o século XX, a Europa e o século XX lançaram a si próprios numa catástrofe maior que a perda do império espanhol. A Primeira Guerra Mundial, de 1914 a 1918, destruiu as ilusões alimentadas pela Europa acerca da perfectibilidade humana, da inevitabilidade do progresso e do idílio da estabilidade baseada no colonialismo externo e no liberalismo interno. A carnificina da guerra de trincheiras, a perda de uma geração inteira de jovens europeus (só na batalha do Somme, que durou quatro meses, pereceram 420 mil ingleses, 194 mil franceses e 440 mil alemães) fez com que os males da Espanha neutra e isolada parecessem muito pequenos. Mas, evitando imiscuir-se na Primeira Guerra Mundial, a Espanha não pôde evitar que a afetassem dois eventos dela provenientes. Antes de tudo, todos os contrastes e perigos da Europa do pós-guerra, corrupta, fatigada, desiludida, entraram no país. E, em segundo lugar, a Espanha descobriu que o mundo fora dela se achava tão tragicamente deformado quanto ela própria pensava sê-lo, tão deformado quanto um relógio que se derretia numa paisagem de Salvador Dalí; ou escandalosa — tão escandalosa quanto a imagem de um olho cortado por uma navalha na primeira cena de *Um cão andaluz*, filme de Luis Buñuel. E também o poeta da lânguida beleza da Andaluzia, Federico García Lorca, enquanto ficou fora da Espanha, viu o mundo como um inferno estéril e insone. "Não dorme ninguém, pelo mundo afora. Ninguém, ninguém. Não dorme ninguém", escreve no seu livro *Poeta en Nueva York*. E acrescenta, como se contestasse Calderón de la Barca, sobre o abismo dos séculos: "A vida não é sonho: Alerta! Alerta! Alerta!"

Dentro da Espanha, porém, era melhor precaver-se. Os poemas e as peças teatrais de García Lorca são permeados pela fatalidade: a sombra da morte se projeta sobre eles. No magnífico lamento pelo toureiro Ignacio Sánchez Mejías, escrito um ano antes de sua própria morte, García Lorca pede que o rosto do matador não seja coberto, a fim de poder acostumar-se à morte que sempre levou dentro de si. E antes, na *Muerte de Antoñito el Camborio*, García Lorca não apenas havia escutado as vozes da morte perto de Guadalquivir como se havia introduzido a si próprio como terceira pessoa no poema, invocando seus prováveis assassinos: *Ay, Federico García, llama a la Guardia Civil!* O poeta foi assassinado aos 38 anos de idade. E, como predisse a sua própria morte, predisse também o imenso sofrimento da Espanha. Pois, se a Espanha pôde responder a suas perguntas em termos intelectuais e até líricos, não foi capaz de fazê-lo em termos políticos. A cabeça da monarquia, o rei, não inspirava respeito. Em sua base, os caciques locais governavam a Espanha rural no meio dos males do analfabetismo, da latifúndio e da abjeta pobreza campesina. Em Madri, os conservadores e os liberais se revezaram em governos retóricos, enquanto as últimas incursões coloniais da Espanha no Marrocos amontoaram o desastre em cima da derrota. A *dictablanda** de Primo de Rivera, na década de 1920, parecia tão doce quanto a bonita música da zarzuela que pairava pela Gran Vía da capital. No entanto, quando em 1929 o rei Afonso XIII despediu Primo de Rivera, no meio da Grande Depressão, só demonstrou sua própria incompetência e se viu obrigado a renunciar, em 1931. À débil monarquia se seguiu uma república igualmente débil. Contudo, essa "república infantil" conseguiu levar o alfabeto e a dignidade a milhões de aldeães. O próprio Lorca levou o seu grupo teatral, La Barraca, a visitar pela primeira vez os esquecidos compatriotas do campo. Mas o terrível olhar lançado por Luis Buñuel sobre os horrores da vida rural, ignorante, incestuosa e brutal, em *Las hurdes*,** foi proibido pelo governo republicano.

A república deu à Espanha uma legislação moderna. Separou a Igreja do Estado, promulgou leis a favor do divórcio, implantou a educação secular e deu aos

---

* Nome que se deu, na Espanha, ao regime de Primo de Rivera, subentendendo "ditadura branda". (N. do T.)

** Região e comarca da província de Cáceres, na Estremadura espanhola, de clima áspero e solo estéril. (N. do T.)

O Espelho Enterrado

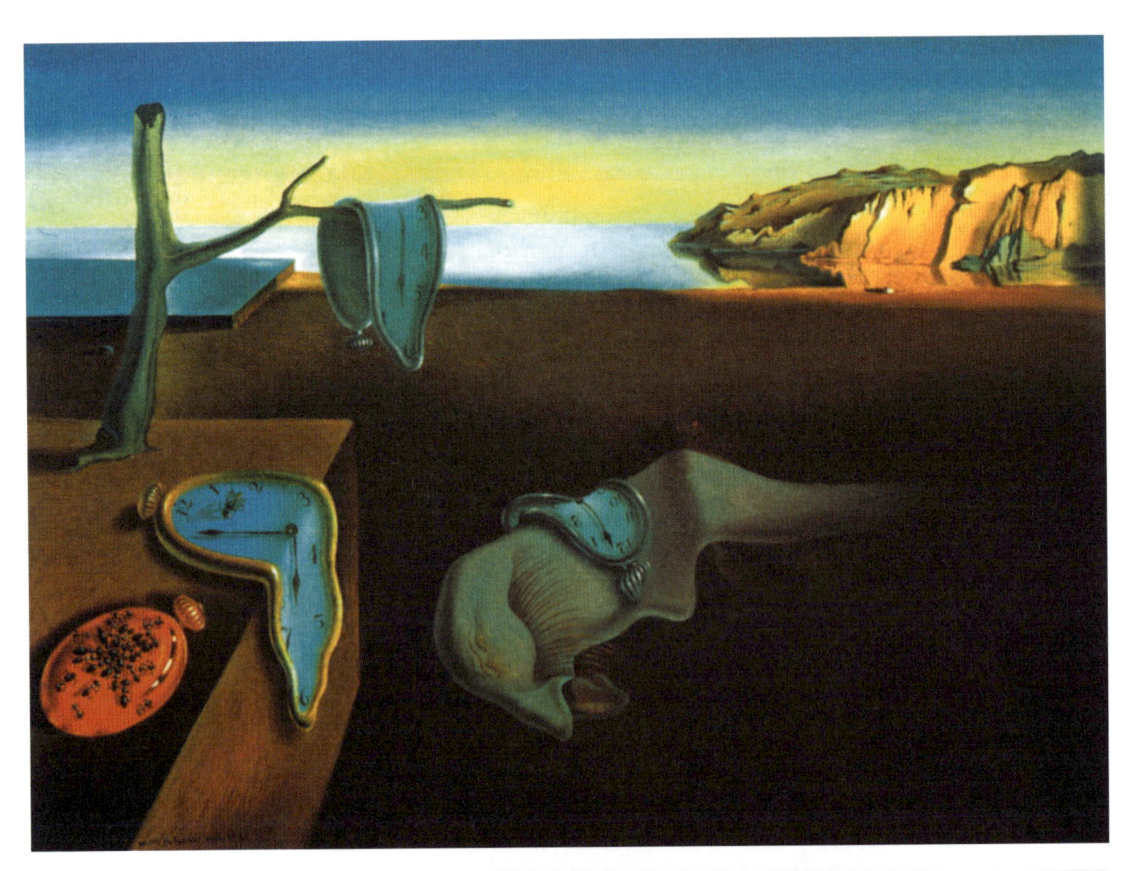

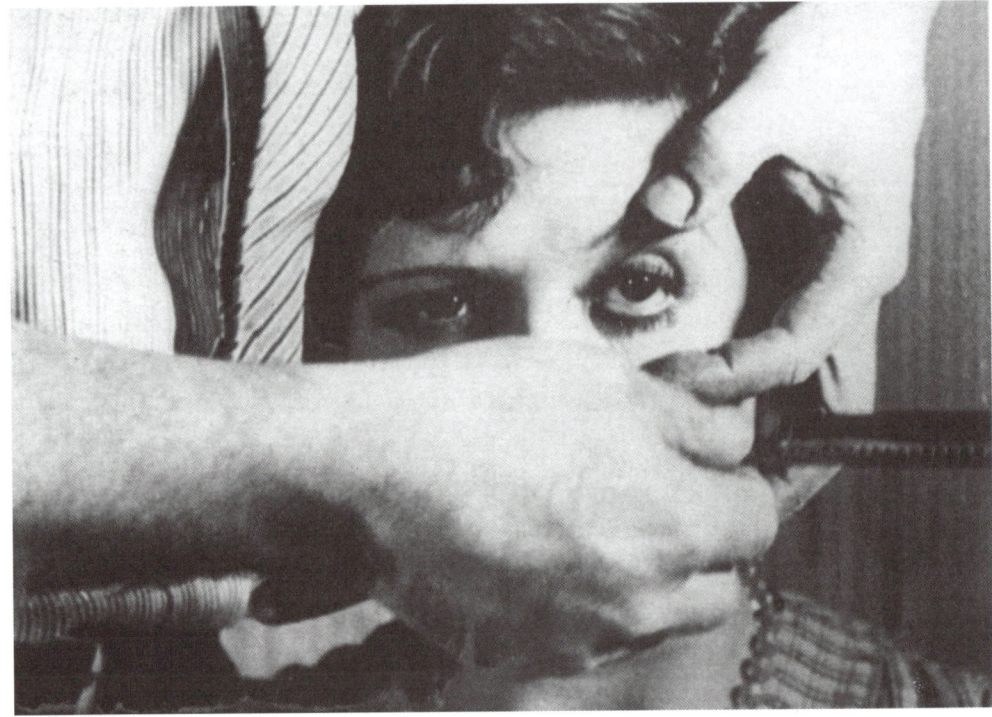

A persistência da memória. Salvador Dalí, 1931, óleo sobre tela, 23,7 x 32,5 cm. Coleção do Museu de Arte Moderna de Nova York. Doado anonimamente

Da cena de abertura de *Un Chien Andalou.* Luis Buñuel, 1928

operários liberdade de organização. A Espanha foi cenário de gigantescas greves e revoltas proletárias, especialmente nas Astúrias. A república galvanizou toda a cultura do país e também cometeu muitos excessos, sobretudo contra o clero, fazendo oporem-se os grupos tradicionalistas e o governo reformista. Este último, na falta de um governo forte, sofreu as tensões plenamente manifestas, sem correntes autoritárias, da massa de problemas não resolvidos e das facções antagônicas na história espanhola. Os latifúndios feudais do sul, sobrecarregando as prósperas e modernas propriedades agrícolas do norte; no sul, um proletariado em rápida expansão e sequioso de terras; no norte, a industrialização e o aprimoramento financeiro. As indústrias, porém, se mostravam extremamente subsidiárias, tornando-se ineficientes e dispendiosas. E, à medida que uma parte da Espanha se arrastava debaixo da outra, e mesmo a parte mais refinada estragava a si própria, as ideologias sectárias complicaram as coisas enormemente: as tendências ilustradas e pró-européias se chocaram com as tradições regionais e isolacionistas; o liberalismo secular enfrentou um catolicismo renovado e agressivo; e apenas uma sociedade tão autoritária quanto o fora a espanhola podia alimentar modalidades de anarquismo tão radicais. As duas filosofias totalitárias, o fascismo e o comunismo, pareciam estar esperando entre bambolinas para afirmar a direção de seu próprio poder, acima da debilidade da política republicana e de seus estadistas decentes, bem-intencionados e intelectualmente brilhantes, como o próprio presidente da república, Manuel Azaña.

Invertebrada na realidade, essa Espanha da república, contraditória, promissora, efervescente, foi enfim subvertida por dentro, mediante uma rebelião das forças armadas: Francisco Franco e seus generais, que se levantaram em armas a 17 de julho de 1936. À terna democracia parlamentar espanhola, Unamuno pedira "ressaltar a força dos extremos... para que o meio, nisso, ganhe vida, resultante da luta". Não foi assim. A sala de aula de Unamuno, em Salamanca, foi invadida pelo brutal general fascista Millán Astray, que gritou: "Morte à inteligência!", enquanto Unamuno, com dignidade, lhe respondia: "Vencereis, mas não convencereis." Poucos meses mais tarde, o filósofo estava morto, com o coração destroçado pela calamidade da guerra civil. Morto estava também Federico García Lorca, uma das primeiras vítimas da repressão fascista, friamente assassinado na sua Granada natal e, como o havia previsto, pela Guarda Civil.

Dentro de pouco tempo, a guerra civil espanhola se converteu num conflito internacional. Ambas as partes (Franco e a república) obtiveram apoio estrangeiro. Os republicanos receberam algumas armas soviéticas e solidariedade de parte do governo de Lázaro Cárdenas, no México, assim como a simpatia da inteligência internacional. Até diversos escritores foram lutar na Espanha: Orwell, Malraux, Hemingway. As brigadas internacionais lutaram com altivez, oferecendo uma das provas mais comoventes de solidariedade internacional no século XX. Destacou-se, entre elas, a brigada Lincoln, norte-americana.

Francisco Franco, c. 1944

Todos esses homens estavam conscientes de que, na Espanha, algo de execrável acontecia: uma nova guerra mundial vinha sendo ensaiada nas planícies e nos rios de Castela. A Alemanha nazista e a Itália fascista deram ao golpe de Franco um apoio total, tanto militar como político. A 26 de abril de 1937, os aviões *stukas*, de Hitler, bombardearam a cidade basca de Guernica, durante horas. Não havia ali objetivos militares. Tratava-se de um exercício de intimidação da população civil. Guernica foi uma antecipação do que seria a *Blitz* contra Londres ou a destruição de Coventry. De agora em diante, contar-se-iam inocentes entre as primeiras vítimas da guerra. Mas viria da morte de Guernica o renascimento de *Guernica*, a pintura emblemática do século XX pelo maior artista moderno da Espanha, Pablo Picasso. O artista pede-nos que olhemos a face do sofrimento e a morte através dos símbolos intemporais e espanhóis da arena: o touro e o cavalo, despedaçados e desconjuntados.

A dolorosa habilidade espanhola para transformar os desastres da história em triunfos da arte é evidente nessa pintura. Mas, dessa vez, nada nos pode proteger. Estamos longe do aposento de *Las Meninas*. Estamos numa rua citadina. As bombas caem dos céus, tudo é devastação e miséria. Uma vez mais, como no princípio, estamos a céu descoberto. As ruínas da história, ruínas do homem, são iluminadas por um único artefato técnico: a lâmpada de luz elétrica. Uma lâmpada de rua procura transformar a noite em dia, do mesmo modo que as bombas transformam a vida em morte. Podemos reconstruir um mundo com os pedaços da arte? Sobre os Pireneus, jogado no exílio, o velho e moribundo poeta Antonio Machado suspirou:

> *Españolito que vienes*
> *al mundo, te guarde Dios.*
> *Una de las dos Españas*
> *ha de helarte el corazón.*

Abandonada pela covardia míope das democracias européias, especialmente da França e da Inglaterra, a república enfrentou os exércitos de Hitler e Mussolini. Na verdade, porém, as duas Espanhas mais uma vez se encaravam face a face, aparentemente sem conciliação possível: sombra e sol, novamente, como no redondel. Depois do triunfo, Franco edificou sua própria e faustosa tumba, o Monumento aos Mortos, perto do Escorial. Enorme caverna perfurada na rocha, levou 16 anos para ser construída. O trabalho foi realizado, quase sempre, por presos políticos, e se transformou no tipo do pesadelo fascista que Hitler haveria de construir para si mesmo, se tivesse ganhado a guerra.

Franco não ganhou a Segunda Guerra Mundial. Mas tampouco a perdeu. Foi ágil e astuto. Hitler jamais conseguiu arrastá-lo à guerra e, quando a paz chegou, Franco tirou proveito de sua não-beligerância ao torná-la uma vantagem estratégica para a aliança ocidental. À entrada do Mediterrâneo, arrendou bases aéreas aos Estados Unidos. Suas credenciais anticomunistas eram impecáveis. Mas, enquanto recebeu Hitler com a saudação fascista, relegou esse hábito ao esquecimento quando recebeu em Madri o general Eisenhower, para concluir a nova aliança. A fachada da Espanha sob Franco foi tanto monumental como uniforme, semelhante à do Monumento aos Mortos. Mas o país era pobre. Precisava de turismo e comércio, investimento e crédito. Obteve-os na qualidade de meritória sentinela da OTAN. Durante os anos de Franco, a Espanha alcançou o desenvolvimento econômico, mas sem liberdade política. Essa combinação deixou de ser novidade. Da Coréia ao Chile, as ditaduras "modernas" seguiram a lição de Franco.

Resgatada pela cultura

O que me parece verdadeiramente importante, e mesmo singular, sobre a Espanha, é que Franco jamais conseguiu seqüestrar a totalidade da cultura. Na Alemanha, Hitler conseguiu precisamente isso: um seqüestro cultural. Os que não estavam de acordo com o nacional-socialismo foram exilados, ou assassinados, e nenhuma obra heterodoxa pôde ser produzida dentro da Alemanha. A cultura espanhola provou sua resistência durante os 36 anos do regime franquista, criando mais uma vez uma perigosa margem para a heresia, explorando mais uma vez o veio heterodoxo da mina hispânica. A cultura espanhola continuou certamente florescendo, no exílio. Dentro da Espanha, no entanto, nunca se rendeu. A poesia, o romance, o jornalismo clandestino, as organizações políticas ilícitas, e de um poema de Blas de Otero ou de José Hierro a um romance de Juan Goytisolo ou de Rafael Sánches Ferlosio, das Comissões Operárias de Marcelino Camacho à renovação do Partido Socialista por Felipe González, a cultura espanhola pareceu aprender suas lições, decantando e assimilando a extraordinária riqueza da tradição, a fim de defendê-la e assegurar-lhe a continuidade, apesar da desgraça política.

Muitas dessas tendências se tornaram visíveis no cinema. A corrupção interna dos novos-ricos do franquismo, em *La muerte de un ciclista*, de Juan Antonio Bardem. A ilusão alimentada por uma pobre aldeia sobre sua salvação pelo Plano Marshall, em *Bienvenido Mr. Marshall*, de Luis Berlanga. A Espanha de Franco como uma caçada interminável e autodestrutiva, em *La caza*, de Carlos Saura – ou o seu filme satiricamente corrosivo, *El jardín de las delicias*, em que uma família rica tenta arrancar do pai, emudecido por um ataque de paralisia, o número de sua secreta conta bancária na Suíça. E, finalmente, teve lugar a volta do filho pródigo: na *Viridiana*, de Luis Buñuel, há a esplêndida recuperação da tradição cultural espanhola, amarga e esperançosa, crítica e heterodoxa, a tradição de Cervantes e a picaresca, de Don Juan e são Juan, do corpo e da alma, como um modo de abraçar o marginalizado, o fora-da-lei, "os olvidados". A força do cinema de Buñuel foi a de que, amando ou odiando sua temática, o autor se sentiu sempre profundamente comprometido com ela.

O país aproveitou a hibernação franquista para refletir sobre si mesmo e os erros do passado, deplorar a tradição autoritária e repressiva, mas também para evocar, para lembrar que contava com uma tradição democrática: das liberdades das comunidades medievais à rebelião das comunidades de Castela, à Constituição liberal de Cádiz e à fracassada tentativa da república, a Espanha contava com uma experiência democrática para se nutrir. Foi esta a tradição que o país decidiu consolidar em 1975, após a morte de Franco. Mas, na consciência internacional, permanece um paradoxo: como pôde esta jovem e vigorosa democracia emergir da decadência de uma prolongada ditadura fascista? A resposta, encontramo-la tanto na tradição mediata das tendências democráticas interrompidas da vida espanhola, como na tradição intermediária da sobrevivência cultural dentro da era franquista, e ainda na nova e imediata tradição do talento político demonstrado por todos os fatores da vida espanhola depois de 1975.

Nesse ano, existia uma evidente falta de coerência entre o desenvolvimento econômico da Espanha e sua estagnação política. A função da democracia espanhola consistiu em equilibrar o desenvolvimento econômico com instituições políticas que lhe fizessem jus. Ao longo dessa verdadeira revolução democrática e política, todos desempenharam seus papéis de maneira responsável. O jovem rei Juan Carlos foi o fator de união. Deteve os velhos militares golpistas e fechou as feridas do passado. A Espanha se uniu à Europa. Os Pireneus, hoje, desapareceram. A Espanha tem o ritmo de crescimento mais alto da comunidade européia. É uma nação jovem e democrática, que oferece a seus cidadãos o mais amplo leque de seleção política, produto de uma vida democrática madura e sem qualquer paranóia. Persiste, porém, o perigo de que a Espanha, ao ingressar na Disneylândia da União Européia, se torne demasiadamente próspera, demasiadamente confortável, demasiadamente consumista, sem autocrítica bastante e esquecida do seu outro rosto, seu perfil hispano-americano. A Espanha se acha genuinamente na Europa. Mas não deve esquecer que também se acha na América espanhola, "os filhotes da leoa espanhola", como nos chamou o poeta Rubén Darío. Podemos ficar sem a Espanha? Pode a Espanha ficar sem nós?

As duas Fridas.
Frida Kahlo,
1939

DEZOITO

Os Estados Unidos hispânicos

A fronteira de quatro mil quilômetros entre o México e os Estados Unidos é o único limite visível entre os mundos desenvolvido e em desenvolvimento. É também a fronteira entre a América inglesa e a América Latina. Mas é também uma fronteira inacabada, composta de barreiras, fossos, muros – a chamada Cortina da Tortilha – rapidamente construídos para deter o imigrante hispânico e, em seguida, abandonados, inacabados. É fácil cruzar a fronteira ali onde o rio secou ou onde os montes são ermos. Mas é difícil chegar ao outro lado. Entre as duas fronteiras existe uma terra de ninguém, onde o imigrante deve enfrentar a vigilância das patrulhas norte-americanas. Mas a vontade do trabalhador é forte. Na maioria, vão do México, mas também da América Central e da Colômbia, assim como das Antilhas. Às vezes, são impelidos pelo infortúnio político. Quase sempre, porém, e sobretudo no caso dos mexicanos, o imigrante chegou por motivos econômicos. Soma-se a um exército de seis milhões de trabalhadores ilegais, nos Estados Unidos. Reúnem-se em lugares modestos, ao sul da fronteira, esperando com suas famílias e amigos o momento oportuno de cruzar para o outro lado. As patrulhas de fronteira trabalham noite e dia para impedi-los.

O patrulheiro tem a sua disposição todas as vantagens da tecnologia moderna. O imigrante, a vantagem dos números e a pressão dos milhares de pessoas que lhe seguem os passos. São arrastadas pelo desespero da necessidade. Talvez se trate dos homens e mulheres mais valentes e mais decididos de todo o México. Pois exige coragem e vontade de romper o círculo intemporal da pobreza e arriscar tudo na aposta de cruzar a fronteira do norte. Mas essa fronteira, dizem muitos dos que a cruzam, na realidade não é uma fronteira, mas uma cicatriz. Ter-se-á fechado para sempre? Ou voltará a sangrar, um dia?

O imigrante é a vítima perfeita. Encontra-se em terra estranha, não fala inglês, dorme a céu aberto, leva consigo todos os pertences e teme as autoridades, enquanto empregadores e advogados sem escrúpulos têm nas mãos as suas vidas e liberdades. Às vezes são brutalizados, às vezes assassinados. Mas não são criminosos.

São apenas trabalhadores. Grupos inteiros são detidos pelas luzes e pelos helicópteros da patrulha de fronteira. Muitos são presos e devolvidos ao outro lado. Mas cerca de meio milhão consegue passar, por ano. São acusados de tomar o lugar dos trabalhadores norte-americanos, de prejudicar a economia dos Estados Unidos e ainda de prejudicar a nação, ameaçando sua integridade cultural. Mas os trabalhadores continuam indo, sobretudo porque a própria economia norte-americana precisa deles. Os Estados Unidos precisam de cinco milhões de trabalhadores antes do fim do século. São os que se ocupam dos serviços que ninguém, na América do Norte, quer continuar prestando. Não só o trabalho agrícola como, cada vez mais, os serviços de transporte, hotelaria, hospital, consertos, todas esses trabalhos que se interromperiam sem a contribuição dos imigrantes: sem isso, a estrutura inteira dos salários e empregos, nos Estados Unidos, sofreria enorme alteração, descendo vários níveis e arrastando para baixo milhões de trabalhadores e seus lares.

Os imigrantes chegam porque existe um déficit de trabalhadores jovens no mercado norte-americano. Chegam porque cumprem necessidades determinadas pelas mudanças demográficas na população sempre errante dos Estados Unidos. Há necessidade deles porque, ao se reconverter a guerra fria numa economia de paz, os Estados Unidos têm déficit não só de trabalhadores não-especializados, como de trabalhadores latino-americanos especializados, em metalurgia, construção e artesanato. Graças aos imigrantes, os Estados Unidos permanecem competitivos nestes e em outros setores. De outro modo, essas indústrias se transfeririam para o exterior e ainda mais empregos se perderiam. O trabalhador imigrante mantém baixos os preços e alto o consumo. Além disso, ainda que tome o lugar de alguns operários, não pode competir com as destituições de trabalho causadas pela tecnologia e pela competição estrangeira.

Muito acima, porém, dos fatores econômicos, os trabalhadores imigrantes representam um processo social e cultural extremamente amplo e de importância primordial para a história da continuidade da cultura hispano-americana. Assim, mesmo que o México não fosse enormemente afetado pelo desemprego, esses trabalhadores teriam de ir para os Estados Unidos, saindo de algum lugar. Ocorre, no entanto, que provêm do outro lado de uma fronteira terrestre, não do outro lado do mar, como seus antecessores irlandeses, alemães, italianos ou eslavos.

Um continente de imigrantes

Quando o trabalhador hispânico cruza a fronteira mexicana-norte-americana, às vezes se pergunta: será que não foi esta sempre a minha terra? Por acaso não estou voltando a ela? Não é essa terra sempre, de algum modo, nossa? Basta saboreá-la, ouvir sua linguagem, cantar suas canções e orar a seus santos. Não será esta sempre, em seus ossos, uma terra hispânica? Antes, porém, de responder a essas perguntas, devemos lembrar, uma vez mais, que o nosso continente estava vazio. Todos nós chegamos de outro lugar. Os primeiros americanos foram as tribos nômades provindas da Ásia; depois, vieram os espanhóis, em busca das Sete Cidades de Ouro; não as acharam onde hoje é o sudoeste dos Estados Unidos, mas nele deixaram sua língua e religião, às vezes seus ossos.

O império espanhol se estendeu para o norte até a Califórnia e o Oregon, e para sempre encheu a região dos nomes sonoros de suas cidades: Los Angeles, Sacramento, San Francisco, Santa Bárbara, San Diego, San Luis Obispo, San Bernardino, Monterey, Santa Cruz. Com a independência, a república mexicana herdou esses territórios vastos e pouco povoados, perdendo-os em seguida, em 1848, ante a expansão da república norte-americana e de sua ideologia do "destino manifesto".

De tal maneira, não foi o mundo hispânico que foi para os Estados Unidos, mas os Estados Unidos que foram para o mundo hispânico. Talvez seja um ato de equilíbrio e até de justiça poética o mundo hispânico, hoje, regressar tanto aos Estados Unidos como a uma parte às vezes esquecida de sua herança ancestral no hemisfério americano. Os imigrantes continuam chegando aos Estados Unidos, e não só ao sudoeste, como também à costa ocidental, a Nova York e Boston, antes de novamente se dirigir a Chicago, ao Meio-Oeste e de volta à faixa que se estende do Texas, no golfo do México, à Califórnia, sobre o Pacífico. Ali, o imigrante se encontra com os *chicanos*, os norte-americanos de origem mexicana, que sempre estiveram ali, inclusive antes dos gringos. Fortalecem, juntos, a minoria que cresce mais rapidamente nos Estados Unidos: 25 milhões de hispânicos, a imensa maioria de origem mexicana, mas também provenientes de Porto Rico, Cuba, América Central e do Sul.

Atualmente, Los Angeles é a terceira cidade de língua espanhola do mundo, depois de México e Buenos Aires, mas antes de Madri ou Barcelona. É possível ganhar a vida e até prosperar no sul da Flórida sem falar mais que espanhol, tal o grau de cubanização da região. Mas San Antonio foi uma cidade bilíngüe durante 150 anos, constituída de mexicanos. Até meados do século XXI, quase a metade da população dos Estados Unidos falará espanhol. E, se os seus antepassados não acharam as Cidades do Ouro, os novos trabalhadores hispânicos chegam buscando o ouro gringo, mas as comunidades hispânicas dos Estados Unidos, finalmente, herdam e levam o ouro latino. Um ouro que se recusa a derreter no mito do vasto crisol social dos Estados Unidos da América.

E isso porque a terceira hispanidade, a dos Estados Unidos, constitui não apenas um fato político ou econômico. É sobretudo, um fato cultural. Toda uma civilização foi criada, nos Estados Unidos, com características hispânicas. Ali nasceu uma literatura que ressalta os componentes autobiográficos, a narrativa pessoal, a memória da infância, o álbum de fotos da família, como um modo de responder à pergunta: o que significa ser *chicano*, mexicano-norte-americano, ou porto-riquenho que vive em Manhattan, ou cubano-americano que pertence a uma segunda geração no exílio de Miami? Essa literatura pode ser tão variada como a obra de Rudolph

Anaya – *Bless Me Ultima* (Valha-me Deus, no fim) –, Ron Arias – *The Road to Tamazunchale* (A estrada para Tamazunchale) –, Ernesto Galarza – *Barrio Boy* (Menino do bairro) –, Alejandro Morales – *The Brick People* (O bom povo) –, Arturo Islas – *Rain God* (Deus da chuva) –, Tomás Rivera – *Y no se los tragó la tierra* (E a terra não os engoliu) –, Rolando Hinojosa – *The Valley* (O vale); ou das escritoras Sandra Cisneros – *Woman Hollering Creek* (Mulher poço de protesto) –, Dolores Prida – *Beautiful Señoritas* (Belas senhoritas) –, Judith Ortiz Cofer – *The Line of the Sun* (A linha do sol) –; ou dos poetas Alurista e Alberto Ríos, ou ainda tão definidora como o trabalho de Rosario Ferré ou Luis Rafael Sánchez, que se decidiram a escrever em espanhol da ilha de Porto Rico.

Ali se criou uma arte que, de maneira violenta, e inclusive espalhafatosa, se une a uma tradição que percorre o longo périplo desde as grutas de Altamira até os muros pintados de grafite na zona leste de Los Angeles. São retratos da memória, pinturas dinâmicas de encontros, como as pinturas das batidas de automóvel de Carlos Almaraz, que fez parte do grupo chamado Los Cuatro, juntamente com Frank Romero, Beto de la Rocha e Gilberto Luján. A beleza e violência de sua arte não só contribuíram para o contato intercultural – que, para manter a vitalidade, deve recusar-se à complacência ou à injustiça – como também, e mais ainda, procuram reafirmar uma identidade que merece respeito e, quando não visível, deve ser dotada de forma, assim como, quando não audível, deve ganhar um ritmo e palavra.

E, se a outra cultura, a anglo-americana, nega um passado à cultura hispânica, então os artistas de origem hispânica devem inventar uma origem, se acaso ela faz falta. Pode um *chicano* ser artista em Los Angeles, por exemplo, se não preserva a memória de Martín Ramírez, nascido em 1885, que foi um trabalhador ferroviário e imigrante que chegou do México e, por um fato de imensa riqueza simbólica, perdeu a fala e foi por isso condenado a viver três décadas num manicômio da Califórnia, até a morte em 1960? Martín, porém, não estava louco. Tão-somente não podia falar. De maneira que, no cárcere, se transformou num artista e, durante trinta anos, pintou seu próprio silêncio. Por isso as culturas hispânicas dos Estados Unidos devem manifestar-se de modo tão visual como uma pintura de Luján, ou tão dramaticamente como uma produção teatral de Luis Valdés, ou com uma prosa tão poderosa como a de Óscar Hijuelos e seus reis do mambo, ou com um ritmo tão vital como o de Rubén Blades e suas baladas de *salsa*, em torno das tristezas urbanas e do humor das ruas, ou com uma energia tão avassaladora como a da cubana Gloria Estefan e sua *Miami Sound Machine*.

Essa imensa corrente de negações e afirmações obriga os recém-chegados, mas também os velhos hispânicos norte-americanos, a se perguntar: o que trouxemos para a sociedade norte-americana? O que gostaríamos de reter da nossa herança? O que desejamos oferecer aos Estados Unidos? As respostas são determinadas pelo fato de que, quer se trate dos descendentes de famílias há muito estabelecidas nos Esta-

Os Estados Unidos hispânicos

Capotagem.
Carlos
Almaráz, 1983

Rodovia 64.
Frank
Romero, 1988

dos Unidos, quer de imigrantes recentes, todos refletem um processo social extraordinariamente amplo, que inclui famílias, indivíduos, comunidades inteiras e redes de relação cultural, transmitindo valores, memórias, proteções. Pois, se de um lado do espectro se encontram trezentos mil empresários hispânicos que prosperaram nos Estados Unidos, do outro temos um adolescente anglo-americano de 19 anos que mata a tiros dois imigrantes pela simples razão de que "odeia os mexicanos". A estatística nos indica que os negócios de propriedade hispânica, nos Estados Unidos, geram mais de vinte milhões de dólares por ano; esse motivo de orgulho, porém, deve ser

Painéis que retratam a América inglesa e a América espanhola, de *A epopéia da civilização americana*. Orozco, 1932-1934

contrabalançado por um motivo de vergonha: muitos "anglos" atiram nos imigrantes com balas carregadas de tinta, a fim de estigmatizá-los, como o foram os judeus na Idade Média. Se consignamos o fato de que comunidades inteiras, no México, vivem graças às *remesas* (remessas) dos trabalhadores imigrantes nos Estados Unidos, que chegam a quatro bilhões de dólares por ano e representam a segunda fonte de divisas do México – depois do petróleo –), também é necessário lembrar que muitos trabalhadores imigrantes são simplesmente atropelados, de propósito, por veículos que passam pelas estradas próximas aos campos de trabalho. E se, finalmente, tomamos consciência de que a maioria dos imigrantes mexicanos são trabalhadores temporários que acabam voltando para o México, também é necessário consignar as diferenças persistentes entre as culturas da América inglesa e da América espanhola que, no meio de todo esse processo, continuam opondo-se, influenciando-se e chocando-se uma contra a outra na trasfega fronteiriça.

No coração da Nova Inglaterra, o artista mexicano José Clemente Orozco pintou um extraordinário retrato das culturas do Novo Mundo, das Américas inglesa e espanhola, na Biblioteca Baker do Dartmouth College. As duas culturas coexistem, mas se questionam e se criticam, em assuntos tão definitivos para a personalidade cultural como a religião, a morte, a horizontalidade ou verticalidade de suas estruturas e até a sua respectiva capacidade de dissipação e poupança.

Mas o fato é que ambas as culturas possuem infinitos problemas internos, bem como problemas que compartilham, que exigem cooperação e compreensão num contexto mundial novo e inédito. Os anglo-americanos e os ibero-americanos cada vez mais nos reconhecemos em desafios como as drogas, o crime, o meio ambiente e o desamparo urbano. Mas, assim como a sociedade civil anteriormente homogênea dos Estados Unidos enfrenta a imigração dos imensamente heterogêneos (a nova imigração hispânica e asiática), os ibero-americanos vemos os espaços anteriormente homogêneos do poder religioso, militar e político invadidos pela heterogeneidade das novas massas urbanas. É possível que a América Latina e os Estados Unidos acabem compreendendo-se mais na crise do que na prosperidade, mais na complexidade compartilhada dos novos problemas urbanos e ecológicos do que na antiga peleja ideológica determinada pela estreiteza estéril da guerra fria? Em todo o caso, as Américas inglesa e espanhola participam de um movimento comum que se desloca em todas as direções e em que todos terminamos dando algo a nós mesmos e à outra parte. Os Estados Unidos levam à América Latina sua própria cultura, a influência de seu cinema, sua música, seus livros, suas idéias, seu jornalismo, sua política, sua linguagem. Isso não nos assusta, na América Latina, porque sentimos que a nossa cultura própria possui a força suficiente e que, de fato, a *enchilada* pode conviver com o hambúrguer, ainda que aquela, para nós, seja definitivamente superior. O fato é que as culturas só florescem em contato com as demais, e perecem no isolamento.

Animais. Ruffino Tamayo, 1941, óleo sobre tela, 0,75 x 1 m, Coleção do Museu de Arte Moderna de Nova York. Fundo Interamericano

Sapos e garrafas. Francisco Toledo, 1975

A selva. Wifredo Lam, 1943. Guache sobre papel sobreposto à tela, 2,35 x 2,25 m. Coleção do Museu de Arte Moderna de Nova York. Fundo Interamericano

Mas a cultura da América espanhola, movendo-se para o norte, também leva os seus presentes peculiares. Quando se vêem entrevistados, tanto os novos imigrantes como as famílias há muito estabelecidas, mostram que dão especial valor à religião, e não só ao catolicismo, mas a algo semelhante a um profundo senso do sagrado, um reconhecimento de que o mundo é sagrado: esta é a mais velha e mais funda certeza do mundo indígena das Américas. Trata-se também, no entanto, de uma sacralidade sensual e táctil, produto da civilização mediterrânea no seu encontro com o mundo indígena do hemisfério ocidental. Os hispânicos falam de outro valor que é o respeito, o cuidado e a reverência devidos aos velhos, o respeito à experiência e à continuidade, mais que o assombro ante a mudança e a novidade. E esse respeito não se restringe ao fato da idade avançada, mas se refere ao caráter fundamentalmente oral da cultura hispânica, uma cultura em que os velhos são os que recordam as histórias, os que possuem o dom da memória. Pode-se dizer que cada vez que morre um homem ou uma mulher velha, no mundo hispânico, morre com eles toda uma biblioteca.

Retrato Oficial de la Junta Militar. Fernando Botero, 1971

Noite de São João I. José Luis Cuevas, 1983

Este valor está intimamente ligado ao da família, do compromisso familiar, da luta para mantê-la unida, com o fim de evitar a pobreza e, ainda quando esta não é vencida, para evitar uma pobreza solitária. A família vista como lar, como calor primordial. A família vista quase como um partido político, o parlamento do macrocosmo social, rede de segurança nos tempos difíceis. Quando, porém, os tempos não foram difíceis? A velha filosofia estóica da Ibéria romana perdura de maneira profunda na alma hispânica.

Que levam os ibero-americanos para os Estados Unidos que gostariam de reter? Novamente, as pesquisas nos indicam que gostariam de reter sua língua, a língua castelhana. Mas outros insistem: esqueçam a língua, integrem-se na língua inglesa dominante. Outros argumentam: o espanhol só é útil para aprender o inglês e juntar-se à maioria. E outros, cada vez mais, começam a entender que falar mais de um idioma não prejudica ninguém. Há adesivos em automóveis do Texas que dizem: "O monolingüismo é uma doença curável." No entanto, o monolingüismo é fator de unidade e o bilingüismo fator de ruptura? Ou o monolingüismo é estéril e o bilingüismo fértil? O decreto do estado da Califórnia declarando que o inglês é a língua oficial só demonstra uma coisa: o inglês já não é a língua oficial do estado da Califórnia.

O multilingüismo parece, então, anunciar um mundo multicultural, de que a própria cidade de Los Angeles, na Califórnia, é o melhor exemplo internacional. Uma Bizâncio moderna, a cidade de Los Angeles recebe todos os dias, com prazer ou desprazer, as línguas, as cozinhas, os costumes, não só dos hispano-americanos, como dos vietnamitas, coreanos, chineses e japoneses. Tal é o preço, ou antes, a dádiva de um mundo baseado na interdependência econômica e na comunicação instantânea.

O ENCONTRO COM O OUTRO

A Califórnia, e em particular a cidade de Los Angeles, diante da bacia do Pacífico, uma ponte norte-americana para a Ásia e a América Latina, propõe a questão universal do próximo século: como lidar com o outro? Norte-africanos na França, turcos na Alemanha, vietnamitas na República Tcheca, paquistaneses na Grã-Bretanha, africanos negros na Itália, japoneses, coreanos, chineses, latino-americanos nos Estados Unidos. As comunicações instantâneas e a interdependência econômica transformaram o problema até há pouco isolado da imigração numa realidade universal, definidora e onipresente no século XXI. A questão cultural, que vem desde a nossa origem e que percorre a nossa história, a pergunta persistente que fiz ao longo deste livro, se torna contemporânea: há alguém mais bem preparado do que nós, os espanhóis, os hispano-americanos e os hispânicos nos Estados Unidos para tratar desse tema crucial do encontro com o outro nas condições da modernidade do século XXI? Somos indígenas, negros, europeus, mas sobretudo mestiços.

Somos gregos e iberos, romanos e judeus, árabes, cristãos e ciganos. Ou seja: a Espanha e o Novo Mundo são centros onde múltiplas culturas se encontram, cen-

Sabá de feiticeiras. Goya, c. 1819-1823

Saturno devorando os filhos. Goya, c. 1821-1823

tros de incorporação e não de exclusão. Quando excluímos, nos traímos e nos empobrecemos. Quando incluímos, nos enriquecemos e nos encontramos a nós mesmos.

Essa afirmativa, porém, apresenta novamente a pergunta que constitui a questão deste livro. Quem somos nós, os que falamos espanhol, os membros dessa comunidade hispânica, mas raiada de asteca e africano, de mouro e judeu? Não conheço uma história que dê melhor resposta a essa pergunta e que, de maneira mais brilhante, nos faça sentir as simultaneidades da cultura do que *O aleph*, do escritor argentino Jorge Luis Borges. Nesse conto, o narrador consegue encontrar um instante perfeito no tempo e no espaço, em que todos os lugares do mundo podem ser vistos simultaneamente, sem confusão, a partir de todos os ângulos e, todavia, em perfeita existência concomitante.

Que veríamos hoje no *aleph* hispano-americano? O sentido indígena da sacralidade, a comunidade e a vontade de sobrevivência; o legado mediterrâneo para as Américas; o direito, a filosofia, os perfis cristãos, judaicos e árabes de uma Espanha multicultural; veríamos o desafio do Novo Mundo à Europa, a continuação barroca e sincrética nesse hemisfério de um mundo multicultural e multirracial, índio, europeu e negro. Veríamos a luta pela democracia e pela revolução, descendo das cidades da Idade Média espanhola e das idéias do iluminismo europeu, mas reunindo nossa experiência pessoal e comunitária na aldeia de Zapata, nas planícies de Bolívar e nos planaltos de Túpac Amaru.

E veríamos também a maneira como esse passado se converte em presente, numa só criação fluida, sem rupturas. O mundo indígena faz-se presente nos quadros modernos de Rufino Tamayo, nascido em uma aldeia índia de Oaxaca e gerado numa arte moderna que também é uma arte indígena, uma celebração da consciência cósmica, um sonho que é a invenção de uma forma capaz de conter os sonhos. Enquanto isso, um pintor mais jovem, também provindo de uma aldeia indígena de Oaxaca, Francisco Toledo, reitera o antigo amor e temor ante a natureza – a natureza que nos abraça, nos devora, ampara, exila –, outorgando a mais física e mais visual das proximidades a nossas próprias vidas urbanas e modernas. De modo semelhante, o cubano Wifredo Lam permite que suas raízes africanas cresçam nos seus quadros, enquanto o mexicano Alberto Gironella recupera, com as farpas da ironia, as tradições da arte e do comércio espanhol na arte latino-americana: suas recriações dos quadros de Velázquez são moldadas com latas de sardinha.

A cultura, portanto, é também a maneira como rimos, inclusive de nós mesmos, como nos quadros do colombiano Fernando Botero. É a maneira pela qual recordamos, como o pintor venezuelano Jacobo Borges, ao introduzir-nos no túnel infinito da memória. Mas a cultura se faz sobretudo com os nossos corpos, nossos corpos sacrificados e negados, nossos corpos acorrentados, sonhadores e eróticos, como o corpo da artista mexicana Frida Kahlo. Nossos corpos são as criaturas disformes e oníricas da arte do mexicano José Luis Cuevas. Na verdade, assim como Goya, Cuevas nos oferece o espelho da imaginação como a única verdade: suas figuras são os descendentes dos nossos pesadelos, mas também os irmãos e irmãs dos nossos desejos. A união de Cuevas, nas Américas, com Goya na Espanha, também nos lembra que, ao abraçarmos o outro, não só nos encontramos a nós mesmos como incluímos em nossa vida e nossa consciência as imagens marginais que o mundo moderno, otimista e progressista, condenou ao esquecimento, antes de pagar o preço deste.

Os valores convencionais das classes médias do Ocidente foram brutalmente despedaçados pelas duas guerras mundiais e a experiência totalitária. A Espanha e a América espanhola jamais se enganaram a esse respeito. Sempre mantivemos viva a margem da tragédia. A advertência de Nietzsche – de que a felicidade e a história raramente coincidem – é parte da experiência física do mundo espanhol e hispano-americano. As pinturas sombrias de Goya talvez sejam a advertência mais persistente sobre o preço que se paga quando se perde o sentido trágico da vida em troca da ilusão do progresso. Uma porção de vezes Goya nos pede que não tenhamos ilusões. Estamos capturados dentro da sociedade. A pobreza não torna ninguém melhor: só mais cruel. E a natureza se faz surda às nossas súplicas, sem ter como salvar suas próprias vítimas inocentes. A história, como Saturno, devora seus próprios filhos.

Goya nos pede que evitemos a complacência. A arte da Espanha e da América espanhola nos adverte, permanentemente, da crueldade que podemos exercer contra outros seres humanos. Mas, como toda grande arte trágica, esta nos pede que consideremos de perto, antes de tudo, as conseqüências dos nossos atos, a fim de respeitar a passagem do tempo e transformar, no fim, a experiência em conhecimento. Ao atuar sobre o conhecimento, poderemos ter a confiança de que, nas palavras de William Faulkner, não só permaneceremos como prevaleceremos.

Nossa modernidade mais exigente nos pede que abracemos o outro para ampliar as nossas possibilidades humanas. As culturas perecem isoladamente, mas nascem ou renascem no contato com os outros homens e mulheres, os homens e mulheres de outra cultura, outro credo, outra raça. Se não reconhecemos a nossa humanidade nos demais, nunca a reconheceremos em nós mesmos. É certo que com muita freqüência não estivemos à altura desse desafio. Mas só nos vimos inteiros, no espelho desenterrado da identidade, quando aparecemos acompanhados pelo outro. Podemos, então, ouvir a voz do poeta Pablo Neruda, exclamando em toda parte essa visão: "Eu estou aqui para contar a história."

O ESPELHO DESENTERRADO

Quinhentos anos depois de Colombo, os povos que falam espanhol têm o direito de celebrar a grande riqueza, variedade e continuidade da nossa cultura. Mas o V Centenário passou e muitos latino-americanos continuam perguntando não como foi descoberta – ou encontrada, ou inventada – a América, mas como foi e como deve continuar sendo imaginada. Será necessário imaginação para estabelecer uma nova agenda pública na América Latina, uma agenda que inclua problemas como as drogas, o crime, as comunicações, a educação, o meio ambiente: problemas que partilhamos com a Europa e a América do Norte. Mas também será necessário imaginação para abordar a nova agenda agrária, baseada não num ininterrupto sacrifício do mundo do interior em favor das cidades e das indústrias da chaminé, mas numa renovação da democracia desde suas bases, mediante sistemas cooperativos. Tal agenda propõe um duplo valor que deveria guiar a sociedade inteira. Antes de tudo saibamos alimentar-nos e educar-nos; se o fizermos, talvez possamos, finalmente, converter-nos em sociedades tecnológicas modernas e bem alicerçadas. Mas, se a maioria dos nossos homens e mulheres continuar fora do processo de desenvolvimento, desnutrida e analfabeta, jamais alcançaremos a verdadeira modernidade.

Meu otimismo é relativo, mas bem fundamentado. No meio da crise, a América Latina se transforma e se move, mas criativamente, mediante a evolução e revolução, eleições e movimentos de massa, porque seus homens e mulheres estão mudando e se deslocando. Profissionais, intelectuais, tecnocratas, estudantes, empresários, sindicatos, cooperativas agrícolas, organizações femininas, grupos religiosos, organizações de base e associações de bairro, o leque inteiro da sociedade, rapidamente estão convertendo-se nos verdadeiros protagonistas da nossa história, ultrapassando o Estado, o exército, a Igreja e até os partidos políticos tradicionais. À medida que a sociedade civil, depositária da continuidade cultural, incrementa sua atividade política e econômica, da periferia para o centro e de baixo para cima, os velhos sistemas, centralizados, verticais e autoritários do mundo hispânico, serão substituídos pela horizontalidade democrática.

Tal é a política da mobilização social permanente, como a denomina o escritor mexicano Carlos Monsiváis. Manifestou-se dramaticamente em acontecimentos como o terremoto da Cidade do México em setembro de 1985, quando a sociedade atuou de maneira mais rápida e eficiente do que o governo, descobrindo enquanto isso seus próprios poderes. Mas algo semelhante ocorre cotidianamente, em silêncio, quando uma associação rural emprega as alavancas do crédito e da organização produtiva para negociar com o governo ou com os poderes comerciais. Ocorre quando uma profissão ou um grupo de trabalhadores descobrem seus valores sociais e culturais compartilhados e, através destes, atuam coesa e democraticamente. Ocorre quando um pequeno floricultor ou uma costureira aldeã recebem crédito, prosperam, e pagam-no pontualmente. E ocorre, ainda, quando os movimentos indigenistas, ou as associações de crédito camponesas e de lucro cooperativo, bem como as ligas de produção comunitária se manifestam e organizam com a força e pujança com que o fazem hoje no continente.

Confiamos em que as iniciativas nascidas da crise, partindo de baixo e da periferia da sociedade, se estendam, mas também tememos que não haja tempo suficiente, que as instituições, afogadas pela dívida, pela inflação e pelas ilusões perdidas, sejam derrotadas pelo exército ou por explosões populares, e que a América Latina chegue a ser dominada por organizações fascistas ou por grupos ideológicos brutais. As atuais instituições políticas, que são autênticas apesar de precariamente democráticas, precisam adaptar-se urgentemente às exigênciais sociais, não apenas à racionalidade tecnocrática. Os Estados democráticos, na América Latina, estão desafiados a fazer algo que até agora só se esperava das revoluções: alcançar o desenvolvimento econômico juntamente com a democracia e a justiça social. Durante os quinhentos anos que se passaram, a medida do nosso fracasso foi a incapacidade de conseguir isso. A oportunidade de fazê-lo de agora em diante é a nossa única esperança.

Os monarcas da Espanha

GOVERNANTES DA ESPANHA (970-1285)

Reis de Castela e Leão

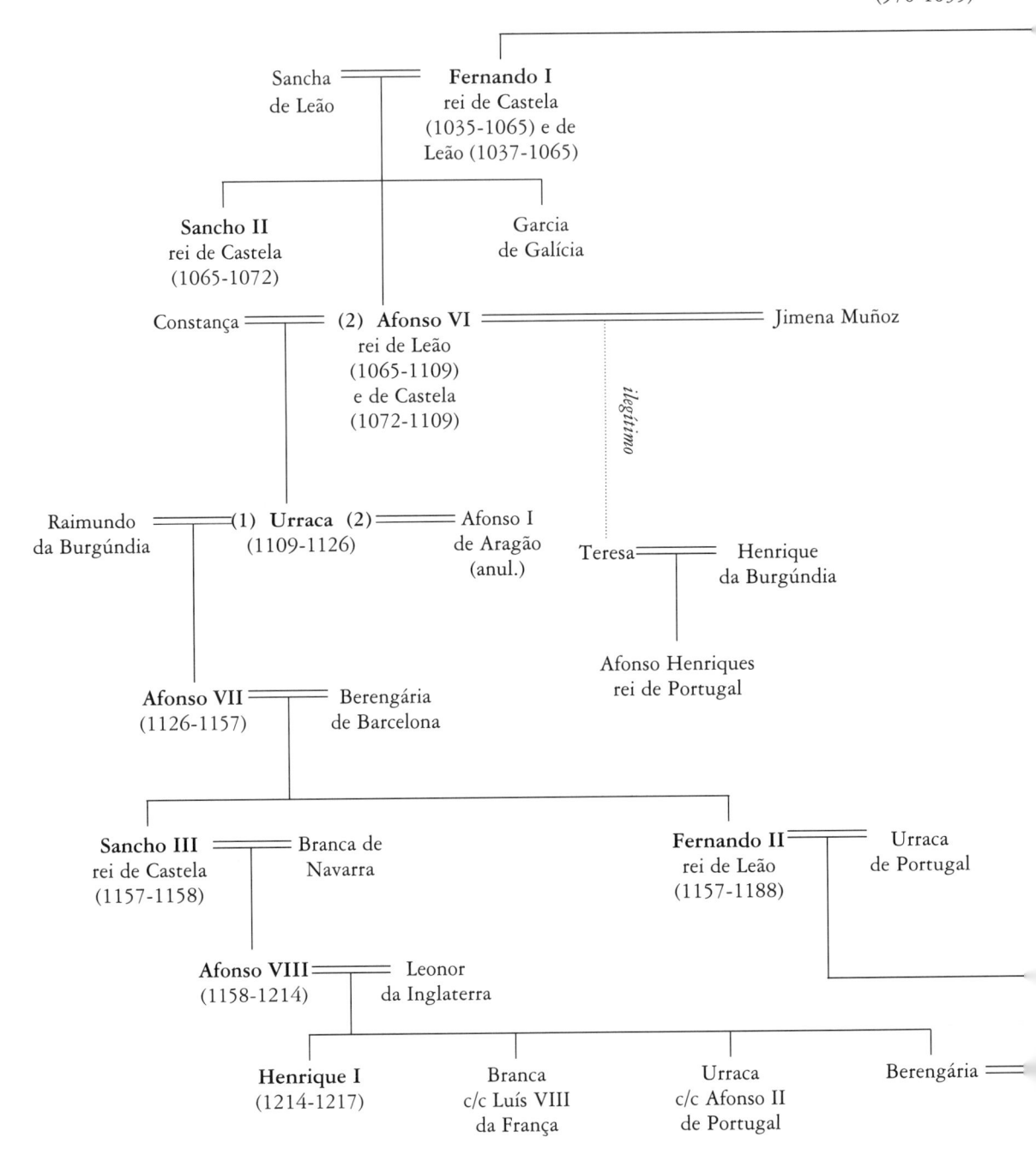

- **Sancho III** de Navarra (970-1035)
- Sancha de Leão = **Fernando I** rei de Castela (1035-1065) e de Leão (1037-1065)
  - **Sancho II** rei de Castela (1065-1072)
  - Garcia de Galícia
  - Constança = (2) **Afonso VI** rei de Leão (1065-1109) e de Castela (1072-1109) = Jimena Muñoz (*ilegítimo*)
    - Raimundo da Burgúndia = (1) **Urraca** (1109-1126) (2) = Afonso I de Aragão (anul.)
      - **Afonso VII** (1126-1157) = Berengária de Barcelona
        - **Sancho III** rei de Castela (1157-1158) = Branca de Navarra
          - **Afonso VIII** (1158-1214) = Leonor da Inglaterra
            - **Henrique I** (1214-1217)
            - Branca c/c Luís VIII da França
            - Urraca c/c Afonso II de Portugal
            - Berengária
        - **Fernando II** rei de Leão (1157-1188) = Urraca de Portugal
    - Teresa = Henrique da Burgúndia
      - Afonso Henriques rei de Portugal

Reis de Navarra   *Reis de Aragão*

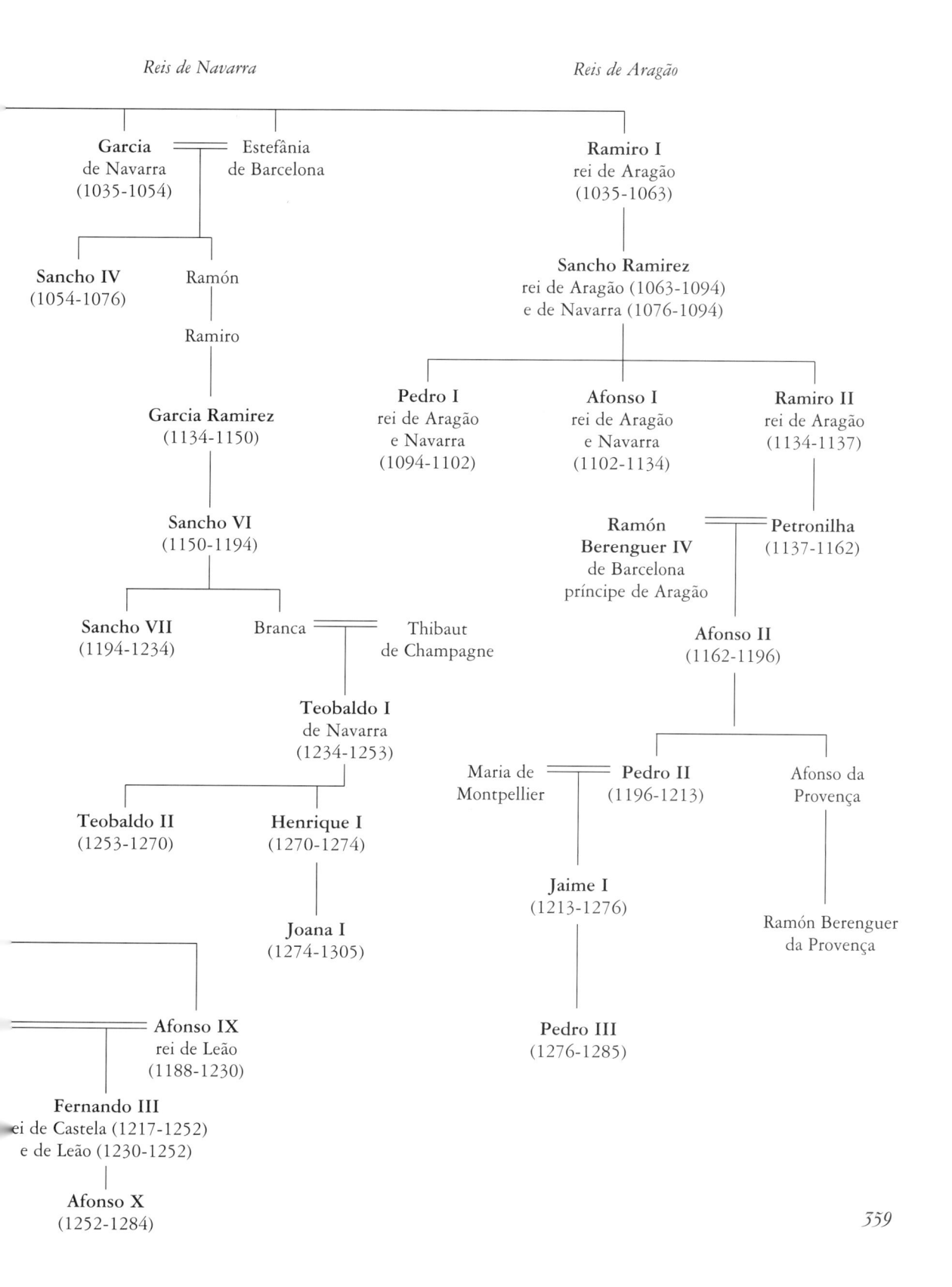

- **Garcia** de Navarra (1035-1054) = Estefânia de Barcelona
- **Ramiro I** rei de Aragão (1035-1063)

Filhos de Garcia e Estefânia:
- **Sancho IV** (1054-1076)
- Ramón
  - Ramiro
    - **Garcia Ramirez** (1134-1150)
      - **Sancho VI** (1150-1194)
        - **Sancho VII** (1194-1234)
        - Branca = Thibaut de Champagne
          - **Teobaldo I** de Navarra (1234-1253)
            - **Teobaldo II** (1253-1270)
            - **Henrique I** (1270-1274)
              - **Joana I** (1274-1305) = **Afonso IX** rei de Leão (1188-1230)
                - **Fernando III** rei de Castela (1217-1252) e de Leão (1230-1252)
                  - **Afonso X** (1252-1284)

Descendência de Ramiro I:
- **Sancho Ramirez** rei de Aragão (1063-1094) e de Navarra (1076-1094)
  - **Pedro I** rei de Aragão e Navarra (1094-1102)
  - **Afonso I** rei de Aragão e Navarra (1102-1134)
  - **Ramiro II** rei de Aragão (1134-1137)
    - **Petronilha** (1137-1162) = **Ramón Berenguer IV** de Barcelona príncipe de Aragão
      - **Afonso II** (1162-1196)
        - **Pedro II** (1196-1213) = Maria de Montpellier
          - **Jaime I** (1213-1276)
            - **Pedro III** (1276-1285)
        - Afonso da Provença
          - Ramón Berenguer da Provença

359

A CASA DE CASTELA (1252-1504)

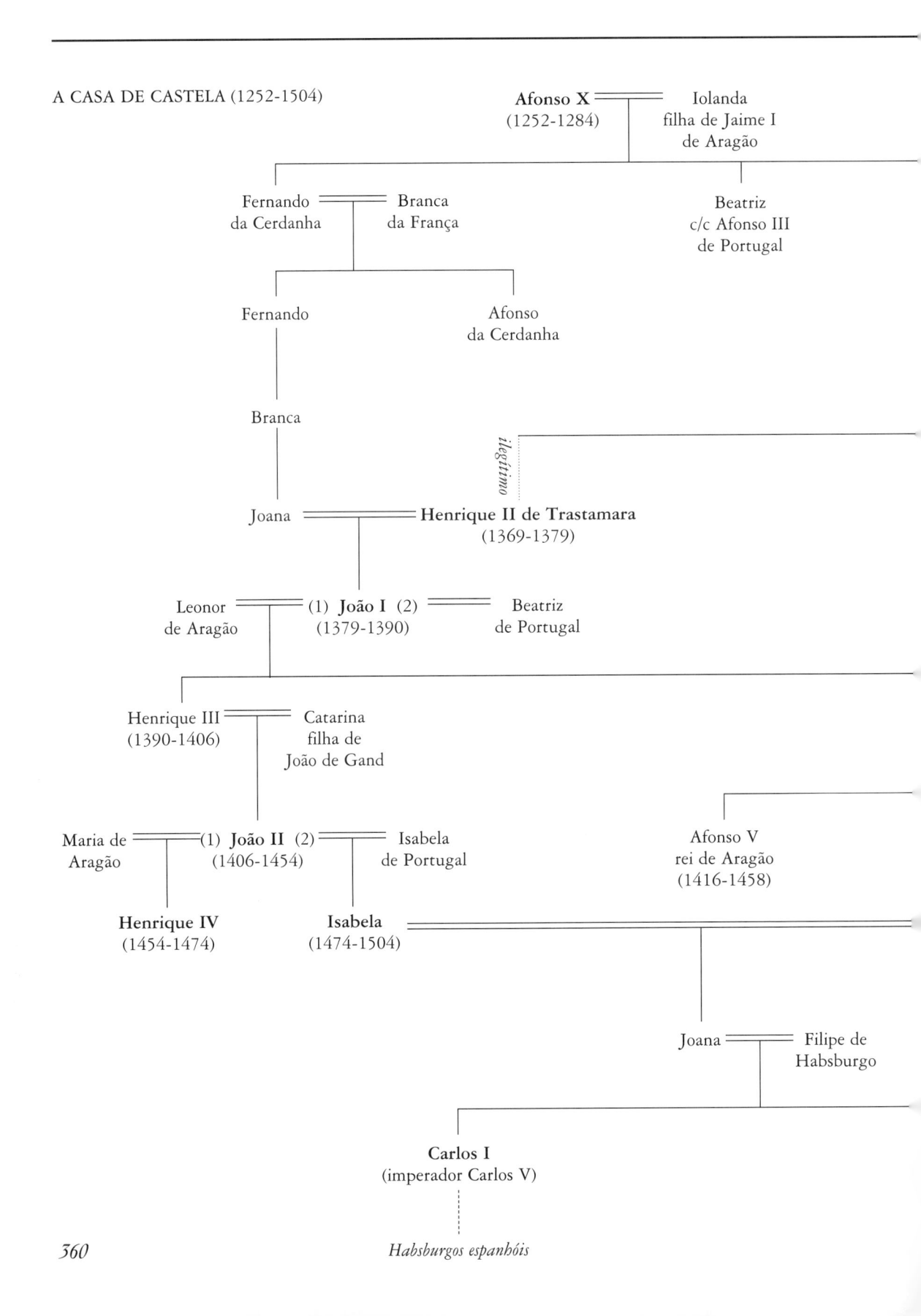

Afonso X (1252-1284) ═ Iolanda, filha de Jaime I de Aragão

Descendência:
- Fernando da Cerdanha ═ Branca da França
  - Fernando
    - Branca
      - Joana ═ **Henrique II de Trastamara** (1369-1379) *(ilegítimo)*
        - (1) Leonor de Aragão ═ **João I** (1379-1390) ═ (2) Beatriz de Portugal
          - **Henrique III** (1390-1406) ═ Catarina, filha de João de Gand
            - (1) Maria de Aragão ═ **João II** (1406-1454) ═ (2) Isabela de Portugal
              - **Henrique IV** (1454-1474)
              - **Isabela** (1474-1504)
          - Afonso V, rei de Aragão (1416-1458)
  - Afonso da Cerdanha
- Beatriz c/c Afonso III de Portugal

Isabela ═ (casamento com descendente de Afonso V)
- Joana ═ Filipe de Habsburgo
  - **Carlos I** (imperador Carlos V)

Habsburgos espanhóis

```
                    Sancho IV ════ Maria de Molina
                    (1284-1296)
       ┌────────────────┴──────────────────────────┐
Fernando IV ══ Constança                    Beatriz ══ Afonso IV
(1296-1312)    de Portugal                             de Portugal
       │                          ┌────────────────────┤
   Afonso XI ══════ Maria                          Pedro
   (1312-1350)                                     rei de Portugal
                         │
                    Pedro, o Cruel ════ Branca de
                    (1350-1369)         Bourbon
                              ┌──────────┴──────────┐
                          Constança              Isabela
                          c/c João de            c/c Edmundo
                          Gand                   de York
                         ┌────┴──────┐
                     Filipa       Catarina
                     c/c João I   c/c Henrique III
                     de Portugal
```

Fernando I
rei de Aragão
(1412-1416)

João II (2) ════ Joana
rei de Aragão   Enriquez
(1458-1479)

══════ Fernando II
       rei de Aragão
       (1479-1516)

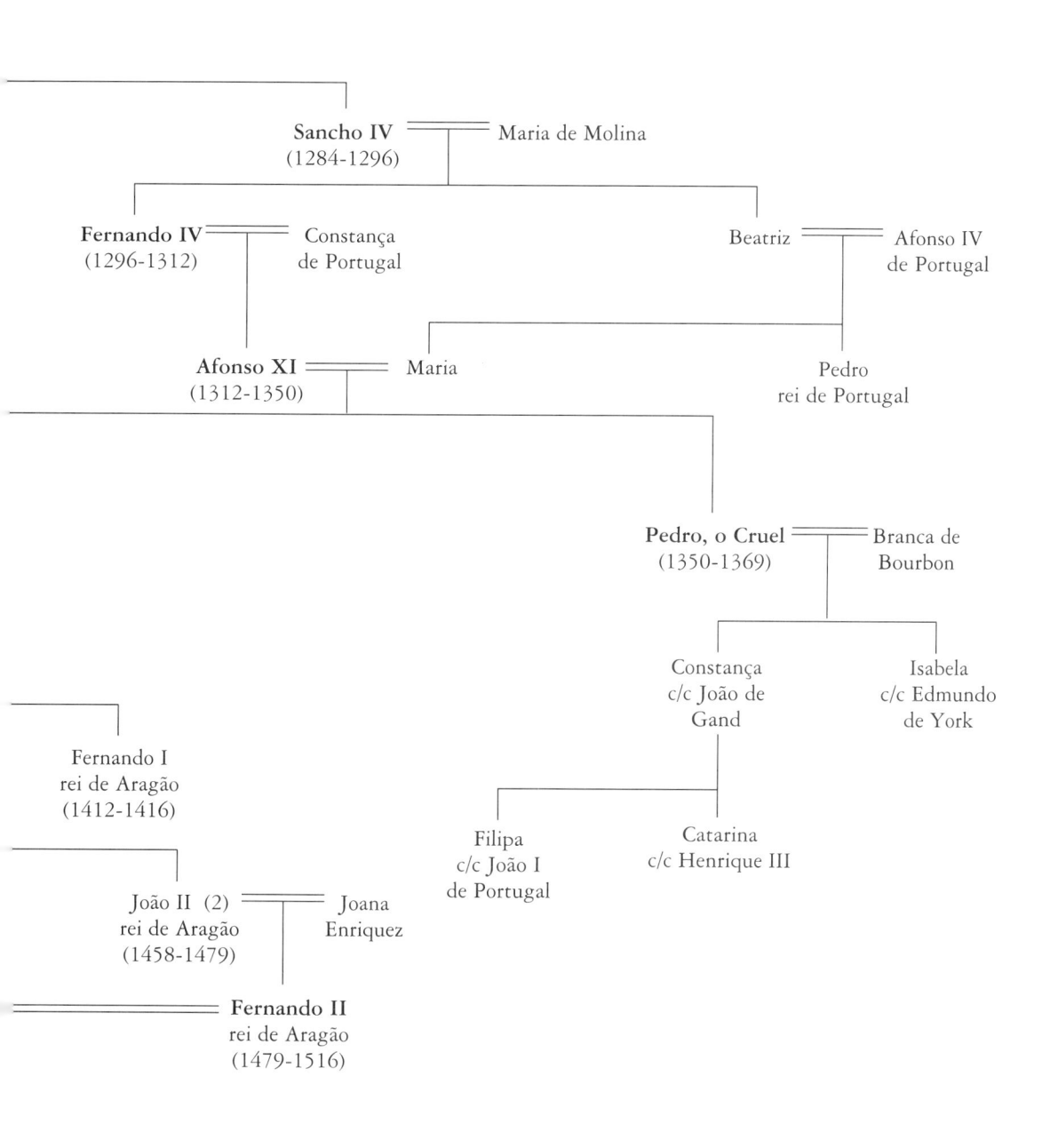

Fernando I
(imperador)

Habsburgos austríacos

A CASA DE ARAGÃO (1276-1516)

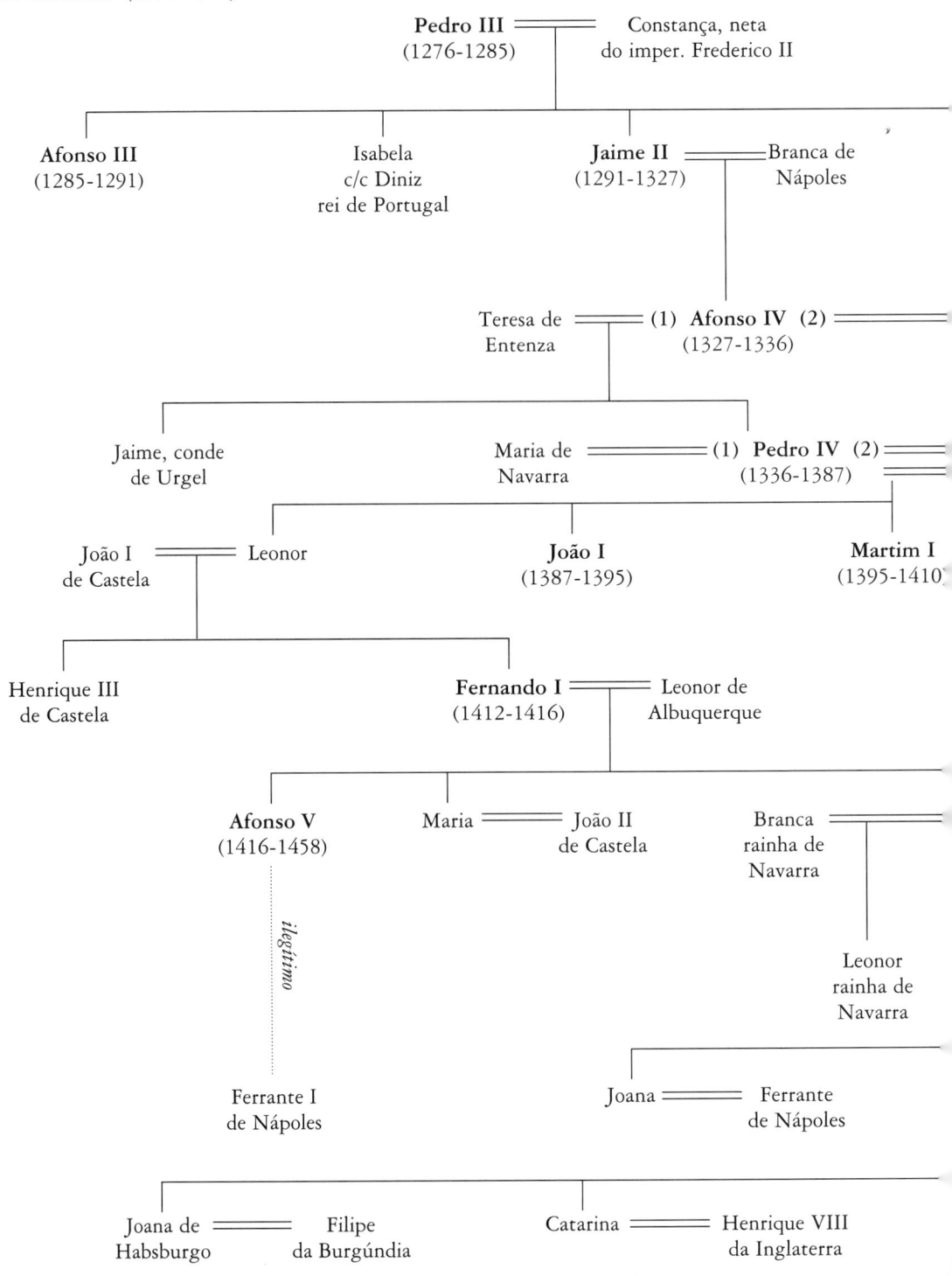

- **Pedro III** (1276-1285) ═ Constança, neta do imper. Frederico II
  - **Afonso III** (1285-1291)
  - Isabela c/c Diniz rei de Portugal
  - **Jaime II** (1291-1327) ═ Branca de Nápoles
    - Teresa de Entenza ═ (1) **Afonso IV** (2) ═
      - Jaime, conde de Urgel
      - Maria de Navarra ═ (1) **Pedro IV** (2) ═
        - João I de Castela ═ Leonor
          - Henrique III de Castela
          - **Fernando I** (1412-1416) ═ Leonor de Albuquerque
            - **Afonso V** (1416-1458)
              - *ilegítimo*
              - Ferrante I de Nápoles
                - Joana de Habsburgo ═ Filipe da Burgúndia
                - Catarina ═ Henrique VIII da Inglaterra
            - Maria ═ João II de Castela
            - Branca rainha de Navarra
              - Leonor rainha de Navarra
                - Joana ═ Ferrante de Nápoles
        - **João I** (1387-1395)
        - **Martim I** (1395-1410)

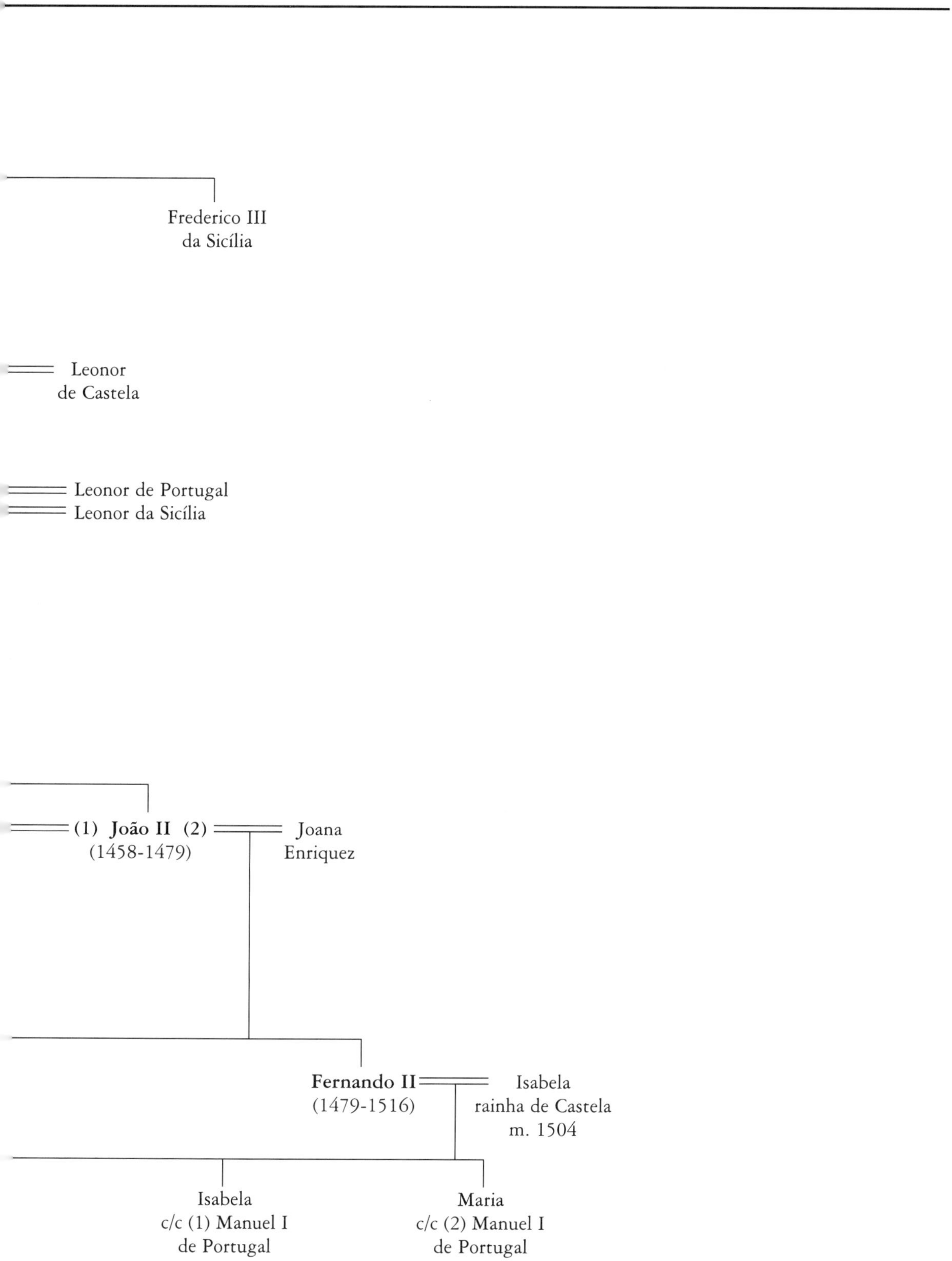

```
                    Frederico III
                     da Sicília




═══ Leonor
    de Castela


═══ Leonor de Portugal
═══ Leonor da Sicília
```

```
═══ (1) João II (2) ═══ Joana
       (1458-1479)       Enriquez




                    Fernando II ═══ Isabela
                    (1479-1516)     rainha de Castela
                                    m. 1504

        Isabela              Maria
      c/c (1) Manuel I    c/c (2) Manuel I
       de Portugal         de Portugal
```

363

A CASA DE HABSBURGO (1493-1780)

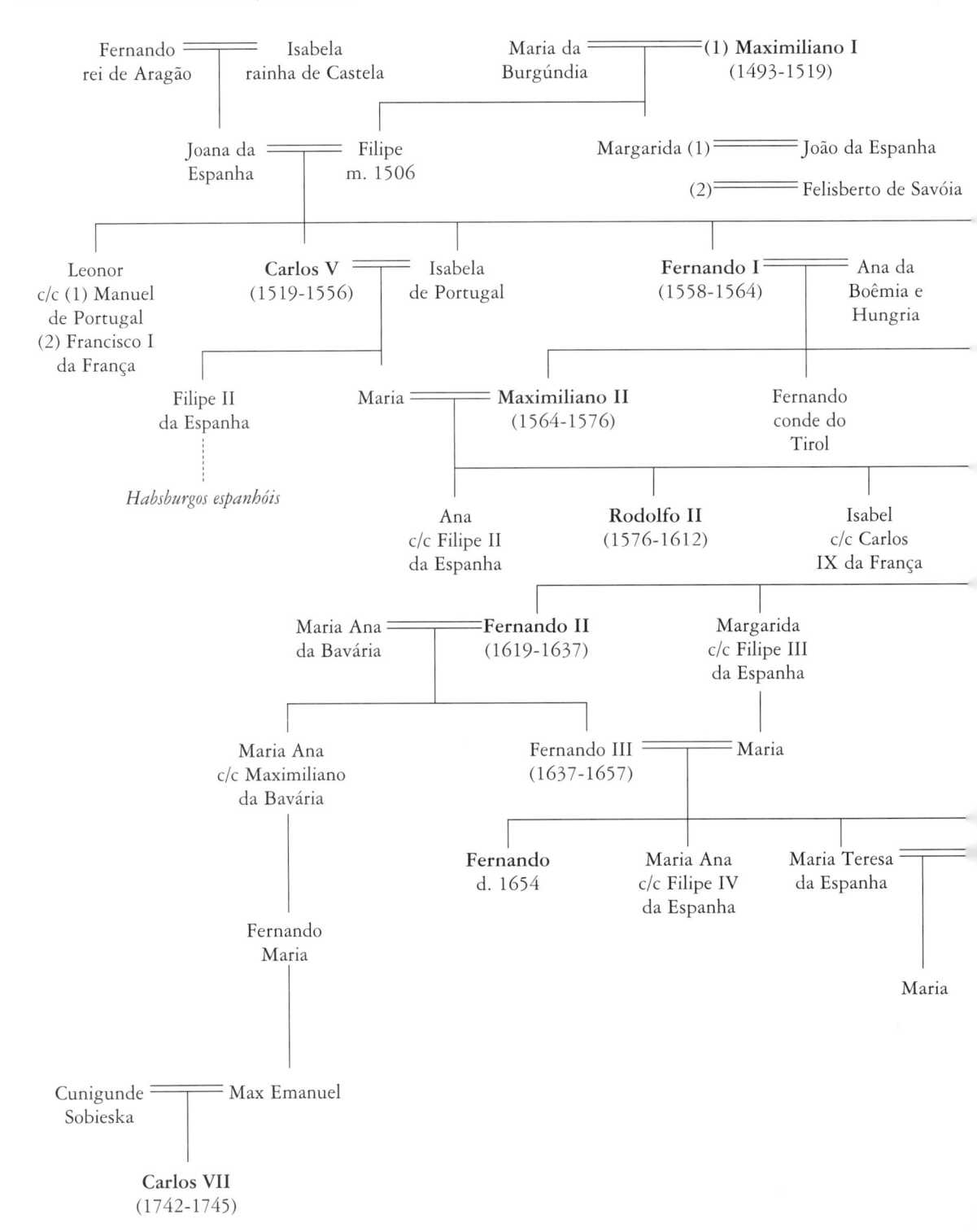

- Fernando rei de Aragão == Isabela rainha de Castela
- Maria da Burgúndia == (1) **Maximiliano I** (1493-1519)
  - Joana da Espanha == Filipe m. 1506
  - Margarida (1) == João da Espanha
  - (2) == Felisberto de Savóia

- Leonor c/c (1) Manuel de Portugal (2) Francisco I da França
- **Carlos V** (1519-1556) == Isabela de Portugal
- **Fernando I** (1558-1564) == Ana da Boêmia e Hungria

- Filipe II da Espanha
  Habsburgos espanhóis
- Maria == **Maximiliano II** (1564-1576)
- Fernando conde do Tirol

- Ana c/c Filipe II da Espanha
- **Rodolfo II** (1576-1612)
- Isabel c/c Carlos IX da França

- Maria Ana da Baviera == **Fernando II** (1619-1637)
- Margarida c/c Filipe III da Espanha

- Maria Ana c/c Maximiliano da Baviera
- Fernando III (1637-1657) == Maria

- **Fernando** d. 1654
- Maria Ana c/c Filipe IV da Espanha
- Maria Teresa da Espanha

- Maria

- Fernando Maria

- Cunigunde Sobieska == Max Emanuel

- **Carlos VII** (1742-1745)

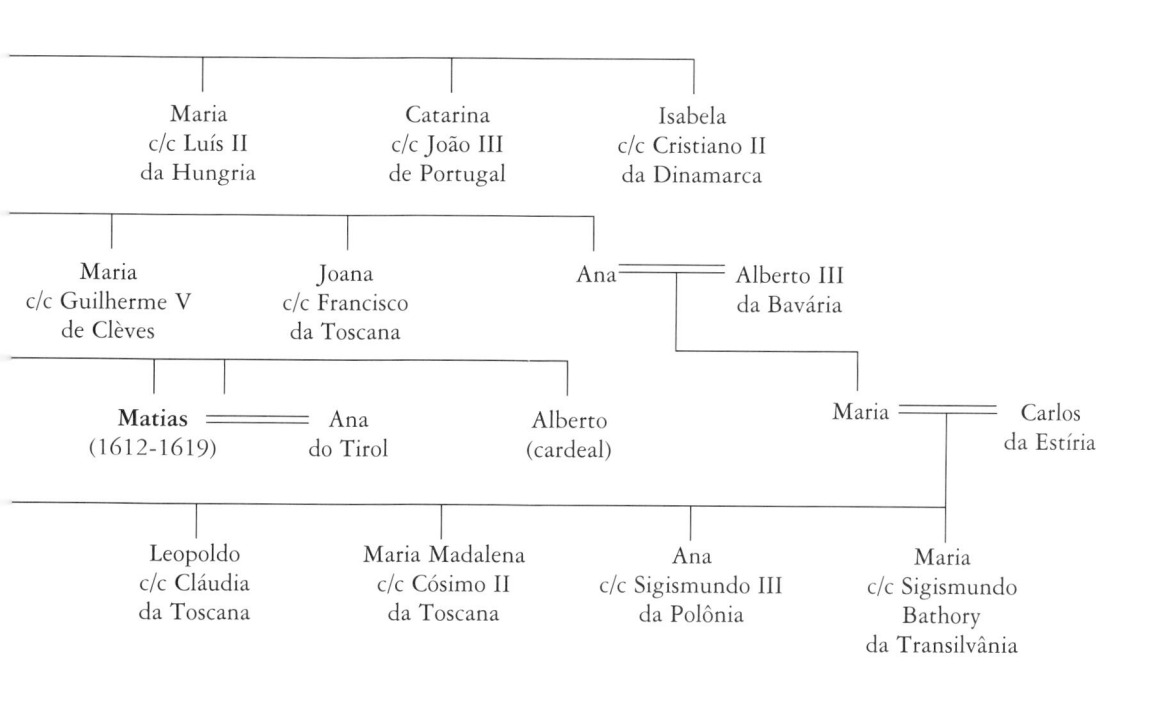

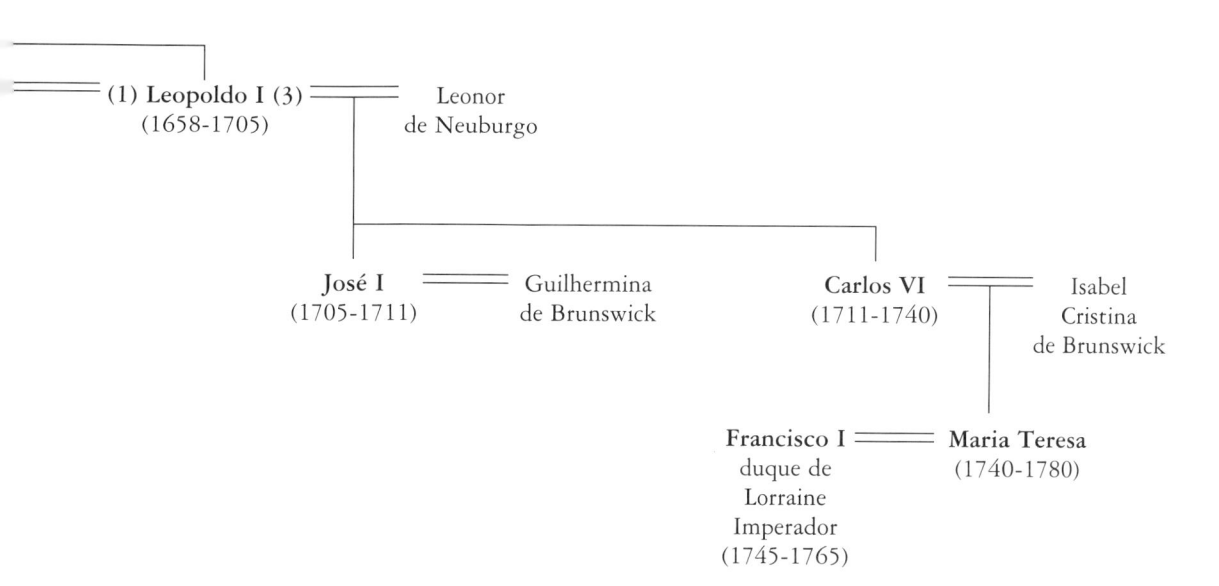

```
                    Maria              Catarina           Isabela
                    c/c Luís II        c/c João III       c/c Cristiano II
                    da Hungria         de Portugal        da Dinamarca

       Maria              Joana              Ana ═══════════ Alberto III
       c/c Guilherme V    c/c Francisco                      da Bavária
       de Clèves          da Toscana
                                                    Maria ═══════════ Carlos
       Matias ═══════ Ana           Alberto                            da Estíria
       (1612-1619)    do Tirol      (cardeal)

            Leopoldo          Maria Madalena        Ana                Maria
            c/c Cláudia       c/c Cósimo II         c/c Sigismundo III c/c Sigismundo
            da Toscana        da Toscana            da Polónia         Bathory
                                                                       da Transilvânia
```

═══ (1) **Leopoldo I** (3) ═══════ Leonor
       (1658-1705)   de Neuburgo

                  José I ═══════ Guilhermina   **Carlos VI** ═══════ Isabel
                  (1705-1711)   de Brunswick   (1711-1740)   Cristina
                                                                              de Brunswick

                                          Francisco I ═══════ **Maria Teresa**
                                          duque de   (1740-1780)
                                          Lorraine
                                          Imperador
                                          (1745-1765)

365

A CASA DE HABSBURGO-LORRAINE (1740-1918)

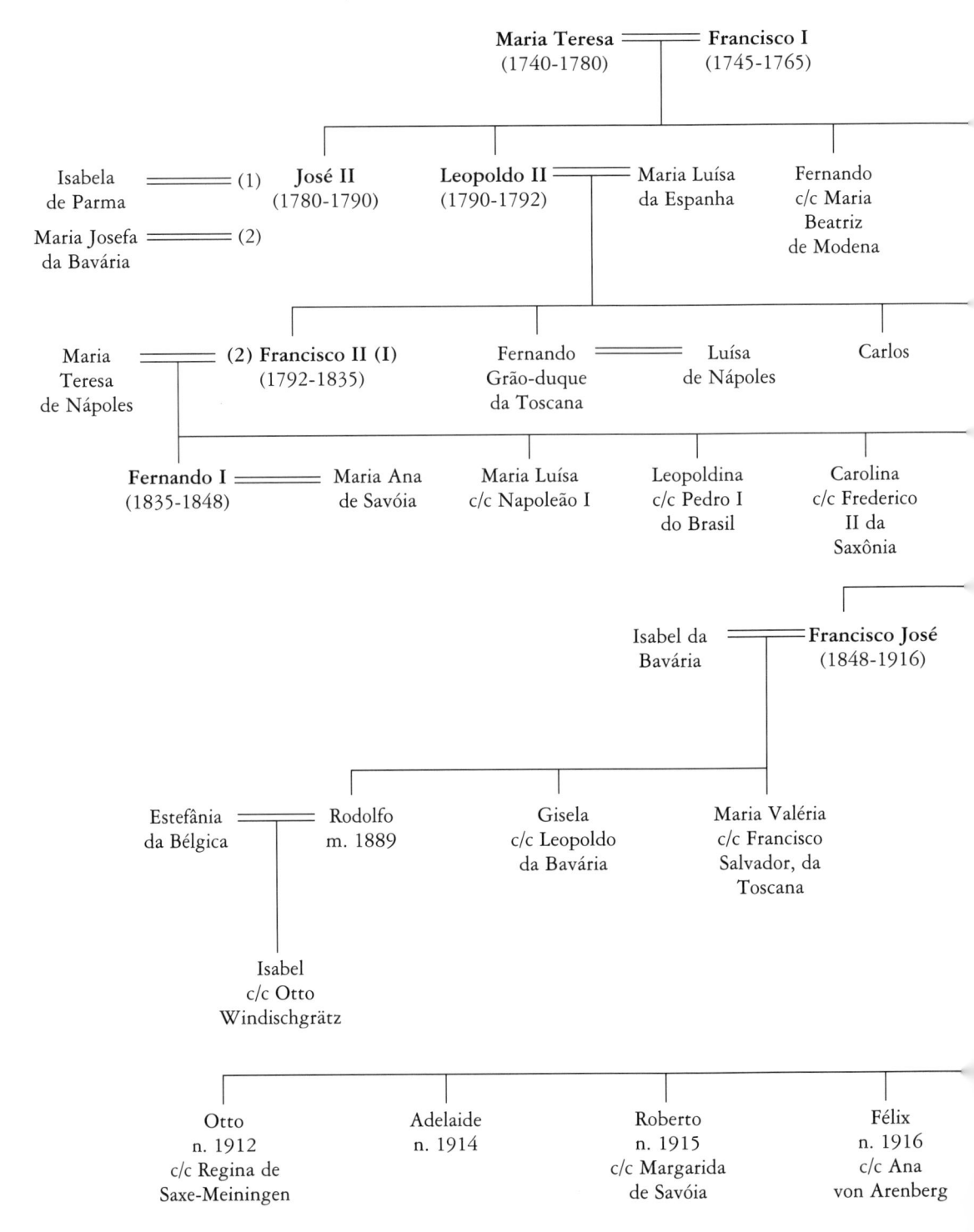

- **Maria Teresa** (1740-1780) == **Francisco I** (1745-1765)
  - Isabela de Parma ==(1)== **José II** (1780-1790)
  - Maria Josefa da Bavária ==(2)==
  - **Leopoldo II** (1790-1792) == Maria Luísa da Espanha
    - Maria Teresa de Nápoles ==(2)== **Francisco II (I)** (1792-1835)
      - **Fernando I** (1835-1848) == Maria Ana de Savóia
      - Maria Luísa c/c Napoleão I
      - Leopoldina c/c Pedro I do Brasil
      - Carolina c/c Frederico II da Saxônia
    - Fernando Grão-duque da Toscana == Luísa de Nápoles
    - Carlos
  - Fernando c/c Maria Beatriz de Modena

Isabel da Bavária == **Francisco José** (1848-1916)
- Estefânia da Bélgica == Rodolfo m. 1889
  - Isabel c/c Otto Windischgrätz
    - Otto n. 1912 c/c Regina de Saxe-Meiningen
    - Adelaide n. 1914
    - Roberto n. 1915 c/c Margarida de Savóia
    - Félix n. 1916 c/c Ana von Arenberg
- Gisela c/c Leopoldo da Bavária
- Maria Valéria c/c Francisco Salvador, da Toscana

366

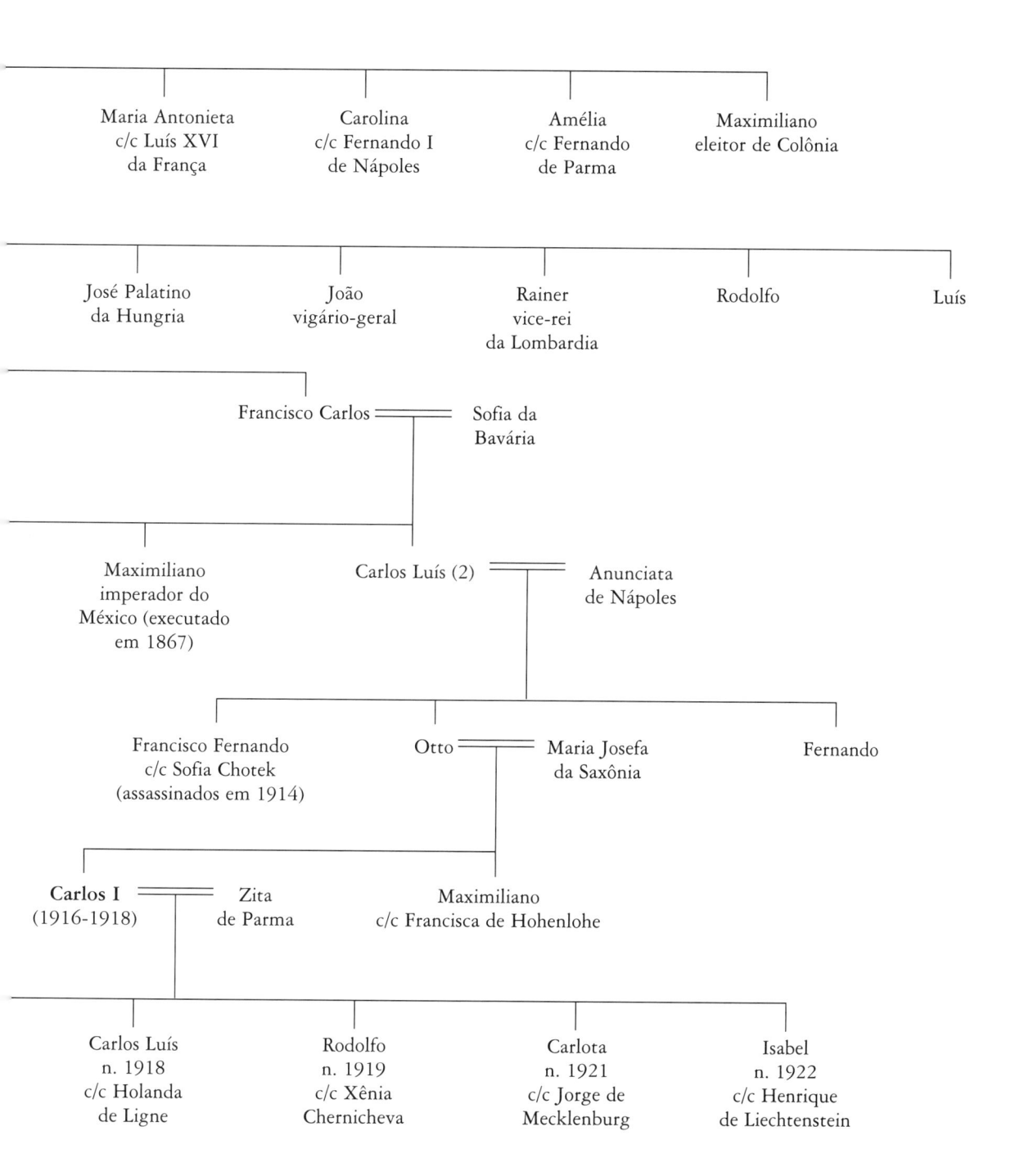

```
                Maria Antonieta          Carolina              Amélia              Maximiliano
                c/c Luís XVI            c/c Fernando I         c/c Fernando        eleitor de Colônia
                da França               de Nápoles             de Parma


        José Palatino          João                  Rainer                 Rodolfo              Luís
        da Hungria             vigário-geral         vice-rei
                                                     da Lombardia

                          Francisco Carlos ═══════ Sofia da
                                                    Bavária


        Maximiliano                    Carlos Luís (2) ═══════ Anunciata
        imperador do                                            de Nápoles
        México (executado
        em 1867)


                Francisco Fernando           Otto ═══════ Maria Josefa          Fernando
                c/c Sofia Chotek                           da Saxônia
                (assassinados em 1914)


        Carlos I ═══════ Zita              Maximiliano
        (1916-1918)      de Parma          c/c Francisca de Hohenlohe


        Carlos Luís          Rodolfo              Carlota              Isabel
        n. 1918              n. 1919              n. 1921              n. 1922
        c/c Holanda          c/c Xênia            c/c Jorge de         c/c Henrique
        de Ligne             Chernicheva          Mecklenburg          de Liechtenstein
```

367

Fontes e Leituras

Poucas vezes o escritor tem a oportunidade de escrever a biografia de sua cultura. Escrever e filmar a série para a tevê *O espelho enterrado* ofereceu-me essa oportunidade. No entanto, este livro não é um relato da filmagem da série, mas uma biografia da minha cultura, isto é (assim o entendo eu), minha própria biografia. Não há nada de extraordinário nisso: uma cultura compõe-se de todos os que a levamos adiante, a conhecemos e a apreciamos, procurando enriquecê-la e continuá-la. Da bibliografia deste livro, só posso dizer que se nutriu de 50 anos de leituras. Uma lista que incluísse todas seria interminável. O que ofereço é uma abordagem – mais judiciosa do que acadêmica –, uma seleção, uma referência a obras que consultei ou recordei enquanto escrevia a série para a televisão e o livro. O que não posso incluir são as lendas, os mitos, as crônicas familiares, as conversas com amigos e professores que talvez constituam a verdadeira bibliografia de *O espelho enterrado*.

HISTÓRIA NÃO-ESPECIALIZADA

Uma das melhores histórias da Espanha é a de Miguel Artola Gallego, *Historia de España* (Madri, Alianza Editorial).

Em cinco volumes, *The Cambridge History of Latin America*, org. por Leslie Bethell (Cambridge University, Cambridge, Inglaterra, 1984), oferece um panorama geral da história latino-americana; no entanto, meu livro preferido, a respeito da região, continua sendo *Latin America*, de Bradford Burns (Englewood Cliffs, N.J., Prentice-Hall, 1972), que leva a efeito uma análise incisiva de todos e de cada um dos aspectos latino-americanos. Outras obras que se podem acrescentar à lista são *History of Latin America, Sources and Interpretations*, org. por Lewis Hanke (Boston, Little, Brown, 1967), uma seleção de textos desde a conquista aos nossos dias, e *A History of Latin America*, de Hubert Herring (Nova York, Knopf, 1968). Além disso, existem dois excelentes títulos sobre a cultura em geral e a arte em particular: *Historia del arte y de la arquitectura latinoamericana, desde la época precolombina hasta hoy*, de Leopoldo Castedo (Santiago de Chile, Pomaire, 1970), e *Historia de la cultura en la América hispánica*, de Pedro Henríquez Ureña (México, FCE, Col. Popular, 1986).

Uma obra de interesse são os cinco tomos da *Historia de España y América: social y económica*, de J. Vicens Vives (Madri, Vives Bolsillo). Para uma análise mais profunda do aspecto econômico, veja o livro de J. Vicens Vives e Jorge Nadal Oller, *Manual de historia económica de España* (Barcelona, Vicens-Vives, 1967).

HISTÓRIAS INTERPRETATIVAS

Todas as culturas produzem uma série de interpretações próprias de sua história, de sua cultura e ainda de suas características nacionais. A Espanha e a América Latina geraram uma vasta bibliografia de intenções reflexivas. Dois autores de história interpretativa que precisaríamos ressaltar são Américo Castro e Claudio Sánchez-Albornoz. O debate entre esses historiadores foi amplo, encarniçado e frutífero. Castro mostrava-se favorável a uma dinâmica tricultural da história medieval espanhola, salientando o valor das contribuições de judeus e muçulmanos; Sánchez-Albornoz preferia insistir no caráter cristão da Espanha, vendo a reconquista como um passo adiante e não como uma perda.

Outras interpretações contemporâneas da história da Espanha que considero particularmente estimulantes são a *Otra historia de España*, de Fernando Díaz Plaja (Madri, Espasa-Calpe); *Los españoles en la Historia*, de Ramón Menéndez Pidal (Madri, Espasa-Calpe, 1986); e *España invertebrada*, de José Ortega y Gasset (Madri, Espasa-Calpe, 1989).

Para os iberos e a Espanha romana, baseei-me principalmente em textos de historiadores gregos e romanos, como Apiano, Dio Cássio, Salústio e Estrabão. Allen Josephs, em *The White Wall of Spain: the Mysteries of Andalusian Culture* (Ames, Iowa, 1983), trata das origens da Andaluzia e sua cultura, enquanto Juan Maluquer de Mostos, em *Tartesos: la ciudad sin historia* (Barcelona, Ediciones Destino, 1990), oferece um bom relato sobre a obscura história de Tartesos. María Zambrano, em "La cuestión del estoicismo español", de *Andalucía, sueño y realidad* (Granada, Ediciones Annel, 1984), talvez seja quem apresenta a melhor análise da influência de Sêneca na Espanha.

TOUROS E FLAMENCO

Estreitamente relacionados com as origens da Espanha, esses temas geraram uma abundante bibliografia. Ainda que as minhas referências a eles tenham sido escritas a partir da experiência pessoal e do meu ponto de vista particular, quero recomendar ao leitor *Los toros. Tratado técnico e histórico*, de José María de Cossío (Madri, Espasa-Calpe), que percorre, em 11 volumes, a monumental história do toureiro, e *Luces y sombras del flamenco* (Barcelona, Editorial Luman, 1975), finamente ilustrado com fotografias de Colita. Nas palavras de Adolfo Salazar, considerado o maior musicólogo da Espanha, o flamenco ocupa uma grande parte da história da música espanhola, conforme o comprova no seu livro *La música en España* (Madri, Espasa-

Calpe, 1953), texto que delineia a história musical da Espanha desde Altamira até o Renascimento; veja também *Memoria del flamenco*, de Félix Grande (Madri, Espasa-Calpe, Selecciones Austral, 1987).

Espanha gótica

Dediquei o meu capítulo sobre os visigodos à figura de são Isidoro de Sevilha. Veja *Encyclopedist of the Dark Ages, Isidore of Seville* (Nova York, Columbia, 1912), de Ernest Brehaut. Para um estudo especializado sobre são Isidoro, veja também *Isidore de Seville et la culture classique dans l'Espagne visigothique*, de Jacques Fontaine (Paris, 1959).

Espanha muçulmana e judaica

Talvez o maior livro de poesia, de experiência pessoal e recordações do mundo muçulmano espanhol seja o de Ibn Hazm de Córdoba, *El collar de la paloma. Tratado sobre el amor y los amantes* (Madri, Alianza Editorial, El libro de Bolsillo 351, 1990, com prefácio de José Ortega y Gasset), obra que exerceu grande influência sobre os escritores espanhóis posteriores. Outra importante coletânea de poemas é a de Solomón Ibn Gabirol, que considero a maior figura literária da Espanha muçulmana: veja sua *Poesía secular* (ed. bilíngüe, Madri, Alfaguara, Col. Clásicos, 1981). Para uma excelente introdução à filosofia árabe espanhola, veja os *Ensayos sobre filosofía de El Andalus*, org. por Andrés Martínez Lorca (Barcelona, Anthropos, 1990). Uma abordagem diferente é a de *España, eslabón entre la cristiandad y el Islam*, de Ramón Menéndez Pidal (Madri, Espasa-Calpe, Austral 1280, 1968).

O trabalho mais completo sobre os judeus na Espanha é o de Yitzhak Baer, a *Historia de los judíos en la España cristiana* (2 volumes, Madri, Altalena, Col. Mundo judío, 1982). Para uma breve história atual, veja *Los judíos en la España moderna y contemporánea*, de Julio Caro Baroja (Madri, 1962).

A reconquista da Espanha

As guerras da reconquista abarcam a história medieval da Espanha de 711 a 1492, constituindo uma parte importante da história da Idade Média européia. Talvez o melhor estudo do feudalismo seja o de Marc Bloch, *Sociedad feudal* (México, UTEHA, 2 volumes). Luís G. Valdeavellano, em *Orígenes de la burguesía en la España medieval* (Madri, Espasa-Calpe, 1959), trata do repovoamento, e José Ángel García de Cortázar, com Carmen Díaz Herrera, em *La formación de la sociedad hispano-cristiana del Cantábrico al Ebro en los siglos VIII a IX* (Santander, Ediciones de la Librería Estudio, 1982), proporcionam informação sobre a formação de cidades e a sociedade. Veja também a *Introducción a la España medieval*, de Gabriel Jackson (Madri, Alianza Editorial, El Libro de Bolsillo 555, 1988). Para mais dados sobre o nascimento das instituições políticas, veja *Las cortes de Aragón en la Edad Media*, de Esteban Sarasa (Zaragoza, Cuara Editorial, 1979), e as *Cartas de Castilla*, de José M. Pérez Prendes

(Barcelona, Editorial Ariel, 1974). Finalmente, recomendo as obras de José Antonio Maravall, *Estado moderno y mentalidad social Siglos XV a XVII* (Madri, Alianza Editorial, 2 volumes) e de Julio González, *Reinado y diplomas de Fernando III* (Córdoba, Monte de Piedad y Caja de Ahorros de Córdoba, 1980).

Uma figura central do período da reconquista, como o foi são Isidoro na fase visigótica, é Afonso X, o Sábio, que promoveu incontáveis obras de literatura e história tanto da Espanha como do mundo, desde poesia até astronomia. Seu trabalho pode comparar-se ao dos enciclopedistas do século XVIII. As melhores antologias sobre as obras de Afonso X são: *Alfonso el Sabio*, org. por Antonio Ballesteros (Barcelona, Biblioteca de Historia Hispánica), *Alfonso X el Sabio*, org. por Francisco J. Díaz de Revenga (Madri, Taurus, 1985) e *Alfonso el Sabio,* org. por Antonio G. Solalinde (Madri, Espasa-Calpe, 1941).

Leituras literárias importantes, dessa época, são *El Cantar del Mío Cid* (Madri, Espasa-Calpe, Clásicos Castellanos), *El libro de buen amor,* de Juan Ruiz, arcipreste de Hita, e *La Celestina*, de Fernando de Rojas. Para um estudo dessas obras, vejam-se *Celestina*: *arte y estructura* (Madri, Taurus) e *España de Fernando de Rojas* (Madri Taurus), de Stephen Gilman, ambas obras-primas de crítica histórica e literária. Há ainda o texto de María Rosa Lida de Malkiel, *Dos obras maestras españolas: "El libro de buen amor" y "La Celestina"* (Buenos Aires, Editorial Universitaria de Buenos Aires, 1971), o de Ramiro de Maeztu, *Don Quijote, Don Juan y La Celestina* (Madri, Espasa-Calpe, Austral 31) e o de José Antonio Maravall, o *Mundo social de La Celestina* (Madri, Gredos, Biblioteca Románica Hispánica, 1985).

Culturas indígenas

A extensa bibliografia sobre este tema torna possível dividir os textos em três categorias, os que pertencem propriamente aos indígenas, os que correspondem a compilações sobre o passado das índias feitas pelos espanhóis depois da conquista, e os de escritores contemporâneos. Outro tipo de abordagem destas obras, de acordo com uma classificação cultural, permite dividi-las em maias, toltecas, astecas, quíchuas etc. Também é possível uma pesquisa em que se tomem como base os limites geográficos, isto é, leituras sobre o México e o Peru. A fim de obter uma compreensão cabal desse tema, escolhi uma combinação dessas diferentes formas de pesquisa.

Os maias, cuja civilização se estabeleceu em Yucatán, deixaram dois grandes livros de mitos, criação e profecias: *El libro de los libros de Chilam Balam* (trad. de Alfredo Barrera Vázquez e Silvia Rendón, México, FCE, Biblioteca Americana, 1984) abarca, em seu conteúdo, todas as fases culturais por que foi passando o povo maia; e o *Popol Vuh. Las antiguas historias del Quiché* (trad. de Adrián Recinos, México, FCE, Biblioteca Americana, 1953) contém as histórias antigas desse povo maia que habitava a região do Quiché, na Guatemala. Existe uma edição ilustrada com desenhos dos códigos maias (trad. de Albertina E. Saravia, Guatemala, Turismas, 1977).

Fontes e leituras

Os maias foram objeto de diversos estudos, entre os quais se podem mencionar os seguintes: *Mayas*, de Michael D. Coe (México, Diana); *La civilización maya*, de Sylvanus Griswold Morley (México, FCE, Obras de Antropología, 1987); *Incidentes de viaje en Centroamérica, Chiapas y Yucatán*, 2 volumes, de John L. Stephens (San José, Educa, Col. Viajeros, 1983; Madri, Historia 16, 1989); e *Grandeza y decadencia de los mayas*, de John E. S. Thompson (México, FCE, Obras de Antropología, 1985).

A cultura tolteca-asteca do México central é a mais rica em fontes bibliográficas, começando pelos códices: o *Códice borbônico* (Graz, Akadem, 1974; México, Siglo XXI), cujo original se encontra na Bibliothèque de l'Assamblé Nationale, em Paris; *Códice Borgia* (Graz, Akadem, 1976; México, FCE), cujo original está na Biblioteca do Vaticano; *Códice Mendoza*, que pode ser consultado na Bodleian Library da Universidade Oxford; e, finalmente, o *Códice Tonalamatl Aubin* (México, Librería Anticuaria G. M. Echaniz, 1938), que se acha na Bibliothèque Nationale de Paris.

O estudo de cronistas das índias espanholas pode iniciar-se com frei Bernardino de Sahagún, do *Códice florentino* e *Historia General* (edit. por José Luis Martínez, México, Archivo General de la Nación, 1989), e com a *Historia general de las cosas de Nueva España*, em 4 volumes (preparada por Ángel María Garibay K., México, Editorial Porrúa), a maior compilação do passado antigo dos toltecas-astecas da América central, narrados a Sahagún por informantes índios nos anos subseqüentes à conquista (quando ainda tinham presente sua memória cultural). Outro cronista, Garcilaso de la Vega, o *Inca, Comentarios Reales* (México, SEP/UNAM, Col. Clásicos Americanos, 1982; México, Porrúa, Col. Sepán Cuántos), filho de conquistador e princesa inca, narra tanto a história dos incas como sua conquista. É o primeiro texto histórico escrito por um mestiço.

Entre outros cronistas espanhóis pertencentes ao período imediatamente posterior à conquista, participantes ou não dela, podemos incluir Pedro Cieza de León, de *El señorío de los incas* (Madri, História 16, 1985; Lima, Universo, Col. Autores peruanos), Diego de Landa, da *Relación de las cosas de Yucatán* (México, Porrúa, Biblioteca Porrúa, Historia 13), Bernardo de Lizana, da *Historia de Yucatán* (México, Museo Nacional, 1893; Madri, Historia 1, 1988) e frei Toribio de Benavente, Motolinia, da *Historia de los indios de la Nueva España* (Madri, História 16, 1985; Castalia, Col. Clásicos Castalia, 1986).

Por fim, quero mencionar especialmente os trabalhos de Miguel León-Portilla, cujos estudos vão das profecias encontradas no *Chilam Balam* até as melhores pesquisas modernas do mundo tolteca-asteca: *Los antiguos mexicanos a través de sus crónicas y cantares* (México, FCE, Obras de Antropología, 1988), que oferece uma visão inovadora a respeito do aspecto humanístico da vida dos astecas.

Outros livros interessantes são: *Toltecáyotl, Aspectos de la cultura náhuatl* (México, FCE, Obras de Antropología, 1987); *Literaturas de Mesoamérica* (México, SEP, Cien de México; 1984); *Literaturas de Aváhuac y del Incario* (México, SEP/UNAM,

Col. Clásicos Americanos, 1982); *La filosofía náhuatl* (México, UNAM, Instituto de Investigaciones Históricas, 1979); *Trece poetas del mundo azteca* (México, UNAM, Instituto de Investigaciones Históricas, 1978); *De Teotihuacan a los aztecas* (México, UNAM, Instituto de Investigaciones Históricas, Lecturas Universitarias, 1972); *Visión de los vencidos* (México, UNAM, 1984); e *El reverso de la Conquista* (México, Joaquín Mortiz).

Uma curta lista de textos dedicados à filosofia, à arte e à literatura de toltecas e astecas começaria com *Estética del arte mexicano*, de Justino Fernández (México, UNAM, Instituto de Investigaciones Estéticas, 1972), *História de la literatura náhuatl*, de Ángel María Garibay (México, Porrúa, 1953), e *Supervivencia de un mundo mágico. Imágenes de cuatro pueblos mexicanos*, de Laurette Séjourné, com ilustrações de Leonora Carrington (México, FCE/SEP, Lecturas Mexicanas 86, 1985). Em seu conjunto, a obra de Ignacio Bernal é um dos mais brilhantes monumentos ao estudo desses povos.

Outros textos de história geral dos astecas são: *The Gods of Mexico*, de C. A. Burland (Nova York, Capricorn, 1967), talvez o estudo mais completo sobre o tema, *El pueblo del Sol*, de Alfonso Caso (México, FCE, Obras de Antropología, 1986), *Los antiguos reinos de México* e *Aztecas*, de Nigel Davies (México, FCE, Obras de Antropología, 1988 e Barcelona, Destino, Col. Nuestro pasado), *El universo de los aztecas*, de Jacques Soustelle (México, FCE, Obras de Antropología, 1986), e *La civilización azteca: origen, grandeza y decadencia*, de George C. Vaillant (México, FCE, Obras de Antropología, 1985).

Para informação sobre a história dos incas, sugiro os seguintes textos: *Vida cotidiana en el tiempo de los últimos incas,* de Louis Baudin (Buenos Aires, Hachette, Col. Nueva Clío); *Lost City of the Incas: The Story of Machu Picchu and Its Rulers*, de Hiram Bingham (Nova York, Athenaeum, 1963), *Las antiguas culturas del Perú*, de J. Alden Mason (México, FCE, Obras de Antropología, 1978); e *Incas*, de Víctor W. Von Hagen (México, Mortiz, Col. Culturas básicas, 1987). O melhor panorama geral das culturas indígenas continua sendo o de Frederick Katz, *The Ancient American Civilization* (Londres, Windfield e Nicholson, 1972). Sobre a arte indígena, podem-se consultar diversos textos: *El arte de Mesoamérica: desde los olmecas hasta los aztecas*, de Mary Ellen Miller (México, Diana, 1988), *Arte precolombino de México y de las Américas,* de Salvador Toscano (México, UNAM, 1952), *Obras maestras del México antiguo,* (México, Era, Serie Mayor, 1977) e *Arte antiguo de México* (México, Era, 1970) de Paul Westheim.

DESCOBRIMENTO E CONQUISTA

Os títulos mais importantes a respeito dos descobrimentos e conquistas espanholas são do fim do século XV ao século XVIII e se iniciam com a descrição pormenorizada do jesuíta Joseph de Acosta, *Historia natural y moral de las Indias*

(México, FCE, Biblioteca Americana, 1985). Outra obra – também escrita por um jesuíta –, que descreve as coisas e os povoadores da Califórnia no século XVIII, é a de Miguel de Barco, *Historia natural y crónica de la antigua California; adiciones y correcciones a la noticia de Miguel Venegas* (México, UNAM, 1973). Alguns relatos sobre as expedições ao Amazonas se incluem em *Las aventuras del Amazonas*, de P. de Almesto, Gaspar de Carvajal e Alonso de Rojas (Madri, Historia 16, 1986), e em *Descubrimiento y conquista del Perú*, de Pedro Cieza de León (Buenos Aires, Jam Kana, 1984). Mas talvez o melhor compêndio sobre a natureza das Índias seja o de Gonzalo Fernández de Oviedo, *Sumario de la natural historia de las Indias* (México, FCE, Biblioteca Americana, 1979).

A bibliografia continua com o *Diario del primero y último viajes de Cristóbal Colón*, resumido por frei Bartolomé de las Casas (volume 9, Obras completas, Madri, Alianza Editorial); com Bernal Díaz del Castillo, da *Historia verdadera de la conquista de la Nueva España*, 2 volumes (México, Porrúa, 1960), testemunho sem paralelo de um dos soldados da expedição de Cortés; e com *La Argentina*, de Ruy Díaz de Guzmán (edit. por Enrique de Gandía, Madri, Historia 16, 1986; Buenos Aires, Lib. Huemul), crônicas da exploração e colonização do rio da Prata, que pela primeira vez empregam o nome *Argentina*. Podemos acrescentar: *Naufragios*, de Álvar Núñez Cabeza de Vaca (México, Porrúa, Col. Sepan Cuántos, 576, 1988; Madri, Cátedra, Col. Letras Hispánicas, 1989); *Relación histórica de la vida y apostólicas tareas del venerable padre fray Junípero Serra, y de las misiones que fundó en California septentrional...*, de Francisco Palou (México, Porrúa, 1970); *Primer viaje en torno del globo*, de Antonio Pigafetta (Madri, Espasa-Calpe, Austral 207) e *Crónicas de los reinos de Chile*, de Jerónimo de Vivar (org. por Ángel Barral Gómez, Madri, Historia 16, 1988), versão da conquista do Chile por Pedro de Valdivia.

Outras obras que consultei, além das já mencionadas, acerca do descobrimento e da conquista: os três volumes do grande historiador alemão Georg Friederici, *El carácter del descubrimiento y de la conquista de América. Introducción a la historia de la colonización de América por los pueblos del Viejo Mundo* (México, FCE, Historia, 1987), que descreve todos os descobrimentos feitos pelos europeus, incluindo-se os de espanhóis, portugueses, franceses, holandeses, alemães e russos. *La disputa del Nuevo Mundo. Historia de una polémica, 1750-1900*, de Antonello Gerbi (México, FCE, Historia, 1982), integra a bibliografia com a história de uma polêmica; e *La invención de América. Investigación acerca de la estructura histórica del Nuevo Mundo y el sentido de su devenir*, de Edmundo O'Gorman (México, FCEC, Tierra Firme, 1977), propõe a tese de que a América não foi descoberta, mas "inventada" pelo desejo europeu de um Novo Mundo. Completam a lista Samuel E. Morison, de *The European Discovery of America* (Nova York, Oxford, 1971-1974) e *El almirante de la mar océano: vida de Cristóbal Colón* (México, FCE, 1991), e Roland Sanders, de *Lost Tribes and Promised Land* (Boston, Little, Brown, 1978), um interessante estudo sobre como as atitudes racistas influíram no processo do descobrimento e da colonização. A reflexão européia sobre as Américas – descobrimento, invenção, desejo, projeção de sonhos utópicos, consciência da realidade política – pode encontrar-se em textos da época. Em *O príncipe*, de Maquiavel; nos *Ensaios*, de Montaigne; em Thomas Morus, Tomaso Campanella, Francis Bacon, reunidos em *Utopías del Renacimiento* (México, FCE, Col. Popular 121, 1987); em William Shakespeare, de *A tempestade*; em Américo Vespúcio, de *El Nuevo Mundo. Cartas relativas a sus viajes y descubrimientos* (textos em italiano, espanhol e inglês, com estudo preliminar de Roberto Levillier, Buenos Aires, 1951), a visão utópica da América, pelo homem que nos deu seu nome; e em A *carta de Pero Vaz de Caminha* (Porto Alegre, L&PM Editores, 1985), dirigida ao descobridor do Brasil, Pedro Álvares Cabral,* conhecida como a ata de nascimento do país.

Os leitores que queiram aprofundar o estudo da filosofia geral da conquista podem consultar Silvio Zavala, de *Filosofía de la conquista. La filosofía política en la conquista de América* (México, FCE, Tierra Firme, 1984). Além das crônicas e memórias, trataram dos conquistadores as seguintes obras, algumas das quais testemunhos do intenso debate a respeito da natureza da conquista.

Albornoz, Miguel. "Hernando de Soto", *in Revista de Occidente*, Madri, 1985.

Descola, Jean. *Hernán Cortés*. Barcelona, Juventud.

Hanke, Lewis. *La lucha española por la justicia en la conquista de América*. Madri, Aguilar, 1959.

Hemming, John. *La conquista de los incas*. México, FCE, Historia, 1982.

Kirkpatrick, F.A. *Conquistadores españoles*. Madri, Espasa-Calpe, Austral 130.

Larreta, Enrique. *Las dos fundaciones de Buenos Aires*. Buenos Aires, Sopena, 1965.

Las Casas, Fray Bartolomé de. *Historia de las Indias*. México, FCE, Biblioteca Americana, 1986; e *Brevísima relación de destrucción de las Indias*. México, Fontamara, 1984.

Martínez, José Luis. *Hernán Cortés*. México, FCE/UNAM, 1990.

Prescott, William H. *Historia de la conquista de México*. México, Porrúa, Col. Sepan Cuántos 150, 1970; e *Historia de la conquista del Perú*. Lima, Universo, Col. Autores peruanos.

Quiroga, Vasco de. *Don Vasco de Quiroga y su "Información en derecho"*. México, Porrúa, Turanzas, 1974.

Stevens, Henry, comp. *New Laws of the Indians*. Londres, Chiswick, 1893.

Suárez, Francisco. *Guerra, intervención, paz internacional*. Madri, Espasa-Calpe, 1956.

---

*O autor, na passagem, equivocou-se sobre esse dado da história do Brasil: a carta de Caminha, que ocupava o posto de escrivão da armada de Pedro Álvares Cabral, foi dirigida (em 1500) ao rei de Portugal naquela época, D. Manuel, o Venturoso. (N. do T.)

Vitoria, Francisco de. *Relecciones del Estado, de los indios y del derecho de la guerra*. México, Porrúa, 1974.

O IMPÉRIO ESPANHOL

O grande historiador dos anos dos Habsburgo (1492-1700) continua sendo John H. Elliot. Seu trabalho sobre a *España imperial* (Barcelona, Vicens-Vives, Vicens Universidad, 1986) é uma interpretação insuperável da vida e morte da dinastia dos Habsburgo. Referências incidentais, mas essenciais, deste período podem ser consultadas em *The Rise and Fall of Great Powers: Economic Change and Military Conflict from 1500 to 2000*, de Paul M. Kennedy (Nova York, Random House, 1987); e em *Decadencia de Occidente*, de Oswald Spengler (Madri, Espasa-Calpe). Outros estudos excelentes são:

Bertrand, Louis. *Philippe II à l'Escorial*. Paris, L'Artisan du Livre, 1929.

Braudel, Fernand. *El Mediterráneo y el mundo mediterráneo en la época de Felipe II*. México, FCE, Historia, 1987.

Grierson, Edward. *King of Two Worlds: Philip II of Spain*. Nova York, Putnam, 1974.

Lynch, John. *España bajo los Austrias*. Barcelona, Ediciones Península, 1975.

Maravall, José Antonio. *Comunidades de Castilla: una primera revolución moderna*. Madri, Alianza Editorial, Alianza Universidad, 1985.

Parker, Geoffrey. *Felipe II*. Madri, Alianza Editorial, El Libro de Bolsillo 1024, 1989.

Sigüenza, frei José de. *La fundación del monasterio de El Escorial*. Madri, Turner, 1988.

O aspecto econômico influiu tanto nas relações entre a Espanha e a América como nas desta última com a Europa. Rondo E. Cameron descreve-as em seu livro *A Concise Economic History of the World, from Paleolitic Times to the Present* (Nova York, Oxford, 1989); veja-se também John M. Keynes, *Teoría general de la ocupación, el interés y el dinero* (México, FCE, 1965). A bibliografia inclui também referências a um dos grandes fatos do reinado de Filipe II, a derrota da Invencível Armada: Garrett Mattingly, *La derrota de la Armada Invencible* (Madri, Turner, 1985).

Para os interessados na Contra-Reforma, uma fonte valiosa é *The Counter-Reformation*, de A. G. Dickens (Nova York, Harcourt, Brace e World, 1969). Não há melhor estudo da Inquisição espanhola do que o de Henry Kamen, *Inquisición española* (México, Consejo Nacional para la Cultura y las Artes/Grijalbo; Barcelona, Crítica, 1985).

O SÉCULO DE OURO

As realizações espanholas na literatura e nas artes têm de abarcar, antes de tudo, as obras clássicas de Calderón de la Barca, Cervantes, Lope de Vega, Góngora,

Tirso de Molina, Quevedo, são Juan de la Cruz, santa Teresa de Ávila e Juan Luis Vives. Além disso, gostaria de mencionar uma série de estudos a respeito desses escritores e suas obras. Na arte, *Velázquez, pintor y cortesano*, de Jonathan Brown (Madri, Alianza Editorial, Alianza Formal). *Arqueología del saber* e *Las palabras y las cosas,* de Michel Foucault (México, Siglo XXI, 1984), imaginativa interpretação de *El Quijote, y Las Meninas de Velázquez*. Um dos mais inovadores romancistas espanhóis contemporâneos, Juan Goytisolo, analisa as figuras da Celestina, de Cervantes, Don Juan e Quevedo em sua *Árbol de la literatura*; seu romance *Las virtudes del pájaro solitario* (Barcelona, Seix-Barral, 1988) é uma brilhante projeção dos poemas de são Juan de la Cruz, tanto na sexualidade do passado árabe como na dos nossos dias. O *Don Juan* de Gregório Marañón (Madri, Espasa-Calpe, 1940) é outra fonte valiosa. Vejam-se também *Velázquez y el espíritu de la modernidad* (Madri, Alianza Editorial, Alianza Formal) e *La cultura del barroco* (Barcelona, Ariel), de José Antonio Maravall.

A herança de Cervantes se pode achar em autores como Lawrence Sterne, de *Vida e opiniões de Tristram Shandy*, e Denis Diderot, de *Santiago o Fatalista e seu mestre*, assim como nas heroínas do século XIX, que, como o Dom Quixote, liam livros e "enlouqueciam", como Catherine Moreland, na *Abadía de Northanger*, de Jane Austen, e Emma Bovary, em *Madame Bovary*, de Gustave Flaubert. O mais divertido e mais notável prolongamento moderno do Quixote é, no entanto, o de uma pequena história de Jorge Luis Borges, "Pierre Menard, autor del Quijote", nas *Ficciones* (Madri, Alianza Editorial, El Libro del Bolsillo 320, 1990). Uma relação de estudos sobre o *Don Quijote* que lhe ressaltam a modernidade incluiria obras de Dostoievski, Thomas Mann, José Ortega y Gasset e Viktor Shlovsky, assim como Mijail Bajtin, de *Rabelais and his World* (Cambridge, MIT, 1968), Milan Kundera, da *Arte de la novela* (México, Vuelta, 1988; Barcelona, Tusquets, 1987), e Marthe Robert, por sua *Novela de los orígenes y orígenes de la novela* (Madri, Taurus).

España del Siglo de Oro, de Bartolomé Bennassar (Barcelona, Crítica); *Vida cotidiana en la España del Siglo de Oro*, de M. Defourneaux (Barcelona, Argos-Vegara) e *Crisis y decadencia de la España de los Austrias*, de Antonio Domínguez Ortiz (Barcelona, Ariel) constituem três fontes de informação geral sobre a época. Grande número de textos contém valiosa informação sobre Erasmo de Rotterdam e sua influência na Espanha. Comparem-se, por exemplo, os trabalhos de Marcel Bataillon, em *Erasmo y España, Estudios sobre la historia espiritual del siglo XVI* (México, FCE, Historia, 1982) e de José Luís Abellán, *El erasmismo español* (Madri, Espasa-Calpe, Austral 1642, 1976). Para um estudo de perspectiva, veja *The Essential Erasmus*, org. por John P. Dolan (Nova York, Mentor, 1964), *Erasmo*, de Johan Huizinga (Barcelona, Salvat, 1986), e *The Erasmus Reader*, org. por Erika Rummel (Toronto, Universidade de Toronto, 1990). Para uma abordagem dos erasmistas espanhóis mais próximos de Carlos V, veja *Diálogo de Mercurio y Carón*, de Alfonso de Valdés (Madri, Espasa-Calpe, 1954) e *Diálogo de la doctrina cristiana*, de Juan de Valdés (México, UNAM, 1964).

O PERÍODO COLONIAL

Por seus amplos estudos sobre o papel que a Espanha desempenhou na América e a respeito do posterior desenvolvimento da América Latina no período colonial, dois livros merecem atenção especial: o primeiro é o *Orbe indiano. La monarquía católica, la patria criolla y el Estado liberal*, de David A. Brading (México, FCE, Historia, 1991), cujo título indica a amplitude do trabalho, mas não tanto sua diligência na descrição ou na inter-relação de idéias; o segundo talvez seja o mais claro e conciso estudo contemporâneo sobre a legitimidade da conquista: *Spanish Imperialism and the Political Imagination*, de Anthony Pagden (New Haven, Yale, 1990), cuja visão do destino da América espanhola parte do paradoxo do império espanhol, em que uma monarquia universal se transforma num império reacionário.

O estudo clássico de Stanley J. e Barbara H. Stein, *La herencia colonial en América Latina* (México, Siglo XXI), descreve tanto as origens como a permanência do colonialismo na vida latino-americana. Para informações acerca da organização das terras e do aparecimento de características nacionais no período colonial, podem-se consultar os seguintes títulos:

Chevalier, François. *La formación de los latifundios en México. Tierra y sociedad en los siglos XVI y XVII*. México, FCE, Obras de Economía, 1985.

Gibson, Charles. *Spain in America*. Nova York, Harper Torchbooks, 1967.

Liss, Peggy K. *Orígenes de la nacionalidad mexicana, 1521-1556. La formación de una nueva sociedad*. México, FCE, Historia, 1986.

Lockhart, James Marvin. *El mundo hispanoperuano, 1532-1560*. México, FCE, Historia, 1982.

Lockhart, James e Stuart B. Schwarz. *Early Latin America: a History of Colonial Spanish America and Brazil*. Nova York, Cambridge University, 1983.

Zavala, Silvio. *La encomienda indiana* (México, Porrúa, 1973).

Filosofía de la Conquista. La filosofía política en la conquista de América. México, FCE.

A presença negra é estudada nos seguintes títulos: *La diáspora africana en el Nuevo Mundo*, de José Luciano Franco (La Habana, Editorial de Ciencias Sociales, 1986); *Biografía de un cimarrón*, de Esteban Montejo (La Habana, Editorial de Ciencias Sociales, 1986); *The African Experience in Spanish America, 1502 to the Present Day*, de Leslie B. Rout (Nova York, Cambridge University, 1976); e *Negro en las Américas: esclavo y ciudadano*, de Frank Tannenbaum (Buenos Aires, Paidós, Col. América Latina).

A criação da nova cultura hispânica no Novo Mundo foi celebrada por diversos autores. Uma das grandes poetisas da língua espanhola pertence a essa época: sóror Juana Inés de la Cruz, cujas *Obras completas* estão na Biblioteca Americana, México, FCE. Há ainda Alonso de Ercilla y Zúñiga, de *La Araucana* (México, Editora

Nacional, 1977; Santiago de Chile, Editorial Orbe, 1974), poema épico e idealista da luta dos espanhóis contra os índios araucanos, de que o autor participou. Também a esplêndida biografia escrita por um dos poetas mais importantes do México, Octavio Paz, *Sor Juana Inés de la Cruz o las trampas de la fe* (México, FCE, Lengua y Estudios Literarios, 1988), revela as dimensões da vida colonial na Nova Espanha. As *Obras completas* (Caracas, Biblioteca Ayacucho, 1984), do importante poeta colonial do Peru, Juan del Valle y Caviedos, acrescentam a esta bibliografia seus componentes satíricos.

Outros escritores satíricos nos mostram o lado obscuro e inquisitorial da sociedade colonial: Fernando Benítez de *Los demonios en el convento: sexo y religión en la Nueva España* (México, Ediciones Era, 1985), em que são denunciados com agudeza os preconceitos sexuais e intelectuais do México colonial; os *Procesos de Luis de Carvajal, el Mozo* (México, Archivo General de la Nación, 1935); inclua-se também Alfonso Toro, de *La familia Carvajal* (México, Patria, 1977). Dois títulos importantes são *La Inquisición en Nueva España, Siglo XVI*, de Richard E. Greenleaf (México, FCE, Historia, 1985) e possivelmete o livro mais representativo do período, *Nueva Crónica y buen gobierno*, de Felipe Guamán Poma de Ayala, org. por John V. Mura, Relena Adorno e Jorge L. Uriestes (Madri, Historia 16, 1987; México, Siglo XXI), escritos e desenhos de um índio peruano sobre a vida colonial dos primeiros 60 anos depois da conquista.

Vários livros tratam especificamente da qualidade de vida: tanto a *Historia de la villa Imperial de Potosí*, de Arzáns de Orsúa y Vela (org. por Lewis Hanke e Gunnar Mendoza, Providence, Brown University, 1965), como *La época barroca en el México colonial*, de Irving A. Leonard (México, FCE, Col. Popular 129, 1986) são duas boas referências. Para uma perspectiva histórica, veja *Latinoamérica; las ciudades y las ideas*, de José Luis Romero (México, Siglo XXI, 1976), que estuda o desenvolvimento da vida das cidades na América Latina, da colônia aos nossos dias. Uma obra, especialmente, a *Lucha por la supervivencia en la América colonial*, org. por David G. Sweet e Gary B. Nash (México, FCE, Historia, 1987), refere-se à difícil vida das colônias.

Como o sugere Irving Albert Leonard, a arte criada neste período se situa dentro do que se denominou barroco e é partilhada tanto pela Espanha como pela América Latina. Veja *El espíritu del barroco*, de Guillermo Díaz Plaja (Barcelona, Ediciones Críticas, 1983); *Baroque and Rococo in Latin America,* de P. Kleemen (Nova York, Macmillan, 1951), assim como trabalhos de Gérard de Cortanze, Juan de Contreras e Manuel Toussaint.

A DECADÊNCIA ESPANHOLA

Informação a respeito da decadência dos Habsburgo e da renovação dos Bourbon pode encontrar-se em *Instituciones y sociedad en la España de los Austrias*, de Antonio Domínguez Ortiz (Barcelona, Ariel, 1985), e em *Carlos, the King Who Would*

Not Die, de John Langdon Davies (Londres, Jonathan Cape, 1962). Duas edições da obra de Gaspar Melchor de Jovellanos, *Diarios*, ed. de Julián Marías (Madri, Alianza Editorial, 1967), e *Obras completas*, edição crítica (Oviedo, Centro de Estudios del Siglo XVIII) se completam com duas boas biografias do autor: *Jovellanos: Un hombre de nuestro tiempo*, de Manuel Fernández Álvarez (Madri, Espasa-Calpe, 1988) e *Jovellanos*, de Javier Varela (Madri, Alianza Universidad, 1988). Mais informação sobre a decadência espanhola pode encontrar-se em *España y la revolución del siglo XVIII*, de Richard Herr (Madri, Aguilar, 1964) e *La España posible en tiempos de Carlos III*, de Julián Marías (Madri, Planeta, 1988; Madri, Alianza Editorial, *Obras de Julián Marías*, volume VII), que descreve a polêmica sobre a posição da Espanha ante a modernidade e a união européia.

Para um estudo desta época, também se podem consultar algumas obras a respeito de Goya: *Las Españas de Goya*, de Fernando Díaz-Plaja (Barcelona, Planeta, 1989), *Goya and the Spirit of Enlightenment*, de Alfonso E. Pérez Sánchez e Eleanor A. Sayre (Boston, Little Brown, 1989) e, para um estudo sobre a vida e obra deste grande artista, *Francisco José de Goya y Lucientes, 1746-1828*, de Pierre Gassier (Barcelona, Noguer, 1973). José Ortega y Gasset e André Malraux nos deixaram, além disso, esplêndidos estudos sobre o pintor.

ÚLTIMAS ETAPAS DO PERÍODO COLONIAL

Um bom estudo desse período pode começar com a leitura de um livro de viagens rico em minuciosas descrições da vida sul-americana pouco antes das guerras de independência, o *Lazarillo de ciegos caminantes*, de Alonso Carrió de la Vandera, "Concolocorvo" (Caracas, Biblioteca Ayacucho, 1984). Outras fontes a serem consideradas são: *La ilustración en el Río de la Plata*, de José Carlos Chiaramonte (Buenos Aires, Punto Sur, 1989), e *Ensayos políticos sobre el reino de la Nueva España*, de Alexander von Humboldt (México, Porrúa, Col. Sepan Cuántos), estudos científicos, de grande influência, sobre a riqueza do México nos últimos anos do império colonial.

Peggy Liss, em *Los imperios trasatlánticos. Las redes del comercio y de las revoluciones de Independencia* (México, FCE, Historia, 1989), estuda as relações comerciais, políticas e culturais entre ambos os lados do Atlântico e entre as duas Américas, a do norte e a do sul; com uma sóbria vista d'olhos no aspecto comercial, explica as afirmações da ideologia, por vezes assustadora, que haveria de conduzir às guerras de independência. Outra referência acerca das relações econômicas e as condições sociais é *Auge y decadencia de las naciones*, de Mancur Olson (Barcelona, Ariel).

Outras fontes que completam a lista: *Giovanni Marchetti. Cultura indígena e integración nacional: la "Historia Antigua de México" de F. J. Clavijero* (Jalapa, Universidad Veracruzana, 1986), *Estado, razas y cambio social en la Hispanoamérica colonial*, de Magnus Momer (México, Sepsetentas, 1974), *Latin America and the Enlightenment*, org. por Arthur P. Whitaker (Ithaca, Nova York, Cornell University, 1958) e *Historia civil y natural de Chile*, de Juan Ignacio Molina (Santiago, Universitaria). A tendência a ver as revoluções de independência através dos seus líderes é romântica e compreensível, no entanto, em vez de oferecer uma longa relação de textos sobre os libertadores, gostaria de recomendar ao leitor uma obra insuperável que estuda as grandes personalidades, os grandes temas, os feitos históricos e sociais das lutas da independência: *Las revoluciones hispanoamericanas*, de John Lynch (Barcelona, Ariel Historia). Outros textos que se podem incluir nesta bibliografia são:

Bolívar, Simón. *Doctrina del Libertador*. Caracas, Ayacucho, 1976, uma seleção completa de textos do Libertador da América.

Columbres, Manuel Eduardo. *San Martín y Bolívar*. Buenos Aires, Plus Ultra, 1979.

Descola, Jean. *Libertadores*. Barcelona, Juventud.

Liévano Aguirre, Indalecio. *Bolívar*. Buenos Aires, Plus Ultra, 1979.

Medrano, Samuel. *El libertador José de San Martín*. Madri, Espasa-Calpe, 1950.

Páez, José Antonio. *Autobiografía del general José Antonio Páez*. Caracas, 1973.

Puiggros, Rodolfo. *De la Colonia a la Revolución*. Buenos Aires, Ediciones Cepe, 1974.

Real de Azua, Carlos. *El patriciado uruguayo*. Montevideo, Ediciones de la Banda Oriental, 1981.

As melhores obras literárias contemporâneas que rendem tributo a este período são: *El Siglo de las Luces*, de Alejo Carpentier, em que os símbolos da Revolução Francesa chegam às Antilhas: a liberdade dos escravos e a guilhotina; *Las lanzas coloradas y cuentos selectos*, de Arturo Uslar Pietri (Caracas, Biblioteca Ayacucho, 1979); *El general en su laberinto*, de Gabriel García Márquez (México, Diana, 1989; Bogotá, Oveja Negra, 1989; Buenos Aires, Sudamericana, 1989; Madri, Mondadori), uma recriação da viagem final de Bolívar para o mar.

Século XIX na América Latina

A lista de referências a esta época é muito extensa, de modo que a dividimos em dois grandes campos, o da história e o da cultura.

História

Para um panorama geral, consultem-se as seguintes obras:

Burgin, Miron. *Aspectos económicos del federalismo argentino*. Buenos Aires, Hachette, Col. El pasado argentino. Burr, Robert N. *By Reason or Force: Chile and the Balancing of Power in South America, 1830-1835*. Berkeley, University of California, 1965.

Calderón de la Barca, Madame. *La vida en México*. México, Porrúa, Col. Sepan Cuántos.

Corti, Egon Cesar. *Maximiliano y Carlota*. México, FCE, Historia, 1971.

Donoso, Ricardo. *Las ideas políticas en Chile*. Buenos Aires, Editorial Universitaria de Buenos Aires, 1975.

Estrada, José Manuel. *Lecciones sobre la República argentina*. Buenos Aires, Librería de Colegio, 1898.

Fuentes Mares, José. *Miramón, el hombre*. México, Joaquín Mortiz, 1974.

Hanighen, Frank C. *Santa Anna: The Napoleon of the West*. Nova York, Coward McCann, 1934.

Haslip, Joan. *The Crown of Mexico*. Nova York, Holt, Rinehart e Winston, 1971.

Muñoz, Rafael F. *Santa Anna. El dictador resplandeciente*. México, Botas, 1945; México, FCE, Historia, 1987.

Quesada, Ernesto. *La época de Rosas*. Buenos Aires, Instituto de Investigaciones Históricas, 1923.

Roeder, Ralph Leclerc. *Juárez y su México*. México, FCE, Historia, 1984.

Há ainda dois extraordinários trabalhos sobre historiografia – *Historia moderna de México*, "La República Restaurada", de Daniel Cosío Villegas et al. (México, El Colegio de México, 1958) e *El liberalismo mexicano*, de Jesús Reyes Heroles (México, FCE, Obras de Política y Derecho, 1982).

Com a independência, os historiadores hispano-americanos adotaram uma nova visão do passado. Diversas obras de autores como Diego Barros Arana, Bartolomé Mitre e Benjamín Vicuña Mackenna testemunham a procura histórica deste período. Talvez os historiadores mexicanos que melhor representam a nova mentalidade sejam Lucas Alamán, *Historia de México desde los primeros movimientos que prepararon su independencia en el año de 1808, hasta la época presente* (México, Instituto Cultural Helénico, 1985), que personifica o ponto de vista conservador associado ao elogio da conquista e ao vínculo com a Espanha, condenando o poder expansionista do protestantismo dos Estados Unidos, e Lorenzo de Zavala, do *Ensayo histórico de las revoluciones de México desde 1808 hasta 1830* (México, SRA, CEHAM, 1981), que expõe o ponto de vista liberal, em favor do progresso e identificado com os Estados Unidos. O ponto intermediário é representado por José María Luis Mora, de *México y sus revoluciones* (México, Instituto Cultural Helénico, 1986), que acredita no *juste milieu*, que se traduz em ter um conhecimento cabal dos fatos antes de atuar ou falar, avaliar tal conhecimento e aplicá-lo em benefício da edificação das nações.

Cultura

Histórias como a de Mariano Picón-Salas, *De la Conquista a la Independencia. Tres siglos de historia cultural hispanoamericana* (México, FCE, Col. Popular 65, 1985), e textos como os de Germán Arciniegas (*América en Europa*, Buenos Aires, Sudamericana) e Pedro Henríquez Ureña (*Historia de la cultura en la América hispánica*, México, FCE, Col. Popular 65, 1986, e *Corrientes literarias en la América hispánica*, México, FCE, Biblioteca Americana, 1978) constituem referências úteis a uma pesquisa sobre a vida cultural da América Latina. No entanto, as duas obras-primas da literatura hispano-americana do século XIX são um poema e um ensaio, ambos argentinos: o *Martín Fierro*, de José Hernández (Buenos Aires, Eudeba), e *Facundo civilización y barbarie*, de Domingo Faustino Sarmiento (México, Nuestros Clásicos, UNAM), em torno dos quais se criou toda uma série de brilhantes interpretações. A obra clássica de Sarmiento não é apenas primordial dentro dos estudos históricos, como com ela começa a tradição da auto-análise nacional e cultural, expressa tanto em ensaios como em obras de ficção, nacional ou local, sobre o tirano. Com Andrés Bello, o grande humanista venezuelano que deu à América espanhola uma base cultural sólida nos primeiros anos de independência, começa a nossa relação de textos fundamentais.

Eugenio María de Hostos, em suas *Obras* (La Habana, Casa de las Américas, 1976) de romancista, sociólogo e jurista, foi o fundador da moderna lealdade de Porto Rico à cultura hispânica. *Siete tratados: réplica a un sofista seudocatólico,* de Juan de Montalvo (Madri, Editora Nacional, 1977), são ensaios ao estilo de Montaigne, mas escritos num espanhol ágil e nitidamente americano pelo melhor escritor equatoriano do século XIX. O peruano Manuel González Prada, em *Páginas libres, horas de lucha* (Caracas, Ayacucho, 1976), é combativo, crítico dos males de seu país e até radical: é o iniciador da interpretação inflexível da cultura latino-americana do nosso tempo. No outro extremo, se acha José Enrique Rodó, que celebra a espiritualidade latino-americana contrastando-a com o materialismo dos Estados Unidos; este contraste explica o inesperado êxito de seu livro *Ariel* (México, FCE/CREA, Biblioteca Joven, 1984), exercício retórico que tenta levar sua percepção da realidade à futura vida urbana das Américas.

Poucos bons romances foram escritos na América Espanhola do século XIX. A opressiva anarquia política e as ditaduras foram temas da literatura só no nosso tempo, quando a figura do tirano finalmente se transformou em personagem literário. Entre os autores e obras que gostaria de ressaltar se encontram Miguel Ángel Asturias, de *El Señor Presidente*, na verdade a primeira obra de um latino-americano em que aparece a figura do presidente-ditador (baseada no tirano da Guatemala, Estrada Cabrera); Alejo Carpentier, *El recurso del método*, baseada na implacável tirania de Guzmán Blanco, na Venezuela; Gabriel García Márquez, *El otoño del patriarca*, obra culminante sobre o tema, em que García Márquez apresenta as características comuns de todos os ditadores, passados e presentes, desde Melgarejo, na Bolívia, e Gómez, na Venezuela, até Trujillo, na República Dominicana, como Salazar e Franco, em Portugal e na Espanha. Outros romances que completam a lista são: *Yo, el Supremo*, de Augusto Roa Bastos, brilhante descrição do ditador paraguaio Rodríguez de Francia; *Tirano banderas*, de Ramón del Valle Inclán, antecessor dos romances sobre ditadores. O império de Maximiliano e Carlota, no México, é o tema do brilhante romance de Fernando del Paso, *Noticias del Imperio* (México, Diana).

O poema de Martín Fierro representa o autóctone, isto é, a cultura popular e sua continuidade, em contraste com o surgimento das "imitações extralógicas" européias; veja-se *El Martín Fierro* de Jorge Luis Borges (Madri, Alianza Editorial, El Libro de Bolsillo, 1983). Nossos mais lúcidos escritores vêem os dois extremos como uma mútua derrota e encontram uma síntese criativa na mescla das duas culturas, a americana e a européia. Um deles é o excelente historiador californiano Bradford Burns, que, em *La pobreza del progreso* (México, Siglo XXI), analisa as tendências culturais, sublinhando o conflito entre o modelo ocidental do culto ao progresso e o modelo alternativo, e nacional, da América Latina.

O livro de Rubén Darío, *Páginas escogidas* (Madri, Cátedra, 1982), é uma seleção de Ricardo Gullón da obra do grande poeta nicaragüense, que exerceu influência tanto na América Latina como na Europa. Já nas suas *Páginas escogidas* (La Habana, Editorial de Ciencias Sociales, 1974; Madri, Espasa-Calpe, Austral 1163), o patriota e intelectual cubano José Martí propõe uma solução democrática para a América Latina: necessidades primordiais, tradições e recursos, fazendo questão das exigências do povo, de cada um e de todos os que o constituem. O artista mexicano José Guadalupe Posada levou a arte popular para o terreno universal dos sonhos e da morte: veja-se *Posada, Messenger of Mortality*, compilação de Julián Rothenstein (Londres, Redstone, 1989). *El tango*, de Horacio Salas (Buenos Aires, Planeta, 1986), é outro livro sobre cultura popular que também pode ser consultado.

Finalmente, o extraordinário livro de Claudio Véliz, *La tradición centralista de América Latina* (Barcelona, Ariel, Col. Historia), oferece a melhor análise da ideologia e política do século XIX, salientando o que o autor considera ter sido uma inalterável tradição centralista, desde a conquista.

A REVOLUÇÃO MEXICANA

A melhor obra sobre a revolução, quanto a sua configuração e propósitos sociais, é a de John Mason Hart, *Revolutionary Mexico: The Coming and Process of the Mexican Revolution* (Berkeley, University of California, 1987), que, além disso, contém uma análise profunda a respeito das relações entre os governos revolucionários e os Estados Unidos. Outra obra que analisa a dinâmica internacional é a *Guerra secreta em México*, de Friedrich Katz (México, Era, 1982). Andrés Molina Enríquez, em *Los grandes problemas nacionales* (México, Era, 1977), descreve os problemas e procura soluções.

Entre os estudos voltados para a figura de Porfirio Díaz, encontram-se *El verdadero Díaz y la Revolución*, de Francisco Bulnes (México, Ediciones COMA, 1982), *Historia moderna de México*, de Daniel Cosío Villegas (México, Editorial Hermes, 1955). Um estudo clássico sobre os fundamentos ideológicos do regime de Porfirio Díaz é o de Leopoldo Zea, *El positivismo en México, apogeo y decadencia* (México, FCE, Obras de Filosofía, 1984). Outros livros são: *La frontera nómada: Sonora y la Revolución*

Mexicana, de Héctor Aguillar Camín (México, Siglo XXI Editores, 1977); *Historia mínima de México*, de Daniel Cosío Villegas (México, El Colegio de México, 1983); *México bárbaro*, de John Kenneth Turner (México, Mexicanos Unidos, 1983) e *Zapata y la Revolución Mexicana*, de John Womack (México, Siglo XXI, 1986).

La cristiada, de Jean Meyer (3 volumes, México, Siglo XXI), é outro clássico, mas este em relação às rebeliões católicas. Finalmente, *La revolución en blanco y negro: la historia de la Revolución Mexicana entre 1910-1947*, de Anita Breriner (México, FCE, 1985), inclui excelentes fotografias sobre a revolução. As memórias dos seus participantes criaram um gênero na literatura nacional: o do romance da revolução. Um dos mais famosos é o de Mariano Azuela, *Los de abajo* (México, FCE, Colección Popular 13, 1988). Posteriormente, obras como a de Juan Rulfo, *Pedro Páramo* (México, FCE, Col. Popular, 1987), oferecem impressões pormenorizadas da sociedade e do ambiente que existiam pouco antes da Revolução. São fascinantes as memórias do filósofo e educador José Vasconcelos, *Ulises criollo* (México, FCE, Letras Mexicanas, 1984), que se situam entre a ficção e a realidade. Por fim, as mais importantes obras de artes plásticas da revolução, os murais, podem ser documentadas com diversos livros e catálogos.

O SÉCULO XX

A guerra de 1898 da Espanha com os Estados Unidos e a conseqüente perda do império provocaram profunda e saudável reação na sociedade espanhola. Começou a formar-se, então, uma nova visão, mais firme e mais sólida, sobre o país. Este movimento foi anunciado por Ángel María Ganivet em *Idearium español* (Madri, Espasa-Calpe, 1941) e levado adiante pelos filósofos José Ortega y Gasset e Miguel de Unamuno, pelo poeta Antonio Machado, dramaturgo Ramón del Valle-Inclán e romancista Pío Baroja.

A obra da chamada Geração de 1927, a do célebre poeta e dramaturgo Federico García Lorca, foi dramaticamente interrompida pela guerra civil espanhola. A guerra e os fatos que a precederam foram descritos por Gabriel Jackson em sua *Breve historia de la guerra civil* (Barcelona, Grijalbo) e por Hugh Thomas em sua *Guerra civil española* (Barcelona, Grijalbo). Um panorama geral sobre a história da Espanha no século XX pode-se encontrar em *Modern Spain*, de Raymond Carr (Nova York, Oxford, 1980).

Talvez a mais bonita visão da Espanha escrita por um estrangeiro seja a de Gerald Brenan, *El laberinto español; antecedentes sociales y políticos de la guerra civil* (Paris, Ruedo Ibérico, 1962). A guerra gerou também uma série de ensaios e romances escritos por autores estrangeiros, como *L'espoir* (1937; A esperança) de André Malraux, *Homenaje a Cataluña*, de George Orwell (Barcelona, Planeta, 1983), e *For Whom the Bell Tolls* (1940; Por quem os sinos dobram), de Ernest Hemingway. Outro autor que se teria de ressaltar é Ian Gibson, que escreveu *Federico García Lorca* (Barcelona, Grijalbo), biografia definitiva do poeta.

Veja a atualidade em *Historia contemporánea de América Latina*, de Tulio Halperin Donghi (Madri, Alianza Editorial, El Libro de Bolsillo). Informação mais específica sobre as condições sociais e econômicas, analisadas a partir da perspectiva da teoria da dependência, se acha no clássico de Celso Furtado, *La economía latinoamericana* (México, Siglo XXI) e no livro de Fernando Henrique Cardoso e Enzo Faletto, *Desenvolvimento e dependência na América Latina* (México, Siglo XXI, 1970).

Outros títulos interessantes sobre o passado imediato da América espanhola são: *Historia contemporánea de Cuba*, de Hugh Thomas (México, Grijalbo); *Venezuela: la búsqueda del orden, el sueño del progreso*, de John V. Lombardi (Barcelona, Crítica, 1985); *Argentina: A City and a Nation*, de James R. Scobie (Nova York, Oxford, 1971); *Chile: The Legacy of Hispanic Capitalism*, de Brian Loveman (Nova York, Oxford, 1988). Entre as referências ao México, incluem-se: *Mexico, Revolution to Evolution, 1940-1960*, de Howard F. Cline (Nova York, Oxford, 1962); *Democracia en México*, de Pablo González Casanova (México, Era, 1967); *The Making of Modern Mexico*, de Frank Brandenburg (Englewood Cliffs, N. J., Prentice Hall, 1964); e *Mexico: The Struggle for Modernity*, de Charles C. Cumberland (Londres, Oxford, 1968).

Sobre as relações da América Latina com os Estados Unidos, recomendo *Unmanifest Destiny*, de T. D. Allman (Nova York, Dial, 1984); *Desarrollo y América Latina*, de Albert O. Hirschman, *Desarrollo y América Latina. Obstinación por la esperanza* (México, FCE, Lecturas de El Trimestre Económico, 1973); e *Socios en conflicto: los EUA y America Latina*, de Abraham Lowenthal (México, Nueva Imagen, 1988). As dificuldades havidas nessas relações são estudadas com profundidade em *Forging Peace: The Challenge of Central America*, de Richard Fagen (Oxford, Blackwell, 1987); *Fruta amarga. La CIA en Guatemala*, de Stephen Kinzer e Stephen Schlesinger (México, Siglo XXI); "Weakness and Deceit, U. S. Policy and El Salvador", de Raymond Bonner (Nova York, *Times*, 1984); *Where is Nicaragua?*, de Peter Davis (Nova York, Simon e Schuster, 1987); *Limits to Friendship: The United States and Mexico*, de Robert Pastor e Jorge G. Castañeda (Nova York, Knopf, 1988); e *The Closest of Enemies*, de Wayne Smith (Nova York, Norton, 1987). Duas importantes biografias de líderes latino-americanos escritas por norte-americanos são *Fidel: a Critical Portrait*, de Tad Szulc (Nova York, Morrow, 1986) e *Perón*, de Joseph Page (Nova York, Random House, 1983).

Para informação a respeito da vida dos hispanos nos Estados Unidos, veja *The Hispanic Experience in the United States*, org. por Edna Acosta-Belen e Barbara Sjorstrom (Nova York, Praeger, 1988) e *Al norte del río Bravo*, de Juan Gómez-Quinones (México, UNAM-Siglo XXI, 1980). Os trabalhos de Jorge Bustamante e Wayne Cornelius são essenciais para o entendimento dos problemas tanto da fronteira como da migração.

Para uma análise sobre a identidade latino-americana escrita pelos próprios latino-americanos, veja o excepcional ensaio *La expresión americana*, de José Lezama

Lima (Santiago de Chile, Editorial Universitaria, 1969; Madri, Alianza Editorial, El Libro de Bolsillo), os *Siete ensayos de interpretación de la realidad peruana*, de José Carlos Mariátegui (México, Era, 1979; Barcelona, Crítica), a *Radiografía de la pampa*, de Ezequiel Martínez Estrada (Buenos Aires, Losada, 1983), *Posición de América*, de Alfonso Reyes (México, Nueva Imagen, 1982) e *El laberinto de la soledad*, de Octavio Paz (México, FCE, Tierra Firme, 1986).

Com o século XX, a América Latina também entrou no cenário da literatura universal. A leitura de obras de escritores como Pablo Neruda e César Vallejo, assim como de Jorge Luis Borges, Alejo Carpentier, Julio Cortázar, José Donoso, Gabriel García Márquez, Juan Carlos Onetti e Mario Vargas Llosa representa uma boa iniciação na literatura contemporânea da América Latina.

Créditos de ilustração

Mapa de Theodor de Bry representando o Hemisfério Ocidental em 1596, circundado pelos exploradores (no sentido horário, a partir da esquerda): Colombo, Vespúcio, Pizarro e Magalhães. The Granger Collection.

Folha de Rosto: Detalhe dos murais Bonampak. The Peabody Museum, Universidade de Harvard. Foto de Hillel Burger.

Parte I, páginas 12-13: Art Resource NY. © 1992 ARS/Spadem.

Capítulo Um: páginas 14, 22, doação de Arthur Sachs, National Gallery of Art, Washington, D.C; página 18 (alto), cortesia do National Archaeological Museum, Madri; páginas 18 (baixo), 26, Arxiu Mas; página 20, Robert Frerck/Woodfin Camp; página 21, Art Resource, NY. © 1992 ARS/Spadem; página 23, Kim Newton/Woodfin Camp; página 25, Kimbell Art Museum, Fort Worth, Texas; página 27, Scala/Art Resource; página 29, Index; página 31, Quim Llenas/Cover/Saba.

Capítulo Dois: página 32, Chester Dale Collection, National Gallery of Art, Washington D.C.; página 39 (alto), Iranzo/Index; página 39 (baixo), Steve Vidler/Leo De Wys; página 42, Prado, Madri; página 46, Arxiu Mas; página 47, Musée Fabre, Montpellier, França. Foto de Frederic Jaulmes.

Capítulo Três: páginas 50, 54, 65 (baixo), 69, 74, 75, Arxiu Mas; página 55, Index; página 58, Guido Alberto Rossi/Image Bank; página 59 (alto), Francisco Hidalgo/Image Bank; página 59 (baixo), J. Messerschmidt/Leo De Wys; página 62, The Granger Collection; página 65 (alto), Luis Castaneda/Image Bank; página 68, Elliott Erwitt/Magnum.

Capítulo Quatro: páginas 78, 82, 86, 87, The Granger Collection.

Parte II, páginas 90-91: The Peabody Museum, Universidade de Harvard. Foto de Hillel Burger.

Capítulo Cinco: página 92, INAH, Museo Nacional de Antropología, Cidade do México. Foto de Cecilia Fuentes; página 95, The Bettmann Archive; página 97, fotos de Christopher Ralling; página 100, The Peabody Museum, Universidade de Harvard. Foto de Hillel Burger; página 101 (alto), Steve Dunwell /Image Bank; página 10l (baixo), INAH, Codice Borbonico; páginas 103, 108, 109, INAH, Museo Nacional de Antropología, Cidade do México; página 105 (alto), Index; página 105 (baixo), Jake Rajs/Image Bank; página 106, Inge Morath/Magnum; página 112, American Library.

O ESPELHO ENTERRADO

CAPÍTULO SEIS: página 118, The Royal Library, Copenhagen (GKS 2232, 4); páginas 122 (alto), 142 (baixo), Tony Morrison/South American Pictures; página 122 (baixo), Steve Vidler /Leo De Wys; página 123, Cornell Capa/Magnum; página 131, foto de Christopher Ralling; páginas 132, 133, Giraudon/Art Resource; página 135, cortesia dos associados do Dartmouth College, Hanover, N.H.; página 142 (alto), cortesia da Hispanic Society of America, Nova York; página 145, INAH, Museo Nacional de Historia, Castillo de Chapultepec, Cidade do México; página 146, American Library.

PARTE III, páginas 148-49: Prado, Madri.

CAPÍTULO SETE: páginas 150, 160, 161 (baixo), The Granger Collection; página 152, Prado, Madri: página 161 (alto), por gentil permissão da Marquesa de Tavistock e dos associados do espólio de Bedford; página 163, Biblioteca Medicea-Laurenziana, Florença. Foto cedida pelo Alfa Fotostudio; página 165, Scala/Art Resource, NY.

CAPÍTULO OITO: páginas 170, 177, cedida por Malone Gill; página 173, Scala/Art Resource NY; página 174, cedida por Annette Gordon; páginas 180, 181, 184, 185, Prado, Madri; página 186, foto de Zoe Dominic.

CAPÍTULO NOVE: página 194, Victor Siladi/Agência Boliviana de Fotografia; página 197, The Granger Collection; página 202, South American Pictures; página 204, INAH, Museo Nacional de Historia, Castillo de Chapultepec, Cidade do México; página 206, cedida pela British Library, página 208, Arxiu Mas.

CAPÍTULO DEZ: página 214, Arxiu Mas; página 219, Index; páginas 222, 226, 227, Prado, Madri; página 223, American Library; página 225, Marc Romanelli/Image Bank; página 228, esquerda, cortesia do Museum of Fine Arts, Boston; página 228, direita, herança de W. G. Russell Allen. Cortesia, Museum of Fine Arts, Boston; página 229, doação do Sr. e Sra. Burton S. Stern, Sr. e Sra. Bernard Shapiro e do Fundo M. e M. Karolik, Museum of Fine Arts, Boston; página 230, doação da Sra. Russell W. Baker e herança de William P. Babcock. Cortesia, Museum of Fine Arts, Boston; página 231, Prado, Madri.

CAPÍTULO ONZE: página 232, The Granger Collection; página 243, Index.

PARTE IV: páginas 246-47; INBA, Museo Mural, Cidade do México. Foto de Bob Schalkwijk.

CAPÍTULO DOZE: página 248, cedida por Malone Gill; página 250, Museu Militar, Caracas. Foto de Christopher Ralling; página 254, The Bettman Archives.

CAPÍTULO TREZE: páginas 260, 269, Culver Pictures; página 265, Columbus Memorial Library; página 271, foto de Christopher Ralling: páginas 272, 273, The Bettmann Archive; página 275, UPI/Bettmann.

CAPÍTULO CATORZE: páginas 276, 292-93, INBA, Museo Mural. Foto de Bob Schalkwijk; página 280, Robert Frerck/Woodfin Camp; página 281, Gerhard Gscheidle/Image Bank; página 284, INBA, Museo Nacional de Arte. Foto de Bob Schalkwijk; página 288, foto de Christopher Ralling; página 289, Albert Facelly/SIPA; página 293 (baixo), F. Paolini/Sygma; páginas 294, 295, 297, The Granger Collection; página 296, William McCallin McKee Fund, The Art Institute of Chicago.

CAPÍTULO QUINZE: páginas 298, 303, The Granger Collection; página 305, Culver Pictures; página 309, William McCallin McKee Fund, The Art Institute of Chicago.

Créditos de ilustração

PARTE V, páginas 310-11: Cortesia de Jan Turner Gallery.

CAPÍTULO DEZESSEIS: páginas 312, INBA, Palácio Nacional do México, Cidade do México. Foto de Bob Schalkwijk; página 314 (alto), Pomona College, Claremont, Calif; página 314 (baixo), cortesia dos associados do Dartmouth College, Hanover, N.H.; página 315, foto de Manuel Alvarez Bravo; página 321, UPI/Bettmann; página 324 (alto), INBA, Palácio Nacional do México, Cidade do México; página 324 (baixo), INBA, Museu do Palácio de Belas Artes, Cidade do México. Foto de Cecilia Fuentes.

CAPÍTULO DEZESSETE: página 330, Arxiu Mas; página 333, Culver Pictures; página 336 (alto), Museu de Arte Moderna, Nova York, © 1992. Demart Pro Arte/ARS NY; página 336 (baixo), Museu de Arte Moderna, Film Stills Archive, Nova York; página 338, The Granger Collection.

CAPÍTULO DEZOITO: página 342, INBA, Museo de Arte Moderno, Cidade do México. Foto de Bob Schalkwijk; página 347 (alto), cortesia da Galeria Jan Turner; página 347 (baixo), cortesia de Robert Berman Gallery. Foto de Douglas M. Parker; páginas 348, 349, cortesia dos Associados do Dartmouth College, Hanover, N. H.; página 350 (alto), coleção, Museu de Arte Moderna, Nova York; página 350 (baixo), coleção particular. Foto de Bob Schalwijk; página 351, Museu de Arte Moderna, Nova York; página 352 (alto), cortesia de Aberbach Fine Art; página 352 (baixo), cortesia de Tasende Gallery, La Jolla, Calif.; página 354, Prado, Madri.

Agradecimentos

Em primeiro lugar, a minha filha, Cecilia Fuentes, que com pontualidade e firmeza se encarregou da grande quantidade de papel que circulou entre Londres, Nova York e a Cidade do México. A meus muito eficientes agentes literários, Carmen Balcells (Barcelona) e Carl Brandt (Nova York). A John Sterling, Betsy Lerner, Liz Duvall, Guest Perry, Karen Holzman, Lisa Sacks, Erika Mansurian e Denise Fullbrook, da editora Houghton Mifflin (Nova York-Boston), por sua valiosíssima ajuda na edição original do livro em inglês; a Adolfo Castañón, do Fondo de Cultura Económica (México), pela edição original em espanhol; e a Leopoldo Castedo. De outra parte, desejo expressar meu agradecimento às pessoas que participaram da série bilíngüe de televisão *The Buried Mirror*, *El espejo enterrado*: Jesús de Polanco, Juan Luis Cebrián, Eugenio Galdón e Miguel Satrústegui, de Sogetel (Madri); Michael Gill, produtor executivo, Peter Newington e Christopher Ralling, diretores, da Malone Gill Productions (Londres); Alan Yentob, da BBC (Londres); Ruth Otte, presidente do Discovery Channel (Washington, D.C.); Peggy Liss, assessora histórica da série (Washington, D.C.); Charles Benton, da Public Media Inc. (Chicago); e Robert Adams, Marc Pachter e Alicia González, do Smithsonian Institution (Washington, D.C.).

Índice

Abd el Ramman, dinastia, 53
Abd el Ramman II, 54-55
Abraão, 73
Açores, 85
Acosta, Joseph de, 156, 205, 207
Adams, John Quincy, 278
Adriano (imperador romano), 73
Afonso VI (rei de Castela), 61
Afonso IX (rei de Leão), 70
Afonso X (rei de Leão e Castela), 68, 72-3, 79
Afonso XIII (rei da Espanha), 335
Ágata, santa, 44, 47
Agostinho, santo, 141, 240
Ágreda, abadessa de, 183
Aguiar e Seixas (arcebispo do México), 203, 210-11
Aguirre, Lope de, 128
Alas, Leopoldo (Clarín), 333
Alba, duquesa de, 224
Alberdi, Juan Bautista, 286
Aleijadinho, 201-02, 291
Alexandre VI, 157-58
Alfonsín, Raúl, 327
Alí Pachá, 159
Allen, Woody, 191
Almagro, Diego de, 120
Almanzor, 72
Almaraz, Carlos, 346
Alzaga, Martín, 261
Alzate, Antonio de, 237
Anaya, Rudolph, 345-46
Anglería, Pedro Mártir de, 125
Aníbal, 35
Apiano, 37
Apolônia, santa, 164, 187
Aquiles, 272
Aquino, santo Tomás de, 240
Aranda, conde de, 216-17, 259
Arango, Doroteo (ver Villa, Pancho), 302

Arias, Óscar, 328
Arias, Ron, 346
Aristóteles, 56
Artur, rei, 176
Asbaje, Juana (ver Cruz, sóror Juana Inés de la), 201-02, 203, 291
Atahualpa, 119-120
Augsburgo, 155
Averróis, 56
Ayala, Guamán Poma de, 119, 132
Ayanque, Simón de, 210
Azaña, Manuel, 337

Bach, Johann Sebastian, 195
Balbuena, Bernardo de, 209
Balmaceda, José Manuel, 283
Bárbara, santa, 199
Bárcena, 267
Barcia, padre, 211
Bardem, Juan Antonio, 340
Barros Arana, Diego, 284
Barthes, Roland, 210
Bastidas, Micaela, 212
Batista, Fulgencio, 326
Baudelaire, Charles, 104, 278
Bazaine, Aquiles, 272
Bello, Andrés, 284
Beltrán de la Cueva, 80
Benavente, frei Toribio de, 143
Benítez, Fernando, 210
Beresford, general, 242
Berlanga, Luis, 340
Bernini, 201
Bertrand, Luis, 163
Bilbao, Francisco, 284
Bismarck, 168
Blades, Rubén, 346
Blanco White, 333

393

Bloch, Marc, 68
Bolívar, Simón, 249-52
Bonaparte, José (Pepe Botella), 221, 242
Bonaparte, Napoleão, 241-44
Borges, Jacobo, 355
Borges, Jorge Luis, 9, 290, 354
Borgia, família, 157-58
Botero, Fernando, 355
Bowles, William, 259
Brancusi, 17
Braniff, "señor", 295
Bruno, Giordano, 176
Bry, Theodor de, 79, 87, 132
Bunge, Carlos, 286
Buñuel, Luis, 16, 222
Bustos, Hermenegildo, 283
Byron, Lord, 16, 30

Calderón, María, 183
Calderón de la Barca, Pedro, 169, 190-92
Calles, Plutarco Elías, 304, 322
Camacho, Marcelino, 340
Cameron, Rondo, 156
Cantolla, Joaquín de la, 295
Cárdenas, Lázaro, 322-23, 326
Caridad del Cobre, virgen de la, 145
Carlos, don (filho de Filipe II), 164
Carlos I (rei da Espanha: ver Carlos V),
Carlos II, o Enfeitiçado (rei da Espanha), 183-84, 215
Carlos III (rei da Espanha), 216-18, 223, 235-36
Carlos IV (rei da Espanha), 217-221, 228, 259
Carlos V (rei da Espanha), 151-53, 272
Carlos Magno, 66
Carlota (imperatriz do México), 271-74
Carranza, Alonso de, 157
Carranza, Venustiano, 303-04, 307
Carrión, infantes de, 61
Casas, Bartolomé de las, 130-31
Casasola, irmãos, 308
Castelli, Juan José, 261-62
Castillo, Céspedes del, 138
Castro, Américo, 175
Castro, Fidel, 327
Catulo, 40
Caupolicán, 132
Cervantes Saavedra, Miguel de, 174-76
Césaire, Aimé, 200
Chaucer, 84
Chirinos, 127
Cícero, 40
Cid, el (Rodrigo Díaz de Vivar), 60, 61
Cipião Públio Cornélio, 37
Cisneros, Sandra, 346

Clavijero, Francisco Javier, 237
Clay, Henry, 278
Coatlicue, 27, 102-03
Coello, Claudio, 183, 184
Colombo, Cristóvão, 8, 81, 85-7, 128
Comte, Auguste, 285, 301
Condorcanqui, José Gabriel, 120, 212-13, 239
Coolidge, Calvin, 326
Copérnico, 176
Cordero, Juan, 283
Coromoto, virgem de, 145
Coronado, Francisco de, 140
Cortés, Hernán, 88, 110-117, 127, 129, 272
Crisaor, rei, 19
Croix, marquês de, 236
Cruikshank, Edward, 179
Cruz, são Juan de la, 211
Cruz, sóror Juana Inés de la, 201-203
Cuauhtémoc, 114
Cuevas, José Luis, 355
Cugat, são, 44

Dalí, Salvador, 334
Dama de Baza, 24, 26
Dama de Elche, 27
Daniel, profeta, 63, 65
Darío, Rubén, 291, 341
Daumier, Honoré, 179
Daye, Stephen, 141
Descartes, 236
Descola, Jean, 121, 249
Dias, Bartolomé, 85
Díaz, Porfirio, 282, 286, 299, 302-03
Díaz de Vivar, Rodrigo (el Cid), 60, 61
Díaz del Castillo, Bernal, 93, 111, 113, 206
Díaz Plaza, Fernando, 167
Discépolo, Santos, 290
Doré, Gustave, 171, 177, 179
Dorotea, santa, 186-87
Dostoievski, Fiodor, 178
Drake, Francis, 158, 159, 205
Dulles, John Foster, 327

Echeverría, Esteban, 277
Eisenhower, Dwight D., 339
Eisenstein, Sergei, 296
Erasmo de Rotterdam, 174-76
Estefan, Gloria, 346
Eulália, santa, 45
Ezequiel, 319

Fáñez, Álfar, tenente, 61
Faulkner, William, 356

Félix, são, 44
Fernando II (rei de Aragão), 80-1, 82
Fernando III (rei de Castela e Leão), 56-72
Fernando VII (rei da Espanha), 221, 228, 242, 251, 259
Ferré, Rosario, 346
Ficino, Marcilio, 84
Filipe, o Belo, 151
Filipe II (rei da Espanha), 155-56, 158-59, 162-64
Filipe III (rei da Espanha), 136, 164
Filipe IV (rei da Espanha), 168, 182-83, 191
Filipe V (rei da Espanha), 215
Francisco I (rei da França), 155, 158, 166
Francisco José (imperador da Áustria), 271
Franco, Francisco, 337, 339
Franklin, Benjamin, 220
Fugger, família, 153, 166
Fugger, Jacobo, 166

Galarza, Ernesto, 346
Gama, Vasco da, 85
Ganivet, Ángel, 155
Garay, Juan de, 139
García Lorca, Federico, 335, 337
García Márquez, Gabriel, 258
García Ordóñez, conde, 61
Gaudí, Antonio, 331-32
Gautron, Madame, 279
Geb el Tarik (ver Tarik)
Giacometti, 17
Gibson, Charles, 135
Gironellia, Alberto, 355
Godoy, Manuel, 217-18, 219-221, 230-31
Góngora, Luis de, 169
González Felipe, 340
Goya y Lucientes, Francisco de, 221-231
Goytisolo, Juan, 340
Greco, El, 16, 172
Guadalupe, virgem de, 145, 199
Guajardo, Jesús, 307
Guilherme II (cáiser), 274
Guinart, Roque, 157

Habsburgo, os, 238
Hawkins, John, 158
Hearst, William Randolph, 300
Heep, Uriah, 259
Heitor, 61
Hemingway, Ernest, 337
Hemming, John, 120
Henrique, infante don (de Portugal), o Navegador, 85
Henrique IV (rei de Castela), 80

Henríquez, Camilo, 244
Henríquez Ureña, Pedro, 130
Hércules, 19, 34
Hermenegildo, 46
Hernández, José, 287
Hidalgo y Costilla, Miguel, 233, 245
Hierro, José, 340
Hijuelos, Óscar, 346
Hinojosa, Rolando, 344
Hitler, Adolf, 338-39
Hogarth, William, 179
Holbein o Jovem, 174, 296
Huerta, Victoriano, 303
Huitzilopochtli, 99, 101-02
Humboldt, Alexander von, 237, 240

Icaza, Francisco de, 57
Isabel, a Católica (rainha da Espanha), 8
Isabel I (rainha da Inglaterra), 8, 124
Isidoro, são (bispo de Sevilha), 45-6, 48-9, 57, 73
Islas, Arturo, 346

Jackson, Gabriel, 82
Jaime I, 205
Jefferson, Thomas, 240, 257, 278
Jerez, Francisco de, 119
Jesus Cristo, 53, 62, 252
Joana, a Louca, rainha, 151, 215
João, don, da Áustria, 159
Jonas, 34
Jovellanos e Ramírez, Gaspar Melchor de, 216-222
Juan, don, 183, 340
Juan I, 120
Juan II (rei de Castela), 80
Juan Carlos (rei da Espanha), 340
Juan Diego, 145
Juárez, Benito, 269-70, 272-74
Juárez, Catalina, 127
Julián, conde, 51
Júlio César, 40
Juvenal, 30

Kahlo, Frida, 355
Keaton, Buster, 191
Kellog, Frank B., 326
Kleist, Heinrich von, 191
Kondori, José, 195-96

Lafayette, 257
Lamartine, Alphonse de, 284
Lamb, Wilfredo, 355
Larra, Mariano José de, 333
Lastarria, José Victorino, 277, 284

Leandro, 46, 48
Leibniz, 236
Leicester, 158
León-Portilla, Miguel, 116
Leopoldo I (rei da Bélgica), 271-72
Leovigildo (monarca gótico), 46
Lerina, duque de, 166
Lerma, duque de, 166
Limantour, família, 286
Lincoln, Abraham, 269
Liniers, Santiago, 242
Lippman, Walter, 328
Liss, Peggy K., 203
López, Estanislao, 263
López de Hoyos, Juan, 174
López de Santa Anna, Antonio, 268, 269, 272
Loyola, Ignacio de, 190
Lucano, 40
Lucílio, 37
Luís XIV (rei da França), 157, 168
Luís da Bavária, 290
Lugones, Leopoldo, 139
Luján, Gilberto, 346
Luna, Álvaro de, 80
Luzia, santa, 44
Lynch, John, 255

Macarena, virgem de, 23, 28, 31
Machado, Antonio, 333, 339
Madero, Francisco, 301-303
Maeztu, Ramiro de, 84, 192
Maimônides, 56
Maliche, la, 111-113, 116, 127, 144
Malraux, André, 337
Mañara, Miguel de, 183
Manco Inca Yupanqui, 119
Maomé, 62
Maquiavel, Nicolau, 129, 175, 183
Maravall, José Antonio, 67
Marcial, 30, 40
Marco Polo, 85
Margarida, santa, 186
Maria, virgem, 28
Maria I (rainha da Escócia), 158
Marina, santa, 186
Martel, Carlos, 52
Martí, José, 291, 328
Martínez, Tomás Eloy, 321
Martínez Estrada, Ezequiel, 319
Marx, Karl, 238
Maximiliano (arquiduque da Áustria), 270-274
Mazarino, Júlio (cardeal), 167
Mendoza, Pedro de, 139

Menéndez y Pelayo, Marcelino, 48
Mérimée, Prosper, 200
Millán Astray, general, 337
Mitré, Bartolomé, 274
Moisés, 53, 109
Molina, Juan Ignacio, 237
Monroe, James, 257
Monsiváis, Carlos, 357
Montaigne, 125
Montesinos, Antonio de, 125, 130
Montesquieu, 240
Montezuma, 110, 111, 113-116
Montijo, Eugenia de, 270
Morales, Alejandro, 346
Moreno, Mariano, 244
Morus, Thomas, 124, 134
Motolina (ver Benavente, frei Toribio de), 143-44
Mozart, Wolfgang Amadeus, 183, 186-87
Murillo, Bartolomé, 169
Mussolini, Benito, 339

Napoleão III (imperador da França), 270-273
Napoleão Bonaparte (ver Bonaparte, Napoleão)
Nebrija, Antonio de, 81
Nero, 40
Neruda, Pablo, 356
Newton, Isaac, 176
Ney, marechal, 221
Nietzsche, Friedrich, 356
Niño de Guevara, Fernando (cardeal), 175
Norfolk, duquesa de, 290
Nuestra Señora del Pilar, igreja de, 201
Nuñez de Balboa, Vasco, 119, 151

Obregón, Álvaro, 304, 306-07
O'Gorman, Edmundo, 124
O'Higgins, Bernardo, 254
Olson, Mancur, 237-38
Ordaz, Diego de, 128
Orozco, José Clemente, 313, 323
Ortega y Gasset, José, 334
Orwell, 337
Otero, Blas de, 340

Pagden, Anthony, 166
Paine, Thomas, 240
Paoli, Giovanni (Juan Pablos), 141
Pardo, Eduardo, 278
Parma, María Luisa de (La Parmesana), 217
Pedro, o Cruel (rei de Castela), 80
Pelayo, 52, 60
Perón, Eva, 320, 321
Perón, Juan Domingo, 320-21, 323

Pershing, John, 306
Picasso, Pablo, 179
Pinochet, Augusto, 327
Pio IX (papa), 274
Pio X (papa), 290
Pirandello, Luigi, 191
Pizarro, Francisco, 88, 119-20, 155
Pizarro, Gonzalo, 119-20, 128
Pizarro, Hernando, 119, 121
Pizarro, Juan, 119
Plutarco, 36
Políbio, 37
Polk, James, 325
Poma de Ayala, Guamán (ver Ayala, Guamán Poma de)
Ponce de León, Juan, 140, 207
Portales, Diego, 283
Posada, José Guadalupe, 291-92, 294-96
Prida, Dolores, 346
Primo de Rivera, Miguel, 335
Prisciliano, 44-5
Prometeu, 99, 313
Pueyrredón, Prilidiano, 283

Quetzalcóatl, 11, 93, 98-100, 109-110
Quevedo, Francisco de, 169, 175
Quiroga, Juan Facundo, 263-65
Quiroga, Vasco de, 134

Raleigh, Sir Walter, 205
Ramírez, Martín, 346
Reagan, Ronald, 328
Real Academia Española de Madrid, 216
Recaredo, 46
Regla, Nuestra Señora de, 199
Revillagigedo, vice-rei, 238
Reyes, Alfonso, 282
Reyes, Señora de los, 28
Richelieu (cardeal), 167
Rilke, Rainer María, 30
Ríos, Alberto, 346
Rivadavia, Bernardino, 263-64
Rivera, Diego, 16, 268, 323
Rivera, Tomás, 346
Roa Bastos, Augusto, 268
Robespierre, Maximilien, 262
Roca, Julio, 286
Rocha, Beto de la, 346
Rocío, virgem del, 28
Rodrigo (rei visigodo), 51
Rodríguez, María Teresa, 249-50
Rodríguez, Simón, 250
Rodríguez Francia, José Gaspar, 262

Rojas, Fernando de, 84
Romero, Francisco, 141
Romero, Frank, 346
Romero, Pedro, 24
Rómulo Augústulo, 44
Roosevelt, Theodore, 325, 332
Rosas, Juan Manuel de, 262, 267, 284
Rosas de Oquendo, Mateo, 210
Rousseau, Jean-Jacques, 232, 240, 261-62
Ruíz Juan (arcipreste de Hita), 84

Sáenz, Manuelita, 258
Sahagún, Bernardino de, 109
Salazar, 369
San Martín, José de, 253-56
Sánchez, Luis Rafael, 346
Sánchez Ferlosio, Rafael, 340
Sánchez Mejías, Ignacio, 335
Sandino, Augusto César, 326
Santander, Francisco de Paula, 259
Santuola, María de, 17, 19
Sarmiento, Domingo F., 260-62, 274
Saura, Carlos, 179, 340
Sêneca, 40, 89, 220
Sepúlveda, Juan Ginés de, 125, 134
Sevilla, Isidoro de (ver Isidoro, santo)
Shakespeare, William, 176
Sigüenza y Góngora, Carlos de, 211
Siqueiros, David Alfaro, 325
Sisebuto, 49, 73
Somoza, Anastasio, 326
Spengler, Oswald, 168
Stein, Barbara, 126
Stein, Stanley, 126
Strindberg, August, 191
Suárez, Inés, 138

Taft, William H., 303
Talleyrand, 228
Tamayo, Rufino, 355
Tannembaum, Frank, 200
Tarde, Gabriel, 183
Tarik (comandante muçulmano), 51
Téllez, Gabriel (ver Tirso de Molina), 183
Teodósio (imperador romano), 43
Teresa de Ávila (santa), 171, 187, 189, 190, 192
Terraza, família, 300
Tertuliano, 28
Teseu, 19
Tezcatlipoca, 11, 109
Thomas, Hugh, 114
Thoreau, Henry David, 269
Tirso de Molina (Gabriel Téllez), 183

Tiziano, 151-52
Tlazoltéolt, deusa, 27
Toledo, Francisco, 350
Tonantzin, 146, 199
Torquemada, 82, 171
Trajano (imperador romano), 43
Triana, virgem de, 28
Trujillo, Rafael, 326
Truman, 327
Tudó, Pepita, 219
Túpac Amaru, 120, 212-13, 239

Uceda, duque de, 166
Ulisses, 287
Unamuno, Miguel de, 17, 334, 337
Usigli, Rodolfo, 274
Uslar Pietri, Arturo, 249

Valdés, Alfonso de, 174
Valdés, Luis, 346
Valdivia, Pedro de, 88, 138-39
Valle Inclán, Ramón de, 334
Vargas, Getúlio, 323, 326
Vasconcelos, José, 308
Vaz de Caminha, Pero, 125
Vega, Lope de, 169
Velázquez, Diego Rodríguez de, 16
Véliz, Claudio, 278, 282
Vespucio, Américo, 125
Víbora, Gonzalo de, 205
Vicuña Mackenna, Benjamín, 278

Villa, Pancho, 299, 301-308
Virgílio, 40
Viriato, 36, 38, 60, 273
Viscardo y Guzmán, Juan Pablo de, 237
Vitoria, Francisco de, 134
Vives, Juan Luis, 175
Voltaire, 240-41, 261

Walewska, Maria, 266
Walewski, conde Alejandro, 266
Walker, William, 325
Waugh, Evelyn, 268
Wilson, Edmund, 269
Wilson, Henry Lane, 302
Wilson, Woodrow, 325
Winterhalter, 274
Womack, John, 305

Xangô, 199
Xirau, Ramón, 10

Yates, W. B., 15
Yrigoyen, Hipólito, 319

Zapata, Emiliano, 299, 302-309
Zebedeu, 62
Zeus, 19
Zumárraga, frei Juan de, 144
Zúñiga, Juana, 144
Zurbarán, Francisco de, 44, 169, 186-87

Impressão e Acabamento:
GRÁFICA STAMPPA LTDA.
Rua João Santana, 44 - Ramos - RJ